客户世界
CUSTOMER CARE & MANAGEMENT WORLD

客户世界管理—运营—技能
基准系列

客户服务导论与呼叫中心实务

第5版

数智时代的客户中心管理

赵溪 黄金红 李百慧 张欣楠 编著

清华大学出版社

内 容 简 介

本书从数字化转型的角度一招一式地解读数字化大潮下的“客户关怀及管理”，立足于“理”和“技”两大主题，总结中国本土的经验，是一本贴合实际工作需求、解答工作疑惑的实用读物。

全书分为三篇，共18章。第一篇客户管理与客户服务，包括服务科学、客户管理、客户定位与客户识别、客户服务、客户互动渠道管理、客户沟通：礼仪与心理管理、数智时代的客户管理趋势；第二篇客户中心管理师，包括战略规划、运营管理、人力资源管理、财务管理、业务安全管理、洞察与分析；第三篇外包运营管理师，包括外包企业的运营管理、项目决策精确核算、项目成本控制、项目合作沟通机制、长效机制与稳定运营等内容。

本书可供高等院校选作相关专业教材使用，还可供从事客户关系管理及呼叫中心相关工作的人员阅读。

图书在版编目(CIP)数据

客户服务导论与呼叫中心实务：数智时代的客户中心管理 / 赵溪等编著. —5版. —北京：清华大学出版社，2023.3
(客户世界管理—运营—技能基准系列)
ISBN 978-7-302-62058-7

Ⅰ. ①客…　Ⅱ. ①赵…　Ⅲ. ①企业管理－销售服务　Ⅳ. ①F274

中国版本图书馆CIP数据核字(2022)第194617号

责任编辑：高　屾
封面设计：周晓亮
版式设计：思创景点
责任校对：马遥遥
责任印制：宋　林

出版发行：清华大学出版社
网　　址：http://www.tup.com.cn，http://www.wqbook.com
地　　址：北京清华大学学研大厦A座　　**邮　　编**：100084
社 总 机：010-83470000　　**邮　　购**：010-62786544
投稿与读者服务：010-62776969，c-service@tup.tsinghua.edu.cn
质 量 反 馈：010-62772015，zhiliang@tup.tsinghua.edu.cn
印 装 者：大厂回族自治县彩虹印刷有限公司
经　　销：全国新华书店
开　　本：180mm×250mm　　**印　　张**：25　　**字　　数**：546千字
版　　次：2013年10月第1版　2023年3月第5版　　**印　　次**：2023年3月第1次印刷
定　　价：98.00元

产品编号：096921-01

第5版序言

一部全新的基石性图书

《客户服务导论与呼叫中心实务》在业界的知名度很高，从2002年第1版发行至今，已经连续改版了4次，累计销量突破17万册。该书深度定位于一个较为狭窄的细分市场，有这样的发行成果，是本人始料未及的事情。惶恐和感恩！国内呼叫中心及数字运营领域的管理者们常常将这部作品作为现场运营管理的基础规范，尽管本人和团队的伙伴们先后撰写了一系列专项管理图书，但一直无法取代这本书的“基石”意义。这让我们反思，也更让我们的行为变得审慎。自2013年4月出版“第4版”之后，将近10年的时间，我一直没敢再对原书尝试进行任何的小修小改。期间，出版社的编辑和业界的朋友们也多次问及“第5版”的计划，我都以各种理由推托了。

在我看来，业界确实需要一本基石性质的图书，作为日常行为方法的指导和管理规范。在过去的十年间，社会环境急剧变化，管理思想迭代创新，技术手段突飞猛进，人员结构急剧变化，相关领域经历了一个特别的阶段。在这种情况下，我们与其盲目发言、混淆视听，不如静下心来、多做沉淀。

如今，行业发展已出现明确的代际变化，进入“数智化时代”。为了应对这个根本性的改变，我们先后出版了《客服域人工智能训练师》和《全媒体运营师》这两本新的图书，并且取得了热烈的市场反响；延续这个写作计划，接下来应当组织撰写《客户中心管理师》和《外包运营管理师》这两本新书。当两个写作班子各自推进了一段时间之后，我突然想到一个关键问题，代际变化出现之后，《客户服务导论与呼叫中心实务》这个“行业基石”也亟待更新。于是，一部“旧瓶装新酒”的图书就此产生。

“导论5版”编撰的行业背景

随着智能化/数字化技术突飞猛进地融入，社交网络让全人类的沟通方式发生了根本性的改变，加之“新型冠状病毒感染疫情”防控进入新常态，客户中心行业也无可例外地发生了翻天覆地的改变。此时，客户中心行业已被“内卷”得猝不及防，“破圈”已是势在必行的行业共识。

毫无疑问，今时今日的“customer engagement”(客户契动)已经不再是通信时代的“contact center”(联络中心)。“传统语音呼叫中心已死！”是一个无论您是否愿意接受、却不得不去面对的必然结果。基础性的一线工作岗位将会在未来的几年时间内快速消亡，客户中心相关核心岗位的胜任力模型已经发生根本性的不可逆的改变。是“躺平等死”，还是“涅槃重生”，这是摆在全行业管理者们面前的必答题。

依据我的判断，本行业现阶段的主要发展趋势体现在三个方面：人机耦合的工作模式成为必然；客户互动渠道的拓展非常迅猛；服务外包的市场环境相对成熟。

这是本行业真正进入良性循环的开端，低端一线工作岗位招聘难、人员流失严重、培训成本高却整体能力不强的行业痼疾得以根治。随着新型岗位胜任力模型的进一步明确，核心从业人员的薪资水平将普遍大幅提升，本行业也必将成为越来越多从业者的终身职业选择。

基于此判断，数智时代的客户中心管理将建立在一个全新的内外部环境和技术架构之上。核心岗位的基础胜任力模型已经发生了根本性的改变，亟待升级更新。同时，专业服务外包、基于平台的众包等新型业务组织方式将会有突破性的发展。

数智时代的客户中心将往何处去

面对数字化和智能化的浪潮冲击，原先封闭的“客服场景”将会被打破，进而成为融合售前、售中、售后的全面的客户契动(customer engagement)全业务场景；原先的“呼叫中心运营”也将顺应浪潮进化为企业“数字运营”的整体能力。这将使原先具备呼叫中心运营管理基础的行业同仁实现极大的职业空间拓展和层级跃升。

数实相生(phygital)将成为常态。在数字世界开展企业的业务运营将是一种范式上的转移。英文新词“phygital”具有将“physical”(现实)和“digital”(数字)勾连、复合、交融在一起的新意义。

在迄今为止的数字化进程中，我们更关注线上化的目标。把实体店开到虚拟世界，把人工服务用机器服务来替代，把各种客户体验的兑现在数字空间中加以感知。我们在产品推出、运营管理中不断追求数字孪生，希望把物理世界越来越多的本质和规律投射到数字世界。不断进步的这几年，整个社会发生了巨大的数字化变革，数字世界硕果累累，历史也到了一个新的岔路口。

我们一直在讨论实体渠道和电子渠道的结合，强调企业要用多种渠道满足客户的不同需求，希望企业具备各种触点、渠道、品类齐全的“全渠道运营”。随着数字化的深入和客户体验创新的不断延展，在越来越多的服务场景中，我们看到的不是“土豆和火腿同在，任客户挑选”，而是“土豆火腿沙拉相伴相生，并不断进化创新”。

未来，若我们访问一个产品体验实体店，可先在地图App上识别定位、优化路线，然后动态了解附近停车位的可用性与成本，做出选择后，App将为你导航到车位。整个商场有电子导引与手机同步，可直接引导你通往目标展厅或目标柜台。在这个过程中，手机和智能引导机器人或值班经理同步各种信息与展示，双方的交互各有知识赋能与价值体现。货架上的各种商品与手机中(未来也许是眼镜、手环等)的信息随时同步。各种交互讨论可以在店面进行，也可以与客户中心的虚拟座席或实体座席随时互动。客户的真知灼见或者碎片建议，可以在企业网站或者个人空间中同步体现。如有购买行为，或可当场拆封试用，或可指定配送时间，各种选项皆有。之后的售后服务，如果有必要，也将是数实相生，体验随意。

为什么还叫作“呼叫中心”

“为什么火车早就不用火为动力了，却依然被称作火车？”同样地，“呼叫中心”是目前我们这个群体的官方称谓。

行业(或产业，英文为industry)是指从事相同性质的经济活动的所有单位的集合。《国民经济行业分类》规定了全社会经济活动的分类与代码，适用于在统计、计划、财政、税收、工商等国家宏观管理中，对经济活动的分类，并用于信息处理和信息交换。

按照行业同仁的共识，以电信“九七”工程作为行业始点的标志，呼叫中心在中国已经发展了约25年的时间。最初，呼叫中心并没有取得合法的身份，因此是“行业”还是“产业”的纷争一直存在。直到2012年，作为战略性新兴产业的一个新的分支，其被国家统计局收录在行业分类目录里，最初的行业代码为6592，之后进行过调整如下：

国民经济行业分类(GB/T 4754—2017)于2017年10月1日实施，新版行业分类共有20个门类、97个大类、473个中类、1380个小类。与2011年版比较，门类没有变化，大类增加了1个，中类增加了41个，小类增加了286个。

在新版行业分类中，呼叫中心行业的归类信息如下。

65：软件和信息技术服务业，指对信息传输、信息制作、信息提供和信息接收过程中产生的技术问题或技术需求所提供的服务。

659：其他信息技术服务业。

6591：呼叫中心，指受企事业单位委托，利用与公用电话网或因特网连接的呼叫中心系统和数据库技术，经过信息采集、加工、存储等建立信息库，通过固定网、移动网或因特网等公众通信网络向用户提供有关该企事业单位的业务咨询、信息咨询和数据查询等服务。

读者是谁？应该如何用这本书？

本书面向的读者群包括高等院校相关专业师生，从事客户关系管理及呼叫中心相关工作的人员，特别是客户中心管理和数字服务运营及相关领域的各层级人员。我们试图通过这样一本行业基石性质的图书与我们的同行探讨：本行业存在的基础，核心的价值、内涵和外延，关键性的管理脉络，核心岗位的能力要求等。

本书并不试图替代任何一本专项管理图书和(或)训练教程的专业性和实操性价值，仅定位为本行业运营管理现场的一部基础性的理论规范和实务操作指引。虽然有约25年的发展历史，本领域还处于早期快速形成的阶段，很多术语的定义和管理评判标准也依然处于快速迭代中，本书提供了2022年更新的行业术语表(读者可扫描右侧二维码获取)，以此我们也试图说明：这是一个快速迭代的应用型领域，我们将伴随各位同行在实践中探索，在总结中提升。

行业术语表

本书的基础框架和CC-CMM国际标准的内容有许多呼应的地方，但是我们并不否认任何其他运营标准体系的价值及其对行业的贡献。唯有这样，才是一个实践性行业得以快速成长壮大的积极姿态。

是为序。

赵　溪
客户世界机构创办人
希莫标准组织(CC-CMM/DO-CMM)主席
中国信息协会数字经济专业委员会副会长
2023年1月11日于北京

第4版序言

《客户服务导论与呼叫中心实务》已经第 4 次修订出版了，作为一本定位很窄的专业领域的管理图书，似乎已取得不错的市场成绩。热心的编辑们希望我对本书的读者们谈谈呼叫中心及相关产业的观察和评论，心有惶恐，在此赘述如下。

呼叫中心产业发展的核心是培养具备服务精神的从业者

从标志性的电信“九七”工程开始，呼叫中心产业在国内开始进入成熟发展期。从业人口超过百万，产值规模突破700亿元，然而，整体运营能力的成熟度水平却有待进一步提高。本书期待作为一本普及型的管理教程，帮助我们的管理者建立正确的运营和发展理念。

随着近年来国内劳动力成本的不断攀升，以劳动力密集为基本特点的呼叫中心产业亟待提升从业者的整体素质，而其核心就是培养具备服务精神的从业者。据不完全统计，国内已经有超过百所大中专院校开设了“呼叫中心服务与管理”(专业代码：590319)和“客户服务管理”(专业代码：620507)等相关专业。本书也期待在人才培养领域发挥一定的参考作用。

对客户管理和服务科学的研究应当成为全社会的共识

目前市面上对“客户管理”的理解普遍限于“客户关系管理CRM”软件的应用，而我们刻意将其外延扩大，定义为“CCM(customer care & management)”，是指围绕客户生命周期、将适合的资源以适当的方式提供给合适的客户的战略思想和行动方法。

客户管理重点研究如何定位和识别最好的客户，如何实现以客户为中心的服务运营，如何实施以客户为导向的营销策略，并基于“忠诚度营销价值链”的管理方法来探讨如何建立客户联络、如何发展客户关系、如何营造客户体验、如何赢得客户忠诚，以及如何经营客户价值。

随着以信息通信技术为代表的新一轮科技革命的发展，全球的服务业正经历着“技术—经济”范式转换的核心，互联网、云计算、物联网、知识服务、智能服务的迅猛发展正在为服务创新提供有力的工具和支撑环境，服务业正在成为推动经济和社会发展的战略性高端产业。

由IBM所提出的“服务科学”SSME(services sciences, management, and engineering)概念与本书提出和探讨的“客户管理”虽然切入点有所不同，但其内涵非常相似，只是“服务科学”是一个更大的表述，为由此衍生出的对“服务经济”的研究带来了新的机遇和挑战。

管理学科的发展离不开企业实践的融合

从服务科学的英文名称我们不难发现，这既是科学，也是管理，还是工程。呼叫中心的运营实践需要在更多创新型理论的指导之下得以完善，而涉及服务科学和客户管理的理论研究则需要包括呼叫中心等渠道的运营实践加以检验和完善。回头再看本书的定位，我们对《客户服务导论与呼叫中心实务(第 4 版)》进行了比较大幅度的修订，期待能在理论和实践的融合领域做一些积极的尝试。

成书是一个艰难的过程，尤其是对原版进行再一次的修订。依稀记得2000年第一次写呼叫中心管理书时所写的前言："从这里开始你奇妙的工作旅程！"其中写了自己的惶恐和认真，表达了自己愿意为行业填补空白的初衷，同时认真表达了"把自己当成一个可以被大家批评的靶子，成为一个哪怕存在谬误的基准(benchmark)"的信念。我要衷心感谢《客户世界》杂志过往十年中的每一位读者、作者和编者们，正是你们点滴的思想精华汇集成今天这样一部并不完善的作品。也感谢清华大学出版社的编辑们，正是你们长久以来的鼓励，支持我走到今天。

呼叫中心依然是一个新兴的领域，让我们重整旗鼓再出发！

赵　溪

2013年元月于北京

第5版前言

客户，企业的命脉与困惑

面对飞速发展的市场环境，越来越多的企业处在战略转型的变革之中：从以产品为中心到以客户为中心的企业理念的转型；从直线化、多层次化内外沟通到扁平化、网络化沟通体系的转型；从以交易为基础的销售向以关系为基础的销售转型；从大众化营销到精准化营销的转型；从标准化服务到差异化、个性化服务的转型；从平行市场通路到整合市场通路的转型；从传统的层级式管理向数字化全方位管理转型。

在进行这一系列转型的过程当中，更多的企业开始将自己的关注点转向客户，对于客户需求的搜集、迎合和研究被放在公司经营战略层面上。每一位企业的经营管理者越来越清楚地意识到，企业的客户部门正在成为企业面对客户重要的(甚至是唯一的)整合平台和窗口；而这一平台和窗口，在很大程度上将成为企业继生产、技术等部门之后的又一命脉。

于是，客户中心和CRM(客户关系管理)开始在中国迅速地发展。我们欣喜地看到，国内主要的服务机构(如电信、金融、邮政、互联网)已经普遍建立了基于客户中心的客户持续关怀体系；而且随着应用的不断拓展，它们中的相当一部分已经透过业务数据、客户数据等多维数据的整合有效地开展主动业务服务。那么，究竟该如何理解客户？如何与客户建立持续的关系，寻找场景展开服务和营销？客户持续关怀体系是否等同于客户中心抑或CRM？除了营销和服务，我们还应当为客户做些什么……

围绕客户的这些或清晰或困惑的理论和实践，我们深刻地意识到，这不是一招一式(建立起客户中心等)、一套“武学秘籍”(采购一套CRM系统等)就可以轻松搞定的，它需要的是内外兼修的长期积淀和“无招胜有招”的境界。换言之，客户需要的不是客户中心和CRM，他们需要企业真切地关怀他们，尽管这种关怀和管理需要通过许多系统和渠道实现。这就是我们所理解的“客户关怀及管理”。

本书的内容和主要特色

面对数字化大潮，该如何从数字化转型的角度重新领悟“客户关怀及管理”更高的境界呢？第5版更新了第4版第一篇中较陈旧的内容，并根据目前的“客服场景”，重新撰写了第二篇和第三篇的内容。本书立足于“理”和“技”两大主题，总结中国本土的经验，是一本贴合实际工作需求、解答工作疑惑的实用读物。

本书的主要内容和特色包含以下几个方面。

第一，从客户服务基础理念和基本概念谈起，从理念、战略到流程、方法，最后落实到工具，可以从“正本清源”的角度矫正过往一些含混或错误的概念，为正确的实践奠定基础。

第二，结合客户服务行业从业人员的工作实际阐述，内容包含职业道德及职业生涯规划和客户服务技巧(操作技能、心理及语音技巧、客户互动技巧等)，具有很强的实用性。

第三，将客户服务理论与实际应用有效结合，在总揽客户服务理念、战略、方法、流程的基础之上，将本书重点落到数字化转型与客户中心的运营实践中，全面介绍客户中心技术、应用及其操作流程，全媒体时代的能力拓展和服务技巧，使本书能够对实际工作产生具体的指导价值。

阅读对象

本书根据《中国呼叫中心产业能力建设管理规范》的要求编写，是国家发展和改革委员会及工业和信息化部呼叫中心从业人员技能鉴定与考核的指定用书。

作为“客户世界管理—运营—技能基准系列”的重要组成部分，供业界管理及服务人员自学和企业内训使用。这里的“客户信息服务人员”包括客户中心呼入/呼出/在线/媒体运营业务座席员、电话营销员、营业厅服务员、大客户专员、信息整合及处理人员、热线接听人员等。

本书可供高等院校选作相关专业教材使用，还可供从事客户关系管理及呼叫中心相关工作的人员阅读。

说明与感谢

写书的过程本就是一次回顾，国内客户关怀及管理相关产业的发展已经近20年，首先应该感谢那些为这个产业的发展作出历史性贡献的专家和学者们。正是基于他们长期的研究和实践，才逐步为国内本领域的发展积累了有价值的资源和行业规范发展的标准。这本书的面世得到了许多专家的意见和建议，书中所选用的资料有许多来自《客户世界》月刊和客户世界网(www.ccmw.net)多位作者的实践积累，在此一并表示感谢！

真诚地感谢清华大学出版社编辑们的帮助和鼓励，感谢每一位专家和领导，正是基于他们无微不至的关心和严谨认真的学术态度，我们才能在这么短的时间内将这本书奉献给读者。同时，我们要向“国家职业标准——客户中心管理师”“国家职业标准——外包运营管理师”历届培训班参训学员致谢，在之前长达两年、每月两期的课程中，我们从您们的身上汲取了来自一线的实践经验，这个研究、试验、总结、调整的过程对本书的成型起到了关键作用。

本书提供丰富的教学资源，包括但不限于教学课件、习题答案等，读者可通过扫描右侧二维码获取。

教学资源

由于本书是国内经验积累的汇集，所涉及的内容较多且杂，加上笔者水平有限，错误与不足之处在所难免，由衷地希望广大读者批评指正。同时，欢迎有意探讨如何在中国进行客户关怀及管理研究和实践的思想家和实践者与笔者联系。让我们同心协力，为中国企业客户关怀及管理水平的提高助一臂之力，为打造世界级企业奠定坚实的知识和思想基础！

编　者

2023年1月

目　录

第一篇

客户管理与客户服务

随着经济的高速发展，服务日趋重要，服务业的发展程度已成为衡量一个国家经济现代化水平的重要标志。在我国，服务产业占总就业的比例和占国民经济的比重越来越大，服务科学与管理日趋重要，服务科学、管理和工程学科应运而生。

服务科学是一个新的科学概念，旨在用跨科学的方法，通过学术界和服务业的深度合作来解决服务经济中的复杂问题。服务科学、管理和工程学科重点关注服务研究、服务教育及服务的经济价值，其中就包括客户管理。客户管理，是兴起于服务经济时代的一种现代管理理念，它在20世纪80年代伴随服务及营销观念而诞生，并随着信息技术的不断成熟而迅速发展。客户管理理念引导企业准确地识别客户，建立与客户的密切联络，维持与客户的持续互动，实现客户满意，赢得客户忠诚，促进企业管理由内部控制向外部协调的扩张与延伸。它帮助企业解决了为谁提供产品和服务，提供哪些产品和服务，如何提供这些产品和服务等生产经营管理的核心问题，建立和发展企业与客户共生双赢的关系，从而最大限度地挖掘和创造客户价值。

第 1 章

服务科学

1.1 服务科学、管理和工程

1.1.1 服务科学、管理和工程的背景

SSME，英文为“service science， management， engineering”，即服务科学、管理和工程。

服务经济包括工业经济中的服务部分，以及制造业、农业、渔业和矿业中的服务部分。通过过去50年的GDP统计数据和制造企业的年度财务报表，我们已感受到服务经济的惊人增长速度。服务型企业的排名逐渐靠前，以及许多非服务型企业服务利润的增加都反映了这个经济现实。虽然服务经济增长迅速，但服务本身并没有一个广为接受的定义。此外，服务的生产力、质量、兼容性、创新性仍处在初级发展阶段。以医疗服务为例，要实现医疗的创新，需要占用常规医疗的资源以解决疑难杂症。虽然其在创新上有了实质性的进步，但医院的运转效率却因为资源的减少而明显降低。

服务与创新就像两个互不相干的平行宇宙，为何关于服务经济的基础研究进度缓慢，其主要原因有以下几个：

(1) 服务业的多样性及其与应用领域的结合，使人们很难发现服务经济的通用性原理；

(2) 存在“服务低产出”的误解；

(3) 存在“服务的生产效率低且难以提高”的误解；

(4) 无法通过专利或其他手段保护服务创新；

(5) 用于建立服务基础理论的数据往往是机密的和私有的，难以获取；

(6) 服务研究具有多学科交叉属性，这意味着分学科单独发展不如合作研究取得的进展大。

过去的20年，全球范围内对服务业的研究有加速的趋势。例如，服务管理、服务运作、服务市场营销及其他服务相关课程已在商学院中开展，且有完善的教材、期刊和会议。工学院的运筹学、工业和系统工程课程都将研究重点从工厂生产转移到了服务运作和服务价值链上。此外，计算机系也开始研究和讲授关于Web服务、面向服务架构、数据中心经济学及网络信息服务技术的课程。社会科学，尤其是经济学，也已开始研究服务的生产、供应和消费。著名的经济学家威廉·鲍莫尔(William Baumo)曾在20世纪六七十年代研究过服务的非生产性本质，也已开始为服务的研究和投资出谋划策，并总结说：“……创新活动的本质就是服务活动。”

政府和咨询公司也意识到，现在是一个很好的机遇，并计划发展关于服务的研究。例如，美国国家工程院在2003年《学术研究对工业性能的影响》报告中总结道：

……研究表明，服务业极大地推动了产学互动。服务业占美国国内生产总值的80%以上，从业人员包括很多科学家和工程人员，信息技术主要为服务业服务。对大多数制造型企业来说，企业的竞争变成服务(如后勤、销售及客户服务)的竞争。服务基础设施(如财务、交通、通信和医疗)的创新与生产力的提高已对其他经济领域的生产效率和性能产生了深远影响。然而，学术研究此前并不关心服务的商业需求，也没有为满足服务的商业需要而组织行动。大学所做的服务业研究面临的挑战包括：①对系统和工业工程概念的应用；②技术研究与社会科学、管理、政策研究的整合；③教育、培训理工科毕业生掌握处理管理、政策和社会问题的能力。

又如，在我国，“加快发展服务业”被列入了2006—2010年的“十一五”规划内容，这体现了政府对服务创新的关注及满足多样化服务需求，促进服务业发展的政策。2006年7月的《ACM通信》杂刊开辟了服务科学专栏，报道了全球在服务研究领域的进展，并且探讨了发展服务科学所需的跨学科合作。2007年，澳大利亚在布里斯班的昆士兰大学举办了第15届服务前沿年会，该会议在“Colin Clark①”楼召开。同年，日本科技局以服务创新为主题，创建了一个供工业界、学术界和政府合作的论坛。在过去10年中，欧盟在服务创新方面处于领先地位，并取得了卓越的成绩。

相对于其他新兴的研究领域，如纳米技术、生物信息学和网络架构等，政府进一步投资服务研究的最大障碍很大程度在于缺乏服务的基础理论，该理论应包含服务研究的问题、工具、方法和理论及其与实际的结合。一种观点主张经济学或复杂系统科学是研究服务基础理论的出发点。另一种观点认为由于服务在经济中的普遍性，专业领域将为服务研究提供帮助，如生物信息学为医疗创新提供了基础。该观点还主张服务主要是应用科学或者实用科学，并非深奥的理论学科，不具备进行独立理论研究的价值。此外，还有人认为在大型、通用、复杂的服务科学和一些小的特定应用服务科学之间存在着中立区域。

1.1.2 服务科学、管理和工程的研究方法

服务基础理论研究采用了两种方法：“统一服务理论”由服务运营和管理理论衍生而来；“演化服务中心逻辑”由服务市场营销理论衍生而来。

在《统一服务理论的基础与含义》中，首次提出了统一服务理论的需求，并列出了优良归纳理论的六大标准(Locke，2005)：

(1) 基于观察和数据；

(2) 通过指出自身与其他理论中具体概念的区别来定义概念；

(3) 集成概念并解决明显的矛盾；

(4) 定义因果关系；

(5) 需要时间来发展；

(6) 概念是开放式的，允许扩展和复用。

① Colin Clark(科林・克拉克)是第一个对全球服务业的经济增长进行统计的经济学家。

这个理论的起点是“客户通过服务流程为生产流程提供有意义的输入”，强调客户的输入是必需的，将生产流程定义为服务流程，以区别于制造业等，并指出客户输入是服务管理问题的核心部分。

随后，其致力于将研究成果与之前基于无形性、异构性、同步性(不可分割性)、易腐性和客户参与等服务观点统一起来。他们提出，“客户参与”被某些学者称为“联产”的本质原因是其对“客户输入”的狭义理解。“联产”过多地被理解为客户作为劳动力参与生产过程，事实上他们也提供财物和信息。他们还提到客户联系理论与其理论密切相关，即用户输入包括前台服务(真实客户)和后台服务(虚拟客户)。客户输入的内容和方式是其他框架的研究重点，包括服务流程矩阵、服务技术化、客户联系程度和服务主体(货物、信息、人)框架，服务流程或服务包矩阵，标准化/不可预测输入框架。用户输入的本质(确定和不确定的)和用户输入的双向流，已被认为是一种双层双向的服务供应链。

B2B服务和供应链管理领域也被认为是未来研究的重点，从以下三个方面提出了统一服务理论涉及的操作问题。

(1) 能力和需求管理(如订座系统，非高峰期的定价策略，自助服务，时间心理学等)。

(2) 质量管理(如改进客户的筛选能力，管理客户期望，创建并公开服务质量的客观标准和度量标准等)。

(3) 策略管理，即根据不同的成本和服务质量要求，提供不同的策略。如成本优先的策略，通过自助服务的方式提供服务；再如市场细分策略，通过筛选和市场细分将有相同需求的客户归为一类，并通过整合、优化用户需求的方式来区别用户，如亚马逊的图书推荐系统。

统一服务理论满足以下几个标准：

- 基于大量文献和对多种行业的观察；
- 定义了服务，并将其从某种程度上与传统制造业的概念区分开来；
- 在共有的基础上整合已有的服务管理模型；
- 描述了多种服务现象的原因(如客户输入的需求)；
- 基于他人及经验的研究；
- 从应用的角度来开放式地定义服务。

在市场营销中采用服务中心逻辑正在逐步取代过去两个世纪处于统治地位的商品中心逻辑，这一理论也取得了很大进展。为了完善服务的基础理论，必须先确定服务中心逻辑，以建立服务的概念、世界观及基础命题的集合。为了促进服务中心逻辑的演化，提出了8个待验证的基础命题。

- 命题一：专业技术与知识的应用是服务中心的基本交流单元。
- 命题二：间接交流会掩盖基本交流单元。
- 命题三：服务创造的价值将体现在销售报告上。
- 命题四：知识是竞争优势的基础来源。
- 命题五：所有经济都是服务经济。
- 命题六：客户是共同生产者。
- 命题七：企业只能提供有价值的建议。

- 命题八：以服务为中心的视角是面向客户的。

服务科学定义了“服务”的本质概念，即：通过应用自身的能力使另一方获益。他们倾向于采用术语“service”(单数形式，表流程)，以区别于“services”(复数形式，表无形的商品)。他们认为“价值是共同创造的”；强调关系型市场，而非事务型市场；焦点从“可操作的资源”(名词)向“操作资源”(动词)转变；预测所有经济都是服务经济。基于这个定义，所有交易都是服务交易。

将服务中心逻辑与 “客户输入是所有流程的一部分”的观点相关联，并不直接与命题二相关。商品中心逻辑意味着商品质量是标准化的质量，从本质上说很适合开展自助服务。它们具有确定性、生产消费分离性、标准化特性和存在性。服务中心逻辑将提供服务的能力和消费服务的能力变为关注的焦点，并或多或少地将它们放在对等的地位。虽然复杂的自助服务可能需要消费者具备很强的专业能力，但是，自助服务仍是服务业的主要竞争者。

《服务中心逻辑：是什么，不是什么，可能是什么》强调了这种世界观的演化本质。在“可能是什么”部分中，他们预测了服务中心逻辑的4个研究方向：

(1) 市场营销范例转移的基础；

(2) 公司理论；

(3) 经济理论的重定向；

(4) 社会理论的重定向。

上述8个基础命题以市场范例转移为目标，因此，后三个研究方向可能会需要更多的基础命题。例如，在讨论了企业家开办新公司的重要性之后，这样一个基础命题应被提出：企业的生存法则是将零散的专业技能集成转化为复合的服务，以符合市场的需求。

将服务中心逻辑转化为服务的基础理论还需要付出很多努力。如果服务的实际应用是为了其他实体的利益，且所有交流都是服务间的(间接且专业化)，那么，这就需要理解实体、能力、沟通、利益、间接关系和专业化。在《竞争的基础理论：资源、能力、生产力、经济增长》中提出了类似的概念基础。作为资源领先理论，胡特提出了9个与新古典主义经济理论相对立的前提假设：

(1) 行业内外的需求是多样的、动态的；

(2) 客户信息是昂贵的且不完整的；

(3) 大众目标受制于个人利益；

(4) 公司的目标高于财务表现；

(5) 公司信息是昂贵的且不完整的；

(6) 公司的资源包括财务、实物、规划、人员、组织和信息；

(7) 资源是异构的，且部分可移动；

(8) 管理者的职责是辨别、理解、创造、选择、实现和修改策略；

(9) 竞争性的动态环境具有不稳定、易激化的特点，且具有内在的创造性。

将服务基础理论建立在实体间竞争基础理论上具有一定优势。商业和专业服务是服务经济中增长最快的一部分，但在服务研究相关文献中，并没有详尽地描述B2B服务研究。实体间竞争的资源优势理论能更好地适应服务经济全球化和技术外包化的发展趋势。此外，服务市场的主要竞争实际上是消费者(借助于自助服务)竞争。一个显而易见的竞争优势就是为不同的国家、城市、公司、大众提供服务。

1.1.3 服务科学、管理和工程的相关基础学科

每个学科致力于创造一个知识体，以便于该学科的专业人士用以解释现象、回答问题、解决社会问题。本节涉及的基础理论服务的10个领域是：经济和法律，运筹学，工业工程，计算机科学，信息科学，工商管理硕士和管理咨询，管理信息系统和知识管理，组织研究和组织学习，城市规划、生态系统服务和自然服务，以及复杂科学和社会系统研究的复杂自适应系统。

1. 经济和法律

经济学是研究人类活动的社会科学，涉及产品的生产、分配和服务的消费。微观经济学是经济学的一个分支，关注个体、家庭、公司或企业(包括营利性和非营利性组织、政府和非政府机构)。宏观经济学考虑整个国家和全球的经济，有许多经济学的分支涉及服务基础理论，其中计量经济学是一个较为重要的领域，它致力于用变量衡量经济收益，并找出这些变量间的关系。例如：计量经济学家正在研究如何衡量服务生产力、质量、灵活性和创新。实验经济学或行为经济学则是比较新的领域，通过实验了解人类的决策过程。信息经济学旨在了解信息如何影响家庭、公司和国家的经济决策。此外，复杂经济学(与演化经济学强烈相关)旨在通过模拟经济实体及其决策过程，统一宏观经济学和微观经济学。对经济增长与产业经济学的研究与服务的基础理论密切相关，因为技术进步或者能力改善是这些模式的组成部分，另一个重要部分是体制经济学研究的领域。由于空间关系在服务中的重要性，城市经济学、经济地理学和国际经济学(国际贸易)有很大的相关性。

法律和经济之间的联系对服务有重大的影响，它不仅影响国际贸易和公司间的服务合同，而且影响对新的公平和可持续发展的服务所做出的相关设计。法律和经济学或法律的经济分析都是法律学的术语，并且借鉴了经济学的方法和理念。律师和法律学者所用的“法律和经济”术语是指将经济学方法应用到法律问题。由于法律体系和政治体系的重叠，一些法律和经济学的问题也在政治经济学和政治科学里提出来。

服务的基础理论需要借鉴和结合经济学的许多领域。我们必须明白经济实体生产和消费服务时的价值副产物。实体内部服务的起源是什么，实体间服务的起源是什么，经济实体(家庭、公司、城市、国家)间服务的生产和消费优于某些形式的自助服务。

服务的基础理论核心是双赢的价值主张。比较优势理论解释了即使有一方能以更低的生产成本提供相同的服务，甚至更多，两个企业实体仍能从服务贸易中获益的原因：重要的不是绝对的生产成本，而是两个实体提供不同服务的难易程度，这个概念在现代国际贸易理论中非常重要。在服务的基础理论中，生产成本和消费成本扩充了比较优势概念。

2. 运筹学

运筹学(OR)，或称操作研究，是跨学科的科学，其将科学方法(如数学建模、统计和决策算法)部署到复杂的实际问题中去，关注公司内操作的协调和执行。从本质上说，组织的特性是无形的。使用OR的最终目的是为科学问题寻求较好的解决方案，以提高和优化公司的效能。运筹学和管理科学经常被认为更关注商业管理问题，而运筹学与工业工程密切相

关。工业工程需更多地从工程角度考虑问题，工业工程师通常把运筹技术作为主要工具。运筹学的主要研究工具是统计、优化、随机、排队论、博弈论、图论和仿真。由于这些领域具有一定的计算本性，运筹学与计算机科学关系密切，运筹学研究员也经常使用定制或成品软件。运筹学因其可以观察和改进整个系统，而不是仅仅关注系统的特定元素(尽管这也很常用)而出名。在给定系统性质、改进目标、时间及计算能力限制的前提下，运筹学研究员判断哪种技术是最合适的。因此，运筹学研究中的人力因素是至关重要的，因为OR技术本身并不能自主解决问题。

服务的基础理论必须借鉴和结合运筹学，许多涉及服务运筹和管理的实际问题都用到了运筹学的相关方法。这些问题包括：后台办公室服务业务，供应链管理，网络设计服务质量保证，舰队调度和野战勤务操作，高效客户关系管理，优化工厂中机器人的自动化和劳动力管理。OR工具和方法可以促进实体内部和实体间的服务性能的演化，可以平衡生产和消费服务的成本转移，可以提升体制中的代理经营和管理服务交易动态技术能力，以及提升人口的流动性及其专业能力。

3. 工业工程

工业工程是工程学科，它主要关注开发、改进、实施和评价，关注由人、知识、设备、能源和材料与工艺组成的系统整体性能。工业工程借鉴工程分析、数学、物理、社会科学、哲学、工业分析和设计的原则和方法，来说明、预测和评估系统的结果。工业工程师的职责是减少时间、金钱、材料、能源和其他资源的浪费。大多数的工程学科只应用于某个特定领域，而工业工程可应用于很多领域。应用工业工程的例子有：缩短主题公园的排队时间，精简手术室，向世界各地分发产品，制造更便宜和更可靠的汽车。“工业工程师”这一术语原本只适用于制造业，现已扩展到服务及其他行业，如运筹学、系统工程、人机工程和质量工程等，在保证质量的前提下制造更多的产品，提高生产力，这使得工业工程师的工作更有效。服务的基础理论应该借鉴工业工程和系统工程。以上的分析清楚地显示了从工业工程到服务的转移，重点描述了改进系统时必须考虑的元素(人、知识、设备、能源、材料和过程)。最近涌现的服务工程和工程系统设计领域的结合，引发了更多的讨论工业工程和系统工程的课程，这些课程教授通过化学、物理学手段进行过程改进的方法。

4. 计算机科学

计算机科学是研究计算机系统的科学，计算机科学家以推进信息技术的发展为己任。从允许自助服务的零售业电子商务网站到人工智能和机器人，计算机科学正在推进多种实用服务的发展，对Web服务、面向服务的体系架构和网络服务的研究呈上升趋势。计算机科学中与服务的基础理论相关的是多代理系统。计算机科学中，多代理系统(MAS)是指由若干代理组成的，能够达到单个代理或孤立系统所难以完成的目标的系统。目前，多代理系统的本质存在诸多争议，有人认为这些代理是自治的。例如，一个家用地面清洁机器人只需要人类的启动操作，可以认为是自治的。而实际上，所有的代理都是在人类监控下工作的，更进一步说，对人越重要的代理活动，受到人类的控制也越多。事实上，人们不是需要自治系统，而是需要互助系统。也可认为MAS包含人类，人类与社会通常也能被看作多代理系统的实例。即便所有代理个体的决策都很简单，多代理系统仍然能够表现出自组织特点和复杂的行为。MAS的研究主题包括：信念、需求和目的(BDI)，合作和协作，组织，通信，谈判，分布式问题的解决，多代理学习，科学组织，可靠性和容错性。

同经济学、运筹学和工业工程一样，计算机科学也要处理复杂系统的建模问题，研究提高系统性能的新方法和新工具。但是，社会成本和经济成本在前三个学科的建模过程中会更显著。并且从社会经济学的角度来看，改进的系统更具生产性。在计算机科学中，成本通常与程序复杂度或算法的空间复杂度和时间复杂度相关。计算机科学家参与到机制设计理论的研究中，以协调对成本的两种理解。机制设计是博弈论的一个子领域，通过建立一个能够满足所有设计者的意图结构，以满足特定输出的博弈规则。这样，这个博弈可以被认为实现了产出，其强度依赖于使用的解决方案。大多数机制设计中的结果已经由经济学家们实现，但是也有数学家、计算机科学家和电子工程师在这个领域中继续工作。机制设计的第一个应用是创建市场，如拍卖；第二个应用是设计匹配算法，如给医学院毕业生分配实习任务；第三个应用是提供公共物品和设计政府纳税机制。

服务的基础理论将借鉴计算机科学的概念为服务建模，特别是利用多代理系统和机制设计理论。此外，服务计算(涉及的技术能力和标准都围绕Web服务和面向服务的体系架构)正在快速发展为一个专业的计算领域。多代理系统参考了一些分布式人工智能领域的研究，大量借鉴了MMORPGs (多人多角色在线角色扮演游戏)内的工会，如魔兽世界是未来在线服务交换的培养皿。

5. 信息科学

信息科学是一个跨学科的科学，主要关注信息的收集、分类、操作、储存、检索和分发。信息科学研究公司对知识的应用，人与人之间的互动，公司系统和信息系统。信息科学经常被当作计算机科学的一个分支来研究，并认为其与认知科学和社会科学密切相关。信息科学侧重从利益主体的角度来认识问题，然后应用需要的信息(及其他)技术。换句话说，它首先处理问题而不是技术。近年来，信息科学考虑了人机交互、组件、语义Web(语义网)、价值敏感设计、迭代流程设计，以及人们产生、使用和查找信息的方式。有人将信息学理解为信息科学的同义词，但这两个是不同的概念。由于信息学的快速发展及其跨学科的性质，目前难以确定信息学的确切含义。区域差异和国际术语使问题复杂化，如医学信息领域，大部分现今所谓的“信息学”以前被称为“信息科学”。当图书馆专家开始使用“信息科学”来指代他们的工作时，计算机科学家使用了“信息学”作为回应，以示区别。在英国，“信息科学”被当作一种研究自然的、人工智能或工程化的、信息处理的系统科学。经济实体的4种类型(家庭、公司、城市和国家)在实体内部或实体之间有两个层次的双向服务供应链。服务的基础理论需要借鉴信息科学的相关内容。

6. 工商管理硕士和管理咨询

工商管理硕士(MBA)是经济管理硕士学位，吸引了不同学科领域的人。MBA起源于美国的工业化时期，目的是为公司寻求科学的管理方法。MBA为学生提供各种课程，包括经济学、组织行为学、市场营销、会计(活动成本)、财务、策略、业务管理、国际商务、信息技术管理、创新管理、人力资本管理、风险与保险管理、财务工程、电子采购、电子商务、政府政策、策略咨询及管理咨询。

管理咨询(也称策略咨询)指通过分析已有的业务问题和未来发展计划来帮助公司提高业绩的活动，有专门从事此类咨询服务的公司。管理咨询涉及定义和培养最佳实践、技术分析、可变管理、培养技巧、发展策略，甚至包括局外人看来的简单优势。业务顾问，通常提供识别问题的正式框架或方法，或提出更快更有效地执行业务的方法。管理咨询在非商业领域越来越普遍。由于专业咨询需求的增长，其他行业，如政府、类似政府的机构和非营利机构正开展类似的经营活动以帮助私营企业的发展。管理咨询和其他咨询实践之间没有清楚的界线，如信息技术咨询。

服务的基础理论必须大量借鉴应用MBA模式的公司和企业管理咨询实践中的知识。技术管理和创新管理与公司的发展密切相关，正式的建模公司的工具仍处在初级阶段，但如果这些工具存在并广泛使用的话，OR、IE(工业工程)和管理咨询之间的结合将成为可能。

7. 管理信息系统和知识管理

管理信息系统是涵盖了从信息技术应用到商业问题的学科，也称信息技术管理。对信息系统的研究，通常是商业和商务管理学科(常与软件工程相关)整合的计算机系统。应区别信息技术管理与计算机科学：计算机科学在本质上更注重理论性，主要处理计算机硬件制造和软件设计；信息技术服务管理更注重实践性。在商业中，信息系统支持商业过程的操作、决策和制定竞争策略。

知识管理(KM，knowledge management)是指公司收集、管理及使用知识的方式。通过向公司引入一系列用于识别和捕获知识的方法、技术诀窍、专家意见和其他智力资产，以改进公司效益，提高公司的学习能力。知识管理程序通常和公司的具体目标联系在一起，如：提高公司业绩，使公司更具竞争优势，或实现更高层次的创新。知识转移(KM的一个方面)一直以另一种形式(如讨论、师傅带徒弟模式、专业培训和指导)存在，20世纪后期以来，通过知识库和专家系统及其他知识存储形式，KM程序试图主动地评价和管理知识资本积累和应用的过程。因此，KM综合了各种思想和实践，并且与以下几个方面有关：

- 知识经济领域的智力资本和脑力工作者；
- 学习型公司的思想；
- 各种授权公司的实践情况，如记录社区和公司内部专家信息的黄页；
- 各种先进的技术，如知识库和专家系统、帮助平台、企业内网和外网内容管理、维基百科、多人协作文件管理。

虽然知识管理程序与公司学习的主动性密切相关，但因其主要关注特定知识集、隐性知识和显性知识之间的区别、管理中的复杂面、智力资源的评估和使用、新的公司角色和职责(如行政知识主任的出现)，因此知识管理程序与公司学习仍有差异。信息经济学理论的实践体现在信息系统的管理和知识管理上。在企业层面的服务基础理论需要借鉴和结合这些领域的知识。这些领域中的技术变革的步伐和新方法，不但能够成就公司竞争优势和良好的业绩，也是企业间和企业内部的服务生产和消费的主要来源。

8. 组织研究和组织学习

组织研究、组织行为和组织理论是与组织的学术研究相关的术语，一般通过经济学、社会学、政治学、人类学和心理学的方法来研究。相关的实践学科包括人力资源(HR)、工业和组织心理学。组织研究关注组织中个人和群体的动态及组织自身的特性。组织研究试图理解并建模影响组织中的人与人之间的交互活动的各种要素。与所有社会科学类似，组织致力于控制、预测并解释这些要素，但因控制雇员的行为等引发了一些争议，所以，组织行为学或工业心理学(OB)有时被指控为强权的科学工具，但其确实对组织发展和帮助组织成功起着至关重要的作用。

组织学习是组织理论中的知识领域，它关注组织学习和自适应的模型和理论。在组织发展(OD)过程中，学习性是自适应组织的特点，比如：一个能根据环境(外部和内部)变化做出相应改变的组织就是自适应组织。OD专家主要的工作就是协助其客户从经验中学习，并把学习所得的反馈纳入未来的规划。

这些学术研究领域对企业层面的服务基础理论都很关键。组织学习理论不仅促进了组织的不断发展，也促成了软件生产中的准时化标准和六西格玛质量评价方法的产生。

9. 城市规划、生态系统服务和自然服务

(1) 市区、城市或城镇的规划是处理土地使用的学科，它关注大都市、直辖市和小区的硬件、软件和经济的发展。一些专业人士更详细地处理小范围的发展问题，即建筑、园林和城市设计，区域规划较为粗略地关注相对较大范围的发展问题。从历史上看，城市发展在多数情况下是偶然事件的积累，而不是精心设计的过程。19世纪，建筑和土木工程学科逐渐兴起，城市规划开始受到这两个新兴学科的影响，它们通过结构设计解决城市问题。然而，20世纪60年代之后，对规划模型的批评得到了广泛的重视，它们将城市规划的范围扩展到经济发展规划、社区规划和社会环境规划等。

(2) 生态系统服务类似于经济服务，即自然环境产生有益于人类资源的过程。生态系统服务包括提供清洁的水和空气、作物授粉、缓解环境危害、病虫害控制。

由生态系统直接提供经济商品是一个越来越热门的研究领域，尤其是经过Gretchen Daily(格雷琴·戴利，斯坦福大学保育生物学家)的催化。生态系统服务的概念类似于自然资本。发表于2005年的《千禧年生态系统评估》一文说，60%的生态系统服务正在退化或逐渐消失。

(3) 自然服务这个术语指的是自然使人类获益的方式，尤其是那些能被经济术语评价的益处。在20世纪90年代，自然资本理论家对服务于人的自然服务进行了广泛的分析。自然服务经济创造的价值总和大约是每年为16万亿～54万亿美元，平均为33万亿美元[①]，大于人为经济活动创造的价值总和约25万亿美元。这个比较的基础是：用完全由人类的基础设施提供的等值服务来替换自然提供的服务。城市的服务设计是城市规划研究的一部分，服务基础理论的地理和生态系统需要借鉴这一领域的研究成果。

10. 复杂科学和社会系统研究的复杂自适应系统

复杂自适应系统是复杂系统的具体实例，因为它们具有多样性，由相互关联的要素组成，且具有自适应性，能从经验中学习并改变自己以适应环境。复杂自适应系统(CAS)这个术语由跨学科研究中心圣塔菲研究所提出。复杂科学不是单一的理论，它包含若干理论

① 数据来源：美国马里兰大学科斯坦萨(Costanza)教授等于1997年在《自然》杂志(*nature*)上发表的论文。

框架，并有高度的跨学科性，寻求关于适应力、可变系统的一些基本问题的答案。复杂自适应系统有股票市场、社会结构和蚁群、生物圈和生态系统、大脑和免疫系统、细胞和胚胎、制造业和在文化与社会系统中任何基于组的人类社会，如政党和社区。多代理系统(MAS)和CAS的不同之处在于两者对顶层属性的关注度不同，顶层属性包括自相似性、复杂性、涌现和自组织。MAS可简单地定义为一个由多个代理组成的系统。在CAS中，代理和系统都具有自适应性，且系统是自相似的。CAS是复杂的交互式自适应代理的自相似集合。

为了与服务的基础理论相关，CAS必须着眼于社会系统。举例来说，某些社会科学领域的CAS或基于代理的模型与服务的基础理论密切相关，包括：社会学、政治学、公共政策、家庭、人类学、经济学、经济史、通信、语言学、教育、认知科学和心理学。

1.1.4 服务科学、管理和工程与服务系统

1. 服务科学、管理和工程

服务科学、管理和工程的定义是：将科学、管理和工程学科的知识应用到任务中，使组织获益。现在，服务科学、管理和工程迫切要求工业界、政府和学术界更多地关注系统化服务创新。SSME作为被推荐的学科，将补充(不是取代)服务知识体系的不足。前面部分提到，许多现有的学科研究生产和消费服务的实体。

这些实体在本质上可能是社会、经济和自然人，但是服务的生产和消费将所有这些实体联系起来。实体拥有支持服务生产和消费的内部结构，并在生产和消费服务的过程中相互学习。

统一服务理论，其服务主导逻辑侧重于服务关系(客户在生产过程中的投入，通过运用各自的能力在“为了服务交换服务”模式中共同创造价值)，服务真正的竞争对手是自助服务，前提是客户有能力并且偏好自助服务。服务的消费者和供应商构成了网络，使得服务和服务的价值能够得以传递，这两种获得服务的方法也突出了间接服务或虚拟客户端输入(双层双向服务供应)的可能性。

回顾已有的服务相关学科把重点放在由多重元素组成的可交互实体系统，工业界普遍认为：“重点关心人、知识、设备、能源、材料和过程组成的集成系统的发展、改善、实施和评价。而工业工程这个术语最初应用于制造业，现在广泛应用于服务业及其他行业。”学术界普遍认为：“部署科学方法(如数学建模、统计和真实问题的决策算法)的跨学科的科学，这些方法关注组织的协调和运转。组织的本质基本上是非物质的。”关于多代理系统的文章指出：“在计算机科学中，多代理系统(MAS)是由多个代理组成的系统，能够实现单个代理或者单片机难以实现的目标。人们对代理本质的理解存在一些争议。此外，代理的活动对人类越重要，就越需要接受监控。事实上，人们很少需要自治系统，而需要相互依存的系统”。

接下来是在其他实体内生产和消费服务的实体的概念。该实体的能力极为重要，如基于客户实体输入调整服务输出的能力，否则客户将更加倾向于选择自助服务或者来自其他实体的服务。有趣的是，即使系统构件的自治能力迅速发展，人类的作用仍然非常重要。事实是，我们最关心的服务是那些受到法律保护的权利，这些权利(或法律)的定义及其监督

和执行(如基本自由财产权、隐私权等)方式是在生产和消费服务的复杂实体中随着时间的推移而演化的重要服务。

我们称生产和消费服务的实体集为服务系统，以突出其内部结构和外部生态系统。在日常生活中，我们经常遇到4种类型的实体，可以将它们抽象为家庭、公司、城市和国家。公司包括营利性组织、非营利组织、政府机构和非政府机构。对于服务系统而言，营利性组织是典型的实体。营利性组织存在于服务交换的复杂生态系统，有相当复杂的内部结构，被看作构件集或内部服务系统，拓展了实体内部服务和实体间服务的概念。家庭是一个典型的基础服务系统，因为其在所有的社会形式中为未来培养人才。因此，《世界人权宣言》16(3)说："家庭是基本的社会单元，有权受社会和国家保护。"家庭直接或间接地为下一代人进入社会做出贡献。企业日益关注员工工作和生活的平衡，城市和国家根据其为家庭提供的生活质量划分等级。因此，研究家庭、公司、城市和国家这些实体内和实体间服务的生产和消费是服务基础理论的重要开始。

我们将服务系统定义为一个由人、技术、其他内部和外部服务系统组成的价值副产物，并且共享信息(如语言和法律)。注意：这是一个递归的定义，强调了服务系统有内部结构(实体内服务)和外部结构(实体间服务)，服务系统可直接或间接地与其他的服务系统合作，产生双赢的结果。不要将真实的家庭、公司、城市和国家的概念与服务系统的抽象概念混淆，也不要认为服务系统的类型只局限于这4种。抽象的服务系统省略了很多细节，不过，我们有时会说"公司服务体系"或"公司的服务系统"，这实际上指的是"从我们定义一个服务系统的抽象视角"看公司服务系统两端所联系的是个人(个人通过外部服务系统生产和消费服务)和全球经济(包含许多生产和消费服务的内部服务系统)。完善的服务系统既有内部服务结构，又有外部服务结构。个人及其所有属性可以看成是特殊的服务系统，即使它们并不完全符合服务系统的定义。

服务的基础理论包括以下3个知识体系。

(1) 服务系统及其服务。理解新服务系统和新服务的起源，理解服务系统的定义及由服务系统产生的消费实例，理解人员、技术、信息、生产过程中的用户角色及服务他人的能力。

(2) 服务系统改进。理解服务系统改进的方式，理解服务系统如何随着投资而改进，包括提高效率(改进计划、方法及技术)、有效性(改进的衡量标准、目标和关键性能指标)和可维护性(可靠性和多功能性)。

(3) 服务系统扩展。理解将服务系统的改进(新功能)扩展(向外、向上扩展)到其他服务系统的方式，既在服务系统(家庭、公司、城市和国家)内部、也在服务系统之间扩展。复杂服务的生产和消费使服务系统具备更多功能，从而推动实体内部服务和实体间服务的共同演化。由于生产过程中的用户输入特性(用户转变)，使评估难度较大。除非其能简化成简单的指令列表，使服务系统能通过自助服务实现这些指令，否则就需要一个更复杂的服务转换机制。

2. 服务系统

基于上述服务基础理论的知识体系，服务科学家需要研究改进和扩展服务系统。

从公司的角度来看，第1个知识体系与设计新服务相关，第2个知识体系与公司的持续发展相关，第3个知识体系与新功能的扩展相关，简单地说就是：创造(设计的起源)、完善

(提高)和改变(扩展)。

最简单的服务通常可以根据职能简化成指令列表，使服务可以相互通信，同时，其他服务系统可以通过这些指令获益(通过自我服务)；然后，生产过程中的用户输入问题和其他服务受益服务的功能被最小化成“告诉我”类型的服务。因此，对话(两个服务系统交换可执行的自助服务功能并达到双赢的效果(双赢并不是强制的))是服务的构成模块。更多复杂的服务分类包括“展示给我看”“帮助我”和“帮我做”。

现实世界中，一些服务并不能直接简化成容易执行的指令列表(如骑车、交换业务的供应链)；一些服务系统可能并不具备执行这些指令所需的技能(如企业有一个不了解企业文化和IT系统的新员工)；或是在当前的技术水平上，服务系统在硬件条件上不可能执行自助服务(如给自己做心脏外科手术)。一些服务如果没有被特定的实体执行(如由经销商执行电梯安全监控工作)就会失去其意义；如果执行不妥当，一些功能可能会产生负面影响，并对其他服务系统造成潜在风险，因此，可能需要证书及权限验证来防止意外(如驾驶证和汽车保险、医疗保险和失职行为保险)发生。服务基础概念必须能够区分日常生活中的服务系统特征和职能。

在纯技术系统中如果没有一些特定人员，就不能称之为一个服务系统。特定人员包括设计和构建人员、操作和维护人员、拆卸和配置人员。维基百科的多代理系统文章提出的观点非常有用：“实际上人们很少需要自主的系统，而是需要相互依赖的系统。我们也可以这样认为，即MAS包含人类代理。”实际上，当现实世界中的实体做出动作时，人们倾向于了解这个动作的主导者，以防出错。

服务系统被定义为由人员、技术、内外部服务系统和信息共享通过共同协作而产生的价值成果。其中，信息共享的角色尤其重要。信息共享的三个关键元素是语言、规则和价值。如果没有某些形式的语言、信号或信息的标准编码，服务系统之间的协作可能会非常困难，并最终导致失去创新和改进的机会。如果没有规则(到目前为止我们所知的)，尖端的服务将会停止供应，复杂的服务系统将得不到维护，每个服务系统都有一个权威管理服务系统来确保服务系统中的所有人员可以以共同的语言交流，并遵守共同的规则。在家庭中，这个统治者是父母，在公司里是CEO和董事会。同时，服务系统还需要有可共享的法律文档和行政部门来提供支持。语言演化、政治科学、信息经济及经济和法律都与服务的基础理论相关，并且与服务系统的设计和演化相关。

虽然服务系统必须包含设计、操作和配置人员，但一个以技术为中心的服务系统也被默认为是服务系统的一部分。此外，还有两个非常重要的服务系统类别(可以粗略地归为非营利组织)是学术机构和专家。学术机构可以被看作拥有教师和学生的服务系统，也可看成不同的大学为服务系统提供服务。专家可以被看作在某些特定环境下接收政府认证服务(如律师、医生和会计师)的服务系统，也可以看作来自专业协会的服务。服务系统可以相互渗透形成服务供应链。例如，家庭可以渗透到学术机构，继而渗透到专家服务系统。

在服务系统和组织存在一定共性的时候，我们需要研究组织的标准定义：组织是一个拥有一个或更多共同目标及正式组织的人员群体。组织这个词从希腊单词“Opvauou”(Organon)衍生而来，表示工具的意思，以多种形式应用于日常生活和科技英语中。在社会科学领域，许多不同学科的专家致力于组织的研究，尤其以社会学、经济学、政治学、心理学和管理行业的专家居多。对组织的研究通常指研究组织学习、组织行为和组织分析。因此，存在很多不同的理论观点，它们或相互包容，或相互排斥。人们组成一个研究团队的目的是通过应用技能为其他组织提供便利并创造价值，在价值产生的过程中需要组织投入。接下来，我们讨论组织和服务系统的概念是如何结合的。服务的质量与服务系统的功能相关，服务系统由人员、技术及其他内外组织和信息共享等因素组成。应先理解组织及其服务、组织改进和组织扩展，而后理解服务系统和组织概念间的契合。但是，它们的侧重点不同，这要求我们考虑组织理论的哪一部分对服务基础理论的贡献最大，并重新考虑服务系统的概念。是什么促使人员、技术、内外服务系统和信息共享成为一个服务系统的重要组成部分呢？公司有7种资源类型：金融的、物质的、法规的、人的、组织的、信息的和关系的。这7种资源类型和服务系统的4个组成部分有很好的映射关系：人(人的)、技术(物质的)、内外服务系统(组织的、关系的)、信息共享(信息的、法规的和金融的)。技术分为物理技术和社会技术，物理技术对应于传统的技术概念，社会技术对应于人(劳动力分配方式的变化)、其他服务系统(组织和管理工作)的新方式和共享信息(法规和语言)。服务系统间提供服务的能力分布于人、技术、其他服务系统(包括内外部服务系统)和信息共享。Engelbart(恩格尔巴特)说人类的基本能力(感官)是由人类系统(社会技术：语言、技艺、技能和知识、态度与信仰)和工具系统(由物理技术制造的人工制品)共同演化的，并对物理技术和社会技术做了类似的区分，共同演化的结果是产生了可以扩充员工知识和提升组织整体IQ(智商)的能力框架。

是什么因素影响了服务系统的演化呢?相关研究人员对计算机领域的工具系统(人工制品)和人类系统(标准工业码)的共同演化做了深层次的分析，识别了6种操作符：拆分、替换、扩充、互斥、逆转(如倒置一个自动步骤)和迁移(迁移至一个新的标准平台)。这为服务系统设计者提供了在服务系统或其他人工系统中可以做的一系列事情。检验模块化决策的短期和长期经济影响(如模块的大小和对实验刺激的可见性)，描述了对组织学习的研究，作为关键衡量标准，必须在一个由其他组织(外部服务系统)组成的不确定系统环境中建立一个学习组织(逐渐进化的服务系统)阐述组件业务模型(CBM)在业务设计和演化过程中的作用。组件业务模型包括：生产(开发)、创新(探索)和合作(为可持续性和标准化而做的内部和外部的有价值的提案)。其还研究了竞争基础理论下的企业和创新的角色，以及因创新而造成的不平衡影响。研究的结果是一个嵌入在包含复杂外部服务系统环境中具有复杂的内部服务系统结构的服务系统视图。标准化和模块化出现在多个层次上，创新会破坏这种标准化和模块化。当侧重点在单一的服务系统实体上时，如某一特定公司，会出现一个三重循环学习过程：第一重循环处理效率改进(计划)；第二重循环处理性能改进(目标)；第三重循环处理可维护性改进(内外部有价值的提案)。公司的任何举措都可能同时影响这三个循环。举例来说，如果公司的某个组件是外包的，它能有效提高效率、有效性和可维护性。或者，在不同的环境下，同样的组件如果是内部生成的，可能三个循环的效率均会得到改进。

日常生活中很多生产和消费服务的实体都可以被看作为服务系统服务，被定义为应用自己的能力为他人创造价值，自助服务是服务业最主要的竞争者。若某流程中用户输入对实现互利越重要，那么该流程就越可以被看作服务流程。服务系统复杂的内部结构包括人员、技术、内外部服务系统和信息共享(如语言和规则)。服务系统的复杂外部结构通过对双赢价值提案的维护保持不变。竞争和创新是不平衡状态的诱因，服务科学家的工作是在现实世界中理解并对已存在的或是将来可能存在的服务系统和服务进行分类，并应用这些成果来设计、改进和扩展服务系统，以实现商业和社会目标(高效性、有效性和可维护性)。

对服务系统概念的介绍开启了从多学科的研究到创立服务基础理论之路。服务基础理论可以看作新兴学科(SSME)和职业(服务科学家)的基础。

1.2 服务科学

第33任德国前总理格哈德·施罗德创办了“创新合作伙伴”组织，提出了服务科学，并组织科学界和政治研究领域进行讨论。这个自主协会由科学领域、政治领域、社会知名人士和机构组成，其目标是通过活动来增强国民的创新精神。

“创新合作伙伴”组织从人力和物力方面倡导解决以下核心问题：

- 怎么做才能加强其在国际竞争中的地位；
- 经济和科学如何紧密联系；
- 政府如何进一步改善体制；
- 在哪些方面需要更多的投资。

该组织成立了15个专门的促进委员会，提出涉及不同领域的新的想法和建议，同时开展创新项目，每个委员会由该领域的15～20名专家组成。

以IBM和罗兰贝格咨询公司为首的专门处理“服务”的委员会，将首要目标定位为改变“服务”的观念，并发起了一系列服务创新项目(志愿活动)活动，如：

- 什么样的体制是实现服务创新的充分必要条件；
- 技术创新和服务创新是如何相互依赖、相互补充的；
- 如何加强对内部服务和外部服务的理解，以显示它们在实际中的重要性；
- 社会上正在发生多方面的变化(如人口变化)，这些变化如何成为服务创新的催化剂。

该委员会一份中期报告(Ganz(甘兹)等，2005)详细地描述了“服务”委员会发起的服务创新项目。其中有一项被提名为“服务科学”，它以IBM、罗兰贝格咨询公司及西门子为首，目的是在高等教育和职业培训中引入服务科学教育及提高服务研究的地位。研究的重点是商业相关服务，尽管商业相关服务已经成为发展就业和创新的主要驱动力，但因其对创新和价值创造的贡献不清晰，创新的重点仍是传统产业。

“服务科学”如何为巩固业务相关服务领域做出贡献？何谓服务科学的精确定义？它是否类似于“服务科学硕士”学位的概念，将服务相关知识与工程科学、商业经济学和社会科学方面相结合？“服务科学”是否是离散的、跨学科的观点？除了自然科学、人文科学和工程科学，我们是否也需要服务科学？

这些问题是服务科学的核心问题，我们尝试从不同的角度去探讨这些问题。我们假定对服务科学的需求是实际情况的一种体现，即在第三产业化和改革的过程中，学术性的服务研究团体发现传统的学科体制结构难以满足新的需求。本书认为服务科学主要解决服务研究自身转变的问题，这种自我转变要求多个领域中出现的新观念和方法。

(1) 服务研究对国民经济意义重大，但当前尚未得到应有的重视。关注研究的对象(如服务经济和服务企业)越来越跨学科和跨国界的同时，服务研究和服务相关的教育和培训也应该得到同样的重视。

(2) 学历系统应该更加面向知识密集型服务企业的需求，在技术、商业经济、社会交际技能和能力的结合方面，越来越成为创新和竞争力的决定性因素之时，这些企业对员工的学历需求显得尤为突出。

(3) 服务业的教育和培训需要新的理念，比如那些满足企业需求并且被社会认可、能顺利进入就业市场的服务专业学位。该理念不仅体现在学术机构中，也体现在一般职业培训与高级培训中。

(4) 学术界和工业界的合作需要有新的途径。与产品研究领域相比，在服务行业中，科学与实践的联系并没有在产品研究领域那么紧密。一般来说，服务企业自行研发的意愿比较低，许多服务企业既缺少必要的研发机构，又缺少研发文化。

(5) 建立跨学科的基础设施越来越重要，为以服务为主题的跨学科工作做贡献，也丰富了对研究对象的离散的、科学的理解。这样的基础性工作的例子有跨学科的会议、专业期刊和研究项目。

根据对服务业的需求，前沿服务科学应该被理解为在学术服务研究和培训中维持创新的重要推动力。但是，创新并不是一味地改变方向，还需要关注过去几年里服务研究中的创新元素。

1.3 服务工程

公立服务研究和服务工程的演变，从建立之初一直发展到现在取得了重大成果，这些成果对服务科学的进一步发展有推动作用。

1.3.1 服务工程概况

目前的服务业有时被称为“服务沙漠”，但其服务研究发展较好，数个管理和财政独立的服务研究机构都已经成立超过10年。当然，支持服务研究的公共资金的数额与服务业对国民经济的重要性是否相符则是另外的问题。

公立服务研究的历史相对较短。在20世纪90年代初，尽管服务业的重要性还有待提高，但有关它的研究并没有取得政策上的支持。服务研究最多被看作一个跨学科的问题，科学活动主要集中在服务管理、服务市场营销和服务质量等领域，而所有这些课题几乎都由美国的科学家主持。在这种背景下，服务研究参与者的信念逐渐成熟，他们认为很有必要将服务发展成一个独立的研究项目。公立服务研究主要由教育与研究部门(BMBF)和相应的项目管理机构根据工作和服务的发展提出的。20世纪90年代中期，他们在“21世纪的服务”项目(BMBF2004)的资助下开始活动。在此之前，还没有服务研究机构(如服务研究中心和大学)受到资助，只有很少的一些服务研究项目(主要是关于人力资源管理和质量管理的项目)受到了资助。

随后的几年里，教育与研究部门推出了一系列重大自主研究项目，如“Prioritare ErstmaBnahmen”(优先措施)，尤其关注大型研究课题。来自商业界、公众和研究行业的约320个部门参与了这一阶段的计划。

教育与研究部门(BMBF)于1998年开展了第一个服务研究项目，对国内商业和研究组织缺乏服务意识这一现象做出了响应，由此为服务的全面发展奠定了重要基石。该项目的关键部分包括提出想法、概念、策略和模型，以提升国家作为生活和商业活动场所的潜力，同时稳定了就业。

2006年3月，教育与研究部门发起了新的服务研究项目“服务的创新”，经济预算高达数千万近一亿欧元，研究时间长达5年。

1.3.2 服务工程的重要作用

目前，一般公众、商业界及研发领域仍然对服务缺乏足够的认识。由于服务的复杂性和多样性，人们总是认为，服务是附属工作，其本身并没有增值的能力。

迄今为止，由于服务的多样性，使得其无法设立一个在认同感和规模上都能与工程学并驾齐驱的专门研究服务的学科。凡是可以设置独立的服务研究的领域，必然都是研究对象的概念和内容能被明确划分的领域。例如，服务工程等相对较新的研究学科已经在过去的10年中成功地建立起来，其研究重点是新服务的开发和设计，并提供合适的模型、方法和工具等，这种方式日渐被人们接受并在国际上立足。

因此，我们应该首先关注与服务的内容和主题有关的焦点问题，进而重点突出服务的某些方面，以及采取某种视角对服务进行研究。无疑，针对服务的研究可以通过，而且理应通过多学科结合的方式进行。例如，除商学和政治经济学外，社会学和工程学也能为服务的调查研究提供丰富的有利条件。

服务工程因国际分工而更多地向学术界渗透，并且，这与国际服务研究机构的核心能力的差距息息相关。举例来说，北欧诸国通过结合企业经济学和社会科学的问题获得了巨大的成功，而来自贵格鲁撒克逊的学者们则致力于服务市场和服务管理的研究，将其与经济学和社会心理学研究的传统紧密联系起来。在多数情况下，某个国家在国际市场中成功应用的服务理念最能反映该国的研究热点。因而，美国的商业服务及消费者主导的服务取得了极大的成功，同时，这两个领域有坚实的研究基础，这绝非偶然的巧合。那么，服务研究部门究竟该采取何种视角及传统来对服务进行研究，才能使其在国际上占据独一无二的地位呢？

少数几个设立了公立服务研究部门的欧洲国家已产生了大量的跨学科合作工程。尽管如此，鉴于全球研究格局的动态变化，我们可以预见，原本属于个别研究机构的“核心竞争力”未来可以得到更大的发展。

研发过程中核心竞争力的增强可在一定程度上得到控制和影响，相当程度上也是路径依赖(path-dependent)的，即强者恒强。

因此，服务工程分支成功实施的主要原因是主题明确。同时，服务工程的成功历史也有助于我们进一步理解服务研究。为此，我们总结出如下3条经验。

(1) 开拓一个新的研究分支。以服务工程为例，首要工作是精确识别研究和开发过程中的服务相关需求。这需要确定单一学科未曾涉及或无法解决的问题：为何要创立并发展一个单独的研究分支？为何仅从工程学或商业管理的观点无法解决相应的问题？服务定制是什么？对这些问题的回答证实了此类学科的科学性和合理性。

(2) 由于以下条件的成熟，我们能将服务工程看作一个独立的研究领域，包括：

- 服务工程的概念、过程及工具都具有跨学科特性；
- 促进对“服务”更广泛、更清晰的认识。因此，必须设立一门能在各学科中被理解和接受的公共语言。对此，起决定性作用的是创建一个理论上的概念框架模型，有助于各学科确定其研究重点及认识其转变的潜能。

(3) 经验表明，在学术领域中创立一个新的研究分支的体制基础会非常困难。例如，曾呼吁为服务工程设立专门的委员会，只在有限的范围内开展相关工作。

在服务工程研究领域内，我们可以建立一个以跨学科为特点的研究分支，并具有交叉学科的性质，但这并不意味着跨学科的边界已经被打破。我们的经验强调了对特定主题进行共同研究的重要性，有助于从简单的多学科共存升级为多学科协作。

在过去10年中，学者们成功地建立了以服务为主题的研究，政府资助对服务研究有着不可磨灭的贡献。服务工程正是这样一个已经成功建立起来的主题，它以服务科学为着眼点，起到了加强服务研究的作用。

1.3.3 服务工程的进展

技术创新对人们的生活产生了决定性的影响，如汽车的发明、计算机的诞生。强大的工程科学已经取得了良好的国际声誉，尤其是核心学科，如设计工程。近年来，工程上的专业技术，特别是系统性和方法性已经被成功地应用到相近的学科，如工业工程和管理；随着SAP(system application and products，数据处理的系统、应用和产品)模型的成功建立，工程技术的发展对业务流程的发展做出了很大的贡献。

服务领域也能从传统的工程科学中获益，20世纪90年代中期以来，服务创新一直是被讨论和研究的主题，该领域的学术和实际工作大部分由服务工程生成。服务工程由最初的一个流行术语发展成为一门关注发展和设计新服务的学科，最初的特征是跨学科地使用构造论的方法，包括在服务研究中首次使用工程技术的关键知识。

服务工程最初的工作集中在为发展新服务而创建过程模型和方法，通常沿着传统的产品开发和软件工程的流程进行，从最初的概念建立阶段发展到市场推广阶段。例如，实现无缝的客户整合方法，或支持服务开发的软件平台。

关于服务工程进一步的研究工作着眼于考虑企业内服务工程的组织基础，并设法确定组织形式，如设立专家部门这种最适合服务开发的方式。该领域的理论工作特别考虑了各种规模的不同组织(如中小企业的服务工程)及商业和工业的具体部门(如财务部)。

很显然，这样有可能在较短的时间里为服务工程自身的发展和在该领域的后续工作建立一个健全的基础。更紧密的多学科合作、更多的工程专业技术，以及理论与实践的互相丰富和全球网络的创建都是未来新的观点和见解的来源。

更紧密的多学科协作能促进新知识在服务工程相关交叉领域的应用，在这方面，服务的设计具有特别的意义。举例来说，采用工业工程的概念并进行适当调整，有助于将有益的工作环境和工作设计过程与新的服务开发过程结合起来。其他有趣且密切相关的领域包括：对客户或者雇员的互动研究(如笔迹脚本技术、服务剧场等)，对服务情感部分的系统化发展，这是服务美学研究最近的重要课题。

工程专业知识应用的逐渐增加也能为服务工程领域的未来发展注入更多的能量。例如，在服务行业，依据“服务原型”对过程模型进行改造，加快了产品开发速度。目前在服务市场竞争压力激增的情况下对服务模型的需求不断增长，但只有在下列特定情况下，“服务原型”才是切实可行的：服务概念能在早期开发阶段就得到模拟和测试，取得更高的效率，原型要求在实现和投入市场之前被修整和完善；加紧对技术和服务开发的集成(如在服务的开发和实现过程中使用新技术)，应用虚拟现实来展示和评价服务交付的不同环境就是应用新技术的实例。

从实践经验中获得的教训也启发了未来服务工程的发展，即服务工程需要研究机构与企业合作。例如，研究工作从一开始就可以满足现实的需求，创新型企业能为这些新概念提供测试平台。从实际角度来看，有两大问题十分有意思：一是企业在何种阶段应该采用服务工程的过程和方法(评估潜力)；二是新服务(研发管理)的持续发展需要何种组织结构，由企业和科研机构共同运作的项目是研究人员和工程人员合作的基础。

与服务工程未来发展相关的最后一个方面是全球网络的建设。研究与开发并不能抵挡国际化的浪潮，反之，在最近10年中服务工程越来越国际化。产生这一现象的主要原因是发明与创新的加速，以及随之而来的对更快、更高效的知识交换的需求。新的全球化的信息和通信技术也为实现新型国际合作铺平了道路。此外，研发部门的选址竞争加剧也促进了国际化。国际研究网络的集成及其国际地位必将成为商业机构和学术机构选址的重要因素。整个欧洲的科研投入，对服务业中少数几个领域影响很大，而服务工程就是其中之一。独立的服务工程研究团体和全球网络的紧密结合，是其维持该领域领先地位的必要条件。

1.3.4　服务工程示范

弗劳恩霍夫协会的工业工程师们基于在服务工作和服务工程领域的长期工作经验，产生了建立一个“ServLab”(服务示范和应用中心)的想法。目前，斯图加特正在兴建一个服务示范和应用中心，在那里，我们能看到新服务是如何被构思、分析并投入使用的，ServLab最重要的特点是全面支持开发过程，包括寻找创意、概念设计和将新服务投入市场。ServLab的另一个特点是整体分析，例如给出人员、组织和技术的整体结构。

示范和应用中心的目标如下：

(1) 为新服务提供一个坚实的开发平台；

(2) 使用虚拟现实工具模拟服务场景；

(3) 为服务工程提供相应的软件工具；

(4) 为服务建模开发独立的工具；

(5) 分阶段地分析，并在概念上设计服务过程中客户与雇员间的交互过程(服务剧场)；

(6) 开发向雇员传授服务相关概念的新方法(如角色概念和脚本技术)；

(7) 在模拟客户交互环境中对员工进行训练。

ServLab提供了服务开发所需的基础设施和技术，以支持对服务进行系统的、跨学科的开发，并能在开发的早期阶段测试并模拟服务。它也有助于在开发过程中尽早地发现自动化、交互流和服务质量的影响因素三者的关系，并且制订出合适的设计方案。因而，可根据开发过程中体现出来的效率和质量对服务进行优化，此外，这也有助于缩短创新周期，并提高新服务投放市场时的成熟度。

第2章 客户管理

2.1 客户管理的产生与发展

客户管理是指经营者在现代信息技术的基础上搜集和分析客户信息，把握客户需求特征和行为偏好，有针对性地为客户提供产品或服务，发展和管理与客户之间的关系，从而培养客户的长期忠诚度，以实现客户价值最大化和企业收益最大化之间平衡的一种企业经营战略。

客户管理的核心思想是将企业的客户(最终客户、分销商和合作伙伴)视为最重要的企业资产之一，通过完善的客户服务和深入的客户分析来满足客户的个性化需求，提高客户满意度和忠诚度，进而保证客户终生价值和企业利润增长的实现。它在20世纪80年代伴随着企业对客户服务的关注而产生，经由客户关系管理软件系统的广泛运用，日益发展为一个以应用客户价值为核心导向的新的营销理念。

2.1.1 客户管理的产生

历史上，企业营销的观念先后经历了从生产观念、产品观念、推销观念、营销观念再到整合营销观念的重大转变。营销观念每前进一步，客户在企业的经营管理活动中所处的地位都会得到相应的提高。市场营销理论从4P(产品、价格、渠道、促销)到4C(顾客需求和欲望、成本、便利、沟通)再到4R(关联、反应、关系、回报)的演变真实地反映了以客户为中心的发展趋势，尤其在当今快速发展和高度竞争的市场空间中，单纯依靠产品已很难延续持久的竞争优势，而忠诚的客户关系却具有相对稳定性，能够消除环境变化给企业带来的冲击，因此，许多企业开始将客户的管理工作作为一项长期的战略任务以寻求独具特色的竞争优势。企业不再把客户看作创造利润的机器，它们开始寻找机会与每一个客户保持更亲密的、个性化的关系。

最早发展客户关系管理的国家是美国，在1980年初便有所谓“接触管理”的思想，即专门搜集客户与公司联系的所有信息；1985年，巴巴拉·本德·杰克逊提出了关系营销的概念，使人们对市场营销理论的研究又迈上了一个新的台阶；到1990年则演变成“客户关怀”的概念；1999年，高德纳咨询公司(Gartner)提出了CRM(customer relationship management，客户关系管理)的概念。

客户管理的产生可以归结为客户价值实现过程需求的拉动、管理理念的更新、信息技术的推动三个方面共同作用的结果。需求的拉动来自两个方面的合力：一方面，随着生产技术的发展和生产规模的扩大，客户的需求层次日益提高，他们不仅需要企业为之提供高质量的产品，而且要求企业为之提供优质的服务，同时客户的选择权利和空间越来越大，选择的渠道越来越多，因而对于迟滞的服务也日益失去耐心；另一方面，企业发现自己需要提供符合客户期望的服务过程来促进产品的交易达成，良好的服务能够给客户带来满足感，增加客户再次购买的意愿，提升客户的满意度，留住客户，并给企业带来极大的利润，而这些又以企业对客户的需求信息做出迅速、准确的反应为前提，越来越多的企业要求提高销售、营销和服务等日常业务的自动化和科学化。

企业管理思想和理论经过了近一个世纪的发展和演变，从泰罗的“科学管理原理”、梅奥的霍桑试验、波特的“竞争战略”系列、海默的企业流程重组、圣吉的“第五项修炼”到今天的企业核心竞争力的培育。企业管理理念随着市场环境的演变经历了产品中心、销售额中心、利润中心、客户中心、客户满意中心5个阶段。最初，企业所处的市场环境为卖方市场，只要生产出产品就能卖出去，故而企业管理的目标是如何更快、更好地生产出产品，即产品中心论。后来市场出现了竞争，企业生产出的产品如果卖不出去，就无法实现资本循环。为了实现资本向货币的转换，取而代之的是销售额中心论，强化促销、追求销售额。随着市场竞争越发激烈，企业发现，在单独追求高销售额的同时，由于生产成本和销售费用越来越高，利润反而下降，因此企业转而追求利润的绝对值，通过在生产和营销部门的各个环节上最大限度地削减生产成本和压缩销售费用来实现利润最大化。但众所周知，成本是由各种资源构成的，不可能无限制地削减，当企业对利润的渴求无法或很难再从削减成本中获得时，他们自然就将目光转向了客户，为此，企业开始从内部挖潜转向争取客户，进入以客户为中心的管理。由于客户的满意成为企业效益的源泉，这样客户的满意程度就成为当今企业管理的中心和基本观念，由此推动了企业的组织结构与工作流程的重组与创新。

计算机、通信技术、网络应用的飞速发展是客户管理产生的技术基础。客户信息是客户关系管理的基础。数据仓库、商业智能、知识发现等技术的发展使得收集、整理、加工和利用客户信息的质量大大提高。电子商务在全球范围内开展得如火如荼，正在改变着企业做生意的方式，通过互联网可开展营销活动、向客户销售产品、提供售后服务、收集客户信息，重要的是，这一切的成本是那么低。办公自动化程度、员工计算机应用能力、企业信息化水平、企业管理水平的提高都有利于客户关系管理的实现，信息技术的广泛应用促进了企业组织结构和工作流程的重组，使原来各自为战的生产、销售、营销、财务、服务部门和人员整合为一个整体，通过即时的信息沟通能够更好、更快地提供客户期望的服务，客户管理最终成为现实。

2.1.2 客户管理系统的形成

客户管理的实施更多是基于一个被称为CRM的客户关系管理系统，CRM是信息技术、软件系统集成的管理办法和应用解决方案的总和。CRM作为一整套解决方案，集成了当今最新的信息技术，包括互联网和电子商务、多媒体技术、数据仓库和数据挖掘、专家系统和人工智能、客户中心及相应的硬件环境，同时包括与CRM相关的专业咨询等。它既是帮助企业组织管理客户关系的方法和手段，又是一系列实现销售、营销、客户服务流程自动化的软件乃至硬件系统，为企业的销售、客户服务和决策支持等提供了一个智能化的解决方案，使企业有一个基于电子商务的、面向客户的系统，从而顺利地实现由传统企业模式到以电子商务为基础的现代企业模式的转化。

CRM的核心内容主要是通过不断改善与管理企业销售、营销、客户服务和支持等与客户关系有关的业务流程并提高各个环节的自动化程度来缩短销售周期、降低销售成本、扩大销售量、增加盈利、抢占市场份额、寻求新机会，最终从根本上提升企业的核心竞争力，使企业在当前激烈的竞争环境中立于不败之地。

客户关系管理系统是企业应用信息技术来获取、保持和增加可获利客户的一对一营销过程。

1. 良好的CRM软件系统具有的特点

1) 灵活的工作流程管理

CRM提供的工作流程模块具有功能强大、使用灵活、操作简单等特点，它不但可以定义修改工作流程，还可以监控工作的流转情况和重定义流程，同时可以对流程的运转进行在线日志管理，以便查询和对工作效率进行评价。

2) 具有预见性的客户智能分析

CRM可以采用数据仓库、联机分析处理技术、数据挖掘技术，通过大量现有客户信息来预测未来行动，帮助企业在适当的时机向客户销售适当的产品和服务。客户智能分析系统一般包括客户分类分析、市场活动影响分析、客户联系时机优化分析、增量销售和交叉销售分析。

3) 完善的应用系统安全技术

一套完整的应用系统安全技术，包括系统的多项身份认证技术、权限策略、授权机制、数据加密及数字签名等技术，这些技术被灵活应用于CRM应用系统和各个模块之中。

4) 与Microsoft Office完全兼容并自动转换格式

能与Microsoft Office有效兼容，并且提供的客户资料、销售合同、联系概要可自动生成用户选定的Word文档或Excel表格，提供的所有报表和智能分析结果也可自动进行Word文档转换。

5) 与互联网的结合

与客户交互的所有模块都基于互联网，使得企业的各种业务运作都可“随时随地”处理。

6) 可扩展性

由于采用企业应用集成技术和数据仓库技术，系统具有良好的可扩展性。

2. CRM软件的基本功能

市场营销、销售管理、客户关怀、服务和支持等构成了CRM软件模块的基石，不同软件开发商提供的CRM软件功能有所区别，但基本功能是大体相同的。它主要包括客户管理、联系人管理、时间管理、潜在客户管理、销售管理、电话营销、营销管理、客户服务等，有的软件还能与客户中心、合作伙伴关系管理、商业智能、知识管理、电子商务功能相互融合。

(1) 客户管理。其包括：支持记录与此客户相关的活动，检索联系人，输入和跟踪订单，建立和检索销售合同，等等。

(2) 联系人管理。其包括：支持记录、存储和检索联系人概况，支持记录与客户的联系情况(如时间、类型、简单描述、任务等)，支持记录客户内部机构的设置情况，并可以把相关的文件作为附件储存。

(3) 时间管理。其包括：支持对日程表、计划、会议、电话、电子邮件、传真、备忘录、任务表等与时间安排有关的事件进行管理。

(4) 潜在客户管理。其包括：记录、升级和分配潜在客户的业务线索、销售机会，并持续跟踪和维系潜在客户。

(5) 销售管理。销售管理是对企业中与销售有关的所有活动进行计划、组织、指导和控制的过程。其包括：支持浏览组织和销售信息，如客户、业务描述、联系人、时间、销售阶段、业务额、可能结束时间等；提交各销售业务的阶段报告并提出有用的信息，如业务所处阶段、剩余时间、成功概率、历史销售情况评价等；对销售业务给予战术和策略上的支持；支持销售区域管理、销售费用管理、销售佣金管理等。

(6) 电话营销。其包括：建立客户联系方式数据库，生成营销电话列表；把电话号码分配给销售人员；与客户建立业务联系；记录电话细节并安排回电；撰写电话营销脚本；录制语音提示语；及时记录用户信息；支持生成质量报告；支持自动拨号功能，等等。

(7) 营销管理。其包括：建立产品配置和价格计算器；在进行营销活动时能获得信息支持；为营销活动与业务、客户建立关联；设置仪表盘、显示任务完成进度；提供类似公告板的功能，可张贴、查找、更新营销资料，从而实现营销文件、分析报告等的共享；跟踪特定事件；关注新事件，如研讨会、会议等，并加入合同、客户和销售代表等信息；书写信函，处理批量邮件，并为合同、客户、业务等信息建立关联；支持邮件合并；可以生成标签和信封。

(8) 客户服务。客户服务管理可以使客户服务代表有效地提高服务质量、增强服务能力，从而更加容易捕捉和跟踪服务中出现的问题，迅速准确地根据客户需求分析调研、销售扩展、解决各个步骤中的问题，延长客户的生命周期；服务专家通过分解客户服务的需求，向客户建议其他的产品和服务来增强和完善每一个专门的客户解决方案。其包括：支持服务项目的快速录入；支持服务项目的安排、调度和重新分配；支持事件的升级；支持搜索和跟踪与某一业务相关的事件；支持生成事件报告；支持生成服务协议和合同；支持订单管理和跟踪；支持生成问题及其解决方法的数据库。

(9) 客户中心。客户中心通过将销售与服务集成为一个单独的应用，使一般的业务代表能够向客户提供实时的销售和服务支持。通常，业务代表根据账户、产品、历史订单、当前机会、服务记录、服务级别许可来动态地推荐产品和服务，或者遵循自动化的工作流程来解决服务咨询，进而向客户提供其他产品和服务。其包括：支持呼入呼出电话处理；支持互联网回呼；支持客户中心运行管理；支持电话转移；支持路由选择；支持报表统计分析；支持管理分析工具；支持通过传真、电话、电子邮件、打印机等自动进行资料发送；支持呼入呼出调度管理。

(10) 电子商务。每一个CRM软件供应商都不会忽略电子商务，此模块可帮助企业把业务扩展到互联网上。

2.1.3 客户管理理念的确立

客户管理不仅仅是一个技术解决方案，更重要的是一种新的管理理念。这种管理理念引导企业更加注重从客户的视角看问题，把客户看作企业重要的资产，体现出对客户的关怀，追求让客户满意、赢得客户忠诚的目标。然后据此对企业的组织结构和工作流程进行重组，建立客户管理理念的实现途径，并采用一个整合的技术支持方案。

1. 客户是企业的一项重要资产

在传统的管理理念及现行的财务制度中，只有厂房、设备、现金、股票、债券等是资产；随着科技的发展，开始把技术、人才视为企业的资产，对技术及人才加以重视。然而这种划分资产的理念是一种闭环式的，而不是开放式的，无论是传统的固定资产和流动资产论，还是新出现的人才和技术资产论，都是企业能够得以实现价值的部分条件，而不是完全条件，其缺少的部分就是产品实现其价值的最后阶段，同时是最重要的阶段，在这个阶段的主导者就是客户。

在以产品为中心的商业模式向以客户为中心的商业模式转变的情况下，众多的企业开始将客户视为其重要的资产，不断采取多种方式对企业的客户实施关怀，以提高客户对本企业的满意程度和忠诚度。我们看到世界上越来越多的企业在提出这样的理念，例如“想客户所想”“客户就是上帝”“客户的利益至高无上”“客户永远是对的”等。

2. 客户关怀是客户管理的核心

在最初的时候，企业向客户提供售后服务是作为对其特定产品的一种支持，原因在于这部分产品需要定期进行修理和维护。例如家用电器、电脑产品、汽车等，其售后服务基本上被客户认为是产品本身的一个组成部分。如果没有售后服务，客户根本就不会购买企业的产品。那些在售后服务方面做得好的公司，其市场销售处于上升的趋势；反之，那些不注重售后服务的公司，其市场销售则处于不利的地位。

客户关怀贯穿了市场营销的所有环节，包括如下几个方面：客户服务(包括向客户提供产品信息和服务建议等)、产品质量(应符合有关标准、适合客户使用、保证安全可靠)、服务质量(指与企业接触的过程中客户的体验)、售后服务(包括售后的查询和投诉，以及维护和修理)。

在所有营销变量中，客户关怀的注意力要放在交易的不同阶段上，营造出友好、激励、高效的氛围。对客户关怀意义最大的4个实际营销变量是：产品和服务(这是客户关怀的核心)、沟通方式、销售激励、公共关系。CRM软件的客户关怀模块充分地将有关的营销变量纳入其中，使客户关怀这个非常抽象的问题能够通过一系列相关的指标来测量，便于企业及时调整对客户的关怀策略，使客户对企业产生更高的忠诚度。

3. 客户关怀的目的是增强客户满意度与忠诚度

国际上一些非常权威的研究机构经过深入的调查研究以后分别得出了这样一些结论：“把客户的满意度提高5个百分点，其结果是企业的利润增加一倍”“一个非常满意的客户的购买意愿比一个满意的客户的购买意愿高出6倍”“2/3的客户离开供应商是因为供应商对他们的关怀不够”“93%的企业总裁认为客户关系管理是企业成功和更有竞争能力的最重要的因素”。

如同企业的产品有生命周期一样，客户同样也是有生命周期的。客户的保持周期越长久，企业的相对投资回报就越高，从而给企业带来的利润就会越大。由此可见，保留客户非常重要，保留什么样的客户、如何保留客户，这是对企业提出的重要课题。

企业的客户成千上万，企业如何了解如此众多的客户？如何对客户加以区别？应该采取何种措施来细分客户？对细分客户应采取何种形式的市场活动？采取何种程度的关怀方式才能够不断地培养客户的满意度？这是企业传统客户关系管理面临的挑战。

上述管理思想是客户管理系统(CRM)形成和使用的核心精神所在。

客户管理吸收了“数据库营销、关系营销、一对一营销”等最新管理思想的精华，通过满足客户的特殊需求——特别是满足最有价值客户的特殊需求来建立和保持长期稳定的客户关系。客户同企业之间的每一次交易都使得这种关系更加稳固，从而使企业在同客户的长期交往中获得更多的利润。CRM的宗旨是通过与客户的个性化交流来掌握其个性需求，并在此基础上为其提供个性化的产品和服务，不断提高客户的满意度和忠诚度，最终实现企业和客户的双赢。

客户管理通过向企业的销售、市场和客户服务专业人员提供全面的、个性化的客户资料来强化其跟踪服务、信息分析的能力，帮助他们与客户和生意伙伴建立和维护一种亲密信任的关系，从而为客户提供更快捷和周到的服务，不仅提高了服务的质量，还通过信息共享和优化商业流程来有效地降低企业经营成本。

成功的客户管理可以帮助企业建立一套完整的业务解决方案，随时发现和捕捉客户的异常行为并及时启动适当的营销活动流程。这些营销活动流程可以千变万化，但其基本指导思想是不变的，即利用各种计算在提高服务质量和节约成本之间取得客户满意的平衡，把低利润的业务导向低成本的流程，如自动柜员机(ATM)、客户中心(call center)；把高利润的业务导向高服务质量的流程，如柜台业务、大客户经理服务。

2.1.4　客户管理的对象、内容和程序

客户管理的本质是经营客户价值，其核心内容是企业如何测评客户作为资产的价值，如何计算客户资产对整个企业价值的影响，以及如何实施客户价值战略。因此，客户管理的三要素可以界定为：

- 定位——谁是你最好的客户？
- 识别——他们具有什么特征？
- 策略——应该如何对待他们？

2.1.5　客户管理的对象

客户管理的对象包括客户、客户价值、客户关系等一系列要素，是在以客户为资产的观念指引下，在正确认识客户及其特征的基础上，长期经营客户价值，打造良好的客户关系。

1. 客户

其主要涉及客户的定位和识别，包括对客户的需求、特征、态度、行为偏好、客户分布及其变化等的正确认知，这是客户管理的基础，同时贯穿客户管理过程的始终。其目的在于识别和确定顾客的要求和期望，通过评审和沟通来加强服务和信息处理，妥善管理顾

客财产，监视、分析和利用顾客满意度信息，满足并争取超越顾客的要求和期望。

企业不可能设计生产出满足所有客户需求的产品，也不可能提供满足所有客户需求的服务，必须在客户需求和企业能力及生产经营范围之间找到最佳的切合与平衡。在营销过程中，这主要是市场细分和目标市场确定的任务。企业不仅要认识具体的个别客户的特征，而且要从群体的、广泛的层面了解客户的分层性的、群体性的信息，进行大规模的信息分析，这就要求得到客户信息技术的有力支持。

只有不断深入了解客户，企业才能找到自己真正的客户，发现和识别出最好的客户，并采取最合适的管理策略和营销行动。

2. 客户价值

客户价值意味着客户能够给企业带来发展和盈利的机会，但这是以客户能够从企业获得价值为前提的。只有获得自己需要的产品和服务，客户才会产生消费行为，为企业贡献价值。

企业价值的增长表现为销售收入、盈利水平及市场份额的增长，这一切均以客户的增长为基础。客户的增长有两种情况：一是客户的自然增长，主要是客户群体的扩大，如交易客户数量的增长；二是客户的有机增长，主要表现为客户满意度、忠诚度的提升及客户贡献的提升。能够为企业价值带来有机增长的客户称为企业的高价值客户，客户管理的重点是高度关注企业的高价值客户。

客户管理中的高价值客户定位过程包括价值识别、价值选择和价值提供，它们之间有着先后顺序。首先，发现并识别出影响客户价值判断的所有因素；其次，找到客户最重视的利益、竞争对手的价值定位与企业自身资源优势三者的结合点，并将其作为价值创新的突破口；最后，根据选定的价值创新点配置内外资源，从整体产品概念出发，为客户提供感知价值，以实现价值定位。

客户管理的目标是做坚持以客户价值为导向的忠诚营销，这就要求企业做到：持续投资于现有客户的产品开发，大力改进针对核心客户的服务体系，按客户分级优先次序配置企业的服务营销资源，按客户分类培育客户关系，准确识别并维持核心客户的忠诚，培养加速获取高价值客户的整合营销能力。

3. 客户关系

建立和维持良好的客户关系是客户管理的核心。客户关系存在于企业与客户的接触、联络、竞争、合作等方方面面，贯穿在客户购买、使用和评价企业的产品和服务的全过程之中。客户关系通过企业与客户的认知、态度、行动、评价等要素表现出来，客户满意度和忠诚度是客户关系的重要指标，也是企业追求的重要目标。

总体来说，客户关系可以表现为以下4种类型。

1) 买卖关系

一些企业与其客户之间的关系维持在买卖关系水平，客户将企业作为一个普通的卖主，销售被认为仅仅是一次公平交易，交易目的简单。企业与客户之间只有低层次的人员接触，企业在客户中知名度低，双方较少进行交易以外的“沟通”，客户信息极为有限。客户只是购买企业按其自身标准所生产的产品，维护关系的成本与关系创造的价值均极低。无论是企业损失客户，还是客户丧失这一供货渠道，对双方业务并无太大影响。

2) 优先供应关系

企业与客户的关系可以发展成为优先供应关系。处于此种关系水平的企业，销售团队与客户或客户单位中的许多关键人物都有良好的关系，企业可以获得许多优先的甚至独占的机会，与客户之间信息的共享得到扩大，在同等条件下乃至竞争对手有一定优势的情况下，客户对企业仍有偏爱。在此关系水平上，企业需要投入较多的资源维护客户关系，主要包括给予重点客户销售优惠政策、优先考虑其交付需求、建立团队、加强双方人员交流等。此阶段关系价值的创造主要局限于双方接触障碍的消除、交易成本的下降等“降成本”方面，企业对客户信息的利用主要表现在战术层面，企业通过对客户让渡部分价值来达到交易长期化的目的，可以说是一种通过价值向客户倾斜来换取长期获取价值的模式，是一种“不平等”关系。客户由于优惠、关系友好而不愿意离开“供应商”，但离开供应商并不影响其竞争能力，关系的核心是价值在供应商与客户之间的分配比例和分配方式。

3) 合作伙伴关系

当双方的关系存在于企业的最高管理者之间，企业与客户交易长期化，双方就产品与服务达成认知上的高度一致时，双方就进入合作伙伴阶段。在这个阶段，企业深刻地了解客户的需求并进行客户导向的“投资”，双方人员共同探讨行动计划，企业对竞争对手形成了很高的“进入壁垒”，客户将这一关系视为“垂直整合”的关系，客户单位里的成员承认双方之间的特殊关系，他们认识到企业的产品和服务对他们的意义，有着很强的忠诚度。在此关系水平上，价值由双方共同创造、共同分享。双方对关系的背弃均要付出巨大代价。企业对客户信息的利用表现在战略层面，关系的核心由价值的分配转变为新价值的创造。

4) 战略联盟关系

战略联盟主要在企业与单位客户之间存在，意指双方有着正式或非正式的联盟关系，双方的近期目标和“愿景”高度一致，双方可能有相互的股权关系或成立合资企业。两个企业通过共同安排争取更大的市场份额与利润，竞争对手进入这一领域存在极大的难度。现代企业的竞争不再是企业与企业之间的竞争，而是一个供应链体系与另一个供应链体系之间的竞争，供应商与客户之间的关系是“内部关系外部化”的体现。

这4类关系并无好坏优劣之分，并不是所有企业都需要与客户建立战略联盟。只有那些供应商与客户之间彼此具有重要意义且双方的谈判能力都不足以完全操控对方、互相需要、具有较高转移成本的企业间，建立合作伙伴以上的关系才是恰当的。而对大部分企业与客户之间的关系来说，优先供应关系就足够了，因为关系的建立需要资源，如果资源的付出比企业的所得还多，那么这种关系就是无价值的，甚至会产生负价值。

2.1.6　客户管理的主要内容

客户服务、销售、市场营销决策分析是客户管理的主要内容。这些是客户与企业联系的主要领域，无论这些联系发生在售前、售中还是售后，或是在客户需要服务或信息及想进一步购买的现有关系中。

1. 客户服务

客户服务是客户关系管理中最关键的内容，企业提供的客户服务是能否保留满意的忠诚客户的关键。客户服务能够快速及时地获得问题客户的信息及客户历史问题记录等，这样可以有针对性并且高效地为客户解决问题，提高客户满意度，提升企业形象。其主要功能包括：客户反馈、解决方案、满意度调查等。应用客户反馈中的自动升级功能可让管理者第一时间得到超期未解决的客户请求，解决方案功能使员工可以立刻提交给客户最为满意的答案，而满意度调查功能又可以使最高层的管理者随时获知本公司客户服务的真实水平。

如今，客户期望的服务已经超出传统的电话客户中心的范围，客户中心正在向可以处理各种通信媒介的客户服务中心演变，电话互动必须与E-mail、传真、网站及其他任何客户喜欢使用的方式相互整合。随着越来越多的客户通过互联网查看订单或提出询问，其对自助服务的要求越来越高。

2. 销售

销售是客户管理中的主要组成部分，包括潜在客户、客户、联系人、业务机会、订单、回款单、报表统计图等模块。营销人员通过记录沟通内容、建立日程安排、查询预约提醒、快速浏览客户数据，有效缩短了工作时间，而大额业务提醒、销售漏斗分析、业绩指标统计、业务阶段划分等功能又可以有效帮助管理人员提高整个公司的成单率，缩短销售周期，从而实现最大效益的业务增长。

3. 市场营销

在市场营销过程中，客户管理可有效帮助营销人员分析现有的目标客户群体，如主要客户群体集中在哪个行业、哪个职业、哪个年龄层次、哪个地域等，从而帮助市场人员进行精确的市场投放。客户关系管理也有效分析每一次市场活动的投入产出比，根据与市场活动相关联的回款记录及举行市场活动的报销单据，就可以统计出所有市场活动的效果报表。

当市场营销从传统的电话营销转向网站和E-mail时，这些基于Web 的营销活动能给潜在客户更好的客户体验，使潜在客户以自己的方式、在方便的时间查看需要的信息。

4. 决策分析

客户管理的一个重要方面在于它使客户价值最大化的分析能力。通过对客户数据的全面分析来测量客户带给企业的价值及衡量客户的满意度。搜集到的信息可显示客户类别、服务级别和主要障碍等，这是做出管理报告和完成各种企业任务的基础，如潜在消费的优先定位、监视销售周期中某一特定阶段所花费的时间或者正在处理的问题的种类等。在统一的客户数据基础上，将所有业务应用系统融入分析环境，开展智能性分析，在提供标准报告的同时提供既定量又定性的及时分析，将分析结果反馈给管理层和企业各职能部门，这样增加了信息分析的价值，以便企业领导者权衡信息，从而做出全面、及时的商业决策。

2.1.7　客户管理的基本程序

优质的客户管理主要体现在完整地对客户进行识别、选择和培养，以支持企业在合适的时间、合适的场合，以合适的方式，将合适的产品和服务提供给合适的客户。

1. 客户至上观念的确立

客户管理的第一步是从企业经营文化的革新开始的，只有当企业的最高领导层到所有员工都能真正理解和坚持客户至上原则时，客户管理才可能成功实施。客户管理的核心是服务，但不可以把服务简单地理解成微笑、优惠、方便等这些表面的东西，而是要从产品的开发、设计、制造、销售、使用和售后服务等全部环节给予客户以全面的关怀。产品的质量和功能是客户管理的硬指标，客户关系的建立和优化是客户管理的“软指标”，只有“软硬兼施”“软硬皆优”，才是完整的客户管理。

企业的客户管理首先是要准确理解客户对待产品和服务的看法，实际上，客户不是购买企业的产品和服务本身，而是购买它们的价值。客户看待企业产品和服务的视角是这样的：

- 银行以为他们是在销售抵押贷款，但客户认为他们购买的是诚信；
- 地产商认为他们是在销售房屋，但客户认为他们购买的是生活和社区；
- 计算机厂商认为他们销售的是计算机设备，但客户认为他们购买的是应用与服务；
- 航空公司认为他们销售的是旅行服务，但乘客认为他们购买的是方便；
- 化妆品公司认为他们销售的是护肤品，但客户认为他们购买的是年轻态；
- 通信设备公司认为他们销售的是设备，但客户认为他们购买的是沟通；
- 工程设备公司认为他们销售的是冲击钻，但客户认为他们购买的是墙上的钻孔。

要实施客户管理，企业必须真正做到以客户为中心，以客户的价值追求为导向，从客户的视角看世界，不断改进自己的产品和服务，并围绕客户价值来建构企业组织关系及其工作流程。

2. 选购或定制客户管理系统软件

在确定实施客户管理战略之后，企业要做的事情是配置必须的硬件系统，并向系统开发商购买或定制自己使用的客户管理系统软件(CRM)。这是一个以信息技术为基础的整体解决方案，软件要经过多次的测试和改进，培训相关使用人员，使使用者熟悉软件的性质、内容和流程，提高系统的效率。

企业在考虑部署客户管理(CRM)方案之前，首先，应确定利用这一新系统要实现的具体经营目标，如提高客户满意度、缩短产品销售周期及增加合同的成交率等，即企业应了解这一系统的价值。其次，在评估一个CRM方案的可行性之前，使用者需多花费一些时间详细规划和分析自身具体业务流程，为此需广泛地征求员工意见，了解他们对销售、服务过程的理解和需求；确保企业高层管理人员的参与，以确立最佳方案。再次，为成功地实现CRM方案，管理者还须对企业业务进行统筹考虑，并建立一支有效的员工队伍。每一个准备使用这一销售系统方案的部门均须选出一名代表加入该员工队伍。企业还应针对其CRM方案确立相应的培训计划。然后，企业要确保所选择的供应商对你的企业所要解决的问题有充分的理解，了解其方案可以提供的功能，以及应该如何使用其CRM方案，确保该供应商所提交的每一软、硬设施都具有详尽的文字说明。最后，企业应与供应商共同努力完善CRM方案。为使这一方案得以迅速实现，企业应先部署那些当前最为需要的功能，然后再分阶段不断向其中添加新功能。其中，应优先考虑使用这一系统的员工的需求，并针对某一用户群对这一系统进行测试。

3. 客户信息资料的收集

客户信息资料的收集主要是指收集、整理相关资料，分析谁是企业的客户，客户的基本类型、需求特征和购买愿望，并在此基础上分析客户差异对企业利润的影响等问题。收集、整理和分析客户信息的目的是分辨一般客户、合适客户、关键客户，这是客户关系管理的基础；与合适客户和关键客户建立深入关系并根据客户信息制订客户服务方案来满足客户的个性化需求，提高客户价值。

4. 客户信息分析

客户信息分析不能仅仅停留在对客户信息数据的分析上，更重要的是对客户的态度、能力、信用、社会关系进行评价。其具体包括：客户是关键客户还是合适客户；哪些客户在什么期间导致了企业成本的增加；企业本年度最想和哪些企业客户建立商业关系；哪些合适客户或关键客户提出了抱怨；较之过去，重要客户是否今年也订购了产品；哪些客户已把目光转向别的企业，等等。

5. 交流与反馈管理

客户关系管理过程就是与客户交流信息的过程，它可以为客户提供多种交流的渠道。实现有效的信息交流是建立和保持企业与客户良好关系的途径，通过管理客户反馈可以衡量企业承诺目标实现的程度，对及时发现客户服务过程中的问题等方面具有重要作用。在此基础上为客户提供完善的服务，乃是客户管理的节点。

2.2 客户管理的目标

客户管理的目标是在与客户建立顺畅联络的基础上维持企业与客户的持续关系，提升客户体验，赢得客户忠诚，让客户感受到企业所提供的价值，从而实现客户价值的最大化，促进客户对企业的价值贡献。其本质是企业将自己的各种资源，包括产品、服务、品牌、质量、声誉、形象、资金、人员、生产经营能力等转化为客户价值的过程，它要求企业的营销管理者根据客户定位来规划资源，根据客户分类来合理配置资源，根据不同类型客户的特征来应用资源。

2.3 建立客户联络

客户，是那些与企业发生交易行为的个人和组织。但交易并不等于联系。许多企业把联络客户的工作放在销售部门或客户服务部门，但销售部门常常只关心销售收入而不关注客户本身，不注重与客户保持密切的联络；客户服务部门的主要精力则花在了处理客户投诉、应对售后咨询、响应维修请求等这些产品和服务使用过程中的问题。在市场竞争日趋激烈的时代，这种被动响应式的联络是远远不够的。不仅客户的选择权利和机会越来越大，竞争对手也在采用各种有力的促销手段争夺客户，企业需要花费更多的资源和策略来主动地联络客户，才能赢得客户的忠诚。因此，如何建立和保持与客户的密切联系，成为客户管理过程的起点。

1. 客户联络的含义

在供应短缺的卖方市场时代，企业根本无须关注客户关系，交易就是一切，甚至连简单的售后服务都很缺乏。随着市场竞争的加剧和产品技术含量的提升，以售后服务为核心的客户服务有所发展，但大多数企业只是将其置于附属地位或者只是被动地回应客户的要求。在市场竞争十分激烈的今天，如何主动地了解客户的需求、关切客户的体验，已经成为企业培养和保持核心竞争力的关键因素。

客户联络是指企业与客户之间建立和保持密切的联系和顺畅的信息交流。通过这种联络，企业能够准确地了解自己的客户在哪里？他们是什么样的人？他们对企业有何需求？他们对企业的产品和服务的价值体验如何？谁是企业的关键客户？如何才能及时、有效地响应客户的呼声等关于营销的重要问题，从而采取相应的策略，提升客户的满意度和忠诚度。

为加强客户联络工作，许多现代企业建立了客户联络中心，专门负责收集整理和分析客户反馈的意见和建议，向企业其他与客户反馈信息对应的职能部门提供这些信息，并对其他部门的执行情况进行监督，同时将部门内部的业务信息及时告知客户，促成客户的理解。客户联络中心最原始也是最基本的职能是热线服务电话功能、投诉受理及意见收集，在完成基本职能后则是分析和追踪有价值客户的诉求，提升客户的价值。最终是和企业的客户进行有效沟通，增进企业和客户的情感，直到长期维系与客户的伙伴关系，为企业创造增值利润。

我们可以从以下几个方面理解客户联络的含义。

1) 建立统一的客户信息数据库

客户联络的基础是建立完善的客户档案，企业要及时收集、整理、记录客户的相关信息，建立相应的信息资料库，为日后向客户提供个性化的服务奠定基础。客户信息应包括客户的基本资料，如姓名、性别、年龄、教育背景、通信联络方式等，还应包括客户的个性资料，如客户的性格、脾气、爱好、对本企业的哪些产品和服务感兴趣等。客户信息可以从客户调查、销售宣传和售后服务中收集，调查、宣传过程本身就是客户契动，要及时了解潜在客户的信息，从中发现有价值的客户。精明的销售人员会利用好售后服务与客户契动的机会来收集有价值的客户情报，充实客户信息数据库。客户信息数据库的客户信息资料应当齐全、完整、归类合理、逻辑关系清楚，以便在与客户沟通时使用。

2) 向客户提供资讯服务

企业要有专门的人员队伍负责客户沟通，制订详细的客户联络计划，实行统一的服务标准，进行持续的客户联络；要有合适的联络渠道，如建立统一的客户服务电话号码、在企业网站开辟专门的客户栏目和客户空间、制作客户联络表等。要定期整理、总结老客户的联络情况，随时了解客户的意见并做出及时的回应，对于客户的投诉要尽可能一次性解决问题，特别要注意根据客户的意见改进企业的业务。客户资讯服务单位关键是要有丰富的信息支持技术，联想客户联络中心就是这样一个优质的范例：它是电话与网络的完美结合，能够向用户提供网上聊天、网上回呼、电子邮件、自动修复等多种先进的信息支持手段，确保客户满意。

3) 发展与客户的情感联络

仅仅满足客户的购物需求是远远不够的，你必须与客户建立情感联系，让他们相信你把他们的最大利益放在心上。那么，你由此所能得到的是：当客户遇到与你提供的产品或者服务质量旗鼓相当的企业时仍会选择你；他们愿意从你这里购买更多的产品，并尝试其他的服务；最后，他们心甘情愿地当你的忠实品牌拥护者。事实证明：品牌管理做得最好的企业都能够把信守承诺、可靠和值得信任等评价跟它们的品牌联系起来，并使其深入人心，而诚信互动则是其中的重点。英国特易购的营销总监梅森曾经这样说过："客户与我们特易购之间有一种情感联系，这让他们觉得我们是为他们着想的，事事都会从他们的利益出发来为他们考虑。而且他们可以感受到我们是以真心实意而不是一副纡尊降贵的态度来对待他们，也从来不认为他们只能在我们这里买东西。最重要的是，我们说到做到。"

4) 关切客户的真实体验

企业应该先设想自己希望提供给客户什么样的体验，只要有一点独特之处，就足以赚取口碑。这种独特体验的必要条件就是客户与企业之间的互动要简单且便捷，例如订单的处理状况完全是公开透明的、有问题打一次投诉电话就能解决、价格透明、客户在咨询相关事务时能够即时得到有用的知识。最重要的一点是，一线员工必须能够热情地为客户着想。软件公司Corel的全球产品营销总裁马顿斯认为："要经常鼓励你的员工与客户进行对话，这些对话的内容往往能给你带来真知灼见。"该公司用了一个名为"跟我回家"(Follow Me Home)的软件来实施对客户的观测，通过该软件，Corel可以观察到客户在家里是如何自如地使用其产品的。完成此类基础研究之后，企业可以根据收集到的有用见解绘制各个细分市场中典型消费者的形象。

2. 客户联络渠道

客户联络渠道是企业与客户建立联系、保持信息沟通的路径、工具和方式的统一的通道。随着通信技术的飞速发展，客户联络渠道也在不断发展和变化，现代企业越来越需要采用众多的接触渠道和沟通工具与客户保持密切的联系。那些客户密集型的企业除了在传统媒介上进行营销传播，往往会建立现代化的客户联络中心，诸如集成式的电话中心、功能齐全的互联网平台、性能强大的移动通信平台、位置便利的营业网点及训练有素的客户经理团队，通过这些子系统的组合建设，全面覆盖客户的联络渠道。

客户联络渠道有如下基本功能。

- 客户联络：与客户保持一定密度的联络。
- 信息传递：向客户传递有价值的信息。
- 销售达成：促进客户与企业产品和服务的交易。
- 服务提供：向客户交付产品或提供服务。
- 信息收集：收集客户信息、客户的产品使用情况及客户反馈信息。
- 关系维系：致力于建立长期的客户忠诚关系。

企业主要通过5类联络渠道向客户或潜在客户传递信息，建立并保持与客户的沟通。

1) 传统媒介

传统媒介包括报纸、杂志、广播、电视等。企业利用这些媒介发布营销广告，进行产品或服务的宣传，开展公关活动，保持与客户的联络。

2) 传统渠道

传统渠道主要有营业网点、客户经理、直接邮件等方式。通过现场展示、人员服务和纸质邮件向客户传递信息，保持与客户的接触，并对客户的要求做出响应。

3) 电子渠道

电子渠道主要有电话中心、移动平台和自助终端。借助电子通信工具，运用语音服务为客户提供便利的自助服务平台，保持客户交流的畅通和客户服务的及时性。

4) 数字渠道

数字渠道包括电子邮件、互联网络、博客站点、网上商场等。与客户的联络实现了多媒体化，通过音频、视频、文字传真和电子邮件能够为客户提供集声音、图像为一体的信息载体和形式，使联络和沟通更加迅捷和丰富。

5) 社会化渠道

社会化渠道主要利用社交网络、分享网络、微型博客、品牌社区等客户交流平台，为客户接收和发布信息内容提供了机会，扩大客户的话语权，增强客户与企业联络的主动性，客户联络不再是只由企业发动或由企业垄断管理，信息源越来越多，企业联络渠道管理的任务也随之加重。

3. 建立和利用客户渠道应考虑的关键因素

客户联络渠道如此众多，企业必须以快捷有效的方式建立与客户的联系。那么，我们如何选择客户联络渠道？我们在利用渠道联络客户时需要考虑哪些主要的因素呢？

企业在建立和利用客户渠道时必须综合考虑以下6个关键因素。

1) 精确程度

精确程度是指联络渠道是否能够有效地覆盖目标客户，准确地向客户传递企业价值。不同沟通渠道的精确性具有明显的差异，如营业网点、客户经理能够与客户进行一对一、面对面的沟通，直邮可以实现一对一的信息传递，这些都具有很高的精确性；电话中心、移动平台的信息传输目标明确，精确性也很高；传统传媒(如报纸、杂志等)只能面向大众发出经过标准化编辑的信息，精确性较低。

2) 接触成本

接触成本包括企业联络客户的成本和客户使用渠道的成本。有些接触渠道的成本极高，如客户经理和营业网点；有些渠道的成本较高，如电话中心；有些渠道则可以让客户以很低的成本与企业保持联络，如互联网和移动短信等。

3) 响应速度

电子渠道，如电话、移动平台、互联网等可以对客户的沟通要求做出及时的反应，而营业网点、客户经理的响应速度稍慢，至于直邮的方式往往需要一个较长的邮递时间，响应速度是相当慢的。

4) 可视特性

可视性的联络沟通能够给双方带来直观的、亲切的感受，营业网点、客户经理、直邮等渠道往往具有这种优势。但在网络通信时代，虚拟化的渠道(如客户中心、互联网络、移动平台等)虽然不一定能够进行直接可视的沟通，却可以向客户提供标准化、专业化的远程信息服务。

5) 可记录性

电子化、数智化的渠道能够较准确、全面地记录客户联络的完整过程，为综合了解客户的信息提供了可能。营业网点、客户经理对联络信息的记录程度相对较低，而大众传媒基本是单向的信息发布，难以做出对客户的及时反馈，信息联络的可记录性很低。

6) 个性程度

能否为客户提供一对一的个性化服务是渠道选择时的一个需要考虑的重要因素，沟通渠道中如营业网点、客户经理和直邮等方式均可与客户进行一对一的个性化沟通。现代客户联络中心则利用数据库营销策略，在全面了解客户信息的基础上对客户进行分类研究和行为分析，制订个性化的服务方案，为客户提供其所需要的产品和服务。

4. 建立客户联络的步骤

在充分考虑客户联络的效率、有效性和成本控制的基础上优化客户联络模式是客户管理的一个重要策略，对于客户密集型的企业，应当遵循以下步骤完善客户联络工作。

1) 定义需要联络的客户类型与数量

在广泛收集客户信息的基础上建立客户数据库，进行客户分类分级，确定企业需要联络哪些客户、这些客户处于何种价值层次等。那些关键客户、重要客户和活跃客户是企业联络的重点目标，而对普通客户的联络，也要有相应的解决方案。

2) 明确服务营销的沟通职能

客户联络的职能是实现日常的客户服务和资讯服务。为了更好地开发客户价值，不同层次客户的资讯服务方式和内容应有相应的差别。对于关键客户，需要通过会员活动、客户关怀实现专业的服务；重要客户应当享受专属的咨询服务；同时，必须向活跃的、普通的客户传递日常的交易信息和提供客户服务。

3) 选择客户联络渠道

一方面，研究目标客户可能使用的沟通渠道，即客户主要可能从哪些渠道了解和接收消费信息、可利用的和经常接触的媒体渠道有哪些，从而保证企业的客户服务资讯能够及时传递给客户，并能够及时反馈客户的需求和意见；另一方面，要从可行性、效率和成本等角度选择企业可用的客户联络渠道，在上述沟通联络渠道中选择合适的渠道组合。

4) 设计客户沟通模式

设计客户沟通模式包括具体使用何种渠道、信息载体、传输方式和沟通频率等，如对于贵宾级客户、关键客户，通过客户经理进行一对一的联络每月不少于两次，每月向他们投递企业的专业杂志等；对于重要客户和活跃客户，通过客户中心每月保持一次联络；对于全体客户，实施短信覆盖，等等。营业厅是被动式的渠道，可以与上门客户进行良好的联络，网站则可以向所有客户或潜在客户发布信息。

5) 确定客户联络资源和流程

配置相应的客户联络资源，包括人力资源和信息资源，准备相应的信息系统支撑平台，健全数据管理和信息传递流程，设计客户联络渠道的业务操作流程和渠道协同机制。要选择合适的客户管理系统，对客户管理人员进行培训，实施统一的标准和规范的流程，保证客户从各个渠道、各个部门或人员那里获得的企业资讯的一致性和明确性。

6) 对客户联络过程进行管理

客户经理的联络过程可使用VIP客户管理系统进行记录和管理。运用客户中心平台记录呼叫中的客户沟通情况，通过网站后台系统对网站的联络过程进行数据统计和分析。

7) 改进客户联络工作

为了提高客户联络绩效，要不断提升客户联络的基础资料完备率、准备率和联络效率，加强技术预测和分析能力，提高向客户提供主动服务的能力。随着VIP客户数量的增加，应配置更多的客户经理，提升客户经理的专业服务能力，及时识别和满足客户的要求；对于重点客户，要识别达到VIP水平的客户，及时配备客户经理，升级客户联络模式。

2.3.1　发展客户关系

客户关系是指企业为达到其经营目标而主动与客户建立起的某种联系。这种联系可能是单纯的交易关系，可能是通信联系，也可能是为客户提供一种特殊的接触机会，还可能是为双方利益而形成某种买卖合同或联盟关系。良好的客户关系不仅可以为交易提供方便、节约交易成本，也可以为企业深入理解客户的需求和交流双方信息提供机会。客户关系存在于企业与客户的接触、联络、竞争、合作等方方面面，贯穿在客户购买、使用和评价企业的产品和服务的全过程之中。客户关系通过企业与客户的认知、态度、行动、评价等要素表现出来；客户满意度和忠诚度是客户关系的重要指标，也是企业追求的重要目标。客户管理的一个重要课题是如何与客户保持互动并建立深层次的客户关系。

1. 客户关系发展阶梯

客户关系的发展无法跳跃式前进，必须经由开发、初期合作、稳定合作等循序渐进，最后才能进入战略合作。

在客户关系的发展进程中，企业客户也从潜在客户，不断发展为目标客户、暂时不购买的客户、首次购买者、重复购买者、稳定的客户、会员、企业拥护者，直至成为合作伙伴。

1) 潜在客户

潜在客户是指对企业或者销售商销售的东西有需求同时又具有购买力的人。企业往往假定这些客户有可能购买，但没有足够的信息来确认或证明这一点。他们是企业尚未建立客户关系的对象，也是客户关系发展的群众基础，企业需要通过各种联络方式接触到他们，才有可能发展成真正的客户关系。

2) 目标客户

目标客户是企业或商家提供产品、服务的对象，是企业力图建立客户关系的目标对象。目标客户是市场营销工作的前端，只有确立了消费群体中的某类目标客户，才能展开有效的、具有针对性的营销事务。目标客户要解决的根本问题是企业准备向哪些市场区间传递价值，企业与市场营销渠道中的各种力量保持密切关系的目的就是有效地向其目标客户提供产品和服务。客户的需求正是企业营销努力的起点和核心，因此，分析目标客户需求的特点和变化趋势是企业极其重要的基础工作。

3) 暂时不购买的客户

他们是企业产品和服务的“目标客户”中的一部分，企业往往对这些客户已经进行过研究和调查，知道他们暂时并不需要或没有足够能力购买企业的产品和服务。需要注意的是，这类客户中的有些人只是暂时缺乏购买力，很可能他们对企业的产品非常喜欢，一旦他们具有购买能力，将会迅速成为企业产品的购买者，所以他们会很关注企业产品和服务的信息，甚至比那些现实客户对这些信息还要敏感、研究得还要充分。

4) 首次购买者

首次购买者是第一次购买企业产品和服务的客户，这里既包括主动购买的客户，也包括被动使用企业产品和服务的客户。首次购买者往往经验不足，对于企业的产品和服务了解不多，而且首次购买者中有许多是通过赠送、试用等方式获得的。首次购买者有可能成为企业今后的长期客户，但也有可能仍然是企业竞争对手的客户，从这个意义上讲，对于首次购买者的管理非常重要。

5) 重复购买者

重复购买者通常已经多次购买了企业的产品或服务，这类客户的购买有两类：一类是相同产品的多次重复购买；另一类是在不同的场合购买企业两种以上的产品或服务。企业需要采取措施，将重复购买者转化为更稳定的客户。

6) 稳定的客户

这些稳定的客户通常是长期客户，他们会购买所需要而企业又正在销售的所有产品。与重复购买者不同，这类客户是周期性采购，企业应当开发、研究、生产和销售这些长期客户所需要的产品或服务，以适应这类客户的需求。企业与这些客户已经建立起稳定而持续的客户关系，这些客户不会轻易被竞争对手所吸引，他们往往是企业最主要的利润来源。

7) 会员

会员通常是企业为了更好地保持稳定的客户而建立的忠诚计划的成员，如航空公司乘客计划的会员、移动通信公司的VIP俱乐部成员、连锁酒店忠诚计划的成员等。会员客户与非会员客户相比往往拥有更多的服务利益，并可以通过企业提供的各种忠诚奖励计划和会员服务计划获得比一般客户更多的价值和利益。

8) 企业拥护者

与长期客户一样，企业拥护者会购买他们需要或可能使用的企业正在销售的所有产品，并且也是周期性采购。更为重要的是，企业拥护者不仅自己是忠诚的客户，而且会积极推荐其他人购买。这些拥护者无时不在谈论企业及产品，为企业的产品或服务做市场宣传，同时通过口碑的影响为企业带来新客户。

9) 合作伙伴

合作伙伴不仅重复购买、帮助企业贡献收入，也帮助企业宣传，为企业带来新客户，更可能帮助企业改进产品和服务，他们把企业的事情当成自己分内的事情，不断地为企业提供更多、更好的建议。他们对企业的一举一动非常关注，甚至他们的情绪也会受到企业管理举措的影响，他们不仅仅是企业产品的忠实用户和品牌拥护者，更在心理上愿意把自己当成企业的一分子。

2. 如何衡量发展客户关系的能力

企业发展客户关系的能力主要包括三个方面：客户洞察能力、创造和传递客户价值的能力、管理客户关系生命周期的能力。

1) 客户洞察能力

(1) 市场信息反馈能力。市场信息反馈能力是指企业在生产经营活动中将市场上客户和竞争对手的信息及其变动情况及时地传递回企业。市场信息反馈能力是客户洞察能力的重要组成部分和前提，这一能力主要通过营销和销售部门进行评估，目的是估计市场信息的反馈速度。

(2) 黄金客户识别能力。企业80%的利润是由20%的客户创造的，这20%的客户就是企业的黄金客户，企业应当对这些黄金客户给予特别的关怀和优惠，以保证企业能够长期保持相应的利润。衡量对黄金客户的识别能力就是衡量企业对黄金客户特征的把握程度，即企业根据数据分析得出黄金客户的特点，在采用了相应的措施之后企业的黄金客户份额和销售利润是否有明显的增长。

(3) 客户信息分析能力。客户信息分析能力包括数据分析的效率、准确性，以及对数据分析技巧的灵活应用和正确建模。

(4) 对客户的了解程度。对客户的了解程度主要反映企业对客户信息分析结果的理解能力，即企业对客户构成情况的了解，以及企业对每一种类型客户的偏好、行为特点和潜在需求的洞察情况。

2) 创造和传递客户价值的能力

(1) 开发新产品的能力。研发新产品是为客户创造新的价值，因此，研发新产品的能力是表征企业创造和传递客户价值能力的指标之一。

(2) 定制化生产能力。企业的定制化生产能力即企业满足客户个性化需求的能力。衡量这一指标时要考虑定制化产品和服务的宽度，即哪些产品和服务可以定制及产品和服务的哪些部分可以定制、完成定制化产品所需的平均时间、提供定制化产品和服务所花费的成本。

(3) 员工的服务水平。员工的服务水平主要考察直接面对客户的员工的服务态度、与客户情感交流的技巧、对客户情感变化的感知和反应的速度，以及在服务中的创新能力。

(4) 交货能力。交货能力是指客户提出购买产品和服务的请求到获得产品和服务的时长和交货方式的灵活性，不仅要考虑时间长度的绝对值和交货方式的多寡，更重要的是比较在相似的距离间隔、购买渠道和其他情况下竞争对手的速度和灵活性。

(5) 销售渠道的多样性。销售渠道的多样性直接影响客户获取企业创造的价值的难易程度，多样的销售渠道和这些销售渠道的覆盖面决定了客户购买企业产品是否方便，从而影响客户的购买欲望。

(6) 客户使用产品的方便性。客户使用产品的方便性意味着企业为客户创造的价值能否在使用中方便地体现出来，它不仅反映了企业为客户创造价值的能力，而且还会影响客户购买的积极性。这里衡量的主要是与同行业企业的产品相比，本企业的产品是否更易于操作、易于维护。

(7) 品牌管理能力。客户购买产品不仅是为了寻求核心利益，更看重的是心理上的满足。在现代生活消费领域里，消费者的消费心理与购买行为与其对品牌的认知度、知名度和信赖度直接相关，因此，品牌管理能力影响着企业的形象和销售业绩。其主要考虑以下几个方面：

- 企业是否能够有效地确定品牌投资力度和投资重点，提供长期稳定的服务和品质，全力维护和宣扬品牌核心价值，保持品牌的吸引力和美誉度；
- 企业是否能增强相关品牌的系列效应；
- 企业能否利用创新加强品牌组合。

3) 管理客户关系生命周期的能力

(1) 对客户关系的把握能力。企业对客户关系的把握能力是企业管理客户关系生命周期的重要指标，衡量这一指标可以考察企业维护客户关系的投入和取得的效果(如客户流失率的降低)之比，并参照同行业企业的平均水平，从而确定企业对客户关系的把握能力。

(2) 客户变化的反应能力。客户发生变化主要是指客户从一种类型的客户向另一种类型的客户转化或是从客户生命周期的一个阶段转向另一个阶段，这两种转变都需要一定的时间。企业能否在转化刚开始时就敏锐地发现客户的变化并采取相应的措施，对维护和发展客户关系具有重要的意义。

(3) 处理客户抱怨的能力。客户抱怨表明虽然企业的产品和服务存在问题，但是客户仍然想和企业维持关系而不是企图离去。处理客户抱怨的能力是指处理客户抱怨的速度和有效程度，这一能力对保留客户非常重要。

(4) 交流渠道的多样性。维系客户最重要的一点就是要与客户保持充分的交流和互动，由此才能充分了解客户的所思所想，为维系客户关系的行动奠定基础，因此把交流渠道的多样性作为衡量企业管理客户关系生命周期能力的一项指标。衡量这一指标的方法是与同行业企业相比，企业提供的交流渠道的多寡和有效性。

(5) 交流的及时性。交流的及时性是指企业能否及时满足客户的交流要求，它影响到客户是否乐意与企业交流。要关注以下两个指标：客户平均等待时间，即客户在与企业交流时不得不等待的时间量；客户放弃率，即客户感到等待服务的时间过长而放弃服务的数量占总量的比率。

(6) 交流的有效性。交流的有效性是指企业与客户交流的过程中能否给客户满意的答复，它直接影响到客户关系的质量。衡量这一指标的方法是考察企业与客户交流开始后解答客户问题所花费的平均时间和交流人员的友好性、机敏性、见识性，并与同行企业相比较，确定本企业与客户交流的有效程度。

3. 如何发展客户关系

1) 了解客户的背景

在实际的客户服务工作中，客服人员要想为客户提供满意的服务，首先要理解客户的需求，然后针对客户需求和相关情况采取最佳的措施和解决方案，尽量使客户获得超出其预期的服务，让客户对服务工作感到满意，并对企业有良好的印象和评价。

在实际工作中，客户服务工作千差万别。有些相对比较简单，不需要我们的服务人员对客户信息有过多了解；而另外一些业务则需要我们对客户信息给予更多的了解和重视。实际上，随着客户资源“抢夺战”的升级及企业对客户服务工作的逐步深化和细化，了解客户——包括了解客户的背景已成为客户工作的一个重点内容。

只有收集到客户资料，企业才能对客户的基本情况进行了解，才可以开展服务工作和改进服务的内容和方法等。因此，对于非个人消费性的客户，客户服务工作人员应该了解：

- 客户的组织机构；
- 产品或服务使用部门及其主要人员和高层管理者的基本情况；
- 客户对同类产品或者服务的需求情况；
- 客户所在行业的基本情况；
- 客户的营业情况和业绩情况；
- 客户的竞争对手是谁、竞争的主要方面等。

对于个人消费性的客户，服务工作人员必须了解客户的背景，一般包括：

- 何种职业、工作单位及在单位中的职务情况；
- 专业背景和毕业院校；
- 个人爱好和专长，包括体育、艺术、技能等方面的爱好和突出的才能；
- 个人偏好，如客户对某种品牌的产品非常喜欢和信赖，对某种颜色的产品不喜欢等；
- 喜欢什么样的运动项目、书籍、音乐和宠物等；
- 个人的发展和志向、近期和远期的计划。

通过对客户的背景进行了解和分析，服务人员将会得到一些很有趣的启示，并根据客户的情况和喜好来调整自己的工作内容和方向。

其实对客户背景的了解并不一定要花很多的财力、物力、人力，尤其在互联网高度发达的今天，有很多方式方法可以让我们接触到客户，并了解他们的背景情况和偏好。企业可以根据自己的需求和经济实力来选择适合的方式方法对客户进行背景调查，以便为客户提供适销对路的产品和服务，从而获得更多的市场份额和丰厚的经济回报。客服人员在与客户沟通中要懂得随时发现客户的背景资料，比如，客户在咨询饰物信息的时候问道："有没有紫色的水晶项链，紫色是我的幸运色……"如果这时客户服务信息人员在客户数据里记录下客户对颜色的偏好，下次如果还有其他紫色饰物的时候首先向客户推荐，相信客户的购买概率就会很大。

2) 建立客户数据库

找到你的客户，建立完整的客户数据库，然后运用多种营销渠道建立客户沟通。寻找客户的方法主要有如下几种。

(1) 客户资料整理法。其重要性十分突出。现有的客户，与企业联系过的单位，企业举办活动(如公关、市场调查)的参与者等，他们的信息资料都应该得到良好的处理和保存，这些资料积累到一定的程度，就是一笔财富。

(2) 资料查阅寻找法。通过资料查阅寻找客户既能保证一定的可靠性，也减少工作量、提高工作效率，同时可以最大限度减少业务工作的盲目性和客户的抵触情绪等。业务员经常利用的资料包括有关政府部门提供的资料，有关行业和协会的资料，国家和地区的统计资料，企业黄页，工商企业目录和产品目录，电视、报纸、杂志、互联网等大众媒体，客户发布的消息，产品介绍，企业内刊等。

(3) 企业各类活动寻找法。企业通过公共关系活动、市场调研活动、促销活动、技术支持和售后服务活动等一般都会直接接触客户，这个过程中对客户的观察、了解、深入地沟通都非常有利，也是一个寻找客户的好方法。另外，还可通过网络、广告、他人介绍等各种方法找到企业的客户。

客户数据库的构建将保证客户服务工作的内容充满活力。数据库的构建要体现客户与企业之间的能动性，数据库要进行分类与终端化处理，要将数据库当作一个库房，对里面的数据进行分类与提炼，把有效的数据存入数据库。面对服务内容不断增加和不断深入的情况，数据库的内容和信息也随之不断积累，需要工作人员去维护、更新及合理地规范。

客户数据库要体现市场的特点，体现它的有效性与时效性，优质服务的关键就是要把这个数据库充分利用起来。

构建客户数据库的主要内容有以下几点：

- 客户的专业、个人、家庭档案；
- 客户的社会动态档案；
- 客户与行为产品、企业关系档案；
- 客户的其他有关档案。

客户数据库将在不断地建立中逐步完善，使之成为有效利用客户信息的前沿阵地，而其实际运用空间将会更大。

3) 设计体验暗示的主要原则

我们可以通过三个方面设计独特的体验暗示，即产品性能、服务水准，以及产品和服务所处的总体环境。

客户在产品或服务的了解、选择、购买和使用等阶段都具有不同的期望，应将体验暗示与之保持一致。

经常征询顾客的想法和感受，观察他们的行为，力求了解他们感受背后的原因。

在餐饮业竞争日趋白热化的今天，美味的佳肴和周到的服务给餐饮企业带来的竞争优势已不再长久，竞争的焦点正在逐渐转向独有的、与众不同的客户体验。其中，海港饮食集团依靠向客户提供满足偏好的体验，在食肆星罗棋布的广东脱颖而出，取得成功。该集团董事长麦广帆认为吃饭要自然，要像在家一样舒服自在。他希望给客人以亲切感，关键是要向客人传递一种亲切感和平等观念，让他们对公司产生熟络感。为了使客户在轻松自然、没有消费心理压力的氛围中用餐，该集团采取了重视低额消费、转身等候付款、取消厅房差别待遇等措施，不让客户为吃多吃少、给不给小费、是在厅房还是大厅消费等尴尬事情所困扰。要真正形成这种轻松亲切的氛围，员工的素质培养必不可缺。麦广帆说道："对员工的素质培养在服务业中是最重要的，规范性的培训只不过是技术动作，而素质是让一个人的心灵融入团体里面，最值得我们推崇和推广。服务行业是靠一个人的心去做，而不是靠一种机械程序。"为此，该集团制订了专门的素质提高培训计划，由培训部门定期抽调员工进行培训，通过员工之间的学习感染互相传递信息。该集团还自办杂志、成立食迷会、开通与客户良性互动的渠道，分享海港饮食文化，加深客户对海港饮食集团的印象和偏爱。麦广帆说道："企业的成功要靠外围人的支持，食迷会就是将喜欢吃的人聚集在一起，大谈食经，让大家都融入吃的气氛里，尽享吃的快乐。这些聚会使我们增加了很多拥护者和朋友，他们会给我们一些很真心、很有益的意见和建议，使我们改变的速度更快，因此是一条很有效的推动途径。"

4) 帮助客户

在对客户的背景和情况进行了解或在与客户进行交流和沟通之后，客户往往就某个问题或者某些情况要求客户服务人员给予解决，即提供帮助。

帮助客户是一件比较复杂的事情，涉及很多方面和工作部门，因为客户服务工作不是简单的"倾听和微笑"，而是必须要为客户解决相关的问题或困难，是真正意义上的帮助客户。

(1) 提供信息和选择。当客户的要求不能被及时满足时，客户服务工作人员就要运用一些处理技巧。如果用很粗暴或者很直接的方式加以拒绝或否定，那么不仅不能很好地和客户沟通、交流信息与解决问题，而且很容易产生矛盾。因此，客户服务工作人员要学会给顾客提供信息和解决方案，让客户自己选择或者让客户自己进行思考，慢慢引导客户的思路和注意力，使其朝着有利于双方合作的方向发展，最终确定解决方案和途径，给客户提供帮助并使客户满意。

(2) 有效的客户服务与7R标准。要想很好地满足客户，客户服务工作就必须是有效的，因此客户服务工作必须具备以下7个条件，即7R标准。

- 合适的时间(right time)。这是指客户所要求的时间和期限，超过该期限或者时间范围，企业提供的服务或产品往往无效或者没有发挥出应有的作用。
- 合适的地点(right place)。这是指为客户送达产品或提供服务要符合客户对地点、情景的要求。
- 合适的价格(right price)。这是指企业给客户提供产品或服务必须是在客户所能接受和愿意接受的价格之内的，价格的定位要综合考虑客户对价格的具体要求。
- 合适的方式(right channel or way)。这是指根据客户所喜欢的方式为他们提供服务，如邮寄、送货上门等服务方式。
- 合适的客户(right customer)。并不是所有的客户都是企业的合适的客户，有些客户对企业非常重要或者很关键，而有些客户并非如此，因此有效的客户服务要针对合适的客户开展，不要没有目的地实施“撒网式”服务。
- 合适的产品或服务(right product or service)。这是指为客户提供他们真正需要的产品或服务，能够有针对性地为客户解决某些问题或者满足某种需求。合适的产品或服务最好能够量身定做，而不是提供笼统、含糊的服务或只喊口号。
- 合适的需求(right want or wish)。这是指不同客户或同一个客户在不同的时间和场所，他们的需求也不尽相同，企业应该找到在任何情况和场合下都能适合并能满足客户需求的服务方式。

尽管客户是不同的，他们的需求也不尽相同，但是企业如果能够按照7R原则给客户提供相应的服务，那么客户得到的将是优质的服务，并能达到他们的期望，他们的需求也会得到满足。

5) 满足客户的期望和动机

(1) 期望。客户接受企业的产品或服务是源于自己的购买动机和需求，而且在接受企业的产品和服务的过程中，客户都会在心理上对企业的产品和服务进行比较和感受，而不只是关注产品的使用价值等物质性的用途。总的来说，客户对企业的产品和服务的期望包括如下几个方面。

- 安全可靠。安全可靠是指企业在向客户提供产品和服务的时候能够可靠地、持续地、准确一致地执行客户所希望的标准的能力，避免在服务过程中出现差错而降低服务质量，给客户的经济成本、人身安全等问题带来消极影响，甚至造成损失。
- 反应快捷高效。客户要求企业能够对他们提出的问题给予快速、高效的解决，降低由此带来的时间拖延、资金占用和成本增加的可能性。同时，能够快捷高效地为客户提供优质的产品和服务也是反映企业经营实力和管理水平的一个重要方面，因为服务的传递可以反映企业对客户的重视程度和部门之间及其员工的相互配合情况。
- 获得专业化的知识和经验。客户不仅仅希望从企业那里得到好的产品和服务，还希望得到专业化的知识和经验，同时有关企业的产品或服务的专业化知识能增强客户对企业的信心和对产品、服务质量的信赖。

- 真诚相待。客户希望企业对他们能够真诚，在客户出现问题或者困难的时候企业能站在客户的立场上为客户的利益着想，而非耍赖、不负责任地推托或狡辩以逃避责任。

客户是有理性和思想的人，同时也是具有感情的，如果企业能与客户真诚相待，那么客户很快就能感觉出来并给予积极的回报，通过各种形式表达对企业的满意，或者再次购买成为回头客，或者通过口碑效应将企业及其产品和服务介绍给更多的人知道。因此，在客户服务和管理中切忌虚假的服务承诺，这些不真诚的行为最终会使企业“搬起石头砸自己的脚”，客户会离开企业，不再相信企业的承诺，并不再购买企业的产品和服务，这样企业会丧失客户资源和市场份额，从而走下坡路。

(2) 动机。客户之所以要购买产品或者接受企业提供的服务是有一定原因的，也就是具有一定的动机，客户的期望来源于购买动机：买面包的客户主要是要满足填饱肚子、解决饥饿的生存动机；购买名贵香水的客户则往往是出自对美的追求或者炫耀的动机。因此，在满足客户的需求之前，应该先了解客户内心的动机。客户选择产品和服务的动机主要包括以下几方面。

- 社会地位和特别身份的象征。很多客户接受服务或者购买产品是出于对社会地位和身份的追求，并当成一种骄傲和成就来看待，这类客户往往会花很大的费用来购买产品和享受服务，如购买高级的别墅、汽车、名牌服饰等商品，参加非常高级的俱乐部等。因此，企业应该针对这类客户把他们分为VIP客户或钻石客户，给予优先的、重点的、周到详尽的服务。
- 好奇或者追赶潮流。有的客户购买产品和接受服务只是为了满足自己的好奇心或者为了追赶潮流以显示自己的时尚和品位，如穿最新款式的皮鞋、最新潮的服装，这些客户并不在乎产品的价格是否昂贵。
- 娱乐的欲望。客户购买产品或者接受服务还有可能是出自对娱乐的需求，尤其是现代社会里，人们更加注重业余生活的质量和消遣方式，往往会购买一些产品或者接受一定服务来增添生活的乐趣，使自己的生活变得更加丰富多彩。
- 感官的需要。感官的需要是最基本和最原始的动机。客户购买产品和接受服务是为了生存下去，如购买食物、到医院看病等行为都是出自该类需要。
- 追求舒适生活的需要。客户为了追求高品质的生活，追求舒适的环境、条件和物品，往往会购买产品或者接受服务，如客户购买高级的音响、真皮沙发、定期接受保健按摩服务等，客户希望在衣、食、行等方面都有舒适的享受。
- 提高效率的动机。客户为了提高工作效率，往往会购买一些产品并接受一些有助于提高效率的服务，如教育培训、驾驶培训等。
- 特殊爱好。有的客户购买产品或者接受服务是出自个人的特殊爱好，如出于对某一位钢琴家的作品非常喜欢而购买它，或者出于对某一时期的艺术品十分喜欢而收藏它。

6) 对双方共同建立起来的关系负责

发展客户关系的一个重要策略是企业主动承担起维护客户关系的责任。当双方关系发生变化时，需要有新的关系协议来跟进解决问题。糟糕的是，似乎没有人认为对差劲的关系承担责任是应当的，责备客户反而是常态。例如，当一个乘客因航班的取消没能赶上重要会议或活动时，航空公司不会道歉，反而认为乘客应该早一天去。同样，如果乘客有一些重要的药物因托运而丢失了，航空公司会说乘客应该将重要的药物随身携带。这种态度无疑是伤害客户关系的毒药。

另一个值得注意的问题是，无论企业是否乐意承认，他们当中的很大一部分都在不知不觉地鼓励客户走“歪路”，他们与客户的“关系协议”为客户留下了太多可钻的空子。例如，客户关系管理的目标就是找出一帮“最佳客户”，企业回馈那些最佳客户以折扣和特殊待遇时甚至还允许他们破一点规矩，过一段时间，他们的要求和期许会提高，因此企业的成本就要增多。但当经理人们决定要压制这些需要企业高成本投入或是带有投机心理的客户时，在大多数情况中我们会发现这些人往往是企业在客户关系管理中最“倾心”的对象。我们把这个叫作“最佳客户陷阱”。

美国一家很大的电子产品零售商百思买集团(Best Buy)就检视了自身的错误导向，它指出：在那些“不良行为”中，许多客户批发购买那些低利润的货品，然后到外面倒卖；客户退货只是为了以更低的二手价格买同样的货品；客户都在网上看打折信息，这样能更好地用最低价格买到商品。百思买集团的管理层意识到责怪客户是不公平的，毕竟低价促销、商铺规定和销售手段都是这些行为的催化剂。它选择了改进其产品搭配，让大多低利润的产品“低调”面世，并且重新设计了销售推广活动来预防那些盯着促销不放的客户。百思买还修改了退货规定，让客户更难钻到系统的空子。它现在尝试用更广大的客户群来培养更能盈利的“合作伙伴”关系，而不再为那些肆无忌惮钻空子的客户推波助澜。

2.3.2 营造客户体验

客户体验是客户根据自己与企业的互动而产生的印象和感觉。一个理想的客户体验是由一系列舒适、欣赏、赞叹、回味等心理环节组成的完整过程，它带给客户以获得价值的强烈心理感受；它由一系列附加于产品或服务之上的事件所组成，鲜明地突出了产品或服务的全新价值；强化了厂商的专业化形象，促使客户重复购买或提高客户对厂商的认可。一个企业如果试图向其客户传递理想的客户体验，势必要在产品、服务、人员及过程管理等方面有上佳的表现。因此，营造客户的美好体验成为客户管理的一个重要目标。

1. 客户体验的概念

1999年4月，美国哈佛商学院出版社出版的美国学者约瑟夫·派恩和詹姆斯·吉尔摩二人合著的《体验经济》一书提出：“可以将到目前为止的社会经济形态区分为产品经济、商品经济和服务经济三种基本类型，经济社会的发展是沿着产品经济、商品经济、服务经济的过程进化的，而体验经济则是更高、更新的经济形态。”

产品经济又称农业经济，是在大工业时期没有形成前的主要经济形式。当时的商品处于短缺期，即供不应求阶段，谁控制着产品或制造产品的生产资料，谁就主宰市场、统治经济。商品经济又称工业经济，随着工业化的不断加强，商品不断丰富以致出现过剩，即供大于求阶段。市场竞争加剧导致市场的利润不断稀薄，直到发生亏损。服务经济是从商品经济中分离出来的，它注重商品销售的客户关系，向客户提供额外利益，体现个性化形象。体验经济又是从服务经济中分离出来的，它追求客户感受性满足的程度，重视消费过程中的自我体验。

举一个美国人依贝卡的家庭三代人过生日的例子。第一代人依贝卡的妈妈过生日的时候，依贝卡会从超市买生日所用的东西去做蛋糕，每次过生日只需要两美元；到了依贝卡自己过生日的时候，她的妈妈会打电话订一个蛋糕回家，每次生日要花20美元；到了依贝卡女儿过生日的时候，她邀请了14个同伴去农场喂猪、煮菜，玩了一天之后还高兴得不得了，然后依贝卡开了160美元的支票给农场主。通过三代人生日的不同过法你会发现，第一代的人是自己在家做蛋糕，只花了很少的钱，这就是传统的消费习惯；第二代人打个电话把蛋糕送回家；第三代人让孩子参加了很好的体验聚会，孩子玩得特别高兴，分享的不仅是生日蛋糕，还有生日的体验。

客户体验是内在的、存于个人心中的，是个人在形体、情绪、知识上参与所得的感受。简单地说，客户体验就是客户使用产品和服务后的最直接的感受。

体验可以分为4种：娱乐的体验、教育的体验、逃避现实的体验、审美的体验。

(1) 娱乐的体验是吸引客户的良好方式。在赌城拉斯维加斯，人们将商店装扮成古罗马集市的模样，每隔一小时，逛街者就可以欣赏5～10分钟的表演，如数百卫兵列队行进等。尽管这段欣赏节目的时间占用了一部分购物时间，但就每平方米的购物花费来看，古罗马式商店的这一比例远比一般购物中心高。

(2) 教育的体验要求观众有更高的主动性，为的是增进个人的知识或技能。

(3) 逃避现实的体验，使观众完全沉浸其中，积极参与整个体验的塑造过程。如一次滑雪旅行或虚拟现实实验就可以引发此类体验。

(4) 审美的体验则可以从游览大峡谷或在歌剧院看演出之类的活动中产生。通常让人感觉最丰富的体验同时涵盖4个方面，即处于4个方面交叉的“甜蜜地带”(sweet spot)的体验，到迪士尼乐园、赌城拉斯维加斯，都属于最丰富的体验。无论所处何种行业中，企业的客户体验都不是单点覆盖的，而是由多方面所组成的，一般包括品牌形象、产品、服务，以及用户付出的金钱成本、时间成本等。

正是所有用户接触的感受差异构成了用户对一家公司独特的体验认知，在这贯穿售前、售中、售后的长链体验中，客户体验无疑成为公司业绩的重中之重。

2. 客户体验的基本特点

1) 非生产性

体验是一个人达到情绪、体力、精神的某一特定水平时其意识中产生的一种美好感觉，它本身不是一种经济产出，不能完全以清点的方式来量化，因而也不能像其他工作那样创造出可以触摸的物品。

2) 互动性

农业经济、工业经济和服务经济是卖方经济，它们所有的经济产出都停留在客户之外，不与客户发生关系；体验经济则不然，因为任何一种体验都是某个人身心体智状态与那些筹划事件之间互动作用的结果，客户全程参与其中。

3) 不可替代性

农业经济对其经济提供物——产品的需求要素是特点；工业经济对其经济提供物——商品的需求要素是特色；服务经济对其经济提供物——服务的需求要素是服务；而体验经济对其经济提供物——体验的需求要素是突出感受，这种感受是个性化的，在人与人之间、体验与体验之间有着本质的区别，因为没有哪两个人能够得到完全相同的体验经历。

4) 深刻的烙印性

任何一次体验都会给体验者打上深刻的烙印，几天、几年，甚至终生。一次航海远行、一次极地探险、一次峡谷漂流、一次乘筏冲浪、一次高空蹦极，所有这些都会让体验者对体验的回忆超越体验本身。

5) 经济价值的高增进性

一杯咖啡你自己在家里冲，成本不过5元钱，但在鲜花装饰的走廊、伴随着古典轻柔的音乐和名家名画装饰的咖啡屋，一杯咖啡的价格可能超过30元，你也认为物有所值；截至目前，有幸进入太空旅游的只有美国富翁丹尼斯·蒂托和南非商人马克·沙特尔沃斯，他们各自为自己的太空体验支付了2 000万美元的天价；而一个农民两亩地种一年的产值不过上千元，一个工人加班加点干一个月的工资也不过几千元。这就是体验经济，一种低投入、高产出的暴利经济。

3. 客户体验管理

营造客户的美好体验是客户管理的一个重要目标，现在许多企业都越来越重视所谓的客户体验管理(CEM)，它以提高客户整体体验为出发点，注重与客户的每一次接触，通过协调整合售前、售中和售后等各个阶段、各种客户契动点或接触渠道，有目的地、无缝隙地为客户传递目标信息，创造匹配品牌承诺的正面感觉，以实现良性互动，进而创造差异化的客户体验，实现客户忠诚，强化感知价值，从而增加企业收入与资产价值。

1) 客户体验管理的内容

一家企业(或一个品牌)可以直接或间接让客户体验的各种因素，在不同行业，对不同目标市场与客户来说，其重要性各不相同，但最终客户体验的好与坏都离不开这些因素，亦是客户为什么光顾(或不光顾)的原因。

(1) 产品：包括实物和服务，有即时享用的(如餐饮业)，亦有以后才使用的(如电子及耐用消费品)。

(2) 服务：包括基本服务(服务于基本产品)及额外服务(如售后、维修和咨询服务)。

(3) 关系：包括各种加强与客户关系的手段(如VIP俱乐部、给长期客户以特殊优惠等)。

(4) 便利性：包括整个客户周期流程(购买或消费前、中、后)的便利性，是否容易、省时、省力(如网上/电话银行)。

(5) 品牌形象：包括针对各种市场与目标客户的品牌定位。

(6) 价格：包括价值、性价比、客户细分定价等。

2) 客户管理的作用

客户体验管理的作用包括以下几点。

(1) 及早发现问题。CEM工具可识别并跟踪系统中客户的问题，以使企业决策者能立即采取措施加以解决，做到防微杜渐，避免因此造成问题的失控和更大的浪费。

(2) 减少营销活动的疑问。通过收集和报告客户对具体营销项目的评价，CEM能使营销机构更好地理解客户反应，从而开发更具个性化、更有效的服务。一个精心策划、度身定制的营销活动，可以减少客户的疑问。

(3) 提高销售营销活动的反应率。营销机构从客户联络中心获取客户真正的需求以提高反应率。CEM分析应用软件可自动对数据进行收集和报告；没有CEM，联络中心就不得不耗费更多的时间和财力来收集和报告客户的主要信息。

(4) 保留客户。CEM工具通过快速识别客户不满意的地方使企业做出必要的改变，避免疏远或丢失客户，从而减少客户流失。在如今激烈的市场竞争中，CEM将成为保留客户的关键因素，还能够为不同公司挖掘消费者的潜力并根据他们的价值来满足客户的需求。它能够使服务与其价值相对应、识别销售时机，并能有效管理消费者的不确定因素，以保留最有价值的客户。

3) 客户体验管理的基本步骤

客户体验管理过程可分为7个基本步骤。

(1) 理解品牌价值。品牌价值就是客户为什么光顾你的企业，实际上就是企业所能提供给客户的产品、服务的核心价值或企业的产品和服务满足客户需求的核心能力。

(2) 了解目前的客户体验和期望。客户的满意度=体验-期望。通过对客户的调查、前线员工反馈及管理层的判断，了解客户对于产品、价格、关系、服务、便利性和品牌形象等的期望值，以及客户在这些与企业的接触点上的实际体验，求出客户的满意度。计算客户满意度时不能忽略各种满意度的权重，因为不是所有体验对客户都同样重要。

(3) 确定关键体验。客户最期望、最关注的那些产品和服务的要素或企业目前做得最不完善的方面往往是客户的关键体验，是企业需要加大力度进行改进的地方。

(4) 就理想与实际体验进行差距分析。服务质量差距分析可以从以下几个方面进行：管理者是否正确感知了客户的期望？管理者的感知是否具体化为企业的服务质量规范？实际提供的服务是否达到了服务质量标准？客户感知的服务是否是其所期望的服务？等等。

(5) 制定满足需求的对策以弥补差距。根据差距分析的结果找到客户的关键需求，制定满足这些关键需求的对策，改进客户最不满意的部分，提升客户的满意度。

(6) 将需求与企业策略及能力相结合。所有企业都是有资源限制的，不能(也不该)无限制满足客户的期望。将资源投放在客户最看重的关键体验上，大大超越其期望，以令其非常满意、非常忠诚。

(7) 用于持续改善的回馈机制。通过不断地努力，企业改善了自己的经营业务，弥补了客户的核心体验，提升了客户的整体体验，重新塑造了自己的品牌形象，但整个客户体验管理方法并未完结，于是又从第7步回到第1步——企业从新的品牌形象出发，再重复同样7个步骤，以调整策略与执行，跟上市场与客户的变化。我们可以从图2-1某企业的客户体验管理进程示意图中具体思考客户体验营造的基本步骤问题。

1	2a	2b	2c	2d	3	4a	4b	5	6	7
品牌价值	实际体验	客户期望	满意度 2a-2b	重要性	满意度权重 2cx2d	理想体验	体验差距 2a-4a	规划需求	需求整合	反馈机制
产品	6	7	-1	6	-6	7	-1			
价格	7	7	0	7	0	7	0	更多数据	分销策略	商业数据
便利性	5	7	-2	9	-18	10	-5			
品牌形象	7	7	0	7	0	7	0			
服务	6	6	0	5	0	6	0			
关系	4	4	0	3	0	4	0			

图2-1　某企业的客户体验管理进程示意图

2.3.3 赢得客户忠诚

客户忠诚营销理论(CL)是在流行于20世纪70年代的企业形象设计理论(CI)和20世纪80年代的客户满意理论(CS)的基础上发展而来的，其主要内容可以表述为：企业应以满足客户的需求和期望为目标，有效地消除和预防客户的抱怨和投诉，不断提高客户满意度，促进客户的忠诚，在企业与客户之间建立起一种相互信任、相互依赖的“质量价值链”。赢得客户忠诚是客户管理的核心目标之一。

1. 客户忠诚的概念

客户忠诚是指客户对企业的产品或服务的依恋或爱慕的感情，它主要通过客户的情感忠诚、行为忠诚和意识忠诚表现出来。其中，情感忠诚表现为客户对企业的理念、行为和视觉形象的高度认同和满意；行为忠诚表现为客户再次消费时对企业的产品和服务的重复购买行为；意识忠诚则表现为客户做出的对企业的产品和服务的未来消费意向。

1) 忠诚客户的特征

理查德·奥利佛教授认为：“忠诚是人们内心深处拥有的一种感情投入，不管环境因素有什么变化，也不管市场上存在什么样的吸引客户做出改换行为的营销措施，人们在这种情感的驱使下会不断地重复购买相同品牌或者相同品牌旗下的商品。”一般说来，忠诚客户往往具有以下一些特征：

- 保持周期性地重复购买行为；
- 同时购买企业的多个产品和服务；
- 向其他人主动推荐企业的产品或服务；
- 对竞争对手的营销吸引视而不见；
- 对企业有着良好的信任，能容忍服务过程中的一些偶尔失误。

2) 客户忠诚的主要类型

在商业行为中主要有4类不同程度的客户忠诚行为：冲动型忠诚、情感型忠诚、认知型忠诚、行为型忠诚。这4种客户忠诚有以下一些特点。

(1) 冲动型忠诚是基于意向的忠诚，也就是说人们倾向于购买。冲动型忠诚的客户决策过程比较简单，非常容易受外在因素的影响，尤其是与价格相关的促销。对于冲动型忠诚者来说，往往竞争对手的一个更优惠的价格促销信息就可能把这个客户吸引过去。

(2) 情感型忠诚是基于偏好的忠诚，人们是因为喜欢而去购买。情感型忠诚的客户决策主要取决于客户对企业或企业的产品的态度。一位渴望拥有哈雷摩托车的年轻人可能会一直保持着对哈雷摩托非常强烈的购买意愿，于是身上穿的衣服、戴的手表都是哈雷戴维森品牌的。

(3) 认知型忠诚是基于信息的忠诚，是理性的忠诚。他们因对于商品的功能特征、性价比等具体信息的了解而产生购买行为，他们很多时候像一个产品专家，不仅了解产品的功能，而且进行各种资料的收集研究来了解产品的差异性和技术特性，他们甚至比产品销售人员更清楚产品的性能、哪里存在缺陷等。他们会综合考虑各种因素，最终产生这个产品更适合自己的认知，从而形成忠诚的购买行为。一旦市场上存在更好的产品，他们也会去仔细研究和比较。

(4) 行为型忠诚是基于行动的忠诚。客户已经形成了一种购买惯性，为了购买这样的产品往往需要付出努力或者克服一定的障碍。行为型忠诚的客户在一定程度上已经形成了购买企业产品的习惯，这样的客户为了购买企业的产品或服务愿意克服一些障碍，比如愿意为了企业发布的某个新产品排队等待很长时间。

与冲动型忠诚和情感型忠诚相比，认知型忠诚和行为型忠诚的客户显得更加理性，这样的理性忠诚通常可以持续更长的时间。冲动型忠诚的客户忠诚程度最低、持续的时间较短；行为型忠诚的客户忠诚程度最高、持续的时间也最长。

对于企业来说，最有价值的还是从行为维度上定义客户忠诚，这样企业就可以通过策划有利于企业收益的营销方式来影响客户未来的行为。了解了这4种客户忠诚的行为，我们就能在营销中分辨客户的忠诚行为差异，并且采取不同的营销策略来吸引不同类型的客户。

2. 客户忠诚管理的意义

失去一个成熟的客户与争取到一个新客户在经济效益上是截然不同的，哈佛学者以美国市场为研究目标，发现在汽车服务业流失一位老客户所产生的利润空洞起码要三位新客户才能填满，同时由于与老客户之间的熟悉、信任等原因使得服务一个新客户的成本和精力要比服务一个老客户大得多。因此，加强客户忠诚管理对于企业的生存和发展具有十分重要的意义。

1) 有利于企业核心竞争力的形成

客户忠诚营销理论倡导以客户为中心，提示企业的营销活动必须围绕这个中心进行，关注客户对企业的评价、追求客户的高满意度和忠诚度，这是市场营销观念的完善和发展。客户忠诚营销理论要求企业将客户作为企业的一项重要资源，对企业的客户进行系统化管理，借助于客户关系管理软件的应用来获取客户相关信息，并将之作为企业战略决策的基础。

实践证明，倡导客户忠诚所形成的核心竞争力将会在企业的经营活动中得以体现。如上海三菱电梯有限公司从1998年开始导入客户满意观念，2000年末将其提升为客户忠诚。他们先在企业内部开展内部营销，使内部客户满意，这是因为要满足外部客户的需求，首先要让内部客户满意。然后从电梯这个特殊产品出发，以用户满意的合同为主线，从产品设计、制造、安装到维修、持续跟踪，落实用户各项需求；其次，从用户需求导入，实施质量功能展开(QFD)并列入公司方针目标，通过定期的用户满意度和忠诚度调查将用户需求转化为产品质量特性，从而创造客户持续的忠诚。目前，上海三菱电梯的产量、销售额、市场占有率、利润等多项经济指标连续在全国同行业中名列榜首。

2) 对企业业务流程和组织结构将产生重大影响

客户忠诚营销的实施工作是企业的一项系统性工程，它要求企业建立以忠诚度为基础的业务体系，合理分配和利用资源，进行以客户为核心的客户关系管理，在企业的销售自动化、市场营销自动化、客户服务三大领域中实现客户关系管理，它将会给企业现有的业务流程带来影响。同时，客户忠诚的实施也是对企业现有组织结构的挑战，它要求企业内部形成一个自上而下的、便于客户关系管理工作开展的、畅通的信息传播体系，改变以往那种相互分割的状况，使组织能对客户的信息做出迅速的反应。

3) 有利于提高企业员工的凝聚力

在客户忠诚营销理论中，客户的含义是广泛的，它不仅指企业的外部客户，也指企业的内部员工。客户忠诚一方面追求外部客户对企业的忠诚度，同时追求企业员工的忠诚。从某种意义上说，员工的忠诚具有重大作用。企业的产品和服务是通过员工的行为传递给客户的，一位对企业有着较高忠诚度的员工无疑会努力用自身的良好行为为企业的客户提供满意的服务，从而感染客户，赢得客户对企业的忠诚。因此，在企业中倡导客户忠诚观念、对员工实施关怀、给员工提供展现个人能力和发展的空间，会极大地提高员工的工作激情，形成巨大的凝聚力。

4) 有利于推动社会的“诚信”建设

以客户满意为起点，以客户忠诚为经营活动的目标，就可以促进企业不断追求更高的目标，为社会创造更多令公众满意的物质财富。同时，企业以客户为中心的理念的贯彻可以带动企业建立起诚实守信的经营机制，增强全体员工的服务意识和道德意识，从而杜绝各种制假售假、欺瞒诈骗的违法行为，为促进良好社会风气发挥积极作用。

3. 赢得客户忠诚的方法

1) 控制产品质量和价格

产品质量是企业开展优质服务、提高客户忠诚度的基础。世界众多品牌产品的发展历史告诉我们，消费者对品牌的忠诚在一定意义上也可以说是对其产品质量的忠诚，只有过硬的高质量产品才能真正在人们的心中树立起“金字招牌”，从而受到人们的爱戴。当然，仅有产品的高质量是不够的，合理地制定产品价格也是提高客户忠诚度的重要手段。企业要以获得正常利润为定价目标，坚决摒弃追求暴利的短期行为；要尽可能做到按客户的“预期价格”定价。所谓“预期价格”，是大多数消费者对某一产品的“心理估价”，如果企业定价超出“预期价格”，消费者会认为价格过高、名实不符，从而削弱购买欲望；如果企业定价达不到“预期价格”，消费者又会对产品的性能产生怀疑，进而犹豫不买。

2) 了解企业的客户

企业应该尽可能地了解相关客户的情况，这样就可以提供最符合他们需求和消费习惯的产品和服务。和他们交谈、倾听他们的声音，就不难找到使他们不满的根源所在。如企业了解客户的服务预期和接受服务的方式等，服务过程就会变得更加顺利，时间也会缩短，服务失误率也会下降，由此为每个客户提供服务的成本会减少，相应地企业的利润就会增加。企业常陷在自己的世界里就会察觉不到客户的实际感受，花些时间站在另一个角度上或当一次竞争对手的客户，对企业会有很大的帮助。

3) 提高服务质量

企业的每位员工都应该致力于为客户创造愉快的购买经历并时刻努力做得更好，超越客户的期望值。要知道经常接受企业服务并感到满意的客户会为企业做正面的宣传，而且会将企业的服务推荐给朋友、邻居、生意上的合作伙伴或其他人，他们会成为企业“义务”的市场推广人员。许多企业——特别是一些小型企业就是靠客户的不断宣传而发展起来的，在这种情况下，新客户的获得不再需要企业付出额外的成本，但显然会增加企业的利润。

4) 提高客户满意度

客户满意度在一定意义上是企业经营“质量”的衡量方式。通过客户满意调查、面谈等，了解企业的客户目前最需要的是什么、什么对他们最有价值，再想想他们能从你提供的服务中得到什么，这是提高客户满意度最好的做法。但除了销售活动、售后服务和企业文化等因素，客户满意度的高低还会受法律等其他一些强制性约束条件的影响，从这个意义上讲，企业应该尽可能地提高客户满意度，而非不惜一切代价致力于全面的，甚至极端的客户满意。

5) 超越客户期待

不要拘泥于基本和可预见的水平而向客户提供渴望的，甚至是意外惊喜的服务，在行业中确定“常规”，然后寻找常规以外的机会，给予超出“正常需要”的更多选择，客户是会注意到你的高标准服务的，也许这些可能被企业的竞争对手效仿，但企业只要持续改进，就一定不会落于人后。

6) 满足客户个性化需求

通常企业会按照自己的想象预测目标消费者的行动，事实上，所有关于客户人口统计和心理方面的信息都具有局限性，而且预测模型软件也具有局限性，因此，企业必须改变“大众营销”的思路，注意满足客户的个性化需求。要做到这一点，就必须尽量占有客户知识，利用各种可以利用的机会来获得更全面的客户情况，包括分析客户的语言和行为。如果企业不是持续地了解客户或者未能把所获得的客户知识融入执行方案，就不可能利用所获得的客户知识形成引人注目的产品或服务。

7) 正确处理客户问题

要与客户建立长期的相互信任的伙伴关系，就要善于处理客户的抱怨或异议。有研究显示，通常在25个不满意的客户中只有一个人会去投诉，其他24个则悄悄地转移到了其他企业的产品或服务上。因此，有条件的企业应尽力鼓励客户提出抱怨，然后再设法解决其遇到的问题。

有研究显示：一个最好的客户往往是受过最大挫折的客户，得到满意解决的投诉者与从没有不满意的客户相比往往更容易成为企业最忠诚的客户。一般而言，在重大问题投诉者中有4%的人会在问题解决后再次购买该企业的产品，而小问题投诉者的重购率则可达到53%，若企业迅速解决投诉问题，重购率将在52%～95%之间。

当然，客户满意度并不等于客户忠诚度，不满意的消费者并不一定抱怨，而仅仅会转向其他企业，但客户忠诚度的获得必须有一个最低的客户满意度作为基础。客户的抱怨可以成为企业建立和改善业务的最好路标，客户能指出你的系统在什么地方出了问题、哪里是薄弱环节，客户能告诉企业其产品在哪些方面不能满足他们的期望或者企业的工作没有起色。同样，客户也能指出企业竞争对手的优势或企业员工在哪些地方落后于人，这些都是人们给咨询师付费才能获得的内容和结论，而善于利用的企业则由此获得了一笔免费的财富。

8) 让购买程序变得简单

企业无论在商店里、网站上还是企业的商品目录上，购买的程序越简单越好，简化一切不必要的书写、填表步骤去帮助企业的客户找到他们需要的产品，解释这个产品如何工作，并且做任何能够简化交易过程的事情，制定标准简化的服务流程。

9) 服务内部客户

所谓内部客户是指企业的任何一个雇员。每位员工或者员工群体都构成了对外部客户供给循环的一部分，如果内部客户没有以适宜的服务水平最大效率地完成工作，那么外部客户所接受的服务便会受到不良影响，必然会引起外部客户的不满，甚至丧失外部客户的忠诚。如果企业对这一问题不给予足够的重视，势必导致较低的客户忠诚度和较高的客户流失率，最终导致企业赢利能力降低。

2.3.4 经营客户价值

企业的任务就是为客户创造价值，客户管理不仅是要让客户满意，赢得客户的忠诚，还要把创造客户价值作为核心的乃至终极的目标。企业必须认识到只有向客户提供真正有价值的利益才是维系运营的根本，找到客户价值经营和提升的路径才能保持可持续运营，经营客户价值才是最终实现企业与客户双赢的正确道路。

1. 客户价值的含义

1) 客户价值的概念

客户价值的概念包括从客户和企业两方面理解的含义。

从客户的角度来看，客户价值即客户从企业的产品和服务中得到的需求满足。肖恩·米汉教授认为客户价值是客户从某种产品或服务中所能获得的总利益与在购买和拥有时所付出的总代价的比较，是客户从企业为其提供的产品和服务中所得到的满足，即$Vc=Fc-Cc$(Vc：客户价值；Fc：客户感知利得；Cc：客户感知成本)。也就是说，客户价值是客户通过消费行为从企业那里取得的价值，这种价值是通过企业提供的产品和服务获得的，是客户付出费用“买”来的，是客户在消费过程中得到的满足。

客户价值是客户在消费时获得的总利益与其付出的总成本之间的差值。客户在消费时付出的总成本包括货币成本、时间成本、精力成本和情感成本等；客户在消费时获得的总利益包括产品价值、服务价值、形象价值和情感价值等。客户行为必然是追求价值最大化的，当客户的总利益减去其总成本是正数时，就产生了客户价值，正数越大，客户的价值越大，客户的消费动力也更足，越能对企业表示满意，甚至保持对企业的忠诚；当客户的总利益减去其总成本等于或小于零时，客户就不能获得价值或丧失了自己既有的价值，客户必然流失。

从企业的角度看，客户价值即企业从客户的购买中所实现的企业收益，是企业从与其具有长期稳定关系并愿意为企业提供的产品和服务承担合适价格的客户中获得的利润，即客户为企业的利润贡献。当企业能够为客户提供更好的产品和服务时，企业给客户创造的价值也就越大，这使企业能够拥有更多的忠诚客户。

忠诚客户能够给企业带来更大的价值，主要包括以下几点。

(1) 交易价值：即客户购买企业产品或服务所带来的正常利润。

(2) 购买增量：忠诚客户比一般客户更多地购买企业的产品和服务，表现为企业市场份额的增加。

(3) 成本降低：忠诚客户节省了企业的客户回访成本，由于客户对企业更加熟悉，相对地，服务成本也较低。

(4) 推荐价值：忠诚客户向他人推荐企业的产品和服务能够带来新增客户和销售收入的增长，同时降低企业客户开发的成本。

(5) 价格溢价：忠诚客户对企业产品和服务的价格不敏感，源于支付更合理的价格。

总之，客户价值是企业和客户之间的价值交换和价值创造，彼此从对方获得的价值越大，为对方创造的价值也就越大，这种双赢的效果正是市场的最大魅力和对人类的最大贡献所在。

2) 客户价值概念的产生

企业的激烈竞争和经济的全球化趋势使客户获益良多，他们得到的产品和服务不仅数量和种类比以往任何时候都丰富，而且质量越来越高；但是，近年经济发展增度减缓，使人们对经济前景抱有谨慎的态度，这种态度大大减少了盲目消费心理。在此背景下，企业组织结构重组、业务流程再造等新型的管理技术不断发展，然而很多企业的实践表明，这些面向企业内部的管理工具并没有起到当初人们所期望的作用，因此很多企业和学者开始将目光转向针对处于企业外部的市场和客户的管理工具的开发，客户价值的思想开始出现。可见，客户价值管理思想的产生是有其深刻的现实背景的。

3) 客户价值认知及其特性

把认知原理推广到企业营销上，就是企业要了解客户的价值需求、客户的价值认知。尽管每个人思维方式不同，却有物以类聚的情形，从而形成各具特性的群体。分析各群体认知模式如何形成对企业营销者意义重大，市场营销中常用的市场细分等手段也是基于这一原理进行的。单一的客户会有个人认知，客户群体也有其独具特色的认知，这些认知又必定对其行为产生影响。决定客户满意的不仅仅是企业创造价值的能力，更重要的还在于客户是如何感觉这些利益的，一系列因素会影响到客户对其所获得利益的感知，我们称之为客户价值的感知因素，如信息的充分程度、信息获得的渠道、产品的性能、质量、包装的精美、价格的高低等。当然，客户感知因素也会受自身条件的影响，如客户掌握的信息、客户的消费偏好、客户的购买和使用体验及使用的目的和用途等。这些感知因素有些是重要的、有些是次要的，有些关注程度高、有些关注程度低，那些重要的、客户最为关注的感知因素可能直接影响客户的购买决定和价值评价，称之为客户价值满意因素。尽管客户个体差异较大，但对于同一产品而言，目标消费群体必然有较为接近的共性价值需求；掌握需求规律，分析这些需求能够找到促使客户购买的价值满意因素。企业如果能清楚地总结出目标客户群体的客户价值满意因素，并能界定目标客户对不同因素的重视程度，就能很清楚地描绘出塑造客户价值优势的最佳路径，也能较容易地走出一条不同于一般竞争者的差别化道路，否则就只能人云亦云，在竞争中处于十分被动的地位。

客户价值具有强烈的主观性，因为客户价值并不是产品和服务本身固有的，而是由客户主观感知的，是客户心中的价值，是与产品、服务、品牌是否符合客户的需求紧密联系在一起的。这种主观性也同时体现为个体性，即客户价值也是因人而异的，这与客户的个体特征存在着密切的关系，因为不同客户具有不同的个人价值观、个人需要、个人偏好、经验、教育和经济条件等，而这些特有的个人因素都会对其感知价值产生影响。因为客户价值具有主观性和个体性，为了透彻理解客户价值，就必须考察客户价值链，并对客户的价值期望和感知进行深入和全面的探察，只有确定了客户从企业的提供物中实际寻找的价值，企业才能把握向客户传递利益的起点。

客户价值是基于特定情景的，在不同的情景下，客户的个人偏好和对价值的评价会有显著的差异。即使是同一客户，也可能在不同的情景中对同一产品进行不同的评价，即客户价值与产品的特定使用情景具有高度的相关性。

客户价值的情景依赖性除了表现在同一产品或服务发生在不同情景时，也可能出现在客户连续经历的不同产品的使用或服务的消费中，也就是说，客户在特定环境下的消费氛围会影响他紧接着的另一消费过程的感知价值评估，这种不同情景的关联影响在服务类企业发生得比较多。哈维·汤姆森用一个酒店消费和银行服务的例子说明了客户价值的情景依赖性：当客户经过长途跋涉将车开到酒店门口时，酒店的服务员立即引导客户安全地停好车。当他进入酒店大堂时，酒店已经为他登记好入住手续，行李已经帮他拿到房间，这一切服务都令客户有回家的感觉，这时客户对酒店服务的客户价值会有较高的感知。接着，如果这个客户再去附近银行取钱，这时客户对银行服务的期望价值很自然地受到他在酒店接受服务的影响，平时认为银行表现很好的服务此刻也许会感知不够好，而对银行的服务产生较低的感知价值。

2. 客户价值的理论模型

为了深入研究客户价值，营销学者们设计了不同的客户价值理论模型，为我们理解客户价值问题提供了理论指导，也为客户价值营销指明了方向。

1) Jeanke、Ron、Onno的客户价值模型

Jeanke、Ron、Onno的客户价值模型(见图2-2)从供应商和客户两个角度描述了随着业务发展，价值从一个模糊的概念到市场上的具体产品的整个过程。

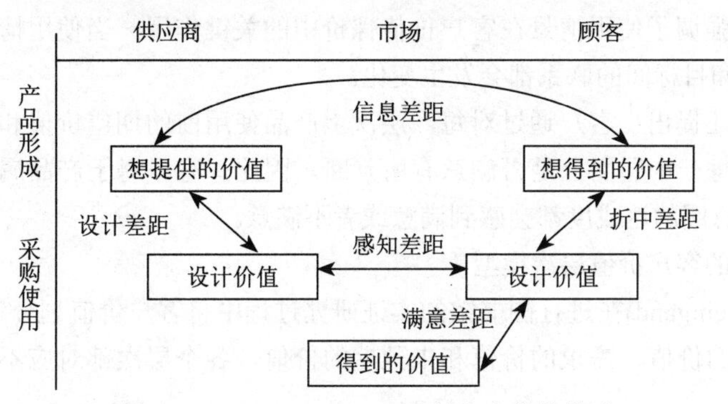

图2-2 Jeanke、Ron、Onno的客户价值模型

对供应商而言，依据的是他所感觉到的客户需求，以及企业本身的战略、能力和资源，形成“想提供的价值”的概念。由于企业条件或产品开发与市场脱节等原因，企业以“想提供的价值”为基础设计出以具体产品或服务为载体的“设计价值”，两者之间存在“设计差距”。对客户而言，客户从自身角度出发希望获得的是“想得到的价值”。由于社会环境、科技的发展程度等客观因素的限制，市场上提供的产品不可能与客户“想得到的价值”完全吻合，因此存在“折中差距”和客户的“期望价值”。由于供应商与客户之间存在对客户需求的不对称信息或是企业在客户需求调查过程中过多地掺杂了企业自身的思想，对客户需求的分析未必客观准确，所以“想提供的价值”与客户“想得到的价值”之间存在“信息差距”。客户的主观性价值感知使“期望价值”与“设计价值”间出现“感知差距”，客户使用产品后所“得到的价值”与“设计价值”之间的差距为“满意差距”。通过缩小各个差距，企业就可以提供真正为客户所需的价值。

2) 伍德拉夫的客户价值层次模型

伍德拉夫(Woodruff)的客户价值层次模型(见图2-3)对客户如何感知企业所提供的价值问题进行了回答，该模型提出：客户以途径—目标的方式形成期望价值。从最底层往上看，在购买和使用某一具体产品的时候，客户将会考虑产品的具体属性和属性效能，以及这些属性对实现预期结果的能力，客户还会根据这些结果对客户目标的实现能力形成期望。从最高层向下看，客户会根据自己的目标来确定产品在使用情景下各结果的权重，同样，结果又确定产品属性和属性实效的相对重要性。

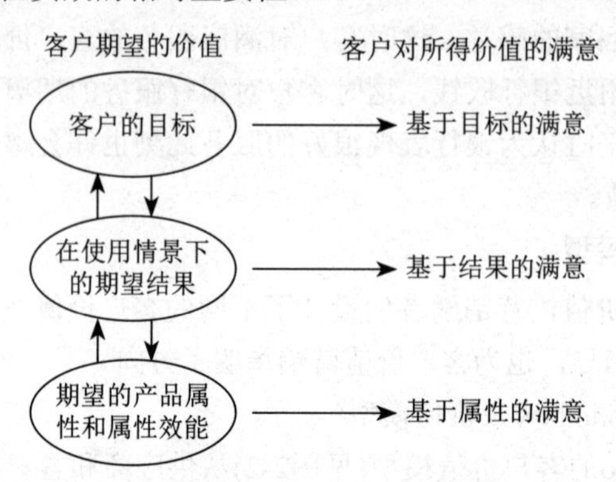

图2-3　伍德拉夫的客户价值层次模型

同时该模型强调了使用情景在客户价值评价中的关键作用，当使用情景发生变化时，产品属性、结果和目标间的联系都会发生变化。

该层次模型还提出：客户通过对每一层次上产品使用前的期望价值和使用后的实际价值的对比会对在每一个层面上是否满意有所判断。因此，客户对于产品属性、属性效能、使用结果和目标意图的达成度都会感到满意或者不满意。

3) 魏因甘德的客户价值层次模型

魏因甘德(Weingand)在进行图书馆的实证研究过程中将客户价值划分为4个层次，即基本的价值、期望的价值、需求的价值和未预期的价值，各个层次都对应不同的客户价值，如图2-4所示。

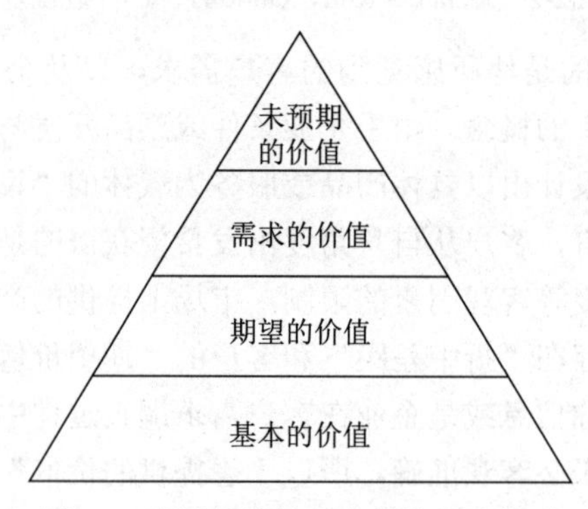

图2-4　魏因甘德的客户价值层次模型

3. 如何经营客户价值

为客户创造价值，与客户保持良好关系，营造客户的美好体验，提高客户满意度，实现客户价值最大化，这是客户管理的最高境界。这是一个基于客户分类组合的数据库营销过程，是企业在深入理解客户的基础上运用适合的营销技术来实现客户忠诚的价值目标的过程，并为我们指明了9个步骤：

- 建立客户信息数据库；
- 基于客户过去的购买模式，为每个客户设定下一年度的收入目标；
- 根据收入目标设定相应的利润目标；
- 从所销售的产品和付出的成本出发，计算出为每个客户提供服务的目标成本；
- 设计客户的营销沟通渠道组合；
- 了解不同客户覆盖模式的客户联络成本；
- 设计合理的客户覆盖联络矩阵；
- 按客户覆盖联络沟通矩阵执行服务营销过程；
- 定期审核客户数据库，确定客户联络模式和营销执行的效果，在没有达到利润目标时及时调整客户互动的模式。

不同的行业、企业可以运用不同的营销策略和技术手段经营客户价值，但如下几点是所有企业必须共同追求的智慧。

1) 在全面了解客户的基础上建立有效的客户数据库

企业通过准确的客户定位，以及细致的分级分类进行客户识别的基础上建立完整的客户数据库，这是保持客户联络、发展客户关系、营造客户体验、赢得客户忠诚的基础。

一个理想的客户信息数据库主要包括以下内容。

(1) 客户描述信息：包括个人人口统计信息、家庭人口统计信息、客户联络信息、客户购买数量、客户购买历史等。

(2) 交易行为信息：包括购买产品清单、购买地点、购买频率、购买金额、购买模式、支付方式、购买的产品组合、每类产品的份额等。

(3) 客户偏好信息：包括购买动机、消费或使用特性、客户沟通的历史记录、客户主动使用的沟通渠道、客户偏好的被动沟通方式、是否愿意获得促销类信息、是否喜欢上门拜访等。

(4) 赢利能力信息：包括对促销活动的响应情况、售后服务请求的次数、投诉的次数和类型、客户服务的平均成本、对增值服务的需求等。

2) 根据客户需求定制企业的产品和服务

通过客户联络和客户沟通，企业可以获悉消费者的真实需求所在，然后就要根据这个需求而创造，而不是那种传统的思维——根据自己的想法去生产。

圆筒冰激凌的发明就是一个非常经典的案例。

1901年在美国举行的一届世界博览会上，组委会允许商贩在会场外摆摊设点。美国人哈姆威作为一个糕点小贩来到会场外出售他的甜脆薄饼，在他摊位旁边是一位卖冰淇淋的小贩。当时正值盛夏，卖冰淇淋小贩的生意红火极了，但由于吃冰淇淋的人太多，盛装冰淇淋的小碟子不够使用，有很多客户要等别人吃完退了碟子之后才能一享口福。哈姆威看到这种情况，灵机一动，把自己的薄饼卷起来成为一个圆锥形，把“锥子”倒过来就可以装冰淇淋吃了。客户们目睹这种情况，都纷纷用薄饼卷成的小筒子装冰淇淋，并觉得这样吃起来别有一番风味。就这样，薄饼装冰淇淋受到了出人意料的欢迎，这也就是现在大家喜欢吃的蛋卷冰淇淋的雏形，哈姆威也因此发了一笔大财。

从这个经典的故事中我们可以深刻体会到，要想我们的产品适销对路，乃至畅销无阻，就应该根据需求而创造，而不是根据自己的一厢情愿，这也是为什么很多发明被束之高阁而无法转化为财富的原因。

3) 给予客户超越竞争对手所能提供的体验

倘若竞争对手亦能因需而造，造出同样的产品和提供一致的服务，那么我们如何赢得消费者的厚爱而取得竞争的胜利呢？唯一的答案就是有所超越。我们要做到在某些方面超越竞争对手，哪怕是极小的细微之处。同时，这样的超越还要让消费者认同，换句话讲，就是让消费者认为我们超越于他人，这是至关重要的一点。超越，不妨从小处着手，从小事做起，诸如产品的质量、功能、外观、技术和概念及服务等。只要在某一方面超越竞争者，哪怕是微不足道的地方，都有可能获得竞争优势。例如几年前TCL进军手机产业，当年既没有经验也没有技术，与竞争者相比根本找不到什么优势之处，后来在手机外观上找到突破口，推出所谓的钻石手机，在炫耀性上足以超越竞争者，满足一些人的攀比心理，结果风靡一时。总之，只要仔细观察、用心琢磨消费者所在乎的因素，定能发现突破口，实现超越，赢得市场竞争的胜利。

4) 为客户节约成本

为客户节约成本是另一种创造客户价值的智慧，企业应当完善自己的制造过程，通过生产工艺的革新、制造高质量的产品来节约客户的基本成本；通过对产品功能的改变、简化使用方式来节约客户的使用成本，这就是产品智能化的追求目标；通过沟通渠道的合理设计，实现对客户的良好覆盖，节约客户的沟通成本；通过服务流程的革新，让客户享受更多的购买便利，节约客户的时间和精力，这一切都是对客户的关怀，也毫无疑问能够增加客户价值。

2.3.5 客户价值营销

随着企业间竞争的加剧，提高竞争力并保持竞争优势成为企业越来越关注的问题。客户价值被认为是提高企业的客户忠诚度、保持持久竞争优势的重要源泉，企业只有为客户提供卓越的客户价值，才能在良好的客户关系维系中获得高忠诚度的客户、打造强大的竞争优势。

1. 客户价值营销的意义

上文提到，客户价值是客户可以为企业贡献的利益。

菲利普·科特勒为营销做了新的诠释：营销是企业为了从客户身上获得利益回报从而创造客户价值和建立牢固客户关系的过程。营销是管理有价值的客户关系，目的是为客户创造价值并且获得回报。

过去的生产观念、产品观念和推销观念更多地关注产品的生产或者如何把产品卖出去，是由内向外进行的；市场营销观念则是由外向内进行的，起始于市场，企业尽可能深入地了解客户的需求，为客户提供超越竞争对手的优异价值的产品，进而与客户建立有利可图的长期互惠的关系。以前的企业主要是在他们势力所能及的范围内进行无差异的营销；现在的企业更精心地选择自己的客户——尤其是高价值的客户，同他们建立更持久、更直接的关系。

以往的市场营销也强调前期的客户研究，在进行市场细分的时候基本是按照地理、人口、心理和行为等细分变量考察的，但没有引入客户价值的概念。当今产品同质化的趋势加剧了企业间的竞争，客户成为企业生存与发展的基础，但并不是所有的客户对企业的利润贡献都是相等的，按照80/20法则，企业的少量客户创造了企业利润的绝大部分，即在顶部的20%的客户创造了企业80%的价值，这意味着企业一旦失去了顶部的20%的客户就会丧失80%的利润，因此挖掘有高价值的客户、针对不同价值的客户制定有差别的营销策略才是企业的生存之道。在研究客户价值的基础上进行市场细分，企业可以更准确地把握市场情况，进一步开展目标市场选择和定位的活动。客户价值理论使企业对客户满意的管理从通过客户的脸色看其是否满意上升到探察客户心理的高度，变事后进行为事前进行，这将使企业的市场营销更具有前瞻性和针对性。

2. 如何经营客户价值

1) 客户价值与营销策略

(1) 要重视客户价值。客户价值是指客户对以下两方面的权衡：从某种产品或服务中所获得的总利益与在购买或拥有时所付出的总代价的比较。客户在对可供选择的产品进行比较后选中了他们认为会给他们带来最大利益的产品，因此有价值是一种相对概念，是相对竞争对手能提供的利益而言的。

一家公司创造客户价值的能力首先取决于它认识市场的能力，即了解客户现有的、正在出现的需求的能力，了解竞争对手的能力，了解技术、社会和人口发展趋势将决定未来的市场和竞争格局的能力。各企业都在不断利用以下三项主要措施增进对客户价值的了解：① 市场调研与分析；②各类人员同客户契动的计划；③密切关注竞争对手的动向。

大量研究表明，如果对市场形成了更加正确和更具普遍性的认识，企业就能够创造“客户价值”、获得最佳业绩。以市场为导向的工作包括4个方面：评估、认识市场；与客户建立联系；形成战略性的思维过程；机构与系统要相互结合。这4个方面相互交织，为创造“客户价值”奠定了基础。

(2) 要制定营销策略。随着经济的快速发展，居民收入、购买力水平和消费同步提高，表现为消费需求向高级阶段发展，人们的消费需求、消费观念发生变化，从感情消费逐渐转变为差别消费，世界市场营销中一个非常明显的趋势便是消费越来越从共性消费向个性消费转变。“定制”方式在早期市场上并不鲜见，生产者分别为不同客户制造他们所需要的产品，如裁缝师根据客户的身高、体型、喜欢的式样分别对布料进行加工，即所谓“量体裁衣”；鞋匠根据客户每一只脚的尺寸、宽度及形状来设计鞋样，等等。现代定制营销是指企业在大规模生产的基础上将每一位客户都视为一个单独的细分市场，根据个人特定需求来进行市场营销组合以满足每位客户的特定需求，它是制造业、信息业迅速发展所带来的新的营销机会。

目前，我国主要商品已全部转化为供求平衡和供过于求，实现了由卖方市场向买方市场的转变，已经进入相对过剩的经济时代。过剩经济意味着商品的丰富、消费者对商品要求更高，定制营销能使企业销售产品时变被动为主动，更好地迎合消费者。定制营销的适用范围十分广泛，不仅可以用于汽车、服装、自行车等有形产品，也可以用于无形产品的定制，如金融咨询、信息服务等，企业可根据本企业产品生产特点与客户参与程度选择不同的定制方式，如合作型定制、适应型定制、选择型定制、消费型定制等。

2) 提高客户价值的途径

(1) 提高客户满意度、信任度。高度满意的客户会重复购买，还会把对产品的满意体验推荐给身边的亲人、朋友等，以客户为中心的企业可以通过降低价格、加强服务水平等来提高客户满意度。客户信任对于企业非常重要，特别是当客户感知到市场上还存在其他企业也能提供质量相当的产品或服务时，如果与某一企业保持关系能够给予客户安全、可靠等感受，客户将对该企业产生信任感，进而有助于培育客户忠诚，如减少了心理成本、节约了寻找其他商家的时间等。

(2) 培育客户忠诚度和维系度。对于企业，吸引一个新客户比维持一个满意的客户要多花5～10倍的成本，而维系一个老客户给企业带来的价值比开发一个新客户所带来的价值要大得多，丢失一个客户意味着不止流失一份销量，而是这个客户一生购买的总量，可以用客户终身价值来衡量。忠诚的客户是企业长期可靠的客户，是企业利润的主要来源，他们不但会继续购买和接受企业的产品或服务，而且愿意为优质的产品和服务支付较高的价格，并且会给企业做良好的口碑宣传。赖克尔德和萨塞的研究表明，客户忠诚度增加5%，企业利润增加25%～85%，因此培育和提高客户忠诚度、加强与客户之间的联系被很多企业放在重要的位置。

(3) 增加客户份额。随着市场竞争越来越激烈，企业在追求“数量”——即追求市场份额的同时更要注重“质量”，即提高客户份额，用客户份额所带来的长期收益，即客户终身价值来衡量企业的绩效水平。企业应该注重与客户的交流，为客户提供超值的服务，培养客户的忠诚，提升企业的品牌效应，树立企业的优质形象，维系那些对企业有重要价值的客户，而良好客户关系的维持不仅降低了交易成本，而且在更长的时间内甚至是终生来满足客户需求，从而获得更多的收益。

(4) 建立客户资产。企业要真正实现以客户为中心的经营思想，必须注重客户的终身价值，把客户作为企业最重要的资产进行经营，使其价值最大化。所谓客户资产是指企业所有客户终身价值折现现值的总和。利用客户资产份额并结合市场份额指标，在考察企业当前业绩情况的同时也可对其未来业绩表现做出合理的预测。如果一个企业的市场份额很高而客户资产份额并不理想，这样的企业短期内似乎运行良好，但它的客户多数扮演着“过路客”的角色；相反，如果一个企业市场份额虽然不高，客户资产份额却很高，表明企业很善于维系客户，客户关系管理很到位，随着忠诚客户的增多，企业的竞争力会不断增强。

创造客户价值是企业实现盈利的前提。在客户看来，企业就是一个价值创造系统，其产出就是客户价值的载体，而企业也正是因为创造了客户价值才能够获得利润。一般来说，客户支付给企业的价格不仅可以弥补企业在创造客户价值过程中的各种成本，还包括企业应该获得的利润。如果企业没有创造出足够大的客户价值，企业产出的价格即使低于成本，也无法使客户感知到价值，客户不会购买，企业也毫无利润可言。

2.4 客户管理的原则、策略和作用

客户管理不是一种概念，也不是一项计划，它是一种商业战略，它着眼于理解和管理某个企业当前和潜在的客户需求。它是一个漫长的过程，在该过程中有战略、机构和技术的改变，通过这些改变，我们可以围绕客户行为更好地管理自己的企业。为使客户管理战略达到最佳效果，企业必须了解和把握相应的原则、策略和作用。

2.4.1 客户管理的原则

客户管理的原则是指企业在实施客户管理战略时需要遵循的基本战略思想和工作思路。其主要包括以下原则。

1. 动态管理

客户管理不是一成不变的，不是建立或使用了一套客户管理系统就万事大吉了，而是要随着客户情况的变化及时调整、更新、补充相应的功能内容及资源组合。客户管理系统建立后，因为客户的情况是不断变化的，需要根据情况变化进行不断的整理，剔除过时资料，及时补充新的资料，对客户的变化动态进行追踪，使客户关系管理保持连续性。

2. 重点突出

有关的客户资料很多，我们应能在短时间内查到所需要的重点客户。重点客户不仅包括现有的大客户，而且包括未来客户和潜在客户。不仅要关注重点客户或大客户，为他们配置足够的资源，不断加强已建立的良好关系，而且要为企业选择新客户，为市场开拓提供新资料，为企业发展创造良机。

3. 专人管理

客户管理需要全员参与，需要企业的最高层和一线员工的共同努力。但作为一项专业性的工作，企业应设专人全身心地投入其中，并及时与有关部门沟通和协调，最大限度地发挥客户关系管理系统的功效。

4. 有效运用

建立客户资料之后不能束之高阁，必须以灵活的方式及时加以利用，为一线员工提供有用的客户信息，使他们能够进行更为详细的分析，从而提高客户关系管理的效率。

2.4.2 客户管理的策略

客户管理的目标主要是建立客户联络、发展客户关系、营造客户体验、赢得客户忠诚、经营客户价值，简单地说，就是要开发客户、服务客户、留住客户。这就要求企业建立以客户价值为导向的营销策略，分别针对市场的潜在客户和现有的老客户设计和执行不同的营销方案。

1. 基于客户开发的管理策略

客户开发的目标是如何使潜在的客户发展成为正式客户，其包括以下基本策略。

(1) 寻找最佳的客户开发切入机会。机会可能在新品上市、年度供应商评估、客户内部人员变动、目前供应商的产品或服务出现问题、客户与现有供应商关系恶化、客户产生新需求的时刻出现，在长期研究市场情况的基础上一旦捕捉到这样的机会，也就找到了客户

开发的最佳切入点。

(2) 畅通客户沟通渠道，找到客户决策的关键人。对于组织客户，尤其要深入了解客户的组织结构图，明确客户的角色与职能分工，确定影响采购关键人所占的比重，与关键人建立良好关系，同时注意与客户中影响采购决策的其他人保持良好关系。

(3) 建立信任，提供利益。关系营销的实质是供应商与客户建立个人信任和组织之间的信任，通过对客户利益和供应商利益的调节，最终促使交易成功。尤其要注意的是个人之间的信任和二者利益的维护，这意味着企业必须向客户提供不同于竞争对手的或比对手更优质、更优惠的产品和服务。

2. 基于客户体验的管理策略

客户体验是指客户感知到的企业产品和服务的价值及这种感知价值与客户期望价值之间的落差。任何客户都希望获得优质、可靠、便利、愉悦、被响应、被尊重、被理解、被关怀的感受和体验。客户管理的策略主要包括：正确理解和感知客户的期望、将客户的期望转化为产品和服务的质量规范、向客户提供符合标准的产品和服务、与客户进行有效的沟通、及时回应和解决客户投诉、让客户获得满意的感受和体验。

3. 基于客户价值的管理策略

顾客价值是指顾客感知利得与感知利失之差。感知利得是指顾客在产品购买和使用中产品的物理属性、服务属性、可获得的技术支持等，是顾客对于品种、价格、质量、服务、信誉、速度等要素的满意程度，包括产品价值、服务价值、人员价值和形象价值；感知利失是指顾客为购买产品和服务所耗费的时间、精神、体力及所支付的货币资金等，包括货币成本、时间成本、精神成本和体力成本。顾客价值实质上是顾客对于企业产品或服务是否物有所值的评价。随着科技的飞速发展和社会的日益进步，人们的生活质量在逐步提高，人本意识在不断强化，顾客对于产品和服务的个性化需求的期望会越来越高，企业只有在设计、生产和提供产品时以顾客为导向，充分体现顾客的个性化需求，为顾客提供超越竞争对手的价值，才能在激烈的市场竞争中不断提高顾客的关系价值(顾客在其生命周期内对企业利润的贡献)，以获取可持续发展的竞争优势。基于提高客户关系价值的定制化营销策略，适应时代发展的要求，通过确定与自身资源、能力相匹配的顾客需求定位，采取措施向顾客提供定制化的产品和服务，从而在创造顾客价值的增值中保持与顾客的长期关系，使企业获得源源不断的利润。

4. 基于客户生命周期的管理策略

客户生命周期是指从一个客户开始对企业进行了解或企业欲对某一客户进行开发开始直到客户与企业的业务关系完全终止且与之相关的事宜完全处理完毕的这段时间，大体包括考察期、形成期、稳定期和退化期4个阶段。

1) 考察期

在考察期，企业需要按照一般的客户需求给客户提供一些有价值的服务，吸引客户做一些尝试性的交易，通过客户的行为挖掘客户的各种偏好和对企业的需求，提高客户的满意水平。

2) 形成期

通过考察期的磨合，企业对客户的偏好和需求有了一定的了解。形成期，在提供个性化服务的同时需进一步挖掘客户需求，提高服务的个性化价值。

3) 稳定期

在此期间，客户已认可企业所提供的个性化价值，因而稳定期的营销重点应放在保持客户，进一步挖掘当前客户价值上，在当前客户需求和偏好的基础上适当缩减成本，促使客户增加交易量和资本金。

4) 退化期

找到客户关系恶化的原因，企业根据客户价值大小来决定是否有继续保持关系的必要，对有价值的客户及时进行关系修补，控制客户关系水平的走势。强化对关键客户的服务，是价值策略从始至终的核心内容。

2.4.3　客户管理的作用

客户管理通过采集和分析客户的各种信息来掌握客户的真正需求，把销售、营销和客户服务整合到一起，使整个企业协同起来满足客户的需要，不断改善与客户的关系，提高客户的满意度和忠诚度，并从现有的客户中获取更大的利润。因此，实施客户关系管理能够尽快地发展壮大企业，提升竞争能力。

1. 获得成本优势

良好的客户管理可以使企业在同样的销售成本下保持较高的市场占有率，企业的交易成本逐渐降低，获得成本上的领先优势。客户管理系统能够对各种销售活动进行跟踪，并对跟踪结果进行评判，从而增加销售额和客户满意度，降低销售和服务成本，缩短销售周期，增加企业市场利润。

2. 提高企业的经营效益

通过客户资源管理可以对客户信息进行全面整合，实现信息充分共享，保证为客户提供更为快捷与周到的服务，从而优化企业的业务流程，提高工作效率，增加客户保持率。

3. 提高企业的收益水平

客户管理不仅可以使企业根据实时数据进行市场预测分析，制订可行性计划和目标，还可帮助他们更加有的放矢地针对客户的价值能力，同时使企业内部不同部门步调一致，协同作战，提升企业业绩及竞争力。

4. 形成竞争优势

客户管理可以帮助企业从客户那里得到更多有关竞争对手的情况，据此合理地定位本企业的产品，从而建立自己的竞争优势。总之，客户管理有利于企业营销合理化和实现客户与企业的良好沟通，使企业规避市场风险、提高竞争力。

第 3 章

客户定位与客户识别

客户定位与客户识别是客户管理的基础环节，是做好整个客户管理工作的前提条件。它指导企业准确定位哪些客户是企业最有价值的客户，科学识别最好客户的基本特征，并选择和执行适当的客户管理策略。随着企业间竞争的日趋激烈，客户有了越来越大的选择自由，消费需求也日益呈现多样化、复杂化、个性化的趋势。客户的选择决定企业的未来和命运，任何企业要想在激烈的市场竞争中求得生存和发展，都必须在做好客户定位和识别的基础上重组自己的资源，实施差别化的营销策略，给不同的客户配置相应的资源，其核心是为最有价值的客户提供最优化的服务，实现客户价值和企业价值的最大化。

3.1 客户定位

谁是我们的客户？这是企业制定营销策略和管理决策的关键问题。企业只有真正认识到客户的重要性，了解客户的基本特征及其对企业价值和利润实现的影响，并充分采取行动去解决这些问题，才能更好地经营和发展自己的业务。从理论上说，所有消费者都可能成为企业的客户，但在现实中，每个企业都有特定的经营范围，不可能为所有的消费者提供所需要的产品和服务，因而其客户和客户群体总是有范围限制的，这就要求企业必须做好客户定位工作。

3.1.1 客户的概念

在我国，无论是理论界还是企业界，一般都将消费者、顾客、客户这三个概念等同使用，企业在制定与实施市场营销战略时更是没有将三者区分开来，导致企业的营销目标过于笼统，营销策略缺乏针对性，从而影响营销的绩效。在市场经济日渐成熟、竞争日趋激烈的今天，正确区分消费者、顾客和客户将有利于企业整合并节约自身的营销资源，提高营销投资的回报率，促进企业盈利。

传统观点认为顾客与客户是同一概念，两者的含义可以不加区别；但在西方的论著中，客户(client)与顾客(customer)是两个不同的概念。虽然在英语中“customer”可翻译为消费者、顾客或客户，但实际上，这是三个既有联系又有差别的概念。

1. 消费者

美国权威的《布莱克法律词典(1979)》对消费者这样定义：“消费者是与制造者、批发商和零售商相区别的人，是指购买、使用、保存和处理商品和服务的个人或最终产品的使用者。”即消费者购买或者接受某种产品或服务不是为了交易、不以营利为目的，而是为了自己使用。

消费者是产品和服务的最终使用者，需具备以下条件：一是消费是为生活而进行的，如果其目的是用于生产，则不属于消费者的范畴；二是消费的客体既包括商品，也包括服务；三是使用商品或服务的主体是消费者；四是主要指个人消费。

2. 顾客

国际标准化组织(ISO)将顾客定义为：接受产品的组织或个人。

顾客的概念要大于消费者，它主要是指接受或者可能接受任何组织、个人提供的产品和服务的购买者，包括潜在购买者都能成为顾客。顾客不仅仅指个体，同时包含企业、政府等团体组织。其购买对象不仅包括用于消费者生活的物品和服务，也包括用于生产的各类生产资料和服务。随着营销理论的发展，顾客的概念进一步延伸，分为外部顾客和内部顾客。外部顾客包括最终消费者、使用者、受益者或采购方；内部顾客包括股东、经营者、员工。

3. 客户

客户的意义则更为广泛，它是指所有本着共同的决策目标参与企业决策制定并共同承担决策风险的个人和团体。也就是说，客户既包括购买企业产品或服务的客户，也包括企业的内部员工、合作伙伴、供应链中上下游伙伴，甚至包括本企业的竞争对手。因此，就客户关系管理的角度而言，客户不仅仅是顾客，在一切与企业经营有关的环节中与企业有互动行为的单位或个人，都是该企业的客户。

或者说：“客户是过去、现在和未来购买或使用企业产品与服务的个人或组织。”处于企业价值供应链上的所有相关者都是企业的客户，无论他是一个顾客、购买者、消费者还是使用者；无论他是个人，还是组织。

尽管顾客与客户都是购买和消费企业产品(服务)的组织和个人，但两者最大的区别在于顾客只是“没有名字的一张脸”，企业可以不必知道顾客的名字和特征，只需关注顾客的行为状态及企业产品和服务交易的情况；而客户的资料却很详细地保存在企业的信息库中，企业需要了解客户其人、了解决定和影响其购买和消费行为的全部相关信息，从而更好地、更有针对性地为他提供产品和服务。在客户管理时代，一个非常重要的管理理念就是要将顾客视为“客户”，而不再是没有名字的脸。

李先生留学美国，半年后其妻有孕。在临产前的三个月内，他家定期收到附近一家商场有关孕妇用品的广告，孩子出生前后那几天又陆续收到婴儿用品广告及免费试用的几种小包装奶粉。李先生夫妇感到奇怪：来美国时间不长，常来常往的也只有几个中国朋友，当地的商家是如何得知李太太怀孕的呢？后来才得知，他们常去购物的这家商场是根据李太太以前购买卫生用品的频率及间隔时间长短的记录而推断出来的。作为普通客户，李先生夫妇对商家的细心关注感到非常满意，从此他们一家成了该商场的固定客户。

此案例中的商场就是把“顾客”视为“客户”来对待的。商场把经常来购物的客户资料存入客户数据库中，经过系统分析，为客户提供了更有针对性的服务。

3.1.2 客户的类型

根据不同的标准，可以把客户分为不同的类型。

(1) 按照客户的主体身份状态，可分为个人客户和组织客户。个人客户通常可分为个人消费客户和家庭消费客户，他们可以是企业对消费者(B2C)类型的，也可以是消费者对消费者(C2C)类型的，客户管理研究的重点是B2C类型的个人客户。组织客户可以进一步分为企业对企业(B2B)、企业对政府(B2G)、企业对合作伙伴(B2A)、企业对非营利组织、企业对内部组织客户等5种类型，客户管理着重讨论B2B型的组织客户。

(2) 按照在企业组织结构中的位置，客户可分为外部客户和内部客户。外部客户是在企业外部购买和使用企业产品和服务的所有个人和组织，包括用于生产经营目的的个人和组织，以及用于消费目的的个人和组织。内部客户是从企业内部的其他部门或者一个大型公司的分支机构购买产品和服务的企业或组织，同时包括企业的内部员工。

(3) 按照客户在企业价值供应链上的作用，可分为渠道客户和终端客户。渠道客户主要指分销商、代理商、销售商等，此类客户购买企业的产品用于销售或作为该产品在该地区的代表、代理处。从管理的角度来说，企业的供应商在某种程度上也是企业的外部客户。终端客户是指那些以自己消费和使用为目的而购买企业产品和服务的个人和组织。图3-1是某企业对客户类型的细分。

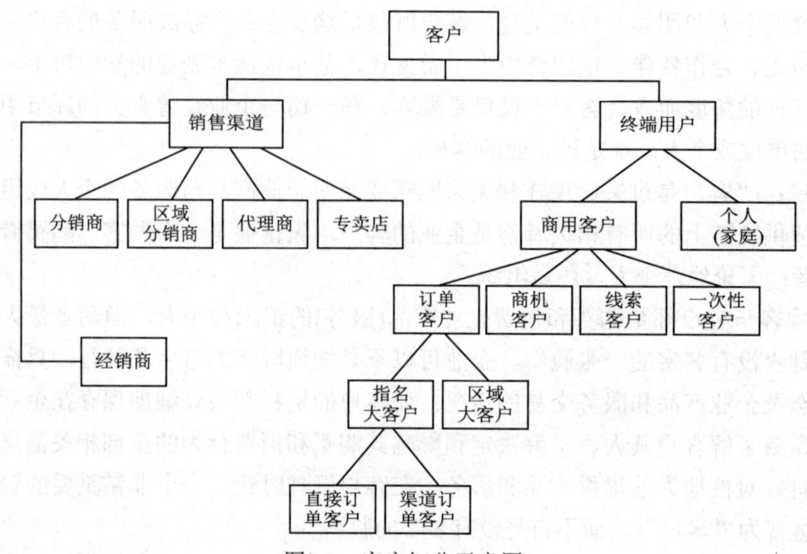

图3-1 客户细分示意图

在客户管理过程中，企业对消费者(B2C)、企业对企业(B2B)，以及企业的内部客户是三个最大的客户领域。

1. 消费客户

消费客户是购买最终产品或服务的终端客户，主要目的用于消费，通常是个人或家庭。

个人是最终端的消费者，任何产品和服务最终都要由“一个人”来消费。个人的生理特征、心理个性、社会身份等都会对其购买行为产生影响，都是客户管理需要关注的因素。

家庭在我国是一个至关重要的社会影响因素。法律上，家庭是由婚姻、血缘或收养关系而产生的两个或多个人共同生活的组织。但在营销学上，通常把两个或两个以上的人住在一起的生活共同体，只要他们在消费行为上具有较高的关联性，都看作一个家庭，而不管他们在法律上的关系如何。

在客户管理上，家庭生命周期是一个非常重要的概念。家庭生命周期是一个家庭从组成到“解散”的完整发展过程，它反映的是家庭个体成员在家庭中经历的各个不同阶段，如单身、结婚、生子、步入老年等，以及家庭成员关系和家庭结构变化的状态。

对于消费客户的管理，家庭是需要认真对待的问题。每个个人客户都可以归属于某个家庭，个人的消费行为往往受到家庭成员意见的影响，消费决策是在家庭成员的集体沟通后做出的。而家庭作为一个消费单位又具有许多不同于个人客户的特点，如住房、车辆、大件家电、家庭旅游等大宗消费一般由家庭集体决策，家庭结构的变化，如新婚、新生儿的到来等对家庭消费也具有巨大的影响。对于特定家庭消费水平的设计和营销来说，需要把家庭结构及家庭的所有成员作为决策对象来考虑。

2. 企业客户

企业客户是典型的商业组织客户，他们是购买产品或服务并在其企业内部将产品附加到自己的产品上，再销售给其他客户或企业以赢取利润或获得服务的客户。

相对于个人客户，企业客户具有以下明显特征：

- 企业客户的购买决策过程通常更加复杂；
- 企业客户存在某些对购买行为具有决策权力的关键人物；
- 企业客户的购买行为经常是重复的，很少是一次性的；
- 企业客户的购买决策可能会因为各种原因而推迟；
- 企业客户对产品和服务的需求往往来自于他们自己的客户；
- 企业客户对产品的生产过程和交付环节都极其看重；
- 企业客户对服务的要求更加严格，等等。

3. 内部客户

企业(或相关企业)内部的个人或机构需要利用企业的产品或服务来达到其商业目的，这类客户往往最容易被忽略，而随着时间的流逝，他们也是最能让企业赢利的客户。

内部客户还包括企业内部的员工。员工是企业产品的直接生产者和企业服务的直接提供者，员工关系对于企业的生存和发展极为重要。传统的管理理论强调对员工的组织、指挥和控制，客户管理理论注重对员工的关怀、激励和协同，要求把员工当作客户看待。企业内部的生产、销售、客服等部门之间，企业及各部门与员工之间密切地合作，形成协调一致的团队，是客户管理的重要内涵。企业设置内部组织机构和建立工作流程不仅是对外部客户的管理与服务，也是内部的客户管理过程。

3.1.3 客户的定位

客户定位是指企业确定自己与客户的关系，即从目标客户中确定哪些是自己的最佳客户，并对之实施管理，以最适当的方式向这些客户提供产品和服务，也就是企业在自己的产品和服务的提供能力、企业具有的相对竞争优势和企业的赢利效率等因素的综合平衡点上找准自己的最好客户。

客户定位需要解决的主要问题和过程具体如下。

1. 了解客户群体的差异性

每一个客户都是不同的，企业必须清楚了解客户的实际情况和客户需求的差异性。客户之间的差异是多方面的：价值取向差异、个体心理差异、实际需求差异、地域差异、个性差异、认知差异、行为差异、文化差异等。随着市场规模的扩大，企业服务的群体对象越来越复杂，企业产品和服务的供应范围也日益跨越了地域和文化的限制，企业的客户群体来源更加丰富、差异更加明显，因此，企业的客户管理也需要进一步加深对客户需求及其差异性的研究。

2. 分析客户对企业贡献的价值，找出对企业最有价值的客户

对企业最有价值的客户可能包括以下几类客户群体。

(1) 平均贡献较大的客户。他们现实的交易量和交易额都很大，对企业当前的贡献也大，但往往对服务的要求也更高，企业需要为之付出较大的成本，同时他们也是竞争对手紧盯的对象，企业面临的竞争压力相对较大。

(2) 对企业整体收入贡献最大的客户。他们不一定是单个价值贡献最大的群体，很可能是那些单个价值不大但整体人数最多的中低端客户。这部分客户的贡献主要表现为“规模效应”，平时有可能被企业忽略，但总体贡献却是企业价值的主要来源。

(3) 有较高成长性的群体。他们当前的购买力可能不大，为他们提供服务的成本也不高，但随着时间的推移，他们的消费能力会迅速增大。年轻消费者就具有这样的特征。

(4) 拥有一定经验的客户群体。对于技术型产品，那些在相关技术领域有较高知识和能力的人群往往是最先尝试购买的群体，同时他们的消费取向也会给那些缺乏经验的客户带来信心支持。

(5) 拥有特别影响力的客户群体。体艺明星、成功人士即属于这一类人，在消费领域，尤其是时尚消费方面，他们的影响力不言而喻。

3. 准确定位企业的客户群体

企业要根据自己的生产能力和服务能力来选择最适合自己的竞争策略，选择自己的客户对象。只有经过准确的客户定位，企业才能找准自己的赢利来源，建立和实施客户管理策略。

企业的客户定位策略有以下几种。

(1) 赢利性定位。定位于贡献赢利最大的客户群体，即找出那些给企业赢利做出突出贡献的人群，针对他们的实际需要提供相应的产品和服务。

(2) 选择性定位。选择最适合自己产品定位和服务模式的客户群体。如Dell电脑将那些有一定电脑使用经验的客户作为自己的目标客户，成功地实施了高效率、低价格的直销策略。

(3) 成长性定位。定位于那些特点鲜明、成长性高的群体。如那些刚刚步入社会的年轻人，由于现实购买力不足，对价格的敏感性很强，他们的成长性极高，以适当的定价策略让他们实现购买，有利于发展以后的客户关系。

(4) 关系性定位。定位于那些有特殊需要和特别影响力的客户群体。如航空公司主动给予那些经常需要乘坐飞机出行的成功人士以会员资格和优待服务，就是稳定客户群体来源的策略。

4. 构建有针对性的客户营销能力和服务体系

客户定位的目的是企业在客户群体源中找出那些自己有能力提供产品和服务并因此获得赢利的客户群体。在初步完成客户定位后，企业需要集中资源构建面向这些客户的服务能力，并设计相应的营销策略，才能真正实现赢利。这就要求企业对研发、设计、市场、销售、服务等各个环节进行合理的组合，完善工作流程，利用现代客户管理系统进行切实的客户管理。

5. 实施动态管理，不断优化客户服务策略

环境瞬息万变，客户也不可能一成不变，企业必须用动态的、发展的眼光看待客户，并随着客户的变化而调整客户管理方案。例如随着企业核心业务的变化，过去的最好客户可能流失，过去的普通客户也可能成长为新的最好客户。因此，客户定位不是一蹴而就、一劳永逸的，而是要伴随企业生产经营的全过程，不断调整、更新和补充企业的最好客户。

3.2　客户识别

客户管理要求企业必须把资源投到最能产生价值的客户身上，这就不仅要进行客户定位，还要完成客户识别。客户定位是企业定位自己的客户对象，明确把自己的何种产品和服务以何种最适当的方式提供给最有价值的客户，着重探讨企业与客户“关系”层面的问题；客户识别则是企业对客户的特征做客观的分析，明确客户群体的类别特征并制定相应的管理策略，其本质是客户的分级分类。

3.2.1　客户分级分类的概念

1. 客户分级分类的含义

所谓客户分级分类，也可称为客户细分，就是根据客户的经济状况、对于企业的贡献率、客户需求的差异性等各种指标进行多角度衡量与分级，科学合理地配置企业的资源，并提供相应的、能满足客户需要的产品或服务。

客户分类更多的是从客户的客观属性，如企业客户所处的行业、消费者的性别等角度进行划分，更多着眼于不同类别客户需求的不同。客户分类一般相对稳定，因为客户所属的类别在短时间内通常不会发生大的变化。

客户分级主要是从企业自身的角度，根据对客户价值的分析判断做出的主观划分，更多着眼于不同级别客户价值的大小。客户所属的级别可能会因为客户价值的变化而快速地发生变化，比如随着交易量越来越多，客户可以快速地从C类上升为B 类客户，甚至A类客户。

客户的分级分类是基于客户的属性特征所进行的有效性识别与差异化区分，一般是按照客户的经济状况及对企业的利润贡献将客户进行分级分类，并据此调配企业资源，以达到节省成本和利润最大化，并对高利润客户提供专业的、个性化的服务。

客户分级分类既是客户关系管理的重要理论组成部分，又是其重要管理工具。它是分门别类研究客户、进行有效客户评估、合理分配服务资源、成功实施客户策略的基本原则之一，为企业充分获取客户价值提供理论和方法指导。从某种意义上讲，客户分级分类是实施客户管理的基础。

目前，国内各大电信运营商都意识到客户分层分级的重要性，并不同程度地运用这种理念对客户实施不同的服务。中国移动率先对客户进行分层管理，将客户分为大客户和普通大众客户；中国电信根据服务渠道的不同，将客户分为大客户、商业客户、公众客户和流动客户；中国联通也推出客户分层方案，具体从客户的ARPU[①]值、在网时长和信用度三个维度计算客户价值，将客户分为高端、中端和普通三层。值得一提的是，中国联通更注重目标客户群和消费行为的变化，增加维度和层级以满足不同客户的需求，对客户分层实现了动态管理，更具有时效性。

2. 客户分级分类的意义

1) 区分不同的客户带来的不同价值

帕累托法(重点管理法)是将管理对象分为A、B、C(或重要、次要、一般)三类以确定不同管理方式的一种科学管理方法，便于管理者学会把握“关键的少数与次要的多数”。

1897年，意大利经济学家帕累托提出了二八法则，其含义是企业利润的80%来自约20%的重要客户，而其余80%的客户对企业来说是微利的，甚至是无利可图的。在经济和社会生活中经常会遇到这样有趣的现象：如23%的成年男性消费了啤酒总量的81%，16%的家庭消费了蛋糕总量的62%，17%的家庭购买了79%的速溶咖啡。美国亚特兰大的一家财务咨询公司估计，一家典型的商业银行其最高层的20%的客户所带来的收入可高达其费用的6倍之多，而最底层的20%的客户花费公司的成本却是他们带给公司收入的3～4倍。因此，68%的银行将其客户分为不同的赢利层次，如美国大通银行将其所有的客户分为5级：蓝色客户，每年能为银行提供500万美元的综合效益或300万美元的中间业务价值；绿色客户，每年能为银行提供300万美元的综合效益或100万美元的中间业务价值；红色客户，需求比较单一、赢利少，却是银行的忠诚客户；转移客户，需求复杂，却不能给银行带来很大的利润；清退客户，基本上不能给银行带来利润，甚至亏损。

2) 促进资源的优化配置、成本的节约和利润最大化

效益优先是企业经营的基本原则。企业对客户进行有效的差异分析，将更多的资金和精力放在重要客户上，对提供高利润的客户给予细致的、贴心的服务，而对于低利润客户，通过减少员工与客户的接触或增加客户的参与度和等待时间等消减成本，使企业的利润达到最大化。

如美国一家电力公司为其前350家的客户配备了6名服务代表；为次一级的700名客户配备了6名服务代表；再次一级的3万名客户则由两名服务代表负责；处于客户群最底层的30万名居民，都交给800个电话号码负责。又如知名旅行社集团托马斯库克根据交易记录将客户分成A、B、C三级，并且针对不同级别给予不同待遇。

3) 增强企业的宣传力度

通过分级分类管理，企业对那些高利润客户加强满意度与忠诚度管理，促使其由具有影响力的核心人物转变为不自觉的品牌倡导者，发挥独特的口碑效应，利用其在社会上较强的示范作用和仿效效应，进一步加大企业的影响力。

4) 促进与客户的有效沟通，更好地实现客户满意

有效的客户沟通应当根据不同客户采取不同的沟通策略。如果客户的重要性和价值不同，就应当据此采取不同的沟通策略。实现客户满意也要根据客户的不同采取不同的策

① ARPU(average revenue per user)是指一个时期内(通常为一个月或一年)电信运营企业平均每个用户贡献的通信业务收入。

略，因为不同客户的满意标准是不一样的。

总体来说，客户分类的目的不仅是实现企业内部对于客户的统一有效识别，也常常用于指导企业客户管理的战略性资源配置与战术性服务营销对策应用，支撑企业以客户为中心的个性化服务与专业化营销。

3. 客户分级分类的条件

对客户进行分级分类需具备一定条件，否则效果可能差强人意。如果满足以下几个条件，企业就可以考虑对客户进行分级管理。

1) 客户数量已经超出管理者所能管理的幅度

就像企业内部管理存在最佳管理幅度一样，对客户的管理也存在管理幅度，即管理者所能够进行有效管理的客户数量。超过管理幅度的客户需要通过客户分级分配给企业内部不同层级的部门或人员去开发、维护，其中最重要的客户可能由管理者亲自或者由最高水平的销售人员、服务人员进行销售或服务，同时管理者会重点关注，而较次要的客户则可以交给次一级的销售人员或服务人员接待。

行业不同、产品或服务不同、面向的客户不同，企业营销活动的复杂性也差别巨大，企业管理者所能管理的幅度也会不同，企业营销活动越复杂，管理者的管理幅度就越小。一般来说，就单笔交易而言，对企业客户的营销活动比对消费者客户的营销活动复杂；针对工业品/工业服务的营销活动比针对消费品/消费者服务的营销活动复杂；耐用消费品的营销活动比快速消费品的营销活动复杂。因此，一家小区便利店的店主可以同时为小区内几百家住户提供零售服务而无须考虑客户分级(这同时也因为下述第三条因素的影响)，而对于客户主要是单位或组织来说，当其数量达到几十家(包括已有的和潜在准备开拓的客户数量)时就可以考虑对客户进行分级管理了，超过100家的时候，客户分级可能就成为一项非常有价值的工作。

2) 同一客户可能带来两次或两次以上的销售或服务

如果一个客户的销售或服务机会只有一次，那么客户分级就转变为销售机会分级或服务机会分级，客户的价值也等同于销售机会的价值或服务的价值。

只有客户可能带来两次或两次以上的销售或服务时，客户价值才会不同于单个销售机会和服务机会的价值，才会需要对客户进行专门分级。

3) 不同客户间的价值差异明显

客户分级的主要目的在于区别出价值最大的客户，客户价值的层级差异越明显，客户分级的意义也就越大；反之，如果客户之间的价值差异不大，客户分级就没有必要了。

前面提到的小区便利店的例子就是这样，小区居民虽多，但通常都是零星的小额采购，并不会出现经常大额采购的客户，也不会有哪一户居民的采购能够占到便利店零售额的显著份额(如5%以上)，因此，对小区居民客户的分级管理可能就是不必要和无意义的。

3.2.2 客户分级分类的方法

客户分级分类是为了实现对客户的有效识别，因此要考虑影响客户行为的各种变量，这些变量主要有人口统计、生命周期、消费心理、行为特征、价值贡献、个性特征、渠道偏好等，企业可以选择不同的方法对客户进行分级分类。

1. 根据人口特征划分

人口统计特征包括个人的年龄、性别、职业、收入、家庭结构、家庭生活周期、社会阶层、地域等要素，通过对这些要素的了解，可以对客户进行一定的归类和分类，从而识别其行为特征，比如已婚的人、中年人更忠诚，高流动人口忠诚度低。找到了目标消费群，就可以知道企业要把价值给谁及到底要给什么价值，如美国USAA保险公司的客户保留率达98%，简直高得不可想象，因为该公司有一个稳定的客户群：军官。虽然军官保险的利润不是很高，但由于公司满足了这一群体的特定需求，使得客户保留率很高、维持的成本很低，公司的利润也就很可观。

2. 根据客户对企业的价值大小划分

从管理的角度，大多企业根据潜在的忠诚客户和客户的终身价值可把客户分为4类：白金客户(顶尖客户)、黄金客户(大客户)、铁客户(中等客户)、铅客户(小客户)，如图3-2所示。

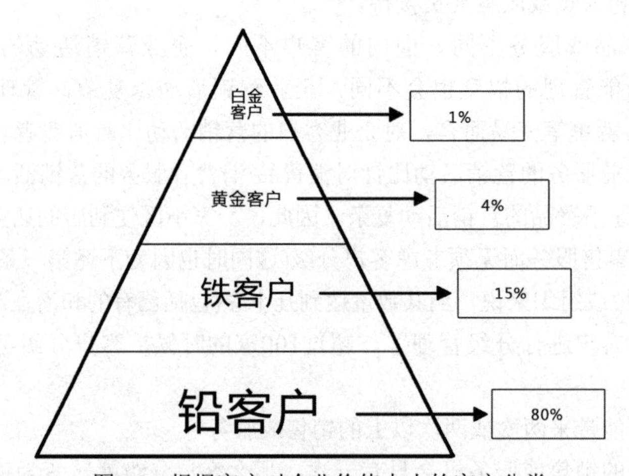

图3-2　根据客户对企业价值大小的客户分类

(1) 白金客户即与本企业目前有业务往来的前1%的客户，这类客户位于金字塔最上层。对企业而言，这类客户数量最少，但其消费额占企业销售额总量的比例非常大，对企业销售贡献的价值最大。

(2) 黄金型客户即与本企业目前有业务往来的随后4%的客户。

(3) 铁客户即与本企业有业务往来的再随后15%的客户。这类客户是指除以上那些客户之外消费额所占比例较大、能够给企业带来较高利润的客户。

(4) 铅客户即剩下来的80%的客户。这类客户人数众多，但消费总量不大，能为企业带来的利润不多，有可能给企业带来的利润低于所消耗的企业资源，导致企业不能从他们身上盈利，甚至亏损。在这些普通客户中还可以进一步划分，找出其中不能为企业创造利润或创造利润较少，但消耗着企业许多资源的客户，采取相应措施，使其向重要型客户转变或者中止与企业的交易，从而减少企业不能创造利润的资源消耗。

例如，某商业银行根据其“50%的储蓄存款来源于该行不到1%的大客户”这一情况，为避免传统的服务方式导致劣质客户驱逐优良客户的现象发生，在其理财中心推出了客户分层次服务的办法，将客户区分为普通客户、VIP客户、高级VIP客户三个等级(VIP客户标准为日均存款100万元或个人资产200万元以上的客户)，如表3-1所示。理财中心大厅设有贵宾窗口、大户室、VIP休闲区、VIP活动区等，客户等级不同，享受的服务也不同。该行还将目前没有业务往来的重点公司客户的重要岗位人员及证券大户、保险公司VIP客户、多次置业的富裕阶层、发展前景良好的公司负责人等作为潜在的VIP客户，进行重点服务。

表3-1 某商业银行客户分类情况

客户类型	占总营业额的比率/%
高级VIP客户	70
VIP客户	20
普通客户	10

经过分析发现，企业有60%的员工把精力放在普通客户身上(营业额仅占10%)确实是一种资源浪费。这种分类方法给企业的启示是必须将宝贵的资源进行有效的利用，不能再延续“不管有无交易额，也不考虑订购数量的多少，只要出去跑业务就是开发客户”的错误观念。

3. 根据客户的忠诚度划分

根据客户的忠诚度划分，可将客户分为潜在客户、新客户、老客户和忠诚客户。

(1) 潜在客户。它是指对企业的产品或服务有需求，但目前尚未与企业进行交易、需要企业大力争取的客户。

(2) 新客户。它是指刚开始与企业有交易往来，但对企业的产品和服务缺乏较全面了解的客户。

(3) 老客户。它是指与企业有较长时间的交易、对企业的产品和服务有较深了解，但同时还与其他企业有一定交易往来的客户。

(4) 忠诚客户。它是指对企业的产品和服务有全面深刻的了解、对企业及企业的产品和服务有高度信任感和消费偏好，并与企业保持着长期稳定关系的客户。

客户的忠诚度与企业和客户交易的时间长短和次数成正比，只有忠诚客户才能长时间、高频率地与企业进行交易。如果企业的产品和服务能够让客户满意，就能赢得客户的信任和支持，随着时间的变化，潜在客户可以转变为现实的新客户，新客户可变为老客户，老客户可变为忠诚客户；反之，客户则会出现反向变化，减少、中止或彻底终止与企业的关系。

4. 根据客户的行为特征划分

证券经纪行业经常按照客户的交易行为对客户进行分类，如某家证券公司的营业部就根据反映交易情况的账户资金周转率指标把证券投资客户划分为以下几类。

(1) 高频交易客户。交易极度活跃的客户，通常只有不足5%的客户属于此类。

(2) 活跃交易客户。交易比较活跃的客户，通常占到客户总量的10%左右。

(3) 交易型客户。交易在正常水平，通常占到客户总数的25%。

(4) 不活跃客户。很少交易或交易度低于平均水平的客户，通常占到客户总量的30%。

(5) 沉默型客户。曾经交易但现在几乎不进行交易的客户，大约30%以上的客户属于此类型。

3.2.3 客户分级分类的管理

客户分级分类只是客户管理的开始，只分级分类却不进行相应的组织、流程配套，客户分级也就失去了意义。我们可以考虑以下一些可能的客户分级分类管理配套措施。

1. 组织的差异化

企业建立客户信息数据库和客户管理系统，将市场营销、销售和客户服务部门统一起来，可以提高市场决策能力，加强统一管理，提高服务质量。同时，企业要实行组织差异化策略，应给不同的客户安排不同层级的管理人员和服务人员，以提供服务。

(1) 客户经理制：客户经理制是客户分级管理的一种重要形式，不同客户的管理差异在于是否有专职客户经理提供长期的、一对一的专业服务，或者在于由不同水平的人员担任不同类别客户的客户经理。

(2) 代理制：某些企业可能同时存在代理销售和直接销售两种销售模式，对于中小客户，他们主要通过代理商进行销售和提供服务；而对于大客户，他们则往往通过自己的销售组织和销售人员直接进行销售和提供服务。

2. 流程的差异化

通过差异化的流程为不同级别客户提供差异化的服务或者针对不同级别客户采取不同的市场、销售策略，需要说明的是，流程的差异化往往需要通过信息系统来实现。

客户分类和客户分级都可能造成产品/服务的差异化，但客户分类更多的是造成产品功能的差异化，如电脑制造商可能为教育行业与电信行业这两类不同行业的客户提供不同配置、功能的电脑。

客户分级造成的更多是产品性能/服务品质的差异化，如更快的交货期、更优惠的价格、更好的付款条件(货到付款或更长的信用期、更大的信用额度)。

3. 建立差异化的客户管理团队

客户分级分类往往会带来组织内部的差异化，常见的一种情况就是由不同水平的人员担任不同类别客户的客户经理。客户级别越高，对负责该客户的人员的能力要求就越高。所以，客户的分级实际上也对应着企业人员的分级，而这种分级其实也是团队管理的一种方式，是团队建设的一种架构。企业应针对不同级别客户制定相应的不同级别销售或服务人员的能力素质模型，成为相应的招聘、培训、考核、薪酬和晋升/降级的依据，从而建立团队的管理体系。

在客户分级分类后的管理过程中，要特别注意避免客户分级分类带来的负面影响，具体有以下几种。

1) 容易导致“效率”与“公平”的矛盾

低利润客户满意度下降，企业要承担客户流失的风险和由于负面评价致使新客户减少的损失；高利润客户可能以为企业对自己的关注完全是经济利益的驱使而产生抵触情绪，反而容易产生不利影响。

2) 无法准确测算客户的潜在价值

由于对客户进行了分层与分类，企业很容易机械地把一些客户打入“冷宫”。而随着时间变化，当客户的价值发生变化时，就很难把来自不同部门、不同渠道的信息进行整合，无法准确地对客户进行管理，从而导致效率的降低，还会引起客户的不满。

3) 容易忽视对管理中危机的预防与反思

客户的分级分类能够使企业所拥有的高价值客户资源显性化，使企业能够就相应的客户关系对企业未来的赢利影响进行分析，从而为企业决策提供依据。但是由于客户的分级分类使管理者着眼于赢利客户，从而容易忽视在管理过程中对出现问题的及时预防与反思，反而易造成不良局面。洛克菲勒基金会调查发现，82%的客户选择离开是因为产品服务没有得到妥善安排或被忽略，也就是说，消费不积极可能是消费者对目前所提供的服务不满的直接后果。

3.3 核心客户管理

客户定位与客户识别的成果使企业发现和定位了自己的核心客户，下一步就是企业如何实施核心客户管理策略。核心客户管理是指企业在客户定位和识别的基础上将最好的资源包括组织、物资、资金和人员等集中起来向核心客户提供产品和服务，与核心客户建立和保持良好的关系，促进客户价值最大化，赢得客户的忠诚，从而实现企业的持续发展。实际上，核心客户管理是客户管理的主题，是贯穿整个客户管理的主线。

3.3.1 核心客户及其特点

核心客户是指与企业关系最为密切、对企业价值贡献最大的那部分客户群体。核心客户对企业的发展具有重大作用，综合起来，其具有以下特点。

1. 影响企业销售收入

核心客户对于企业的销售目标十分重要，不管是现在或者将来，都会占有很大比重的销售收入。虽然这类客户数量很少，但在企业的整体业务中有着举足轻重的地位。

2. 影响企业发展

核心客户的存在对企业发展有非常大的影响，如果失去了这些核心客户，企业将很难迅速地建立起其他的销售渠道，销售业绩将会受到严重影响。因此，企业对这些核心客户存在一定的依赖关系。

3. 合作关系稳定

企业与核心客户之间有稳定的合作关系，而且他们对公司未来的业务发展有巨大的帮助。

4. 满意度与忠诚度较高

核心客户对企业的满意度与忠诚度较高，因此企业必须花费更多的人力、物力和精力进行客户关系维护，做好客户管理工作。

5. 与企业发展目标一致

核心客户的发展符合企业未来的发展目标，当时机成熟时，企业可与客户结成战略联盟关系，充分利用核心客户的优势促进企业成长。

例如零售行业的核心客户定位，“吸引各类人群”是其理想境界，但由于不同类型、不同区位，每个企业有相对应的核心客户。如某购物中心认为周边3公里内居住和工作的人群是最易获得的客源，以这部分人作为核心客户，能达到事半功倍的效果，如图3-3所示。

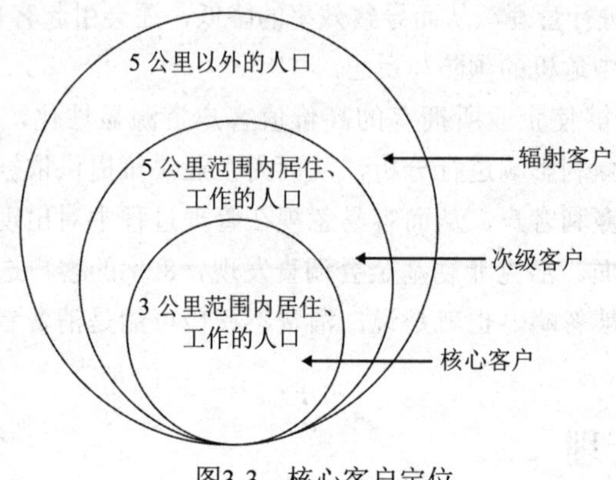

图3-3　核心客户定位

3.3.2　核心客户管理的主要内容

1. 核心客户的开发与保持

获得一个新客户所花的费用是保持一个现有客户费用的5倍，所以与寻找新客户相比将新产品销售给现有客户更为节省成本，然而肖·伯内特指出，企业客户平均每年会减少20%，那么应采取什么措施来防止客户，特别是核心客户的流失，并开发新的核心客户？

1) 开展定期调研，时刻关注客户需求

市场环境的动态变化时刻蕴含着核心客户新的需求，因此只有企业时刻保持对核心客户的关注，才能真正做到了解客户需求。在识别客户、对客户进行差异分析后，企业应与客户保持积极接触并注重调整产品或服务，以满足每个客户的不同需要。

2) 针对客户需求打造核心流程

核心流程对组织价值创造具有关键作用。显然，离开了客户，任何流程都难以被认为是核心流程，习惯上被认为非常重要的管理流程、财务流程、人力资源管理流程等实际上是辅助流程，它们必须围绕着核心流程而设计。核心流程的各个环节都体现了企业的核心竞争力，对维护核心客户至关重要。

3) 提高服务水平，丰富差异化的服务内容

只有采用不同的服务、满足不同的需求，才能把握核心客户。服务是取得客户信任、开拓市场的基本手段，是企业获取利润、赢得竞争的重要法宝，但国内企业的服务还存在着许多亟须改进的地方，必须进一步强化服务意识、提升服务理念、改进服务方式、优化服务手段、提高服务质量与效率，以应对竞争、应对挑战。

差异化的服务可以体现企业的经营谋略，使企业挖掘更深层次的客户价值，最终在行业中提升自己的核心竞争力，获取更大的竞争优势。

某电脑生产商实施的差异化服务要求：对于VIP客户20秒内人工接通水平要达到90%，中端客户和普通客户20秒内人工接通水平要达到85%。

对不同级别用户实行不同的服务方式，如为高端用户创建“绿色通道”，即用户进

入10010[1]人工服务台时始终排在最前位置；对于中端用户，如遇话务忙、未接入人工服务台，后台将在24小时之内提取用户数据对用户进行回访，主动为用户办理业务咨询、业务受理等；对于低端用户，按日常用户呼入10010人工服务台流程办理相关所需业务；对于极个别的不受欢迎用户，将被列入黑名单，在排队时永远处于优先级最低的位置。

4) 建立合作伙伴关系

合作伙伴关系是人与人之间或企业与企业之间达成的最高层次的合作关系，它是指双方在相互信任的基础上为了实现共同的目标而采取的共担风险、共享利益的长期合作关系。

随着经济全球化的加快，21世纪的市场竞争已不再是企业与企业之间的竞争，而是利益群与利益群之间、价值链与价值链之间的竞争。竞争优势已不能在单个企业产生，而只能通过各伙伴联合做出贡献来创造，因为一个企业规模再大，其资金、人力资源仍然非常有限，有限的、分散的资源必须进行有效整合与充分利用才能推动资源互补，实现合作多赢。

5) 建立学习型关系

客户是产品使用方面的专家，他们可以提供最新的产品信息和使用情况，对不同产品的优劣和改进最有发言权，因此，企业为了克服思维定式、加快创新，应紧跟客户需求，并与核心客户建立学习型关系，通过与核心客户共同建立研发联盟、知识联盟或者通过到其他企业进行人员交流访问等方式来获取新知识，由此企业的知识不断补充增长、能力不断提升，其核心能力得以形成和保持，同时保证为核心客户提供更加直接有效的服务。

6) 提高客户忠诚度

Oliver(奥利弗)将客户忠诚定义为：“在未来一如既往地重复购买偏好的产品或服务，并因此产生对同一品牌系列产品或服务的重复购买行为，而且不会因为市场态势的变化和竞争性产品营销努力地吸引而产生转移行为。”一般来说，客户忠诚就是客户保持与现供应商交易关系的强烈意愿。客户忠诚是企业取得竞争优势的源泉，因为忠诚客户趋向于购买更多的产品，对价格更不敏感，而且主动为本企业传播良好口碑，推荐新的客户。

施耐德等人关于客户忠诚度的研究最为著名，他们曾经对许多服务行业进行了长时间的观察分析，发现客户忠诚度在决定利润方面比市场份额更加重要。根据他们的分析，当客户忠诚度上升5个百分点时，利润上升的幅度将达到25%～85%。因此，培育客户忠诚以替代客户满意成为许多企业的客户保持战略追求的一个基本目标。

一个很有效的方法是与客户建立私人关系，建立超出与客户间纯交易关系之上的情感，也就是所谓的关系营销。在这种方式中，物质利益的吸引固然重要，但建立牢固的情感才是关键。竞争者可以通过提供物质利益来争夺客户，却难以控制以情感交流方式建立的客户对企业的忠诚。所以在优质服务的基础上，企业要力争维护与客户的紧密关系，提高客户忠诚度。

2. 预防核心客户流失

企业在进行客户定位时，常会面临这样一个问题：客户的流失(customer lose)。若客户不断发生流失，则企业不仅难以对客户群进行深入分析，也没有时间对特定客户开展营销工作，同时，客户的流失还会沉重打击企业推行“以客户为中心”的战略信心。企业要防

① 10010为中国联通官方客户服务热线。

止核心客户的流失，最根本的是要提升核心客户的满意度，进而形成忠诚度。具体措施包括如下几个方面。

1) 在企业内建立核心客户管理部门

为了更好地管理核心客户，企业有必要建立职能链条，如“企业→客户管理部门→交叉工作组→客户”。例如办公设备巨头——施乐公司拥有250个大客户，这250个大客户之间的业务就是由客户管理部来处理的，而其他客户则由一般的销售队伍来管理。

2) 采取灵活多变的销售模式

核心客户与企业的合作具有一定的特殊性，其特殊性体现在模式创新性、价格特殊性、服务紧密性等诸多方面，而这些特殊性要求企业最大化接近核心客户、掌握客户需求、采取灵活的销售模式，如以直销为基本特征的俱乐部营销、顾问式销售、定制营销等。

3) 建立销售激励体系

企业必须建立核心客户销售激励政策，通过激励，使其更加积极地与企业合作。企业可以把客户群划分为核心客户、重点客户、一般客户等几个级别加以管理，并根据不同级别制定不同的管理政策和激励措施。

4) 建立核心客户信息管理系统

企业有必要引入核心客户管理系统，以核心客户的信息资料为基础，坚持“动态分析、动态管理”的原则，在把握核心客户动态的同时不断创新核心客户管理，围绕核心客户进行核心客户发展分析、核心客户价值分析、核心客户服务分析、核心客户行为分析、核心客户满意度分析、一对一核心客户分析等工作，使决策层对于核心客户的发展趋势、价值趋向、行为倾向有一个及时、准确的把握，并能针对核心客户进行一对一分析与营销。这是进行核心客户管理决策的基础，可以“防患于未然”。

5) 建立全方位沟通体系

核心客户管理部门中的核心客户营销人员、客户经理及其主管要定期或不定期地主动上门征求意见，客户经理能随时与核心客户碰面，发现核心客户的潜在需求并及时解决，要加强与核心客户间的感情交流。根据企业实际情况，应定期组织企业高层领导与核心客户高层之间的座谈会，努力与核心客户建立相互信任的朋友关系及互利双赢的战略伙伴关系，这样有利于化解渠道冲突。

6) 提升整合服务能力

提升整合服务能力应以核心客户为导向，包括量身打造服务模式(如顾问服务、驻扎服务)、建立服务沟通平台(如网络、电话等)，开通核心客户“绿色通道”(为核心客户提供便利措施)，强化基本服务(基本服务项目保障)，提供增值服务(不断为客户创造产品之外的新价值)，建设企业服务文化(企业内部文化传播和对客户传播)，提供完善的服务解决方案等。

3. 需要注意的问题

1) 注意成本和收益的平衡

面向核心客户服务的一个重要原则是确保成本与收益的平衡。平衡不仅是追求眼前效益所必需的，更是谋求未来发展所必需的。企业的可持续发展同样讲求全面、协调，如果企业花在客户身上的成本在短期内高于收益，但可长期提高市场占有率、保持客户忠诚度，并能为企业带来长期利润；或企业虽短期内亏损，但由于对方能成为企业的核心客户，会使企业的名声大振，为企业带来无形资产，则企业放弃短期利润是明智的。

2) 做好销售预测

核心客户与一般客户未来三年的销售额与占企业总销售额的比例预测是企业分配可用资源的重要依据，预测未来客户的销售额以确定未来的核心客户与潜在核心客户是十分重要的过程，应按此结果对公司资源进行合理分配。

3) 与客户关系管理系统中其他子系统的联系

核心客户关系管理系统需要与其他系统资源共享，如利用销售与营销系统中的数据做针对核心客户的经营计划及销售预测、联系客户中心与客户服务系统分配资源。核心客户关系管理虽然是客户关系管理中的关键所在，但它不能脱离客户关系管理而单独存在。

核心客户关系管理为企业创造了最佳竞争优势，它不仅有效地运用了成本收益原则，而且能够根据客户目前及未来的需求做持续性的交流。核心客户关系管理观念的提出与核心客户关系管理系统的整合必将推动我国客户关系管理的继续发展，它不仅使企业在实施CRM时能够有的放矢，而且可以使国内企业的客户关系管理之路更加全面和有效。

3.3.3 实施核心客户管理的步骤

事实上，核心客户的管理不仅是一个程序或一套工作方法，更是一种管理理念、一种如何定位核心客户并稳固他们的业务处理方式。企业必须针对核心客户的特点和企业实际来制定切实可行的核心客户管理模式，制定关键的管理制度和管理流程，找出关键的工作环节。

1. 建立考评指标体系

面对众多客户，企业要科学地对客户做出全面评估，并进行综合打分，找出核心客户。

2. 收集客户信息

应收集如客户所处的行业和市场现状等方面的信息，结合客户的战略和企业的实际情况、企业的组织结构和管理体系、客户历年的经营业绩和发展方向等各种客户的情报，对客户进行SWOT(态势)分析，找出优势和劣势，制定管理的关键环节，提升客户管理水平。

3. 分析竞争对手

弗雷德里克在《给将军的教训》一书中这样写道："一个将军在制订任何作战计划时都不应过多地考虑自己想做什么，而是应该想一想敌人将做些什么；永远不应低估他的敌人，而是应该将自己放在敌方的位置正确估计他们将会制造多少麻烦和障碍。要明白如果自己不能对每一件事情都有一定的预见性，以及不能设法克服这些障碍的话，自己的计划就可能会被任何细小的问题所打乱。"所以在核心客户管理中应该有这样一个思想观念：正确对待竞争对手。

4. 分析自己企业的状况

重点要分析企业与客户目前的关系和业务活动。企业与客户过去的关系如何？曾提供过什么产品和服务？现在提供的是什么？客户原来和现在的销售记录和发展趋势所占比例的变化情况？企业的业务人员与客户的关系如何？建立了什么关系类型？这些因素都是应该考虑的。

5. 制定客户管理战略

制订计划的主要目的在于确定应与客户建立、发展什么样的关系？如何建立发展这种关系？制订一份适当的客户计划是取得成功的第一步。与客户共同讨论发展目标、建立起一定的信任关系，共同拟定一个远景目标规划，确定行动计划。

6. 创新客户管理，维护客户关系

时刻对客户管理工作进行创新，保持紧密的合作关系，防止客户关系的变更。哈佛大学教授特德·莱维特在《营销的想象力》中指出：“不管是在婚姻中还是在企业里，人们关系的一个自然倾向是处于不断的退降中，即双方间的敏感性和关注程度的不断削弱和退化。”作为管理者，定期盘点你的核心客户是必需的。为什么要将这类客户置于核心地位？如果找不到合理的解释，应及时调整这类客户的地位。客户关系一旦建立，除非该类客户的存在已经不符合企业当前的经营目标，否则无论如何调整都有一定损失，显然这种方法非常极端，不能时时行得通。同时要寻找自身的原因，是否在处理客户关系中因循守旧、不注重创新，使合作关系中的敏感性和关注度削弱和退化，从而达不到核心客户的期望和要求。

第 4 章

客户服务

客户服务是以客户为中心的现代营销战略的重要实践过程，它对企业全面实施客户关怀、建立和维持良好客户关系、实现客户满意、赢得客户忠诚、创造客户价值具有至关重要的影响。客户管理的一个重要任务就是深刻理解客户服务的含义、特征和目标，树立正确的客户服务理念，掌握客户服务的基本流程和方法，为客户提供优质的服务。

4.1 客户服务的概念

在传统观念中，服务是服务行业特有的劳务过程，只有服务行业才需要重视和提供各种服务形式，制造业只要负责生产和质量，无须关心销售和服务。但在市场经济条件下，服务与有形产品的区分越来越困难，它们通常结合在一起进入市场。现代管理学中的服务理念非常广泛，服务不再是服务行业所特有的，任何一个行业都有服务。

4.1.1 客户服务及其特征

客户服务是指致力于使客户满意并继续购买公司产品或服务的一切活动的总称。我们可以把客户服务概念定义为：企业在适当的时间和地点以适当的方式和价格为目标客户提供适当的产品或服务，满足客户的适当需求，使企业和客户的价值都得到提升的活动过程。

开展客户服务工作必须考虑客户在时间和地点上的便利性；提供的服务必须以客户能接受的方式进行；收取的服务费用必须是客户能接受的、公平的；为客户提供的产品或服务必须能满足客户实际和适当的需要，最终通过为客户提供优质的、令客户满意的服务使企业和客户的价值都得到提升。因此，一个完整的客户服务过程具有如下特征。

(1) 利他性。服务是为集体或他人工作，为别人利益的实现而提供支持和帮助；为自己工作不能称之为服务。

(2) 无形性。著名的营销学教授菲利普·科特勒将服务定义为：“一方能够向另一方提供的、基本上是无形的任何活动，结果不会导致任何所有权的发生。”也就是说，服务是一种行动、过程及其中所表现的精神因素，服务不是指提供给客户的产品本身，而是指客户获得这些产品的环境、条件、劳务等。

(3) 过程性。服务是由一系列活动所构成的过程，客户在整个消费过程中无时不在体验企业的服务，因此服务特别讲究流程的顺畅、过程的完整和客户的整体体验。

(4) 不可分割性。服务与产品的生产和消费过程是不可分割的，是同时存在、同时发生的，它贯穿于产品的生产、销售和使用的全部环节之中。例如，在生产环节对产品质量的监控就是服务精神的体现，离开了产品质量的保证，服务做得再好也是枉然。服务也不可能与产品的提供相分离，在交通、运输、通信、教育、商业、金融、旅游等这一切服务行业中，提供客户所需物品(包括信息)的过程才是服务。

(5) 互动性。服务是企业在与客户的双向互动中实现的，客户或多或少地参与了服务的生产和消费的过程。如商业服务，主要是客户在购买和使用企业产品的过程中发生的；饮食服务，是在客户进餐消费过程中实现的。离开客户的参与，服务往往无法完成。

(6) 时效性。当客户提出服务要求时，企业应做出及时的响应。

(7) 有价性。客户服务不同于志愿服务，不是免费的过程。企业需要资源的支撑来完成服务过程，如人员、货物、环境、基础设施、信息系统及其他有形资产等。客户总是直接或间接地支付服务的费用。

4.1.2 客户服务的类型

根据不同的标准，可以对客户服务进行不同的分类。

1. 按照服务的时间分类

按照服务的时间分类，客户服务可分为售前服务、售中服务和售后服务。

(1) 售前服务，指企业在销售产品前为客户提供的一系列服务活动，主要包括市场调查、产品咨询、品牌文化的宣传、销售环境的布置等。

(2) 售中服务，指在产品交易过程中销售者向购买者提供的服务，主要包括接待客户、传授客户专业知识、帮助客户选择产品、满足客户的合理需求。

(3) 售后服务，指凡与所销售产品有连带关系并有益于购买者使用的所有服务，主要包括送货、安装、退换、保养、维修、技术培训，以及客户跟踪服务、客户管理等。

2. 按照服务的性质分类

按照服务的性质分类，客户服务可分为技术性服务和非技术性服务。

(1) 技术性服务，主要指提供与产品的效用有关的技术支持，如企业向客户提供产品安装、维修、调试及其他技术指导等。

(2) 非技术性服务，指企业为客户提供的与产品效用无直接关系的服务活动，如产品的宣传、咨询、运输、送货等。

3. 按照服务的地点分类

按照服务的地点分类，客户服务可分为定点服务和流动服务。

(1) 定点服务，是指在固定的地点建立服务点、服务站进行客户服务，如生产企业遍布商场覆盖地域的产品维修点、各地的销售网点等。

(2) 流动服务，是指定期或不定期地向客户提供服务，如上门回访客户、开展客户调研活动、产品展示活动等。

4. 按照收费情况分类

按照收费情况分类，客户服务可分为免费服务和收费服务。

(1) 免费服务，即在服务过程中不直接向客户收取费用的服务，如产品的售前服务无法向客户收取费用，售中、售后的大部分服务也不会收取费用。需要说明的是，这些服务并非完全是免费的，实际上费用已计入产品成本，消费者应该认识到这一点。

(2) 收费服务，纯服务行业的服务都是收费服务，客户需要直接支付服务费用，如交通、运输、电信、教育、金融、旅游、餐饮服务等；涉及产品的维修、安装等售后服务，有时候也要根据情况收取一定的人工费用和材料成本费用。可见，费用分类是就服务过程是否直接收费而言的，本质上是一种心理分类。

5. 按照服务的基本特性分类

服务的基本特性有两点：一是程序特性，指每个企业都应具备一套特定的服务流程；二是个性特性，指客服人员个人独特的服务形式。这些基本特性实际上决定了客户服务的质量水平，据此可分为以下几种。

(1) 漠不关心型：无组织、无标准、企业服务程序混乱；个人表现为缺乏热情、对客户冷淡疏远。

(2) 按部就班型：程序特性很强、按法规办事；个人表现为对工作不感兴趣、麻木乏味、缺乏个性特性。

(3) 热情友好型：服务的企业无序混乱，整体客户服务意识不强；个人表现为友好可亲、关心得体。有时，客户投诉不能圆满解决就是因为这种原因，服务人员虽然愿意帮客户解决问题，但解决客户纠纷时需要企业各个部门的大力支持，与企业的经营理念、企业文化密切相关。

(4) 优质服务型：企业服务程序及时、有效、规范；个人有很好的素质，重视客户、关心客户。

4.1.3　客户服务的作用

客户是企业生存和发展的支柱，企业的利润完全来自于客户，要想实现企业的经济效益，最有效且成本最低的途径就是提供优质的客户服务。成功企业与失败企业的区别在于成功企业不断地提高自己的能力来更好地服务于客户，所以它的客户越来越多；失败的企业之所以失败，是因为以前购买它的产品和服务的客户由于没有得到好的产品和服务而慢慢离它而去。具体来说，客户服务对现代企业的重要性表现在如下几个方面。

1. 给企业带来巨大的经济效益

由于生活水平的提高，人们对服务的要求越来越高，使得服务内容丰富多样、不断变化，现代生活节奏的加快也使人们越发需要服务提供的诸多便利以节约时间、提高效率，而且随着科学技术的迅速发展，产品的技术含量越来越高，这样就要求企业提供安装、调试、培训指导等方面的服务，这些服务需求开拓了企业的经营领域，延长了产品的生命周期并且产生很高的附加价值。实际上，在现代企业的经营中，产品的延伸服务是企业重要的收益来源。正如IBM公司所说的那样，该公司不是在从事电脑制造，而是提供满足客户需求的服务。微软公司总裁比尔·盖茨也说过，今后微软80%的利润将来自产品销售后的各种升级换代和咨询服务等方面，只有20%的利润来自产品本身。因此在服务经济时代的今天，差异化的、优质的服务是比产品质量竞争和成本竞争更加激烈的竞争领域，竞争的胜利者将获得丰厚的经济报偿。

2. 提高企业的品牌竞争力

在21世纪服务经济社会的今天，消费者的综合素质不断提高、消费行为日趋成熟；商品日益丰富，各企业之间产品质量的差距逐步缩小、日趋一致，因此，质量不再是客户做出购买决策的唯一依据。于是，有的企业大搞让利促销价格战，此起彼伏，愈演愈烈，但价格竞争手段只能刺激消费者一时的购买欲，长期与对手打价格战只会两败俱伤，也让客户对产品价值产生不信任感，留不住永久的客户。那么，企业在竞争越来越激烈的市场大环境中如何提高自己的竞争力，在同行业中拥有持续稳定的市场份额？美国《哈佛商业评论》1991年发表的一份研究报告显示："再次光临的顾客为公司带来25%～85%的利润，而吸引他们再次光临的因素首先是服务质量的好坏，其次是产品本身，最后才是价格。"大量成功企业的实践证明，优质服务是企业提高竞争力的制胜法宝，曾经有一家著名企业就提出这样精辟的经营理念："服务是我们最有效的战略营销武器，它是我们的产品在市场上取得差异性优势的唯一途径。"

在中国同类产品销量第一的海尔集团，其服务理念是："海尔——真诚服务到永远。"海尔产品的价格一直居于高位，技术含量在同行业中也并无特别过人之处，为什么销售量这么好？就是因为海尔集团在保证产品质量优良的前提下更加注重高层次的售后服务，确保每位客户"零烦恼"。四川的客户反映海尔的洗衣机在洗地瓜时经常堵塞出水道，为满足四川农民轻松洗地瓜的要求，海尔特地为他们开发了"地瓜洗衣机"，能洗土豆、地瓜。尽管"地瓜洗衣机"的销量不大，却真正体现了客户至上的服务理念，这也是海尔成为中国知名服务品牌的重要原因。

3. 开发新客户的最有效的途径

很多企业在推广新产品、开发新客户上充分利用广告媒体进行广告促销。有关专家发现：一个人每天从电视、报纸、广播上大约收到1 800条信息，他的注意力早已麻木。而企业如果拥有一大批忠诚的客户，他们会始终关注产品的更新，分享产品的使用心得、企业最新的商业动态，这种口口相传的广告是免费的、是自发的、是体验式的，所以也是最有感染性的、最高效的。用优质的服务去赢得客户，不仅可以减少大量的广告投入，也为企业在获得经济效益的同时提高社会知名度。

4.2 打造优质的客户服务

客户服务的目标是企业通过对客户的关怀，为客户提供满意的产品和服务，满足客户的个性化需求，在与客户的双向互动中取得客户的信任。其本质是企业为客户提供优质的、满意的客户服务，其核心是为客户创造价值。那么，企业如何打造优质的、卓越的客户服务？

4.2.1 树立良好的客户服务意识

客户服务意识是指企业全体员工在与一切企业利益相关的人或组织的交往中所体现的为其提供周到、主动的服务欲望和意识，即自觉、主动做好服务工作的一种观念和愿望。它发自服务人员的内心，是一种本能和习惯，它可以通过后天的培养、教育、训练而形成。

树立良好的客户服务意识是做好客户服务工作的前提条件，意识决定行动，没有服务意识，服务品质就无从谈起。一个企业应树立全员服务意识，如果每个员工都有良好的服务意识，就会站在客户的角度去思考问题，从而结合自己的岗位职责扮演好自己的角色。如果每个职位的工作都能圆满完成任务，整个公司的效益和效率就会得到提升，给客户呈现出一种积极向上、具有活力、有条不紊的精神风貌，这种精神风貌形成一种特定的企业文化，将会吸引更多的客户。

良好的服务意识应该包含两个层面。一是企业内部的服务意识，它促进企业中每个层次和员工之间的相互配合与合作，形成具有强大凝聚力和服务能力的团队。希尔顿酒店有一句名言："如果没有希尔顿的员工队伍，希尔顿酒店只是一栋建筑。"因为员工提供的优质服务使希尔顿酒店驰名世界。二是组织外部的服务意识，它可以达成企业与客户之间的良性互动与密切合作。企业员工只有具备这种双向服务意识，才能更好地为客户与企业提供高品质的服务。

企业要树立良好的客户服务意识，主要可以从如下几个方面入手。

1. 以客户需求为导向

企业所做的一切服务工作都应该紧紧围绕着客户的需求展开，满足客户的需求既是企业开展客户服务工作的出发点，也是开展客户服务工作的最终目的。客户的服务需求是多方面的，主要包括产品质量优越性、价格公平、便利性、及时性、信息公开性、环境舒适性和情感愉悦性等，客户服务工作要有针对性地满足这些方面的需求。

在以客户需求为导向时，企业要特别注意客户需求的挖掘问题。企业经营有一句黄金格言："市场是创造出来的。"据调查，在整个客户的需求中，潜在需求占70%～80%，因此一个企业想要创造良好的经济效益，不仅要适应客户的现实需求以满足市场需要，更要善于通过各种手段发现和挖掘客户的潜在需求，引导消费潮流。作为客服人员，应在自己的服务过程中根据积累的经验与细致的观察，注意客户的情绪变化，通过各种服务技巧满足客户的需求。

商场经理检查新来的售货员一天的业务情况。"今天你向多少名顾客提供了服务？"经理问。"一名。"这名售货员答道。"仅仅一名顾客？"经理又问，"卖了多少钱？"售货员回答："58 334美元。"经理大吃一惊，他请这位店员解释一下，怎么卖了那么多钱？"首先，我卖给了那个男人一只钓鱼钩。"售货员说，"接着，卖给他一根钓竿和一只卷轴。然后，我问他：'打算到什么地方钓鱼'，他说：'去海里'。所以我建议他应该拥有一条船，他就买了一艘20英尺长的小型汽艇。把这些货物运走时，我带他到咱们商场的汽车销售部，卖给了他一辆微型货车。"老板惊讶不已地问道："你真的卖了那么多东西给一位仅仅来买一只鱼钩的顾客？""不！"新来的售货员回答，"他本来是到旁边柜台，为他患偏头痛的夫人买一瓶阿司匹林。我对他说：'先生，你的夫人身体欠佳，周末如果有空，你不妨带着她去钓鱼，那真是太有意思了！'事情就是这样。"

这是一个典型的"服务营销"，其根本理念是：在为客户服务的过程中充分认识和满足消费者的需求并挖掘其潜在需求，不断销售出更多的产品，同时为客户创造价值。发现、识别和确认客户的真实需求是一项复杂的工作，实践证明，客户通常不直截了当地说出其确切需求，或者客户自己的需求就比较模糊，对产品和服务没有明确的目标，这时就需要客服人员的帮助与引导。在以上案例中，客户的购买需求是建立在对妻子的关心上，售货员之后一系列的营销活动都是围绕这一点展开的，它满足了客户内心的情感期望，唤起了客户对温馨愉快家庭氛围的向往，所以他的一系列服务取得了成功。在客户中心，客服代表经常要做的一个工作就是电话回访，它的意义之一就是希望在回访的过程中挖掘客户的新需求，从而改进产品与服务质量，更好地实现企业竞争的目标。

2. 在企业生产经营过程的各个环节上坚持服务导向

客户服务工作不仅仅是企业客户服务人员的工作，更是所有员工在所有环节上都要做好的工作，要把客户服务看作企业全部生产经营活动同步完成的任务。尤其“售前”阶段的服务往往被企业经营者所忽视，但这恰恰是良好服务意识不可缺少的内容，如果做好了，事先就能与客户建立良好的关系，通常能够取得事半功倍的效果。

3. 为客户创造价值

客户服务意识是人们从事服务活动的指导思想，应是发自内心的一种意愿。心态决定行为，服务的行为决定服务的结果，然而只有当服务意识转化为服务行为时，客户才能获得真正的价值。

客户价值是客户在消费过程中获得的全部收益减去其支付的全部成本的差值。客户的消费收益可以是物质层面的，如产品的质量、功能、性能、形象等带给客户的满足；也可以是关系层面的，如便利性、及时性、对信息了解的全面性和准确性、收到企业价格优惠和服务优待等；还可以是精神层面的，如被尊重、被体贴、被关怀、舒适的环境、预约的体验等。客户的成本包括他所付出的货币、时间、精力和心理代价等。

为客户创造价值无非两个方面：一是增加客户的收益；二是减少客户的成本。这一切都是建立在稳定的客户服务的基础上的。全球最受欢迎的电子商务公司之一亚马逊网络公司就是这方面的楷模。亚马逊网络公司的创始人兼执行总裁杰夫·贝索斯坚信客户至上的原则：“客户第一，只要你关注客户所需并与之建立联系，你就可以赚钱。”该公司坚持从4个方面打造自己的核心服务能力：快速送货、精选商品、友好回馈、合理价格。市场给予亚马逊公司的丰厚回报则是美国客户满意度指数高达88分，大大高于电子商务企业80分的平均分，更是远远高于其他服务型企业60～75分的得分。

4.2.2 确定优质客户服务的标准

制定一套有效的、可行的优质服务标准是企业开展客户服务工作的基础和开始，它可以为企业和员工明确目标，向企业员工传达期望，明确评价员工服务质量的依据，使客户对企业的客户服务起到监督作用。

1. 确定客户服务标准的指导原则

确定优质客户服务的标准要考虑硬件设施、软件系统和服务人员三大系统的因素，经过分解服务过程找出细节的关键因素，把关键因素转化为服务标准，根据客户的需求对标准重新评估和修改等，并遵循以下原则：

- 标准应由有关员工参与设计和认可；
- 标准应该近乎零缺陷；
- 标准应该得到清晰的陈述；
- 标准能满足客户的要求；
- 标准应现实可行、通俗易懂；
- 标准需得到上层管理者的支持；
- 标准的执行不允许出现偏差；

- 标准不适用或已经过时应予以修正；
- 必要时应添加新的标准；
- 标准应反映出组织的目标；
- 标准必须得到有效和持续的沟通。

2. 优质客户服务的主要指标

客户期望获得的优质服务具体有5个方面的要求：可靠性、响应性、保证性、移情性、有形性。服务营销专家据此建立了相应的指标体系。

(1) 可靠性，即服务者可以精确地提供所承诺的服务的能力。其主要指标有：提供所承诺的服务；可靠地解决客户的问题；第一次就能正确地提供服务；在承诺的时间内提供服务；保持无差错的记录，员工能够回答客户的问题。

(2) 响应性，即服务者具有及时响应和满足客户需求的能力。其主要要求是：随时使客户知道在何时何地能得到服务；向客户提供快捷和及时的服务；愿意主动帮助客户；随时准备响应客户的要求。

(3) 保证性，即服务提供者交付服务的能力。其主要通过员工的知识、服务态度和值得信任的程度三个方面来表现：向客户传递信心；使客户对交易感到安全放心；始终保持礼貌，员工具备回答客户问题所需的知识。

(4) 移情性，即服务者关心客户、对客户给予个性化关怀的意愿和能力：给予客户个性化的关注；员工对客户的关心与互动；将客户的利益放在第一位；员工了解客户真正的需求；让客户方便的服务时间。

(5) 有形性，即服务的外在表现，尤其是场地布置、设施设备、人员仪表和宣传材料等的外观，如：给予客户方便的服务地点；提供安全可靠的设备；员工仪表整洁、专业；视觉上吸引人的相关材料。

3. 贯彻实施客户服务标准

优质服务的质量标准应当根据服务质量指标来制定，使各项指标尽可能数量化和有形化，并将之作为客户服务工作的绩效考核内容，采取相应的激励机制，才能得到有效的贯彻实施。

优秀客户服务的质量标准可以表现为以下要素：

- 帮助客户省钱；
- 帮助客户节省时间；
- 让客户更方便；
- 使交易更准确；
- 服务响应迅速；
- 交易便利顺畅；
- 记录并应用相关信息；
- 让客户自主选择交易方式；
- 以个性化方式识别和面对客户；
- 承诺并建立与客户的良好关系；
- 快速解决客户遇到的问题。

企业制定服务标准不是为了制定而制定，也不仅仅是为了给客户和社会公众看的。企业制定出服务标准后必须将之贯彻和实施，为客户提供最优质的服务，使客户获得最大的利益，从而使企业获得最大的经济效益。

要贯彻客户服务标准，企业必须确定客户服务人员的素质要求，并对他们进行系统的培训，使所有客户服务人员能够胜任客户服务工作。培训的主要内容为：客服岗位所需要的关键知识，客服岗位必须具备的重要技能，客服人员需要具备的品格素质，客服的技能标准，对客服期望的结果。

4.2.3 优化服务流程

丽思·卡尔顿酒店是全球最负盛名的奢华酒店管理公司之一，它总结的优质客户服务的三部曲是：

- 诚挚地欢迎，热情地问候客人，亲切地称呼客人的姓名；
- 提前预想每位客人的需求并积极满足；
- 温馨地告别。

这里解决的是服务流程的问题，一个完整的服务流程大体上包括如下几个环节。

(1) 接待客户。与客户建立初步的联系，让客户感觉到受关注、受欢迎、受礼待。服务环境的整洁、服务场所的便利、服务人员的热情是这里的关键因素。

(2) 理解客户。认真地倾听，积极地沟通，准确了解客户的真实需求。

(3) 帮助客户。为客户提供所有的产品和服务，帮助客户解决问题，让客户的需求获得满足。

(4) 送别客户。友好地送别客户，让客户留下温馨的记忆。其实送别客户的环节也是真正留住客户的环节，是把客户变为忠诚客户的重要过程。

流程优化的基本原则应当是让客户感受便利、及时、快捷、舒适、合理和公道，因此既要从人员队伍的素质、态度上下功夫，也要在企业的组织重组和技术支持方面做出努力。总的来说，应遵循以下思路。

1) 设计服务流程来满足客户需求

企业要以客户产品使用的简单性、产品获得的便利性、产品体验的愉悦性来组织生产和服务过程，把客户的需求当作流程优化的起点和归宿。

2) 体现企业全员服务理念

不可把服务只当作服务部门的专职工作，应建立完整服务体系甚至利用信息技术平台建立客户服务系统，协调整个企业各部门和全体人员的行为，使之都能够按照统一的标准向客户提供一致的信息和服务，且前台服务能够得到后台生产、技术部门强有力的支持。

3) 体现服务重心前移的原则

给予基层员工足够的授权，对基层员工进行系统的培训，使之有权利、有能力帮助客户，解决客户的各种问题——尤其是客户投诉类问题。

4) 优化企业内部的运营流程，提高运营效率

如果前台服务快捷、迅速，而企业的生产、制造、维护等部门效率低下，最终仍然无法创造令客户满意的服务效果。

5) 建立和实施有效的服务衡量标准及绩效考核标准

企业的目标管理体系、激励机制、考核机制要能够给流程优化强力的支持，才能激发员工遵循优化流程进行作业，从而发挥优化流程的作用。

6) 吸引客户参与企业服务流程的优化

最了解客户需求的是客户自己，企业通过客户调查不仅可以得到客户关于流程优化的合理化建议，而且能够获得竞争对手的相关信息，保持有力的竞争地位。

4.3 实施客户满意经营战略

客户满意经营战略通常被称为CS(customer satisfaction)战略，在1986年起源于美国，1996年引入中国，它促进了中国企业竞争观念的转变。这是20世纪90年代以来在西方颇受推崇的企业营销哲学，其基本理念是：客户的需求是企业生存发展的基础，企业经营成功不是取决于企业资金的雄厚程度、设施的精美程度，而是取决于企业向顾客提供的产品和服务满足顾客需求的程度。企业通过与众不同的服务来提高客户的回头率，同时通过口碑增加客户，增强市场影响力，提升广告效果。

4.3.1 客户满意的含义及其特征

1. 客户满意的含义

满意是一种心理活动，是需求被满足后的愉悦感。客户满意就是客户通过对一种产品可感知的效果或结果与他的期望值相比较后所形成的一种失望或愉悦的感觉状态。当客户的感知没有达到期望时，客户就会不满、失望；当感知与期望一致时，客户是满意的；当感知超出期望时，客户就会觉得“物超所值”，从而很满意。

客户通常从下列几个方面获得满意的状态。

(1) 解决问题。客户的需求获得满足，疑难得到解决，困扰被解除。

(2) 被理解。客户的需求和问题能被企业所了解和理解，企业能对客户做出及时的、准确的响应。

(3) 有选择。客户有更多的选择机会，客户差异化的需求能从企业的产品和服务中得到满足。

(4) 舒适。客户的消费能够在舒适的环境和条件下进行。

(5) 快捷和便利。客户的需求能及时获得满足，能够方便地获得自己所需的产品和服务。

(6) 礼遇。客户受到企业的认真关注、礼貌对待。

(7) 公道。客户觉得自己的消费物有所值或物超其值。

(8) 成长。客户获得足够的信息和技术支持。

2. 客户满意的特征

客户满意是客户的一种主观体验状态，具有如下鲜明特征。

1) 主观性

客户满意程度是建立在其对产品和服务的体验上，它与客户的自身条件(如受教育程度、收入状况、生活习惯、价值观念等)密切相关，媒体的宣传对客户也有所影响，所以客户满意是带有主观性的。企业对客户满意的考察要以客户总体为出发点，当个体满意与总体满意发生冲突时，个体满意服从于总体满意。

2) 层次性

不同地区、不同阶层、不同身份、不同信仰的人面对同种产品和服务因需求的不同而对其满意度的评价也不尽相同，即不同层次、不同群体的人对服务的要求是不一样的。如海尔家电为适应各地消费群体的差异性需求，为北京市场提供高技术的昂贵新品；为上海家庭生产体型小、外观漂亮的“小小王子”；为广西客户开发了有单列装水果用保鲜室的“蔬王”。由于满足了客户群的需求，海尔的市场份额和美誉度得以大幅度提升，得到了丰厚的市场回报。

3) 相对性

大部分客户对产品的技术指标和成本的经济指标都不太熟悉，他们习惯于把购买的产品和同类产品相比较或者根据之前的消费经历进行对比，由此得到满意或不满意的结论。客户满意是相对的，没有绝对的满意。

4) 阶段性

产品有一定的生命周期，服务也有时间周期，客户对产品和服务的满意度来自于使用产品和享受服务过程中的经验，是在过去多次购买和所提供的服务中逐渐形成的，因而具有阶段性。随着产品生命周期的不断缩短，客户需求变化的幅度越来越大，昨天畅销的产品今天就可能滞销，昨天还满意的服务今天就可能被别的企业更完美的服务所替代，在这个风险与机会并存的时代，企业应定期进行市场与客户满意度的调查，掌握客户需求的变化。

4.3.2 客户满意的层次分析

为了让客户满意，企业必须进一步分析客户满意的层次结构。层次分析可以让我们清楚客户满意度的发展过程，可以让我们了解客户满意或不满意的关键因素，从而确定相应的改进措施，提高服务质量。

客户满意可分为横向和纵向两个层面的内容。

1. 横向层面

横向层面上，客户满意包括企业理念满意、企业行为满意和企业视觉满意三大内容。

(1) 企业理念满意：指企业的精神、使命、经营宗旨、经营方针和价值观都能让客户认同并接受，产生心理上的满足感。理念满意是客户满意的灵魂，是客户满意的核心内容。企业应树立“顾客满意”“顾客至上”的经营理念，站在顾客的立场上考虑和解决问题，形成正确的企业顾客观。

(2) 企业行为满意：指客户对企业所有行为的满意，是理念满意付诸计划的方式，是客户满意经营战略的具体执行和运作。企业行为满意需要建立一套完善的行为运行系统，被全体员工认同和掌握。系统运行的结果是保证企业的正常运作，提高工作效率，带给顾客最大程度的满意，保证最佳的经济效益和社会效益。

(3) 企业视觉满意：指企业直观可见的外在形象，是顾客认识企业快速化、简单化的途径，也是企业强化公众形象集中化、模式化的手段。它包括企业的内部环境、企业形象设计、企业宣传口号等。在进行视觉满意设计时要做到简洁生动、构思深刻、别具一格、美观大方，如麦当劳利用红、黄两种原色创造出活跃、温暖、热烈的心理感受，这是为了吸引快餐店的主要消费者——儿童和年轻人而设计的。

2. 纵向层面

纵向层面上，客户满意可分为物质满意层、精神满意层、社会满意层三个层次。

(1) 物质满意层：指客户在对企业提供的核心产品消费过程中产生的满意，它是客户满意中最基础的层次，包括产品的功能、质量、设计、包装等。

(2) 精神满意层：指客户在对企业提供的产品形式和外延层的消费过程中产生的满意，主要包含产品的外观、色彩、装潢等服务。

(3) 社会满意层：指客户在产品消费过程中所体验到的社会利益维护程度。社会满意层的支持因素是产品的道德价值、政治价值和生态价值。产品的道德价值是指在产品的消费过程中不会产生与社会道德相抵触的现象；产品的政治价值是指在产品的消费过程中不会导致政治动荡、社会不安；产品的生态价值是指在产品的消费过程中不会破坏生态平衡。

从社会发展过程中的满足趋势来看，人们首先寻求的是产品的物质满意层，只有这一层次满意后，才会推及到精神满意层，继而才会考虑社会满意层。

4.3.3 客户满意对企业发展的意义

企业向客户提供产品和服务，其价值最终要通过客户的满意表现出来。从某种程度上说，企业不是为客户提供产品和服务，而是创造价值；客户也不是购买企业的产品和服务，而是购买其价值，这种价值的基础是客户需求的真正满足。产品和服务的功能、性能、价格、包装、形象、品牌等，只有对应了客户的某种需要时，客户才会满意。客户满意对企业的生存和发展具有十分重要的意义。

1. 客户满意是企业战胜竞争对手的最好手段

随着市场的日益饱和，产品和服务供大于求，客户拥有更多选择空间。企业之间的竞争已经从产品的竞争转向对有限的客户资源的争夺，只有持久让客户满意的企业才能在激烈的竞争中获得长期的、起决定作用的优势。技术、资金、管理、人力、信息等可以很快、很容易地被竞争对手模仿或购买，但企业拥有的忠诚客户却很难被竞争对手所复制，因此，做好服务工作、以真诚和热情打动消费者的心、培养“永久顾客”、刺激重复购买，才是谋求企业长远利益的最佳决策。企业拥有的客户越多，越能获得规模效应，就越能降低企业为客户提供产品和服务的成本，而且市场份额变大也意味着其他企业占有的客户变少，竞争的风险也相对降低。

2. 客户满意有利于企业节约成本、提高声誉

客户满意可以节省企业维系老客户的费用，降低开发新客户的成本，帮助企业树立良好的声誉。美国客户事务办公室提供的调查数据表明：

- 客户会把其满意的购买经历告诉至少12个人，在这12个人里面，一般情况下会有超过10个人表示一定会光临。
- 不满意的客户会把其不满意的购买经历告诉20个人以上，而且这些人都表示不愿接受这种恶劣的服务。

随着竞争的加剧，每个企业都想扩大自己在市场上的占有率，经常进行广告宣传、促销等活动。其实想获得顾客的认可，最有效、最便宜的方式是为客户提供最优质的服

务，从而形成良好的信誉。客户的推荐会给企业带来更多的客户，而在这一点上，企业根本不需要花一分钱。心理学研究证明：人类对负面情感的反应要比正面情感强烈，良好的口碑导致销售额的快速增长，降低了广告投入，企业经营成本下降，从而也带来大量利润增加，更重要的是，客户的主动推荐和口碑传播会使企业的知名度和信誉度迅速提升；但是，拥有不愉快的消费经历的客户也会到处宣扬，不良口碑的传播速度远远高于好口碑的速度。所以，提高客户满意度是为企业带来丰厚利润、防止客户流失的最佳手段。

3. 客户满意是实现客户忠诚的基础，是培养优质客户的最好途径

客户忠诚通常被定义为重复购买同一品牌的产品或服务，不轻易为其他品牌所动摇。从客户的角度来讲，曾经满意的服务经历让他们产生了安全感，愿意再次光临，减少到其他地方消费的风险和不确定性。这些能为企业带来最多赢利的客户是客户关系管理中的优质客户，他们不仅给企业带来可观的利润，而且比一般客户更关注该企业和品牌的文化与发展，他们有一种主人翁的精神，会为企业和它的产品说好话，也会提出中肯的建设性意见，这些对企业的发展壮大起到了良性循环的作用。由于交易惯例化，他们会忽视其他的竞争品牌和广告，并对价格不敏感。因为他们已经形成了固定的消费习惯。比如在一般饮品店里买杯咖啡只要0.5美元，而在星巴克却要3美元，但后者却拥有一批忠实的客户，因为他们享受星巴克的味道、香气与氛围，他们把这里当作家与办公室之外的“第三生活空间”，午后来喝杯咖啡成了一种必不可少的休闲方式，有的人甚至把它当作一种身份和个性的象征。

4.3.4 如何实施客户满意经营战略

实施客户满意经营战略是企业经营观念的根本变革，企业要从多个方面进行资源重组，优化自己的组织结构和运营流程，真正坚持和贯彻以客户为中心的经营理念。

1. 建立客户信息系统

客户满意经营战略的基础是建立一套完整的客户信息系统，以随时了解客户的状态和动态，必须像管理其他资源一样管理客户资源，全面系统地做好客户管理工作。第一，要建立客户信息数据库，对客户的基本信息、消费行为信息、沟通渠道信息、客户价值信息进行全面的整理，科学地定位和识别客户，找出自己最有价值的客户并建立相应的沟通渠道和覆盖模式，保持与客户的持续联系，针对客户的实际需求而实施差异化的产品策略、渠道策略、服务策略，将最重要的资源配置给最有价值的客户，为所有重要客户和基本客户分配合适的企业资源。第二，要依托客户信息系统平台优化企业的组织设置和服务流程，以客户为中心来组织企业的生产经营活动而不是根据企业闭门的计划或对市场的粗略分析为基础进行运营。第三，要建立以客户满意、客户价值提升为核心的绩效考核制度，把员工与客户的关系及关系质量、员工服务客户的水平、客户对员工的评价等纳入员工绩效考核的关键指标。

2. 把握客户期望，合理设定客户的期望值

如果客户期望值过高，企业提供给客户的产品或服务的实际效果没有达到客户期望，客户就会感到失望，导致客户的不满。所以我们应先了解客户期望，适度调整客户期望，控制在企业所允许并能达到的范围。

企业和客服人员要根据自身实力对客户做出恰如其分的承诺，如果盲目承诺却不能兑现，将影响企业与客服人员的信誉。企业把客户预期保持在一个合理的状态，那么客户感知就很可能轻松地超过客户期望，客户就会感到“物超所值”而“喜出望外”，自然对企业十分满意。在现实工作中，客服代表首先要通过提问明确客户的期望值，告诉他哪些可以满足、哪些不可以满足，控制客户的期望值。有的客服人员为了赢得客户的好感而盲目夸大自己的产品、技术、资金、人力资源、生产、研发的实力，人为地提高客户的期望值，其实这是一种不明智的做法，一旦客户发现享受的产品和服务没达到预期的效果，满意度就会迅速下降，并对企业和客服务人员的信誉产生怀疑，所以客观评价产品与服务是把握客户期望的有效途径。接着，对他们的期望值进行合理的排序，帮客户分析哪些期望值是最重要的、是能够满足的，寻求双方目标价值的最大化，最终与客户达成协议，完成企业与客户的双赢。

迪士尼乐园作为全球三大娱乐服务品牌之一，非常善于在各个环节设定客户期望，而后往往给客户以超值惊喜。例如有一种儿童娱乐设施依照广播通知需要等待45分钟，这时选择等待的客户就会产生需要等待45分钟的期望。然而迪士尼乐园总是能够在不到45分钟时就提前让客户达成心愿，这样的结果客户总是很满意。

3. 为客户提供更多的信息和选择，扩大增值服务

满足客户需求的解决方案多种多样。作为客户，最需要的是情感上得到尊重与满足，客服代表即使不能让客户在价格上、在服务形式上得到满足，在态度上也不能表现出拒人于千里之外的感觉，要用正面语言表现出一种积极的愿望，给客户尽心尽力的感觉。在服务形式、服务手段、服务水平上要提高档次、细致入微，想客户所想、急客户所急，从而提升客户的感知价值，进而提高客户的满意度。其实，有些增值服务并不需要过多的金钱投入，却能俘获客户的心。如美国前总统里根访问上海时下榻锦江饭店，饭店打听到里根夫人喜爱鲜艳的服饰，于是特意订做了一套大红色的缎子晨装，里根夫人穿上竟然很合身，她感到很惊喜，对锦江饭店的细致服务自然非常满意。

4. 高度重视客户的“口碑”效应

要知道客户的满意和不满意都不会永远埋藏在心中，它不仅通过客户自己的行为改变表现出来，还会通过口口相传的方式在市场上传播开来。满意的客户是企业的义务宣传员，不满意的客户则必然成为企业市场份额的“毒药”。下面是客户满意营销中关于“口碑”作用的两个定律，营销人员和客户服务人员应当时刻谨记在心。

1) “100-1=0”的等式原则

“100-1=0”定律最初起源于一项监狱的职责纪律：不管以前干得多好，如果在众多犯人中逃掉一个，便是永远的失职。在我们看来这个纪律似乎过于严格，但从防止重新危害社会来说，百无一失是极其必要的。后来这个规定被管理学家引入企业管理和商品营销中，很快得到了广泛的应用和流传。其意为：100个顾客中有99个顾客对服务满意，但只要有1个顾客持反对态度，企业的美誉就归于零。它告诉我们，对顾客而言，服务质量只有好坏之分，不存在比较等级，好就是全部，不好就是零。服务就是一个系统，它的每个环节都相互作用、相互依存，一旦客户对整个服务工作中的任何一个环节不满意，都会对整体服务质量予以否定。

今天大多数成功的企业都执意追求全面客户满意，如施乐的“全面满意”，它保证客户在购买三年内如有任何不满意，企业将为其更换相同或类似的产品；本田公司的广告则称：“我们客户之所以这样满意的理由之一，是我们不满意。”

2) 250定律

250定律是由美国著名推销员乔·吉拉德提出的，其意为：每一位顾客身后大约有250名亲朋好友，如果你赢得了一位顾客的好感，就意味着赢得了250个人的好感；反之，如果你得罪了一位顾客，也就意味着得罪了250位顾客。

这个定律也是客户满意经营战略的重要表现，它隐藏的意思是：客户永远是对的，由于客户的天然一致性，同一个客户争吵就是同所有客户争吵；一个不满意的客户背后就代表有250个潜在客户有可能转向竞争对手，从而削弱企业的生存基础。

5. 不断创新产品和服务，提升客户感知能力

产品和服务都有生命周期，随着市场的成熟，原有的产品和服务带给客户的利益空间越来越小，在心理上也产生一种厌倦感，因此，企业要顺应客户的需求趋势，不断地研究和设计产品，变换服务形式，只有这样，才能不断提升客户的感知价值。

肯德基自1987年在北京前门开出中国第一家餐厅到如今已在近500个城市开设了2 000多家连锁餐厅，是中国规模最大、发展最快的快餐连锁企业，肯德基一直推行“立足中国、融入生活”的策略，为了适应中国人的口味，在产品多样上不断创新，除吮指原味鸡、香辣鸡腿堡、香辣鸡翅等代表产品外，由中国团队研发的老北京鸡肉卷、新奥尔良烤翅、四季鲜蔬、早餐粥等都受到顾客的好评。

为了确保客户的满意度，星巴克咖啡公司从未放弃过在产品和服务中注入新的价值，在主力产品咖啡品种上的推陈出新让人应接不暇。除此之外，星巴克在特色服务上的创新也一直没有懈怠，如在部分旗舰店设置自动咖啡机，提高了服务速度；向客户推销一种5美元到500美元的购物卡，节省了交易时间。

第 5 章

客户互动渠道管理

5.1 企业与客户之间的互动渠道

渠道解决的是产品或服务在什么地方提供给顾客、消费者在什么地方能够找到销售者的问题，按照经典的营销学定义，营销渠道是促使产品或服务顺利地被使用和消费的一整套相互依存的组织。现代企业在竞争空间日趋激烈和社会信息化发展的趋势下必须重视营销渠道体系建设，根据市场需求的趋势调整战略、制订计划、合理有效地配置资源。

在很多情况下，客户保持和获利能力依赖于提供优质的服务，客户只需轻点鼠标或一个电话就可以转向公司的竞争者，因此客户服务和支持对很多公司来说是极为重要的。企业通过什么满足客户的个性化要求，在速度、准确性和效率方面都令人满意？实际上就是要多渠道、360度地与客户沟通。客户服务与支持的典型应用包括：客户关怀、订单跟踪、现场服务、问题及其解决方法的数据库；维修行为安排和调度；服务协议和合同；服务请求管理。

公司有许多同客户沟通的方法，如面对面的接触、电话、电子邮件、互联网、通过合作伙伴进行的间接联系等。客户经常根据自己的偏好和沟通渠道的方便与否做出沟通渠道的最终选择，例如有的客户或潜在客户不喜欢那些不请自来的电话，对偶尔的电子邮件却不介意，这样公司对任何人都可以选择其喜好的沟通方式与之沟通。就外部来讲，公司可从多渠道间的客户互动中获益，如客户在同公司交涉时不希望向不同的公司部门或人提供相同的、重复的信息，而多渠道方法可以从各渠道间收集数据，这样客户的问题能更快地、更有效地解决，以提高客户满意度。

渠道的最终目的是让客户能随时随地对公司和业务有良好的感受和体验，使客户能不断地向企业反馈新的建议和意见；而企业通过多元化的渠道也可以获得更多满意的客户。

5.1.1 建立高效的客户渠道体系

随着企业之间竞争的日益激烈，在实际操作过程中越来越需要服务人员和营销人员协同工作。在这种情况下，未来的很多企业将不会再分别设立客户服务中心和营销中心，营销渠道需要担当起服务的职能。遵循服务营销战略的原则，建立高效的整合化渠道尤为重要。

1. 全面实施大客户经理制，构建大客户营销渠道

实施大客户经理制，需要做好以下工作。

(1) 建立大客户经理制，积极开拓市场，服务于大客户。

(2) 建立和完善大客户基础资料并使大客户经营分析制度化。

(3) 制定个性化的大客户营销策略，进一步对大客户进行市场细分，制定个性化的营销服务策略，提供区别于竞争对手、区别于公众客户的产品和服务。

(4) 加强大客户营销服务队伍建设，提高大客户经理的各项待遇，充分授权，形成一个虚拟的“大客户服务团队”，这个团队的成员除大客户经理外还应包括运行维护、工程建设等各部门人员。运维等后台支撑部门要树立“大营销”“大服务”的理念。

2. 建设客户服务中心，构建电话营销服务渠道

客户服务中心建设的总体目标是建成企业综合、优质、高效、灵敏的营销服务渠道，它通过以电话为基础的多种通信渠道为客户提供有关业务受理、咨询、查询、申诉、营销及其他社会化的综合性服务，它有如下三个目的：

(1) 提供综合服务内容；

(2) 提供多层次的梯级作业；

(3) 成为市场反应灵敏的神经。

3. 标本兼治，完善营业厅窗口营销渠道

营业厅是企业直接面向客户的有形窗口，要能体现企业的品牌形象；营业厅应能办理企业的所有业务，确保客户在营业厅能够享受到丰富的服务；应该通过规范服务和提高窗口营业人员的素质来保证较高的服务水平，提升销售能力；通过设立导购小姐、VIP室、业务资料及常抓不懈的检查督导等方式来提升窗口营销渠道服务水平，及时纠正窗口服务中的不规范行为。

5.1.2 建立紧密的业务伙伴渠道

客户资源不仅可以为企业带来源源不断的业务收入，还可以作为其进入其他领域的资本。如中国移动公司，随着其数据服务业务占整个业务的比重越来越大，数据应用的领域也越来越广，移动公司建立了更广泛的合作联盟。移动梦网业务开展以来，中国移动聚集了大量的SP(服务供应商)。这些SP选择与移动公司合作的一个很重要原因是移动公司拥有很大的客户资源，这些SP既依存于移动公司的网络，又可以担当移动公司渠道的责任，因为某个客户可能既是移动公司的用户又是SP的用户，借助SP渠道可以达到和SP双赢的效果。

5.1.3 建立简洁有效的代理商机制

产品从运营商到消费者中间有一个过程，在这个过程中层次越少，越能确保效率和利益，包括渠道利益和消费者利益。

渠道层次减少、周转加快，渠道中每一位成员的相对利润就会提高，同时消费者的利益也会得到实现。一般的渠道层次可描述为“产品提供商—经销商—零售商”，在社会营销渠道和零售商之间还存在批发环节，压缩层次就是要将经营重心下移，从传统的运营商主要面对带有批销功能的专营店改变为主要面对零售终端商。要将渠道层次简化，运营商直接派人加强终端维护和推销工作。

代理商在企业发展过程中起到非常重要的作用，而且他们知道怎样把一个犹豫的客户变成企业产品的使用者。如果把代理商抛弃，代理商就会跑到竞争对手那里，这无疑会使竞争对手如虎添翼。

因此需要建立一套有效的代理商管理机制，对一些经营业绩差、市场行为不规范、执行政策不力、影响运营商形象和声誉的代理商进行重点整顿和帮扶；对一些业绩良好、市场拓展能力强、忠诚度高、贯彻落实运营商政策的代理商加大扶植力度和资源支持，鼓励其向连锁经营发展。激励社会营销渠道努力提高服务水平，形成优胜劣汰的良好竞争氛围。

5.1.4 其他辅助渠道

随着中国加入WTO(世界贸易组织)，市场经济的不断发展，更多的有利于企业与客户之间的互动渠道会不断创新产生，帮助企业更好地维护企业与客户之间的关系。

5.2 主要客户互动渠道解析

5.2.1 传统客户互动渠道

传统客户互动渠道主要是指以代理分销制为代表的产品和服务的推广渠道，对中国的大多数厂商来说，代理分销制度仍然是主流。除了直销的环境不够成熟，另一个重要的原因是对一个厂家来说，如果想在市场中获得较好的地位和较大的市场份额，它的渠道必须很丰满、很有实力，必须先在渠道上领先，否则很难占据市场。传统渠道的理念中，厂家、代理商与分销商之间的关系常常不外乎两种：买卖关系和合作伙伴关系。第一种买卖关系比较简单，只是单纯的交易行为，双方责、权、利约束性不强；第二种合作伙伴关系更进一步，但许多情况下都是不稳固的联盟关系，而且双方的关系是松散型的，缺乏一致的目标和利益。传统的渠道使企业和客户之间很难发生直接的沟通，一般都是通过第三方渠道，如商场、连锁店或超市等。

1. 传统渠道的困惑

传统渠道曾经是生产厂家开发市场中的最亲密的合作伙伴，但随着商场超市、购物中心、大型连锁终端商、网络直销等现代渠道的崛起，传统渠道的市场份额和影响在逐渐下滑，传统渠道开始表现出难以解决的劣势，逐渐成为许多厂家眼中的鸡肋，有些厂家甚至已经开始抛弃传统渠道商。在市场化程度还远远不够成熟的今天，传统渠道难道真的已经失去价值了吗？传统渠道面临的困惑集中体现在以下方面。

1) 遭受厂家的冷落

如今的生产厂家为谋求更大的市场利益，营销的重点、销售政策、广告支持、人员配备等都已经逐渐向现代渠道倾斜，使得传统渠道商逐渐失去原有的地位，心理上形成很大失落感。

2) 传统渠道商之间的竞争无序

由于现代渠道的不断挤压及厂家对区域市场操作的细化，留给传统渠道商的空间越来越小，所以传统渠道商之间的竞争也更加激烈。但由于整体的竞争手段不高，催生出很多恶性竞争，反过来又影响了传统渠道商自身的发展。

3) 消费者的信任危机

因为售后服务不规范，终端形象混乱、假货泛滥、规模实力等原因导致传统渠道根本无法和现代渠道正面抗衡。在品牌时代，传统渠道商正在逐渐失去消费者的信任。

4) 自身跟不上市场发展的节奏

很多传统渠道商由于教育、文化及观念等方面的原因，已经不能很好地适应新的市场环境。据调查，某食品批发市场就有82%的商户不懂得如何使用电脑，所以根本实现不了厂家要求的电脑化进销存管理，只能被逐渐淘汰。

2. 传统渠道的优势

仔细分析，对于厂商而言，与现代渠道的合作相比，操作传统渠道还是具有很多的优势，主要表现在以下几个方面。

1) 资金支付的优势

如今的传统渠道商大多是独立的经济实体，和厂家合作一般都能采用现款支付的方式，即使有账期，也比较短，传统渠道商的资金支付方式使企业减少了很多风险和资金压力，也促进了企业资金的正常流动。

宁波一家著名的服装企业，转型进行品牌经营三年，专卖店经营得如火如荼，今年又决定重新回到从前，将其部分产品剥离出来做批发。据该公司销售总监说，这样可以快速回笼资金，现在该公司操作自营店、商场专柜等导致大量资金投入，资金周转很慢，影响了企业在研发、广告等方面的进一步投入。企业在拥有规模和品牌优势以后，产品在批发市场已经具有很大的竞争力，于是批发商都很愿意合作，并且能提供保证金，采用现款结算的方式。

2) 操作简单，易于控制

厂家和传统渠道的合作其实往往比较简单，只要货款一到就可以发货，而且传统渠道相对现代渠道来说更便于厂家控制。现代渠道的强势崛起使得厂家逐渐失去话语权，而与传统渠道的合作中，厂家还是能占据主动的。另外，传统渠道根本没有现代渠道那么多的名目繁多的进场费、公关费、赞助费及被动的促销活动等，节约了不少成本，厂家也可以集中精力从事品牌的推广建设。

3) 渗透力强，覆盖范围广

相对来说，传统渠道网络渗透能力很强、接触面比较广；现代渠道一般只在大中城市或者城市的主要路段占有优势，而传统的渠道商甚至有能力把网点蔓延到城市大街小巷的每个角落，而且在二、三级市场更是拥有绝对的优势。

4) 传统渠道可以分担库存风险

一般来说，由于经营模式不一，积压在现代渠道仓库里的库存品通常最后都是属于厂家的，而积压在传统渠道商仓库里的货品则很大程度上都是属于渠道商的。所以，经营传统渠道很大程度上可以降低厂家的库存风险。

5) 传统渠道商拥有较广的人脉

很多传统的渠道商在自己的市场领域耕耘多年，慢慢建立起了庞大的社会关系网络，很多大户在行业里拥有一定的声望，如果利用得当，会成为厂家在市场运作上很有效的资源。

6) 拥有仓储、物流等方面的优势

多年的发展积累使得传统渠道商在区域内产品的仓储、物流等方面形成了自己较大的优势，货物配送等更为方便。

5.2.2　现代客户互动渠道

现代客户互动渠道以电子商务为主要特色。它通过信息流、资金流和物流的有效整合，通过电子化的手段达成交易。

1. 电子商务的基础在于有效整合信息流

1) 电子商务的模式

(1) B to B(商家对商家)：电子商务主要是进行企业间的产品批发业务，因此也称为批发电子商务。电子商务其实远不仅是指网络零售业，更核心的是市场潜力比零售业大一个数量级的企业级电子商务。B to B电子商务模式是一个将买方、卖方及服务于他们的中间商(如金融机构)之间的信息交换和交易行为集成到一起的电子运作方式，而这种技术的使用会从根本上改变企业的计划、生产、销售和运行模式，甚至改变整个产业社会的基本生产方式，因此，这种企业之间的电子商务经营模式越来越受到重视，被许多业内人士认为是电子商务未来发展的一个重要方向。

(2) B to C(商家对个人消费者)：京东网站就是采用这种商业模式的一个网站，它充分地利用了软件公司在原有物流上的优势、全国统一的销售连锁店和长期以来形成的品牌优势，在互联网上把零售做得很火。

(3) C to C(个人消费者对个人消费者)：这是最早由美国eBay所采用的商业模式，国内目前有几家声势浩大的网站(如易趣、淘宝等)也属于这一模式。目前，国内电子商务已经较好地解决了支付与物流问题，购物便捷，交易成本较低，但存在一定的假货风险。

(4) C to B(个人消费者对商家)：这是目前在专业经营电子商务网站中较新的一种概念，也就是所谓“倒转式的拍卖”，目前还非常少见。

互联网的发展使得全球电子商务环境发生了很大的变化，由于网络基础建设不断完善和经济发展，全面电子商务的大环境已经形成。据Forrester(弗雷斯特)调查公司统计，到2003年，B to B电子商务市场可达13万亿美元。在新一轮的竞争中，互联网所赋予企业的变化不仅仅是进行市场推广、建立电子化的产品目录或简单建立公司的网站，更不是将其互联网服务器与后端的系统连接起来，使客户能够在网上发送并跟踪订单。此时，企业应充分利用互联网的优势，充分挖掘客户需求，为客户提供量身定制的产品和服务，建立以客户为中心的商务系统，综合调动企业最优资源，实现客户满意。

在电子商务中，企业采用互联网技术，以电子化的形式实时管理供应商和客户的业务交流。随着客户个性化的要求越来越高，某个供应商和客户的需求或变化需要立即传递到企业内部的供应链上，企业内部需迅速自我调节以保证物流、资金流的顺畅。这样电子商务对企业管理系统的要求甚高，如果企业内部没有高效、顺畅的信息系统、供应链管理系统，那么从互联网获取的需求信息、供应链的变化信息所带来的商机对企业来说只能是天边的白云抓不住，电子商务也只能是徒有其名。

电子商务需要企业内部的规范管理，需要企业内部最高的信息响应能力，因而需要ERP(企业资源计划)系统来实现，ERP是企业实现电子商务的前提。同样，一个真正成功的电子商务需要有效整合企业内外的客户资源，需要CRM系统的支撑。

2) 电子商务的基本功能

电子商务全面解决方案的运用不仅可以使企业的商务交流方式发生变化，整个供应链管理、客户关系管理、渠道管理也将发生革命性的变化。从功能上讲，电子商务解决方案应该包括三个基本的功能中心：交易中心、客户中心、渠道中心。

(1) 交易中心。交易中心对采购过程进行自动化管理以降低高昂的管理费用。根据Dataquest(迪讯)公司的报告，非线性的销售模式将在未来三年内取代线性销售模式，并且接订单和完成订单也将同步交互运行。企业由于采用互联网作为传输的基础设施，最大的收益将来自最大限度地利用客户信息进行生产和运作。电子商务网站必须有促进交易的功能，同时为公司范围内的购买和服务提供互联网的采购支持，充分体现电子商务提高效率、降低成本的性能。交易中心的功能还体现在充分融合到国际经济交流中，实现全球的购销活动，帮助企业在向全球客户展示产品和服务的同时简单、快捷地进行货比三家的资源采购，轻松建立贸易联系，赢得商机。

(2) 客户中心。整个电子商务网站应以客户为中心。客户在访问你的站点时关心的不是企业管理者的个人信息，也不是企业的机构设置，而是你能生产什么商品或提供什么服务，商品与服务的质量、价格如何，以及售后服务等信息。因此，在以生产商品为核心的企业，产品便成了整个站点建设的基本核心；在以提供服务为核心的企业，服务就成为建站的核心内容。客户中心功能应能够为客户提供有价值的产品信息，其方便简洁、亲切友好的设计直接针对目标客户，能够有效促使浏览者转化为购买者，促进跨区销售，提升销售业绩。客户中心和交易中心的配合使企业能够有效地进行一对一销售和客户服务，节约购销双方的时间和人力资源，提高效率。

(3) 渠道中心。渠道中心的采用使渠道的回报方式发生变化，库存成本将由生产商和经销商共同承担，最终用户可以直接面对销售中的每一个环节。生产商可以有效管理销售中的每一中间阶段，更直接贴近用户，直接获取客户信息。原有的销售渠道以新的销售模式进行思维和运作，在每一个环节上实现价值增值而不是增加成本。当客户在你的站点上找到他感兴趣的产品时，站点如何针对该产品及时快速地提供报价和反馈，这不单单是通过E-mail方式就能实现的，渠道中心应提供相应的信息模块，使客户能够在最短的时间内得到他所需要的信息，同时业务部门能及时查收反馈信息并及时给予回复。渠道中心还应为销售经理提供获取信息的入口，帮助他们扩展销售渠道、提升销售业绩、提供客户化的服务并争取业务。一般销售人员也可从中获得产品信息、新闻、报价、订单细节及其他关键性的销售资源。

2. 客户中心是电子商务信息流的整合平台

客户中心是为了客户服务、市场营销、技术支持和其他的特定商业活动而接收和发出呼叫的一个实体。作为企业几乎全部内外信息交汇整合的一个平台，客户中心是企业电子商务三流中信息流的整合平台和窗口。

客户中心与电子商务有着很多共性，采用的渠道也有很多是一样的，但不同的是，客户中心更多地结合客户关系管理的理念、更注重客户互动的便利性和客户体验，也可以说客户中心是完美结合电子商务渠道优势、更好地与客户沟通的渠道解决方案。

企业通过统一的服务号码(如95、96短号码，800被叫方付费电话等)向客户提供服务品质恒定的“一站式”服务，企业的特殊服务号码因此成为客户联络企业的窗口，透过这个窗口，企业的形象得以展现。

客户中心与传统的商业渠道模式相比具有以下几个显著的优点。

1) 突破了地域的限制

传统商业采用开店营业的方式，用户必须到营业网点才能得到相应的服务。这一方面意味着商业企业在规模扩张时的高成本(需要不断增加营业网点)，另一方面意味着客户购物时受到居住地的限制。采用客户中心则解决了这两方面的问题：商家不必为到偏远地区开设营业网点而费心；客户也不必走出家门，一个电话就能解决问题，快速又方便。

2) 突破了时间的限制

在自动语音应答设备的帮助下，即使人工座席代表下班，客户中心也能为用户提供24小时全天候的服务，而且无须额外开销。相比之下，普通营业网点要做到这一点就很困难，至少会大大增加营业成本。

3) 个性化服务

客户中心可以为客户提供更好的，而且往往是普通营业网点提供不了的服务。例如采用CTI(computer telecommunication integration，计算机电信集成)技术后，客户中心的座席代表可以在接听电话之前就从计算机屏幕上了解到有关来电客户的基本信息，如客户姓名、住址、个人爱好等。根据这些资料，座席代表就能为客户提供更加亲切的“个人化”服务。比如，当电话银行的座席代表了解到一位来电客户曾对个人住房贷款表示过兴趣，而最近银行又推出了更优惠的贷款政策时，就可以不失时机地向客户做主动宣传，这种宣传不仅不会造成客户的反感，反而会使客户感觉到商家对他的关注和对其需求的重视，这种主动的宣传行为不但提高了营销的概率，还可以提高客户的满意度。

一般客户的发展阶梯是：潜在的客户→新客户→满意的客户→留住的客户→忠诚的客户，如图5-1所示。

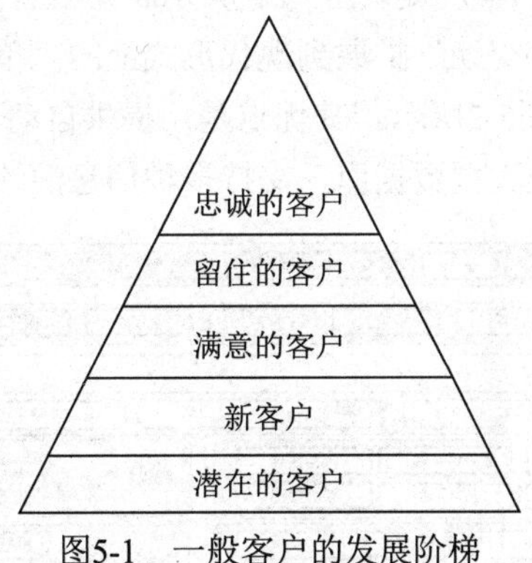

图5-1　一般客户的发展阶梯

4) 提升企业的竞争力

企业之间的竞争大致经历了三个阶段：第一阶段是产品竞争，这是由于早期一些先进技术过多地掌握在少数企业手里，可以依靠比别人高出一截的质量赢得市场；但随着科技的飞速发展、新技术的普遍采用和越来越频繁的人才流动，企业间产品的含金量已相差无几，客户买谁的都一样，产品的竞争优势逐渐变小，这就进入了第二阶段——价格竞争，靠底价打败对手；现在已经进入了第三阶段——服务竞争，靠优质的售前、售中和售后服务吸引和保持客户，最终取得优势，而客户中心正是企业提升服务的有力武器。

客户中心可以为客户提供一站式(One-Stop)的服务，可以让客户足不出户解决问题、满足需求；同时客户中心还可以帮助企业有效利用配置资源达到降低成本、节约开支的目的；提高客户服务质量、留住客户，为企业带来新的商业机遇。

5.3 客户中心是实现渠道整合的重要载体

随着客户中心的迅速发展和企业对客户中心的更多认识，客户中心越来越多地利用多种现代手段来帮助企业维系客户、创造更多的满意客户，客户中心也有了更新的名词："多媒体客户中心"。多媒体客户中心把各种媒体通信技术集成在一起，可以通过处理语音呼叫、Web 请求、E-mail、传真、SMS(短信息服务)等方式与客户沟通交流。

在今天的客户中心中，令人兴奋的技术优势之一是集中，即通过一个普通网络基础设施所获得的数据、语音和图像的集中。多媒体客户中心是正式在商业上采用多媒体技术并获得利益的第一批实际应用者之一，当技术的发展达到一定程度的时候，这些在客户中心革命中占据早期有利地位的公司将从增长的人员生产力、客户满意度和市场竞争中受益。

当前，多媒体客户中心对于营销、客户服务、技术支持的顺畅运行已变得至关重要。基于多媒体客户中心的管理经验和对企业业务流程的研究，企业可以对各项业务的处理流程进行自动化及优化重整，全面实施智能工作流管理。多媒体客户中心与智能工作流管理的各个应用系统互联，多媒体客户中心获得的各种信息和任务会无缝地传到后台应用系统处理，而各应用系统的处理结果和企业希望实施的与用户沟通相关的任务也会被及时传到多媒体客户中心，由其进行处理。

5.3.1 多媒体客户中心是信息渠道整合的重要体现

基于Internet的客户中心为客户提供了一个从Web 站点直接进入客户中心的途径，使得客户中心从传统形式的"拨叫交谈"扩展到现代形式上的"单击交谈"。

多媒体客户中心模型如图5-2所示。其优点是：提供自动与人工服务，对座席进行技能分组，采用先进的操作系统及大型数据库，支持多种信息源的接入。

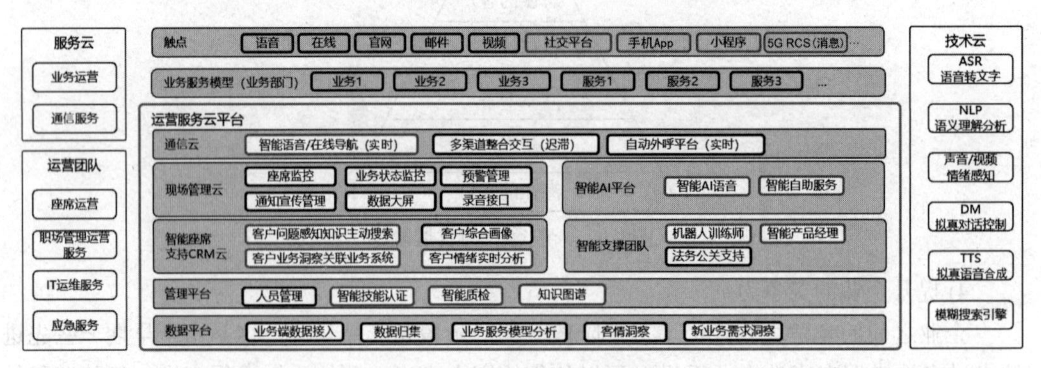

图5-2 多媒体客户中心模型

基于Internet的客户中心可以向客户提供以下几种方式。

(1) 电子邮件。客户可以选择以发送电子邮件的方式与客户中心进行联系，同时企业的一些产品信息、服务信息也可以通过电子邮件的方式发送给客户。电子邮件的联系方式的实时性较差。

(2) 客户代表回复。客户可以选择要求客户中心的客服人员立即或在约定时间主动拨打电话回复他的问题。客户可以在选择该项联系方式后输入其联系电话，确定希望对方回复的时间；到指定时间时，客户中心将主动外拨到客户指定的电话号码，解答客户的问题。

(3) 网页同步。客户在通过上述方式与客服人员交流时还可以通过网页同步功能与客服人员的浏览器进行同步，这样，客户与客服人员看到的是同一界面，由客服人员引导客户对网页进行浏览，找到客户所需要的信息。网页同步功能适用于不同的实时交流方式，可以大大提高客户服务的效率和质量。

5.3.2　客户中心是信息渠道优化的关键载体

纵观目前国内企业对客户中心的应用，主要有如下几种业务类型。

(1) 售后服务。客户中心主要为企业提供售后支持和服务，这也是国内客户中心最多的业务类型。

(2) 咨询和信息服务。企业利用客户中心向客户提供产品咨询与信息服务。

(3) 电话营销。企业利用客户中心进行产品的市场推广、商机的挖掘和电话销售，通常与互联网结合起来，做网上与网下的互动。

(4) 企业内部的技术支持和信息服务。客户中心作为企业内部的信息支持工具或技术支持工具。

客户中心在业务上应用广泛。其实，客户中心作为一个信息流的控制工具，可以在很多业务上做更为广泛和深入的应用，尤其在我们大量谈及CRM的时候。CRM最直接的目的是获得与维系客户，为企业创造利润，它最基本的对象是最终用户。但目前企业面临的事实是企业本身的产品或业务类型不容许企业直接接触到最终用户，特别是对于从事B to C和消费类产品业务类型的企业而言。许多企业还是只能通过传统渠道去面对最终用户，“渠道为王”的时代还没有过去。即使是著名的电脑直销商Dell(戴尔)公司也有相当一部分的业务是直接或间接地通过经销商来实现的，更不用谈IBM、HP(惠普)等通过传统渠道进行销售的公司。管理和建好企业的销售渠道，一直都是各企业不断努力的工作方向。

客户中心还有很多的优点，如可以帮企业整合销售渠道、优化销售模式。我们可以以一个典型的电子产品企业为例来看企业如何让客户中心扮演整合销售渠道、优化销售模式的角色，该企业产品面向的客户很广，从政府、行业大用户到中小企业与家庭和个人，采用传统的销售方式即主要通过全国总代理、地区总代理到二、三级代理进行分销；企业也有销售团队，主要任务是针对大的行业用户、政府客户进行销售，同时负责管理与协调各级经销商的销售活动。

通过建设客户中心，企业重新整合了销售渠道、优化了销售模式，扬长避短，建立了一个全面的客户服务模式。企业通过客户中心来进行售前产品咨询、电话销售、市场推广、媒体监测、外部销售代表的后援支持、经销商的管理、公司长期客户的管理、物流信息管理、售后服务等。

(1) 售前产品咨询：回答用户对产品、市场活动的各种问题，主要是为用户提供信息服务，对有购买意向的客户做销售线索的传递，传递到电话销售人员或经销商。

(2) 电话销售：主要是面向想直接购买的客户在电话上直接交易。

(3) 市场推广：包括产品推广、直邮跟踪、客户购买意向调查等。

(4) 媒体监测：对平面广告与电子媒体广告效果的测量，比如对不同媒体广告带来电话量的分析等。

(5) 外部销售代表的后援支持：帮助外部销售代表安排约会、做合同与报价等。

(6) 经销商的管理：特别是对渠道销售代表无力顾及的大量小经销商的管理。这些管理包括市场活动的通知、经销存货状况的跟踪、新经销商的招募等。

(7) 公司长期客户的管理：有些公司的长期客户往往会享受特别的价格与服务，但他们通常也是最稳定的，可以只通过电话就来购买。

(8) 物流信息管理：产品运输状态的查询及到货后与客户的确认等。

(9) 售后服务：做售后的技术支持与服务。

客户中心作为优化渠道的载体可以带给客户所需要的服务，对客户而言，能享受到的是全面的服务。

- 购买前：客户可以通过企业提供的免费服务电话对产品的性能与价格做充分的了解与比较。
- 购买中：不同的客户可以选择不同的购买渠道，除了传统的经销渠道，还可以通过电话、网站，甚至是用E-mail直接向客户中心订购。
- 购买后：客户可随时掌握货物运输信息，更可享受7×24小时的售后服务。

显而易见，客户中心对整合与优化企业信息渠道起到了核心作用。其实在建立这个全面客户服务模式的同时，伴随着渠道与业务的整合，企业的流程也得到了一定的改变，企业客户关系管理体系也随之建立起来，因此企业更可以通过先建立客户中心构建整合化的数据基础来导入客户关系管理。在本书中，将对客户中心用于客户服务及客户关系管理方面进行详细介绍。

5.4 客户中心在客户互动渠道管理中的作用

随着社会经济和科学技术的进步，市场竞争日益激烈，客户比以前有了更多的选择，客户需求和客户服务的不断发展对社会各行各业都提出了新的要求。

对于一个企业而言，客户服务质量的高低将是决定企业生存和发展的重要因素。同时，企业向客户提供服务的种类越来越丰富、服务的规模和内容迅速增加，单纯依靠增加人员、强调服务纪律已经无法满足客户服务的要求。建立客户中心的目的就是利用先进的科技手段和管理方法让企业的客户服务质量有一个质的飞跃，为企业带来无可估量的效益和价值，最终赢得丰厚的利润，从而推动企业乃至整个社会的进步。

客户中心主要具有以下几方面的作用。

1. 提高客户的满意度和忠诚度

对于一个企业来说，如何将客户与企业有机结合起来，建立畅通快捷的沟通渠道让客户经常感受到企业的关注，并且不断增加使客户感到满意的服务内容，这已成为企业在当今时代取得成功的一个重要因素。

如果企业与客户保持广泛、密切的联系，价格将不再是最主要的竞争手段，竞争者也很难破坏企业与客户间的关系。例如，在您为母亲的生日订购蛋糕后，店员会于次年您母亲生日来临之前提醒您；当您打电话给一家饭店的客房服务部时，他们可能以您的名字来向您问候。通过提供超过客户期望的服务可将企业极力争取的客户发展为忠实客户。大家都知道争取新客户的成本要远远超过保留老客户，而且随着客户和企业间的来往，客户的个别需求和偏好也会变得更加详细明确。

2. 降低服务成本，有效管理资源

客户服务需要一个庞大的支持系统，从客户服务的角度来讲，所需要的资源包括：人力资源、数据资源、设备资源、通信线路资源。只有将先进的服务手段和这些系统紧密集成起来，才能实现高效的客户服务。

随着CTI技术、Internet技术的飞速发展和融合，产生了由先进计算机系统集成的客户中心，这种系统极大地改善了企业与用户接触的广度和深度，正在引发一场企业客户服务方式的革命。

同时，先进的管理思想越来越多地融入了客户中心的核心设计，这使得企业对资源的管理可以更加有效。实践证明，管理系统的完善可以极大地提高客户中心的工作效率，使更大、更复杂的客户中心得以实现。

3. 提高服务人员的工作效率

客户中心客服人员是客户中心的实际操作人员，通过他(她)们在企业与客户之间架起沟通的桥梁，客户对企业的认同很大程度上体现在对客户中心客服人员服务质量的认同上。

在客户中心，客户中心客服人员就是有着先进技术手段和良好技能的客户服务代表。市场需要大批高素质的客户中心客服人员，需要利用最先进的技术手段对他(她)们进行合理的培训、组织，使其服务水平不断提高。

4. 保持并增强现有的市场渠道，挖掘新的市场资源

在现代市场竞争中，各种销售手段的灵活组合是取胜的有力武器。而将客户的投诉和抱怨转化为销售机会更是一种高明的销售技巧。

当一个客户呼叫进入客户中心，客服人员可以通过及时访问数据库信息将客户问题转化成销售机遇，也可以将客户的误解、抱怨转化为另一项亲切服务。在许多情况下，客服人员通过向客户介绍新增的服务项目和业务解决客户的提问。而在许多服务过程中，如果客服人员能够轻松地访问客户的概况和业务记录，那么客户就可以获得所需的信息，同时也将被推荐丰富的、可选择的服务项目。在另外一些情况下，客户中心还能够主动访问客户，为之提供有效服务，将会使潜在客户得到挖掘。

5. 为企业提供市场分析数据

客户中心直接面向客户，接触的是最真实的市场需求，客户中心往往也是企业获得或者补充客户资料的重要来源，具体包括客户代码、名称、地址、邮政编码、联系人、电话号码、银行账号、使用货币、报价记录、优惠条件、付款条款、税则、付款信用记录、销售限额、交货地、发票寄往地、佣金码、客户类型等。利用客户中心的计算机应用将这些市场数据加以统计分析，将对企业业务的开拓起到巨大的促进作用，这些珍贵的市场数据是每个企业梦寐以求的，也是客户中心在运营中不断升值的原因之一。

因此，很多企业已不再片面地讨论客户中心是“成本中心”抑或“利润中心”的问题，而是结合实际的需要，将客户中心定位于企业的“价值中心”。

6. 客户中心在CRM的应用

CRM与客户中心的关系非常密切。客户中心主要用于提供客户服务或电话营销，而良好的客户关系是客户中心成功的关键。CRM技术通过建立客户数据库对信息进行统计分析、处理、采掘和提炼，使客户中心业务代表可以得到每个客户的详细信息、过去交往记录、客户爱好等信息，因此可以为客户提供个性化的服务、节省通话时间，既可以提高业务代表的工作效率，也提高了客户满意度。

CRM是客户中心和企业后端数据库的联系纽带。客户中心对外面向用户，对内与整个企业相连，与企业的管理、服务、调度、生产、维修结为一体，它还可以把从用户那里获得的各种信息全部贮存在企业的数据仓库(data warehouse)中，供企业领导者做分析和决策之用。如果要让客户中心发挥出应有的效力，就必须与CRM有机地结合起来，在建设客户中心时，应同时考虑CRM。

客户中心是客户关系管理的实验室。大多数公司和组织建立在模拟商业模型上，决策过程和权利是金字塔结构，由于决策步骤的原因，其增加了决策时间要素。如果商业模型基于数字网络，则会立即响应，因此可省掉决策过程中的部分时间。

当CRM引入整个组织时，客户中心面对的每一个挑战将会增强。CRM不只是一个软件策略，它是混合模拟企业与数字网络过程的挑战，是改变决策过程的挑战，也是为客户节省时间的挑战。这是一种思想的转变，只有主要管理者重视并负责实施所需的改变，这项计划才会成功。

很多成功的实际案例表明，设计出完整的客户联系过程是成功的首要因素，理解处理过程后可以计算出采用客户中心处理客户交互的花费和收益比，更重要的是能为客户服务明确责任和权利，并将客户联系与销售、市场和服务部门结合在一起。应记住，对于客户来说，并不存在销售、市场和服务的区别。

模拟型公司常常要了解各部门的客户群数量，判断是否应该将客户转移到销售部门或是否该部门允许处理这个客户，这些典型的“模拟”问题增加了客户联系过程的时间和成本。对过程的描述越详细，问题就越能更好地得到预先处理。

数字型组织并不区分销售、市场和服务，所有的客户交互由一个管理者负责，客户联系过程是一个整体。销售不再是一种事件，而成为一个持续的过程，收入可以表达为客户需要被满足后的结果。与模拟型企业相比，其中的文化冲突非常明显，例如对于销售人员，以前通常只针对签署订单的奖励就不存在了。这种数字型方式一定会获得成功，因为它降低了费用，同时提高了客户满意度。

客户联系的模拟型方法会带来工作压力，并且客户中心的客服人员缺乏职业满足感，不能完成完整的联系过程、看不到自己的服务产生的结果，这些因素带来的后果是过高的人员流失率、缺乏工作动机、无法体现自我价值。

CRM的目的并不是推动企业转变为以客户为中心的“过程驱动型”企业，转变的目的是提高成本收益比、增加市场份额和覆盖面、增加净利润。CRM并不是一个软件解决方案，而是从模拟型企业到数字型企业转变的一个重要的管理战略。

客户中心是企业对客户整合化的联系窗口。如果没有客户中心，客户不同性质的问题必须直接寻求不同部门人员的协助或牵扯许多单位以致往来奔波。而且当企业任由客户打电话到内部单位来联系，时常会干扰内部人员的作业，并且可能造成人员因忙于日常工作而给予客户不友善的态度或不一致的答案，这种情形是导致客户流失的重要原因。客户中心能够提供客户一个明确且单一的对话窗口，提供一站式的服务，解决客户寻求协助的困扰并避免干扰内部作业。

客户中心是企业让客户感受其价值的中心。进入竞争激烈的电子商务时代，企业应更加专注创造客户的附加价值，特别是未来的竞争主轴——服务。透过客户中心能提供客户产品之外更多的附加价值，如个性化咨询服务，24小时客户服务，这些附加价值有助于协助客户解决问题，增加客户满意度。

客户中心是企业搜集市场情报、客户资料的情报中心，企业通过客户中心来接近市场，有下列几种情况。

(1) 收集客户的抱怨与建议，作为改善产品及服务品质的重要依据，客户中心应定期整理客户的需求及抱怨，集中交给后台单位，以备参考。

(2) 客户中心可以收集客户的基本资料、偏好与关心的议题，建立客户资料库，以便分析市场消费倾向。

(3) 企业的营销活动往往可以先通过客户中心、网站、客户来信等信息渠道来了解市场的动向，尽早协调后台活动单位来调整活动规模，例如反应比预期热烈，企业便要考虑是否能处理过多的订单或活动，可提早准备。

客户中心是维护客户忠诚度的中心。客户的忠诚度往往和售后服务成正比，例如快速回应客户的抱怨、协助解决客户的困扰，并让客户感受贴心的服务，此时客户中心担负起维护客户忠诚度的重大责任，解决疑难杂症。除此之外，还可以推荐其他适用的产品满足客户其他的需求，增加销售额，因为忠诚的客户可以买得更多或愿意购买更高价的产品，并且服务成本更低。忠诚的客户也可能免费为公司宣传或推荐他的亲戚朋友来购买或了解产品，增加更多的新客户。

第 6 章

客户沟通：礼仪与心理管理

6.1 客户沟通

6.1.1 客户沟通的概念

沟通(communication)原意为达到共同，也就是使沟通双方的经验、思想、符号等达到共同。全面地讲，沟通是同周围环境进行信息互换的一个多元化过程。沟通是一个程序，它将一些信息由甲方(一个人、一组人、一个团队)传达到乙方(另一个人、一组人、一个团队)，使对方明白、回馈、相互理解、增进共识。

在工作中，我们将50%～80%的时间用在沟通上，我们开会、会见、拜访、谈判、面谈、打电话、发传真、信函、通知、文件、批评、表扬……都在沟通，因此我们可以说，作为出色的客服人员，沟通也是其重要技能之一。

沟通的形式通常包括语言沟通和非语言沟通两种。语言沟通比较容易理解，如面对面的交谈、通过电话进行交谈、互通电子邮件或信函、一点对多点的简报或工作报告，以及图片、计算机图表、公司标识、徽章等；非语言沟通则表现形式较多，如表情、座次、办公室大小、车位、等候时间长短等。

在社会组织中，我们通过人际沟通传递关于一些事情的描述、对一些人或事物的情感和对各种事件的观念观点等。然而我们发现，有些人的沟通能力很强，另外一些人则避免不了会遇到各种障碍，导致信息和情感传递的“到达率”不确定。对于以“准确传递信息”为最基本要求的客户中心客服人员来讲，该如何掌握通过电话进行沟通的技巧？图6-1解释了沟通是如何进行的。

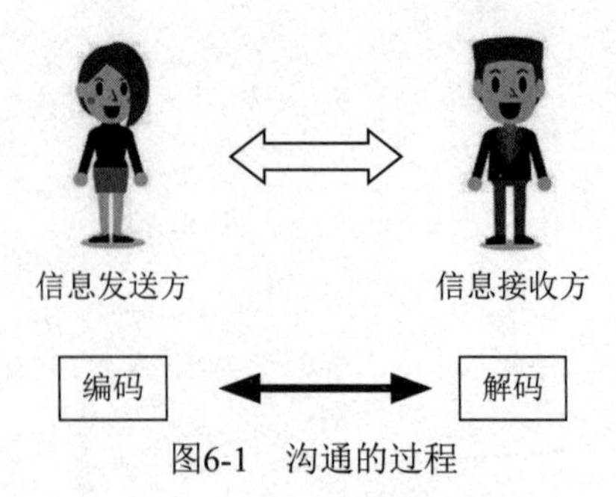

图6-1　沟通的过程

(1) 编码及信息的发送。编码就是将你想要说的话以接收信息的一方可以理解的方式表达出来。

(2) 信息通过信道传输。在这个信息传送过程中，发送方与接收方之间存在着一些干扰因素，例如可能是周围有别人在谈话，也可能是你有心事而心不在焉，等等，虽然这种干扰并没发出任何声音，但这些干扰都有可能阻碍接收方正确理解发送方的意思。因此，为了避免这些干扰，可以选择一个安静的场所，使得对方可以集中注意力听你说话或使用正规书面材料进行信息的传达。可见，不仅所要表达的意思本身很重要，而且何时、何地、以何种方式表达给别人也同样重要，这会在很大程度上决定这次交流能否成功。

(3) 到达接收方。接收方要接收信息，他们所处的状态很重要，例如：他是否在听？听到关键部分了吗？有些人虽然是在点头，其实根本就没有听。

(4) 解码。每个接收方都是根据自己的而不是发送方的感觉来理解信息，并以自己的方式解释它。

6.1.2　沟通的正确心态

作为一线客服人员，当他进入工作状态以后，最基本的心理状态应该是一种习惯性的等待。就像所有适应了客户服务工作的职业人群一样，这种习惯性的等待代表了一种对工作的熟悉、亲切或者厌烦等一些既成的心理体验，当然这种习惯性的等待也因个体的行业经验和工作年限不同而不同。刚刚进入客户服务行业的新人更多的是一种紧张和期待的心理状态，但是有一定行业经验的人却更多的是一种熟悉的程式化的心理状态。由于客服人员工作的特殊性，虽然只是通过电话等仅有的几种媒介和自己的客户进行沟通，但沟通的对象却千差万别，因此具备足够的心理调节能力和承受能力及对自身情绪的掌控能力是一名合格的客服人员所应具备的基本能力。为此，我们可以从心理角度做一些基本的准备工作。

1. 共情

“共情”是理解别人的感受和问题的能力。

对于共情，需要注意以下几点：

- 避免简单的否认、安慰、建议和反问；
- 反映出对方信息中的内容部分；
- 反映出对方信息中的情感部分；
- 反映出对方信息中的隐藏部分；
- 视情况予以适当的建议。

2. 同理心

同理心指的是一种行为模仿，同理心源自身体上模仿他人的痛苦，从而引发相同的痛苦感受。所谓的同理心并不仅是当对方难过的时候运用同理心来了解他，当你跟一个人起了争执的时候，请同样去想象如果你今天站在他的立场来看这件事，你的感受会是什么。作为客服人员，可能更多的时候需要想象客户的感受，因为每个客户都是不一样的，每个客户的感受也不一样，适当地运用同理心可以帮助我们懂得怎样去尊重别人，从而提供更优秀的服务。

6.1.3　沟通的步骤

交流、沟通是一个较复杂的过程，正确理解这一过程可以有效地表达自己的意思，并且避免可能发生的一些问题，因此我们可以总结一下达到良好沟通的几个步骤：

- 罗列表达内容；
- 选取合适的信息；
- 让对方做好准备；
- 发送信息；
- 对方收到信息；
- 对方分解信息；
- 你确认信息被对方理解。

有效的沟通应该表示为：发出的信息＝接收的信息(即接收者100%了解发出的信息)。但在一般的沟通过程中，往往存在着或大或小的噪声，影响和干扰着相互的有效沟通。

6.1.4 沟通中的障碍

沟通过程中的障碍也称作噪声，是指一切阻碍沟通的因素，包括个人层面、组织层面、程序层面。

1. 个人层面中的噪声

个人层面中的噪声包括以下几点。

- 个人的风格：每个人谈话时所使用的方式各不相同。
- 准备及表达方式：个人谈话前，对话题内容的准备是否充分，以及采用的表达方式是否确定。
- 不清楚及缺乏一贯性：沟通过程中表达是否清晰、语言语音是否流畅。
- 缺乏可信性：谈话内容是否是公开明朗化的。
- 信息的目的地：发送信息的目的地是否正确、接收者是否愿意接收。
- 时间控制：谈话时间控制的长短和时间利用率是否合理。

2. 组织层面中的噪声

组织层面中的噪声包括以下几点。

- 组织文化：即指公司的企业文化背景。
- 工作及活动的节奏：不同公司的工作时间安排和工作节奏是不同的。
- 规模与结构：即指不同公司的组织架构和发展规划。
- 自然环境：不同公司发出的信息和接收的信息都会受到大环境的影响。

3. 程序层面中的噪声

程序层面中的噪声包括以下几点。

- 传递途径：即指使用怎样的媒介得以交流和沟通。
- 资料装载：传递信息采用何种方式。
- 反应与响应：信息发出者和接收者不同的反馈。
- 日常接触使用的提问技巧：使用怎样的提问方式可以更迅速地完整接收对方发出的信息。

4. 如何克服沟通中存在的噪声

发出者在发出信息时应保证其是清楚且完整的，发出者需要慎重选择适合的媒介去发送信息以保证接收者可以方便记录，同时发出者在传送的过程中应避免过滤(保留信息的内容)和扭曲信息，使得沟通不够完整和有效。克服沟通中噪声的要点如下。

- 提供正确的数据以避免谣言。
- 对发出的信息要加倍留意。
- 做一个好的倾听者。
- 要设身处地。
- 以不同的说话方式对待不同的人。
- 数据充足性及媒介种类适合性。

6.1.5　沟通中的表达及辅助工具

1. 沟通信息的构成

一个良好的沟通，要表达的信息构成主要包括介绍、内容、总结三部分。

1) 介绍

介绍应能够吸引人，包括以下要点。

- 最好以有关联的题目作开始。
- 谈话过程中一定要保持趣味，引发对方的兴趣。
- 使用吸引性的字眼，使得对方不致走神或注意力不集中。
- 使用非言语的肢体语言或行为去强调重点。

2) 内容

内容应清楚，包括以下要点。

- 沟通时请勿有太多主题，太过复杂的内容会使对方感到索然无味，失去沟通的兴趣。
- 突出重点，谈话时一定要以重点为中心，简单扼要地阐明重点内容，使得对方可以更好地理解和接受。谈话的文字要浅白形象，简单的话语更易引发彼此相互沟通的兴趣。

3) 总结

总结包括以下要点。

- 强调好处。
- 使用动机性字眼。
- 对要执行的事情以提问方式进行协商。
- 表现出自信。

2. 沟通信息的三个元素

沟通信息的三个元素包括言语、音调、非言语。

- 言语：在沟通过程中一般占到7%。
- 音调：在沟通过程中一般占到38%。
- 非言语：在沟通过程中一般占到55%，由此可以想象沟通的重点大多数并不在于交谈。

3. 沟通的言语——字词的选择

沟通言语的选择上应尽可能多地使用术语、俗语、正面语言，以及恰当地使用幽默语言，这些可以增强沟通过程的有效性，从而达到有效沟通的目的。

4. 沟通中语音的表达

沟通中语音的表达包括以下几点。

- 速度：说话的速率，每分钟说多少个字。
- 音量：说话的高音和低音。
- 语调：表达自己的感受或情绪。
- 音调：讲话声线的高低。
- 抑扬顿挫：沟通时情绪的感染力。

5. 沟通中的辅助工具——视觉

信息在传递过程中，其感知度解析如图6-2所示。其中，视觉影像更易于牢记。

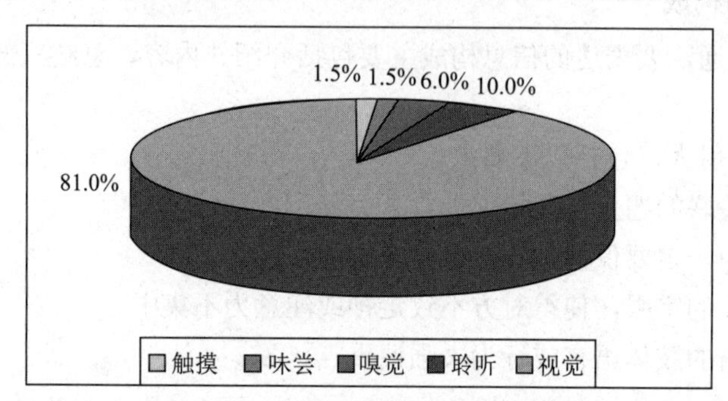

1.5% 触摸、1.5% 味尝、6.0% 嗅觉、10.0% 聆听、81.0% 视觉

图6-2 信息传递的感知度解析

使用视觉辅助工具可以帮助沟通、帮助记忆、产生影响、提高趣味、省时并突出重点。不同种类的视觉辅助工具包括透明胶片、翻动活页纸、白板等。

6. 沟通能力的自我评估

我们每一个人从童年时代起就置身于社会交流之中，本身已经具备了大量的交流经验，那么我们对自己的沟通能力做过评估吗？改善沟通的最有效的办法就是进行自我评估，因为这样可以指出薄弱环节，尽力改善，发挥优势，以求更好，这样就可以不断地提高沟通能力。

良好的交流沟通＝经验＋定期自我评估＋改善弱势＋发挥优势

沟通能力的自我评估包括：面对面沟通能力的评估；团队面对面的沟通能力的评估；提出建议、表明态度能力的评估；电话运用能力的评估；书面交流能力的评估；倾听技巧能力的评估；协商一致能力的评估。

6.1.6 有效沟通客户的4个重点环节

1. 了解客户

为了落实“客户终身价值”，我们应找准目标客户，想方设法地搜集完整的客户资料。我们可以通过企业的“绿色通道”，优先、优质、优惠的“三优”服务和“忠诚规划”里的服务诱因、折价诱因、个性化服务诱因，充分运用调查、问询、登记等沟通手段，建立起客户的资料档案。资料档案不仅包括客户名称、地址、邮编、类别、行业特色、企业法人和联系人、联系电话，还包括使用业务种类、通信费用，以及潜在需求、竞争情况、故障发生及处理情况等，此外还要包括客户相关信息、组织架构、人员情况、网络现状、行业发展动态及客户的性别、年龄、生日、婚育、学历、职称、爱好、兴趣、收入所得、家庭结构、宗教信仰、消费行为的状态和类型、购买动机和需求特征、性格、信用、使用情况等。“知己知彼”方能“百战不殆”，了解客户是实现有效沟通并使沟通走向深入持久的基础。

2. 维系客户

维系客户就得用心听取客户的声音，掌握目标客户的需求。企业的营销部门在制定产品、价格、渠道、促销和公共关系等方面的营销策略之前，不论在生产现场或营业场所还是在客户服务中心，也不论是定期或抽样民意调查，还是客户咨询、投诉或客户座谈会，都必须认真而负责地通过各种途径准确收集最为珍贵的客户“真实兴趣点”，如客户的需求动向、意见、建议和心声等，实现营销系统与客户的互动，帮助企业获得产品销售关联性及客户需求关联性的准确信息，以全面掌握有终身价值的客户。在此基础上整合营销规划，对症下药，有效地提出相关的营销策略，积极争取客户，努力服务客户，培养与客户牢不可破的沟通关系及长久的“战略伙伴”关系。这样，我们的营销和服务才能做到有的放矢、百发百中，才能让竞争对手无机可乘，才能真正提高客户的贡献度，让客户的使用价值最大化。

3. 关怀客户

关怀客户，就是通过我们对客户的有效沟通，让客户的需求很快得到满足，期望及时变为现实，以体现供者对求者的贴心关怀。我们应借助CRM系统与目标客户进行全方位的沟通，实现服务零距离、产品零缺陷、售后零投诉的“三零”追求目标。比如中国电信为确保实现“零距离”地贴近目标客户(大客户)，自去年起积极采取了4项措施：一是网络贴近客户，对大客户实现光纤到户；二是服务贴近客户，逐步完善客户经理责任制，在原有基础上充实客户经理队伍，提高客户经理素质，并且规定了不同客户应该有不同周期的上门服务和不同级别的走访；三是业务贴近客户，逐步推出大客户贴心服务系统并在一些省份开始试用，待推广开来，客户所需的所有电信业务都可以通过这个系统与电信公司沟通并由此得到快捷、理想的服务；四是热线贴近客户，建立区别于10000客户服务中心的大客户统一服务热线，大客户可以通过这一热线直接找到电信公司相关的技术人员和客户经理解决各类问题，不必再像以前那样经过多个环节、绕很大圈子。相信通过这4项举措，通信企业对于目标客户的关怀将会圆满实现。

4. 感动客户

让客户感动是成功营销的至高境界，也是我们进行沟通的最高宗旨。唯有客户感动，才能赢得人心，才能使客户“不离不弃”“始终追随”着我们的企业和产品。要使客户感动，我们就应将“您的满意，我的心意”和省心、舒心、放心、称心和诚心等“五心”服务融入关怀式的客户服务，使客户感受无微不至的个性化、多元化和人情化服务。此外，还应通过积极有效的沟通使企业与客户之间建立起一种新型的学习、互利和互动关系。利用学习关系，企业可以根据客户提出的要求及对客户的了解，生产和提供完全符合单个客户特定需要的个性化的产品和服务。利用互动关系，企业可以搜集到市场的最新动态和客户信息，与客户合作挑选出最有价值的信息，改进企业的产品和服务。利用互利关系，企业可以通过不断满足客户的个性化需求与客户建立起牢固、持久的产销价值链和供需联盟，使企业与客户彼此信任、相互忠诚并相互依存，实现“共赢”。

6.1.7 电子邮件沟通的小贴士

采用电子邮件沟通时一定切记以下几点。

(1) 落笔之前想一想此次想要表达的内容和主题大纲，千万不可偏题或离题。

(2) 写之前先要想一想此封邮件的重要性及发送接收者。

(3) 写邮件的过程中一定要概述精要的信息，不可有过多的赘语影响接收者的理解。

(4) 邮件内容的字体请勿全部大写。

(5) 邮件内容请勿全部细写，概述精辟主要内容。

(6) 使用主题线突出主题，可以帮助接收者更好地理解信息内容并得以有效沟通。

(7) 写完后切记校对，不要因不必要的错字漏字影响信息的表达。

6.1.8 客户服务礼仪

客户是我们的“衣食父母”，一定要有“客户至上”的心理认识，才能使顾客有宾至如归的感觉。尊重顾客贵在发自内心，真诚地感谢客户的光临与批评。如能做到这点，我们的接待与服务质量必和他人不同。客户会有轻松舒适的感觉，自然能建立一个成功的商业活动典范。

在对待客户的态度上，基本要求是应答亲切、诚恳，凡事处理迅速，使客人对自己和公司产生信赖感，如此才能博得客户好评，之后通过客户的口碑和引荐使客源不断，从而扩大自己的生意范围。

对于每家企业或商品，广告只是一种营销的方法，是否能取得真正的成功，最终要靠企业对客户尊重的程度和服务的质量。记住，留住客户的心，才能留下企业最扎实的根。

怎样才能留住客户？服务礼仪是必不可少的。

客户服务礼仪是指客服人员在电话应答服务过程中遵循的通话规则和技巧；它符合社会意义层面的礼仪规范，同时紧密切合电话这种特定的交流服务工具的使用环境和特色。礼貌是客户服务礼仪中最重要的因素，客户服务礼仪应该包括礼貌、亲切、理解和尊重他人。

1. 客户服务礼仪

礼仪是礼节和仪式的统称，包含着双层含义：一是思想，即在人际交往、社会交往中应该有尊敬他人、讲究礼节的思想；二是形式，即礼仪的基本程序和具体表现。合二为一，礼仪就是交往中体现出来的人们之间相互尊重的意愿，并按约定俗成的方法付诸实施的不成文的规定。

与客户建立相互信任的关系是提供良好客户服务的关键。客服人员每次与客户交流时都存在两个世界，客服人员的世界和客户的世界；客服人员和客户有着不同的观念，对问题也会有不同的看法。为了与客户建立相互信任的关系，客服人员必须与客户在同一个世界里，那一定是客户的世界。

应融入客户的世界，达到和谐的境界。有了这种和谐的氛围，客服人员与客户就可以站在同一个立场进行交流了，这使客户感到舒服，感到被理解和尊重，因此也就建立了彼此的信任。一旦你和客户建立了相互的信任，也就可以继续引导电话交流的结果向好的方向发展。

要清楚地认识“职业人”与“自然人”的区别。为了更出色地做好客户服务工作，首先应该做到的就是遵循我们的客户服务礼仪，对客户保持应有的、发自内心的礼貌。其实在我们从事客户服务工作的时候会以不同的方式面对客户，比如面对面沟通、电话沟通等，通过电话与客户沟通是一种很好的客户服务方式，同时，现在的多媒体客户中心也可以更好地为客户提供服务，以下会重点介绍在电话沟通中需要注意的客户服务礼仪。

1) 客户服务礼仪的3T原则

礼仪是衡量一个人是否受到良好教育的标准，它绝对不是只做做表面功夫就可以交差的，而必须发自内心，出于自然。客户服务礼仪的3T原则包括如下内容。

(1) 机智(tact)：包括“愉快”“灵敏”“迅速”三个含义。

- “愉快”——在商业行为上是指使人感到愉快之意。在待人接物时尽量欣赏、赞美别人的优点，在如此愉快的环境中，生意自然会好做很多。
- “灵敏”——在商业活动中往往会接触到形形色色的人，在谈话、接待及服务时如果不机灵、不懂察言观色的话，时常会得罪人。
- “迅速”——经济社会中追求效率，所以迅速也是礼貌的重要表现。现代商场制胜原则是“说话抓重点、行动要敏捷”，否则可能会在商场上错失良机。

(2) 时间的选择(timing)：包括时间、场合和角色扮演三个含义。在工作场合中应依据地点、身份的需要，讲适当的话，做合适的应对。工作的时候要“少说多听”，多思考别人说话的内容，以掌握合适的表现时机。

(3) 宽恕(tolerance)：指宽恕、包容别人的修养。事实上，礼仪守则之中最难做到的就是这点。想要做得好，就必须将注意力放在别人身上。也就是说，如果你常常设身处地为他人着想，记住“将心比心”4个字，多想别人的优点，自然就会有比较好的服务心情。还有一句话说：“有问题的客户，才是好客户。”客户愈挑剔，我们就愈需要加倍付出耐心，一项项为之解答，并设法改正自己的缺点。如此，因我们的宽容与容忍会更加增进买卖双方彼此的信赖，也更能提高商业活动的品质。

2) 客户服务礼仪的具体要求

(1) 充满爱心。礼仪的要求和程序原本没有固定的“框框”，只有通过人的实践才能传达出尊敬他人、讲究礼仪、热爱客户的意志，因此要求企业的客服人员要有一颗爱心，为人真诚，以期吸引更多客户的信赖。

(2) 相互谅解。互相谅解、和睦相处，这是礼仪的真谛，也就是说不让他人感觉不好、不使他人难堪，这比提防自己不出错、不出笑话更为重要。

(3) 品德高尚。企业的客户服务工作必须讲究礼仪，首先要求客服人员要有高尚的品德。品德是品质和道德。道德是调整人与人之间及人与社会之间各种关系的行为规范的总和，它是依靠舆论、信念、习惯、传统、宗教等来发挥作用的一种精神力量。很多礼仪是大家应该自觉遵守的，是一种共同生活的准则，它不是法律，没有强制性，却反映客服人员的修养和道德水准。

(4) 吸取经验。经验包括直接经验和间接经验。客户服务工作是和各种类型的客户打交道的工作，这些客户可能来自不同的国家、地区、民族，有着不同的性格、职业和知识水平。因此，在开展客户服务工作时，客服人员应该广泛学习各方面知识，了解各种各样的礼仪习俗，不断吸取有用的经验。

(5) 灵活运用。让礼仪规则适应于现实生活，适应于企业需要。具体问题具体分析，灵活运用，巧妙安排，定会给企业的客户服务增光添彩。

3) 客户服务礼仪中的“宜”与“忌”

(1) 客户服务礼仪中的“宜”包括以下几点。

- 在告诉客户公司名称之前说：“早上好/下午好/晚上好！”
- 说话时保持愉快的声音并且不要太快。
- 在客户长时间说话时要不时地给予回应。
- 让客户等待时一定要向他说明原因。
- 谈话过程中要保持冷静，有礼貌。
- 说再见之前要向客户表示感谢。
- 在客户挂断电话后才可以挂电话。
- 如果承诺了，就不要忘记给客户回电话。
- 记下需要回复的信息。
- 在客户挂断电话之前要重复一下所记录的事项，尤其是相关数字的信息。

(2) 客户服务礼仪中的“忌”包括以下几点。

- 问候客户时仅仅说“你好”。
- 在很吵或很静的环境中，说话的声音太大或太小。
- 在倾听客户说话时完全保持沉默。
- 很长一段时间没有回音，客户以为电话已经挂断。
- 在客户发脾气时你也发脾气。
- 什么都未说就挂断电话。
- 在客户未挂断电话前就挂断电话。
- 忘记做记录，致使再次致电客户。
- 依靠你的记忆记录客户问题及信息。
- 未和客户确认所记录信息之前就让客户挂断电话。

2. 接听电话的礼仪

1) 基本操作

(1) 电话应答的礼仪。从客服人员接听电话的第一声问候起就要融入客户的世界，客服人员的问候是与客户交流过程中很重要的一部分，开始的几秒钟是至关重要的，客服人员的问候是对客户的欢迎，也给电话定了基调。

- 三声铃声内接听电话，使用礼貌用语并报上你的名字：“早上/中午/晚上好，××公司，我是×××，请问有什么可以帮您？”
- 主动询问客户称呼：“先生/小姐，请问您贵姓？”
- 礼貌称呼客户并正确应答客户相关问题：“××小姐/先生，您好，关于……”

- 如未正确领会客户意图需主动与其确认："××小姐/先生，您好，您是说(您的意思是)……"

(2) 电话交流中的礼仪。怎样与客户交流才能创造和谐氛围呢？创造和谐的氛围是优秀客服人员的基本功。为了说明创造和谐氛围的重要性，我们来分析两个电话。

第一个电话中客服人员与客户之间没有建立和谐的氛围。

【例1】

客户：你好！是××电信公司吗？

客服：什么事？

客户：我想查一下我的电话话费单，您在听吗？

客服：是的。

客户：账单上的余额跟我算的不一样，我算的余额比账单上的多，你们是不是算错了。

客服：你的账号？

客户：12345。

客服：我的电脑上显示余额是46元。

客户：那是你电脑上的数字，我算的是68元。怎么办？你再查一下吧！

客服：不，我不能再查，我只能把电脑上的数字读给你，可能是你算错了，你应该好好保存所有的账单。

客户：我已经保存好账单了，我不得不这样，因为你们总是把我的账目搞乱。现在我要跟其他人讲话，马上！……

【分析】

刚才的例子好像两个世界之间有"一堵墙"。客户在自己的世界里，客服人员也在她(他)自己的世界里。不能有效地打破这堵墙的阻隔，和谐的沟通将不能建立。

下面我们再听一段对话，我们听听这位客服人员是怎样与客户建立和谐关系的。

【例2】

客服：××网络公司客户服务部，我是×××，能帮您做点什么吗？

客户：你好，我是×××，我希望你能帮忙。

客服：当然，我非常愿意帮助您，我能做些什么？

客户：请帮我查一下我的上网卡，它突然无法连接上网了！

客服：当然可以，我们马上替您办。

客户：那太好了，我的上网卡是包月卡，还没有到期，不应该出现这种情况啊！

客服：是呀，遇到这种事情我也会很烦的。

客户：啊！看来不只是我这样想，太好啦！

客服：当然。现在可以告诉我您的卡号吗？

客户：好的，7890。

客服：为了确认一下，能告诉我您首次登录的时间吗？

客户：2月14日。

客服：谢谢。是网络服务器故障，现在已经解决了。由于我们的问题给您带来不便，十分抱歉。

客户：没关系

……

【分析】

在这个电话中，我们可以看到客服人员是怎样与客户建立和谐氛围的，这使客服人员获得了客户的尊重，并且客户很快得到了想要的信息。每当客服人员与客户交流时都存在两种个性，即两个世界，客服人员的和客户的世界。因此，作为客服人员，我们所面临的挑战就是怎样从自己的世界走出来，进入客户的世界。如果客服人员想让客户进入他的世界，那么客户会有一种被戏弄的感觉。

为电话那端的客户“画一幅肖像”是融入客户世界的第一步，想象客户的样子并设置相应的“情境”，想象他从哪儿打来电话，他正在做什么？通过设置“情境”的方法可以帮助我们轻松地走进电话那端——客户的世界。

(3) 电话等待的礼仪。

① 遇到如下情形时，客户需要等待：

- 订单的查询；
- 账单的查询；
- 送货情况查询；
- 附加产品信息问询；
- 相关政策问询；
- 查询搜索；
- 问题升级；

……

② 让客户等待时，我们需要：

- 告诉客户“为什么”；
- 使用“询问”语句征得客户同意；
- 给客户一个等待时限；
- “××先生/小姐，就您所提的这个问题我要查询相关具体资料，请您稍等一分钟好吗？”

③ 客户等待过程中，我们一定要：

- 谨记“他们在听”；
- 时刻记住对方在等待；
- 与客户适当地谈论相关的话题。

(4) 电话转接的礼仪。

① 遇到如下情形时，客户电话需要转接：

- 客户寻找指定人员；
- 问题升级。

② 电话转接时，我们需要：

- 向客户解释为什么电话需要转接；

- 询问客户是否介意电话被转接，“××先生/小姐，就您所提的这个问题我会转至对此方面较了解的同事那里，由他给您做专业解释，您看可以吗”；
- 转接电话挂断之前须确定被转接电话处有人接听；
- 被转接电话接听后须告知被转接电话人的姓名；
- 询问来电者姓名；
- 询问来电目的；
- 被转接人接听电话后应感谢客户的等待：“××先生/小姐，不好意思，让您久等了，就您所提到的……”。

(5) 客户信息确认时的礼仪。

① 结束电话前应主动留下客户详细信息(名字/电话/住址)，比如：

- “××先生/小姐，方便留下您的联系方式以便以后更好地为您提供服务吗”；
- “××先生/小姐，请问您的全名是……”；
- “××先生/小姐，请问您的联系电话是……”；
- “××先生/小姐，请问您有电子邮件地址吗……”。

② 就留下的信息向客户确认拼写(姓名/电子邮件)，重复确认信息，检查所留信息是否正确。

(6) 记录信息的礼仪。

记录信息时，应注意：

- 拼写正确的客户姓名；
- 准确的电话号码，要包括分机号码，记下号码之后一定要向你的客户重复一遍以确认信息准确无误；
- 解释客户打电话的原因；
- 客户要联系的那个人的姓名；
- 客户打电话来的时间及日期。

(7) 结束电话的礼仪。

① 一次性电话解决客户问题时，具体做法如下。

- 依据客户需求完整准确表达出产品信息；
- 对客户提出的相应请求给予正确回复；
- 主动询问客户是否还有其他问题需要帮助：“××先生/小姐，请问您还有其他的问题吗……”；
- 感谢客户来电并欢迎客户随时致电本公司：“××先生/小姐，谢谢您的来电，欢迎您随时来电……”。

② 需要再跟踪联系给予答复客户问题时，具体做法如下。

• 向客户致歉并告知客户回复时间：“××先生/小姐，不好意思，麻烦您耐心等待一下，三个工作日后我们会给您答复的……”。

- 感谢客户来电：“××先生/小姐，谢谢您的来电。”
- 结束电话时让客户先挂断电话。
- 在系统中详细准确地记录下谈话内容、客户特殊需求及进一步要求。

2) 客服人员的语言表达

(1) 语言表达的技巧。

客服人员语言表达的重要性在于：客户不购买你的产品或服务是因为他们不了解它，客户购买是因为产品或服务是适合他们使用的，而这一切的信息和关心、负责等情绪都必须通过客服人员的语言传递给对方。

客服人员的话音传递了客服人员的态度。作为一个客服人员，你显示的态度是至关重要的。如果客服人员感到受挫和沮丧，就先休息一下，直到有积极的情绪时再接打下一个电话。建议客服人员可以做以下准备，如：说话前深呼吸一下，然后放松和微笑。

客服人员可以在电话机旁放一面镜子，以便检查自己是否没忘记微笑。

话音能够反映个性。每次客服人员打电话，客户都会通过客服人员的声音做出判断。客服人员说话的方式与说话的内容同样重要，声音的质量也会影响客服人员传达给客户的信息。客服人员要注意声音的质量，确保自己以一种友好且礼貌的方式与每一位客户交流。声音的质量包括高低音、节奏、音量、语调及抑扬顿挫。

例：分别强调画线的部分，体会所表达的意思有什么不同。

班长说这个电话是你接的。

班长**说**这个电话是你接的。

班长说**这个**电话是你接的。

班长说这个**电话**是你接的。

班长说这个电话**是**你接的。

班长说这个电话是**你接的**。

话音能够传递活力，客服人员的积极和热情应该通过其声音来直接表达。我们会很快养成一种讲话的习惯方式，而且不易改变，但这种习惯还是可以改变和重新学习的。把客服人员的声音录下来，看看你传递给别人多少活力。研究表明，当人们看不见你时，你的语音、语调、声调变化和表达占你说话可信度的84%。做以下练习：

用一种单调的声音说，“喂，您好！”

然后再说一遍，设想你见到了一位老朋友。

现在再讲一遍，设想你正与一位啰唆的邻居谈话。

一个词的发音音调的细微区别远超过我们的想象，我们在通电话的最初几秒钟内能阅读到客户声音中的许多内容。给某个熟悉的人打电话，听听他们怎么说“喂”，你通过那个词几乎可描述他的确切情绪。

(2) 语音表达的外部技巧。

① 停连。它包括两个方面：停，指停顿；连，指连接。有停顿，有连接，才能更好地传情达意。那些不休止、不中断的地方，特别是有标点符号而不休止、不中断的地方，就是连接。停顿和连接都是有声语言进行中显示语意、抒发感情的方法。停连，是同有声语言同时存在的，也可以说是有声语言的“标点符号”，而有声语言的停连必须符合我们生理和心理的需要，由稿件内容制约，受听众心理影响。只有找到正确的位置，才能发挥有声语言运用停连表情达意的组织区分、转折、呼应、回味、想象等作用，达到引人入胜的目的。

② 重音。重音的问题实际上是词或词组在句子里面的主次关系问题。重音是那些重要

的词或词组；非重音是那些次要的词或词组。重音也有主要重音和次要重音；非重音部分也有比较主要、比较次要的区别。任何一个句子里都有重音，不过因句子在全篇稿件中的作用、地位，重音的强调程度、强调方法有所不同，确定重音切忌杂乱，一定要精和少，表达重音切忌单调，一定要多样。

③ 语气。它是指在一定的具体思想感情支配下具体语句的声音形式。

④ 节奏。它是有声语言的一种形式。节奏应该是思想感情的波澜起伏所造成的抑扬顿挫、轻重缓急的声音形式的回环往复。节奏的运用有一些常见的方法：

- 欲扬先抑，与欲抑先扬同为一种方法，在有声语言中造成不同层次的抑扬变化。
- 欲轻先重，与欲重先轻同为一种方法。
- 欲快先慢、欲慢先快也是一种方法。

停连、重音、语气、节奏四者是互相融合，紧密联系的，在发音中综合发挥作用。

(3) 语音发声及吐字训练。

任何一种乐器都是由动力、振动体及共鸣器组成的，人类发音系统也不例外。人们以呼出的气息为动力，使喉部的声带振动发音，经过由喉部至口唇的声道共鸣而美化和扩大。除此之外，语言发声的另一个重要环节是吐字，通过口腔控制的方式可以使人类的声音获得其他任何乐器无法比拟的巨大的表现力。

发音吐字的综合感觉是：声音像一条弹性的带子，下端从小腹拉出，垂直向上，至口咽，沿上腭中纵线前行，受口腔的节制形成字音，字音好像被“吸着”而“挂”在硬腭前部，由上部齿外弹出，流动向前。有人形容为：言语声的链像一串明珠从口中流出。

这种感觉大致可概括为：

- 气息下沉，喉部放松；
- 不僵不挤，声音贯通；
- 字音轻弹，如珠如流；
- 气随情动，声随情走。

前四句讲发音，五六句讲吐字，最后讲声音弹性的取得。

3) 线上客户服务对声音质量的要求

在客服人员打电话给别人或是接听电话的时候，客服人员和客户没有见面，但客服人员和客户都会在头脑里描绘通话对象的样子、神情。客户服务不能面对面地交流，因此要尽可能多地使用简单句来描述产品或服务。语调就像图画，会直接影响客户的反应，不管客服人员相信与否，客服人员脸上紧张的表情会表现在声音里。从这个意义上讲，声音是人的第二外貌。客服人员的话音质量是其积极态度的有力显示，客服人员话音中带笑，将显示一种更友好的形象。

声音的发出是一种物理现象，我们能听到的声音是因为声源的扰动在周围大气中传播而形成声波的缘故。我们听到的声音可以分为乐音和噪声两大类。有一定规律、一定波形、一定频率的声波形成乐音(musical tone)；振动无规律，没有一定波形和频率的杂乱无章的声波则是噪声(noise)。我们通常说话中的元音以乐音成分为主，而辅音多为噪声成分。

语音的物理本质就是由振动与波传递的信号，人的耳朵则是声音信号的接收器。声波的物理性质包括频率、强度、谐波含量与时值，这4种性质对于人耳的效应分别称为音高(音调)、音量(响度)、音色(音频、音质)和音长。

(1) 音高。音高(pitch)指声音的高低。它主要取决于发声体的振动频率，也就是每秒钟振动的次数。单位时间内振动次数多，频率高，声音就高；振动次数少，频率低，声音就低。物体发声的高低有种种原因。一般来讲，发音体大、长、松、厚的，振动慢、频率低，声音也比较低；发声体小、短、紧、薄的，振动快，频率高，声音也比较高。如男性的声带较厚而长，平均长度约为20～22mm，基频为60～200Hz，所以说话声音较低；女性的声带较薄而短，平均长度为15～19mm，基频为150～300Hz，所以说话声音较高；儿童的声带未发育完全，基频为200～350Hz，说话声最高。

(2) 音强或音量。音强(intensity)或音量(volume)指声音的强弱。一定频率的声波强度依赖于它的振幅，振幅越大，声音越强；振幅越小，声音越弱。振幅的大小是由使发声体振动的外力大小决定的，犹如敲鼓，用力大，振幅大，则声音强。

(3) 音色。音色(timbre)是人们在听觉上区别具有同样音高、音强的两个声音之所以不同的特性，也就是声音的独特品质、声音的个性。音色取决于声波的谐波含量，即所含的泛音数目和它们的相对强度，即声谱。人声是由许多频率不同的声波合成的声音，不但有基音，也会有不少泛音。不同的泛音的数与量形成了不同的合成波形，丰富的泛音使声音动听，高泛音使人感到愉快明朗，低泛音给人以深沉有力的感觉。

(4) 音长。音长(即声音的时值，time)，取决于发音体振动的持续时间。在语言发声中，音长通常指音节的长短。音长的变化直接影响语言的速度，而且是组成语言节奏的重要因素。现代汉语普通话每个音节的音长一般为0.2～0.4秒。

从声音特性角度看，音色与音长、音强等特性的组合在听觉上形成元音和辅音；音高与音长、音强等特性的组合在听觉上形成声调和语调；音色、音高、音长、音强的组合在听觉上则形成语气和节奏。人们的口语是一串串连续的语音流组成的序列，它们随时间而变化。

电话交流时，我们应该匹配客户的谈话节奏和环境，保持与顾客交流的一致性，如客户谈话很轻柔的情况下，我们也应该轻轻讲话；客户在嘈杂环境中的致电，我们也应该将语调相应提高，如此才可以提供彼此沟通最基本的保障。

好的声音应该注意以下几点。

① 合适的速度(speed)。不管客服人员平时讲话的语速如何，在你与客户讲话时要使用标准语速，既不能太快，也不能太慢。太快，客户不容易听清，太慢又浪费时间。说话太快，会让客户听不明白；说话太慢，可能会使客户分散注意力。

② 合适的音调(tone)。作为一名客服人员，你无法获得对你有帮助的、可视的反馈信息，因此客服人员的语调对于保持与客户的联系是重要的。改变客服人员的语调，可以帮助客户保持注意力。

③ 合适的音量(volume)。如果客服人员的说话声音大，客户很难被分散注意力；如果客服人员的说话声太柔和，客户可能会注意听客服人员的个人用语而忽略了信息。

声音太小或太弱会令人觉得客服人员缺乏信心，从而客户不会重视客服人员；声音太大或太强会让客户产生防备心理，他觉得客服人员太强势了。

④ 吐字清晰(clarity)。客服人员已经理解的意思，别人不一定马上就懂，所以要求客服人员吐字清晰，把每一个词表达清楚，以便让别人听清楚。

发音的过程可以概括为呼吸、振动、共鸣三大环节。经控制而产生的气息通过对喉部声带的冲击产生喉原音，经共鸣后得到扩大和美化，形成不同的语音音色和声音色彩。语音控制的方法通常包括以下三种。

- 气息(呼吸)控制。语言客户服务对气息控制的要求，主要是要有较持久的控制能力，保持较为稳定的气息压力，能够根据需要及时补气并且能在相当幅度内做细微的调整。气息运用得稳定可以给服务对象以从容不迫的感觉。
- 喉部发音(声带)控制。客服人员喉头控制的要领为：喉头相对稳定并保持放松，喉部控制与气息控制相配合，即所谓的“气到声门闭”。注意克服挤捏喉部、假声成分过多等发音毛病。
- 共鸣控制。客服人员语音控制中对共鸣的要求为：通过调节控制取得较丰富的口腔共鸣；善于运用胸腔共鸣使声音结实有力。

4) 保持专业友好声音形象的方法与原则

(1) 保持专业友好声音形象的方法。当客服人员通过电话与客户沟通时，客户无法看到我们的面孔，无法真切地与我们接触，沟通的途径就是电话。如果要与客户建立良好的沟通氛围，使客户信任我们，愿意把问题交给我们解决，体现给客户的就应该是专业的声音形象。让我们来看看，如何保持专业友好的声音形象。

① 头脑清醒。在与客户的沟通中我们要保持清醒的头脑，对客户提出的每一个疑问都能够迅速地做出反应，让客户感受到我们的专注。

② 声音让人感觉是高兴的。无论什么情况，我们都应该在电话的这端保持微笑，因为客户能够感觉到，客户能透过你高兴的声音感受到你的热情，你愿意帮助的态度使客户更愿意跟我们沟通。

③ 自然不做作。要用流畅的语言和语气与客户沟通，自然顺畅且不做作。

④ 讲话有特色。我们可以在与客户的沟通中体现自己的个性和特点，用我们的个人魅力来吸引客户与我们愉快地交谈，要做到给客户提供个性化的服务。

⑤ 用心去听。我们要把跟客户的每次沟通都看成是一次愉快的交流，要在每一句话中都注入感情，让客户感觉我们是在用心与之交流。

⑥ 嗓音放松，呼吸自然。在与客户的沟通中同样要保持嗓音的放松。一方面，工作一整天，嗓子会很累；另一方面，放松的嗓音带给客户的是自然平坦的心怀，会加强客户对我们的信任感。

⑦ 表达清晰，阐明观点时简单易懂。在我们与客户陈述观点时应该有条理性，表达清晰、简单易懂，让客户可以在最短的时间内了解我们阐述的观点并得到认可。

⑧ 有抑有扬。适当的语音语调的抑扬顿挫可以使我们的声音更富有表情。

(2) 保持专业友好声音形象的原则包括：

① 保持你的声音带着“微笑”；

② 表明你愿意帮助他；

③ 表示出你的热情；

④ 声音听起来自信；

⑤ 证明你知道他正在讲什么；

⑥ 保持积极的、愿意帮助的态度；

⑦ 对于出现的问题，承担责任。

5) 客服人员声音形象的塑造

客户中心是由各种硬件和软件组成，通过各部门协同来实现其功能的，但客户中心工作的最终完成体现在客服人员的服务中。换言之，客服人员的服务就是客户中心的产品，这种产品是无形的，却是真实可感的。由于客户对客户中心的服务体验首先来自声音的体验，客服人员的语音发声和语言表达对客户中心来讲就显得尤为重要，它直接关系到客户中心的服务质量。客服人员规范的发音、优美的声音、准确的表达会使客户通过声音感受到企业良好的形象，从这个层面上讲，客服人员的工作就是塑造声音形象，通过声音塑造客户服务中心的形象、塑造自己所服务企业的形象。

声音对客服人员来讲之所以重要是由客服人员与客户交流的方式决定的，这个交流行为是在双方互不见面的状态下进行的，这样副语言系统在这一行为中就缺失了，如丰富的面部表情、灵活的手势、生动的身体语言等在电话交谈时是不可见的。因此，声音成为唯一的交流手段，声音在客服人员的谈话过程中就得承担起更多的功能，缺失的副语言都要通过有声语言来表达，这时的有声语言已有别于日常生活的有声语言。客服人员必须通过专业训练才能达到工作状态的有声语言，这种有声语言是具有声音形象的。

(1) 准确传递信息。客户中心主要是借助语言来完成信息交换的。目前在国内，这一任务主要是通过客服人员的有声语言来完成的，这就要对客服人员的语音、发声、语言表达提出更高的要求：规范的发音、得体的表达、优美的声音，这样客服人员才能准确而有效地传达信息。

客服人员准确清晰的发音是保证客户正确接收信息的基础。客服人员的信息传递过程就是把所要传递的信息编码通过有声语言将信息传递给客户，客户在倾听时其实是在解码。如果客服人员口齿不清、发不准音、念不清字，信息就会南辕北辙。尤其是现代汉语许多词所包含的音节数量少、可负载的信息量大，每一个字的发声部位、方法稍不到位就容易产生歧义；再加上电话传输设备带来的杂音、噪声也会影响字音的清晰度，所以说客户中心的客服人员要克服一般人口语中出现的毛病，如语速快、说话含糊、唇舌力度不够等。客服人员应通过掌握普通话语音学知识、持之以恒地进行专业训练来做到吐字清楚、发音准确，并且能够恰当运用声音轻重、停顿长短、语调抑扬等表达技巧，做到准确高效地传递信息。客服人员只有研究和掌握这些声音形式的规律和表达技巧，才能与客户建立起畅通的信息渠道，从而提高客户的满意度。

(2) 积极交流情感。在客服人员的信息传递过程中，有声语言的交流除客观信息外还有情感信息。客服人员在服务中担负着满足客户的客观信息需要和情感服务的双重需要，如果在信息的传递中缺乏情感因素，就不能算是一次完整的信息传递，这种交流也是不会成功的。客服人员每一次服务活动都应该是真诚的，对客户充满尊重、友善之情，不能机械地、千篇一律地对待不同心境、不同需求的客户，面对着冷冰冰的话筒，说着冷冰冰的话。从客服人员拿起听筒说第一句问候语开始就应意识到自己面对的是一个客户、一个活生生的有血有肉的人。虽然客户与客服人员不见面，但是你的心情、你的面部表情，甚至你微妙的心理活动、下意识的小动作都会在不经意中渗透到你的声音中，通过话筒暴露无遗。因此，客服人员从第一声的问候开始就要发自内心，不能例行公事式地应付，你的情感应该随着交谈内容逐渐深入，与客户情感相通，切忌心不在焉、虚与委蛇；你要对客户面临的问题感同身受，并做出响应。这时客服人员的声音才能情动于衷、声发于外，树立起一个完美的声音形象，真正完成一次信息交流。

客服人员应该在具备良好的语音发声和语言表达的专业基础上对客户倾注更多的情感。事实上，在很多时候成功的交流与其说是依靠客服人员良好的专业技能，倒不如说是客户被客服人员的真情实感打动。因此，客服人员要把语音发声和语言表达与自己的情感紧密结合起来，树立良好的声音形象，否则你的一切努力都会付诸东流。如果说客服人员的声音是一朵花，那么情感就是一片沃土，只有当声音这朵小花深深植根于情感这片丰腴的土壤中，它才能开出美丽的花朵。

(3) 恰当控制情绪。客服人员应适时调整自己的不良情绪，用自己的责任心、训练有素的专业知识来营造美好的声音形象。客服人员在工作中常常会接到投诉电话，客户劈头盖脸一通怒火直冲客服人员而来。作为一个常人，面对攻击时一般都会做出强烈的情绪反应和语言冲突，但身为客服人员，职业素养要求你不能这样做。客服人员应该想到你只是工作状态中的一个角色，客户大发邪火不是针对客服人员本人而发，更不是对客服人员做人身攻击，客户只不过是对客服人员这个角色及其所代表的公司、企业或产品发火。因此，客服人员要努力完成这一社会角色所赋予的职责，服务社会、沟通信息，责无旁贷地担负起这个社会角色赋予的责任，调整好心态，控制好情绪，用积极的心理来调动嗓音，使发音流畅、音调愉悦、音色圆润动听，通过良好的声音感染客户，从而使客户的愤怒冰释。

当然，客服人员这个社会角色不是戏剧中的角色，戏剧中的角色是假设性的，而客服人员这个社会角色却是实实在在的。客服人员也有别于电台、电视台的播音员，他们不仅要以纯正的发音清晰地传递信息，而且需要以参与者的身份直接参与到客户需求的满足、问题的解答、困惑的释疑中，因此提倡客服人员用实声，用真情实感与客户推心置腹地交流，诚挚地面对客户，用真诚、热情在客户心中树立起良好的声音形象，进而打动客户，争取潜在客户，为企业创造出新的商机。

但是客服人员作为社会个体，在日常生活中也常常会遇到不顺心的事，情绪难免会有波动，这时客服人员就要把自己在生活中的个体与客服人员这个社会角色区分开。只要你坐到工作台前，就不要把个人的不良情绪带到工作中，更不能因私事心情不好就把这种情绪发泄到客户身上。客服人员应当想到工作台前的一言一行所塑造的声音形象代表的是一个群体，不是个人，这就要求客服人员要调整好心态，抛弃个人的恩怨和不良情绪，以饱满、积极的态度为客户服务。

当然，关于客服人员声音形象的塑造种种，不可能在这短短的篇幅中得以尽释，围绕这一话题还涉及客服人员需掌握用气发声、吐字归音、共鸣训练、嗓音保护等语音知识；客服人员能运用停顿、重音、语调与语气、语速与节奏等语言表达技巧；客服人员应具备良好的服务品质，包括用心倾听客户的诉求、准确理解客户行为、积极受理客户提出的问题等。

6.2 客服心理控制

6.2.1 压力与工作压力的定义

当我们大多数人谈到压力的时候，通常指的是来自我们周围所感受到的压力。学生们谈到压力是因为考试成绩太差或者是一篇重要论文的最后期限到了；父母们谈到压力是因为要养家糊口而带来的经济负担；员工们谈到压力是因为他们要完成上级布置的各项任务，同时要不断地学习各种知识为自己的未来奠定更多的成长基础。所谓压力，一般包含三个方面的含义：第一种，指那些使人感到紧张的事件或环境刺激，如上级领导要来检查工作这件事情给下属带来的紧张；第二种，是一种个体主观上感觉到的内部心理状态；第三种，可能是人体对需要或者可能对他造成伤害的事物的一种生理反应，也就是说当人感觉到压力的时候，可能会脸红、心跳加快、手心出汗等。

工作压力归根结底来自于工作特征，它对个人造成一种威胁，这种威胁可归因于过分的工作要求或在工作中不能得到满足的期望。当被要求在过短的时间内完成过多的工作时就存在工作超负荷的现象，这种感觉对员工而言就是工作压力。当员工在工作中期望的一些事情如高薪、升职等得不到满足的时候，也会产生工作压力。

6.2.2 工作压力的症状

一个成年人在工作上花费的时间大约占他们生命中的一半，因此工作条件对生活方式或者健康状况特别重要，在一个人的生活的各个方面起着积极的或消极的影响。当员工有了工作压力以后，在生理表现、心理表现、行为表现三个方面产生消极后果。

1. 生理表现

工作压力的主要生理表现有：心率加快，血压增高；肾上腺激素分泌增加；肠胃失调，如溃疡；身体疲劳；心脏疾病；头疼；睡眠不好，等等。当客服人员有上述生理表现的时候，在积极治疗的同时应考虑通过一些手段来适当降低自己的工作压力。

2. 心理表现

心理失调与工作条件也有很重要的关系，下面这些心理表现是一些因为工作压力而带来的典型心理反应：焦虑、紧张、迷惑和急躁；疲劳感、生气、憎恶；情绪过敏和反应过敏；感情压抑；交流的效果降低；退缩和犹豫；孤独感和疏远感；厌烦和工作不满情绪；精神疲劳；注意力分散；缺乏自发性和创造力；自信心不足。

在我们的经验中，很多客服人员发现自己没有动力去工作，有的时候觉得工作压力太大、工作太忙、同事之间疏于沟通并逐渐产生心理距离，并因此而变得压抑。这就是工作压力的一种心理表现，当这种感受和现象发生的次数逐渐增多的时候，经常给客服人员带来一种很深的无助感。

3. 行为表现

因为工作压力太大而带来的行为表现很多，有的很隐秘，主要表现包括：拖延工作时间；为了逃避，饮食过度导致肥胖；由于胆怯，吃得少，可能伴随抑郁；没胃口，瘦得快；冒险行为增加，包括不顾后果地驾车和赌博；与家庭和朋友的关系恶化；破坏公共财物。

当出现这些行为表现的时候，客服人员就有必要调整自己的状态，自己给自己“降压”了。

6.2.3　客服人员工作压力的来源

1. 工作条件

导致客服人员产生工作压力的工作条件包括：超载工作、不安全物理条件和倒班工作。工作复杂程度是需要完成工作的固有难度，如客服人员进行电话营销的时候可能营销的产品还没有被广泛接受，客户很难通过一个简单的电话来接受某个产品或服务。超载工作是指完成工作所要求的体力和智力需要超过了客服人员的能力，如一天8小时要求客服人员打出1 000个电话，那就强人所难了。倒班在客服行业很常见，由于倒班需要客服人员改变时间表，在一般人工作的时候你必须睡觉，而在一般人睡眠的时候你却在工作，这样的改变会对睡眠产生干扰，导致生物钟紊乱。科学研究表明，一般人都可以适应倒班工作，但是不同的人的适应期完全不同。较快的适应者适应期大约为一星期，而较慢的则需要三个星期，有些人甚至根本不能适应。

2. 职业角色

职业角色是指个人处于某一个职位时他的上级、同事、家人和朋友对他的某些行为的期望。职业角色的模糊也是一种工作压力，尤其在一个大公司或者职能组织结构明显不合理的公司中更为常见。比如有的客服人员经常感觉到自己的“领导”太多，好像同时有很多人在指挥自己应该做什么，而且每个领导意见都不一致，这时候就很容易产生职业角色模糊，产生“我到底该干什么”“我到底是干什么的”的疑问和困惑。

3. 人际关系

工作中的人际关系对于工作满意程度很重要，广泛的社会网(包括同事、领导、家庭和朋友)的支持可以有效地缓解工作压力，尤其对于客服行业这种人员相对密集的行业而言，人与人之间的交往和互动更为复杂丰富，所以，建立积极的、健康的人际关系能够有效地缓解工作压力。

4. 职业发展

不同的工作压力能够体现出员工职业生涯发展的高峰和低谷。由于国内规范标准的客户服务行业发展的时间不长，这个行业还没有被大多数人知晓，很多人按照传统的认识把客服人员的工作形象仅仅简单地想象成“接线员、接待员……”；同时，由于这个行业的工作属于一般公司重要但非核心的幕后部门，因此社会认知度还不够，这些因素都是客服人员产生职业发展压力的外因，此外，因为对行业生疏导致的对行业个人职业前景的不确定及客户服务部门相对扁平的管理模式也是客服人员产生职业发展压力的重要因素。

5. 组织结构

公司不健全的组织结构也可能给客服人员带来工作压力，很多员工对于死板的结构、办公室政治及监督机构和制度的不健全也很烦心。另外，公司决策的不民主也容易让客服人员感受到额外的工作压力，因为这让他们担心自己的权利无法得到合理的保障。

6. 家庭社会影响

很多人很习惯把家庭当作自己的避难所，尤其对于大多数年轻的、涉世未深的客服人员而言，家庭是他们释放自己、重新给自己信心的地方，但实际上，家庭及个人的社交圈子往往也会很容易给自己带来工作压力。因为客服人员的工作性质，他们的工作状态就是和不同顾客进行语言沟通，回到家以后在自己最亲近的人面前很容易情绪失控，把自己工作中积累的不好的情绪和心情发泄给自己的亲人。另外，由于工作中说话太多，也很容易导致在家里不愿意用声音与家人沟通，从而导致沟通不畅，产生不必要的误解，进而产生压力。

6.2.4 压力缓解与心理调适

1. 压力控制

在面对工作压力的时候，客服人员应该先寻求可以帮助自己缓解压力的资源，这些资源一般来自个体、物质、社会三个角度。个体的资源是指来自个体的自尊、自信及自我控制的能力，比如自我放松和说服自己的能力；物质的资源是指健康的身体、能够满足基本生活需求的房子、钱等物质；社会的资源是指密切的关系和可以求助的朋友圈子。例如，有两年从业经验的客服人员王芳最近所在项目的预期目标成功率被提高了一倍，工作压力大了很多，每天都被那个成功率压得喘不过气来。面对这种工作压力，她可以自我解压，如宽慰自己说这个预期成功率是同行的经验，就现有的、已经积累的经验而言，好好努力还是可以完成的；然后她还可以自己安慰自己，这么高的预期成功率，即使完不成也没有关系，反正最大的损失也不过就是本月拿不到全额奖金而已，少这点钱对自己的正常生活也不会产生太大影响，所以大可不必烦恼。这个案例中的主人公王芳就是在运用来自个人角度和物质角度的资源进行自我解压，这种解压方法对所有的客服人员都是适用的。

2. 生理放松

心理学的研究告诉我们，人不能同时既紧张又放松，因为紧张和放松在人体的神经系统——交感神经系统和副交感神经系统中是相对应的。当我们受到威胁、害怕、愤怒或激动时，交感神经系统开始发挥作用，整个身体都处在一种“迎战”的状态：血液从消化道冲出来为重要的肌肉群提供能量；心律增加，血压增高，在这种状态时，身体在很高的程度上消耗能量，呼吸率增加，可能还会出汗，因此这是一个消耗体能的过程。相反，当我们处于安静的、满足的情绪中，副交感神经发挥作用，心率缓慢，血压通常会下降，呼吸变得缓慢而轻松，血液回到身体的中心以消化和储存能量，肌肉感到放松，这是一个建立和恢复体能的过程。

根据上述介绍，我们可以尝试进行生理放松的训练，首先选择一个可以把自己同家庭和朋友分开一会儿的舒适房间，躺在躺椅上，调整好自己的情绪，开始做放松练习：先从左臂开始放松，然后到右臂，再到左手右手，这样从左到右、从头到脚逐步放松各部分的肌肉群，每天两次，对每组肌肉群重复三次。当坚持一段时间以后，就能够比较好地控制自己了。

3. 认知重建

心理学研究表明，很多不合理的、强烈的自我失败意识是导致痛苦和压力不断增加的罪魁祸首。为了消除这种因假想带来的不必要的痛苦，我们应该用积极的、自我支持的、合理的思考模式进行认知重建。进行认知重建意味着将自己脑海中经常出现的“我不行……”“我不能……”“我无法……”等否定的自我谈话和自我陈述纠正为“我能……”“我行……”“我做……没问题”等。尤其对于经常处理投诉问题的客服人员，就更应该学会用这种认知重建的方法来给自己信心，缓解工作压力。进行成功的认知重建的一个最重要的因素就是自己要具有很强的重建动机，只有自己愿意去做，才可能真的做得很好。

4. 时间管理

所谓时间管理是指有效地利用资源以便我们能够达到个人认定的重要目标。有效的时间管理能够使我们提高个人工作效率，改掉无效的工作习惯，更好地缓解压力。在客服人员的日常工作中，下面几条是阻碍我们进行有效的时间管理的致命禁忌：目标迷失(即失去前进的方向)、角色迷失(即不知道自己应该做什么)、精力分散(即无法对必须做的事情保证投入足够的精力)、拖延时间(即总是不能按时完成所有的工作)、逃避责任(即找借口打发甚至浪费工作时间)、被迫中断工作(即经常被迫因为某种原因中断计划好的、正在进行的工作)。针对这些致命禁忌，我们可以在这些方面改进以进行有效的时间管理：确定做事情的优先权；根据事情的价值大小来决定投入时间的多少；减除不需要的任务，除去达不到的目标；命令自己“马上开始工作”以改变拖延的习惯；集中精力到最重要的事物上面；尽可能地遵守计划。

5. 行为控制

设计并执行一个积极的个人健康计划也是进行压力缓解的重要举措。对于客服人员而言，由于工作时间和空间的确定性，积极的锻炼和有效的营养是我们缓解压力的有效手段。我们可以从以下两点去努力：正确饮食，积极锻炼身体，即吃得健康的同时要让自己的身体所需的营养“进”“出”平衡。

6.2.5　关于心态的解析

心态就是内心的想法，是一种思维习惯状态。心是身体的主宰，是精神的领导，心态不同，观察和感知事物的侧重点不同，对信息的选择就不同。比如杯子里有半杯水，有人会说它是半空的，而有人就会说它是半满的。心态给人戴上有色眼镜和预定波段的耳机，于是人们只愿意看到和听到他们想要看到的、想要听到的，因而我们的环境和世界就此区别开来。从这个意义上讲，人的境遇并不是完全由环境决定的。

人的心态只有两种，要么积极，要么消极。消极心态通常的表现形式有两种：

(1) 过分谨慎，时常拖延，不敢当机立断。

(2) 恐惧失败，害怕丢脸，不敢面对挑战，稍有挫折即后退。

在营销员中广泛流传着这样一个故事：

两个欧洲人到非洲去营销皮鞋。由于炎热，非洲人向来都是打赤脚。第一个营销员看到非洲人都打赤脚，立刻失望了：“这些人都打赤脚，怎么会要我的鞋呢？”于是放弃努力，沮丧而回；另一个营销员看到非洲人都打赤脚，惊喜万分：“这些人都没有皮鞋穿，皮鞋市场大得很呢！”于是，想方设法引导非洲人购买皮鞋，最后赚得盆满钵满而回。这就是一念之差导致的天壤之别。同样是非洲市场，同样面对打赤脚的非洲人，由于一念之差，一个人灰心失望，不战而败；另一人满怀信心，大获全胜。

拿破仑·希尔曾讲过这样一个故事，对我们每个人都极有启发。

塞尔玛陪伴丈夫驻扎在一个沙漠的陆军基地里，丈夫奉命到沙漠里演习，她一人留在陆军的小铁皮房子里，天气热得受不了——在仙人掌的阴影下也有华氏125度。她没有人可谈天——身边只有墨西哥人和印第安人，而他们不会说英语。她非常难过，于是写信给父母说要丢开一切回家去。她父亲的回信只有一句话，这句话却永远留在她的心中，完全改变她的生活：

“两个人从牢中的铁窗望出去，一个看到泥土，一个看到了星星。”塞尔玛一再读这封信，觉得非常惭愧，她决定要在沙漠中找到星星。塞尔玛开始和当地人交朋友，他们的反应使她非常惊奇：她对他们的纺织、陶器表示兴趣，他们就把最喜欢但舍不得卖给观光客人的纺织品和陶器送给了她。塞尔玛研究那些引人入迷的仙人掌和各种沙漠植物、物态，又学习有关土拨鼠的知识。她观看沙漠的日落，还寻找海螺壳，是几万年前这沙漠还是海洋时留下来的……原来难以忍受的环境变成了令人兴奋、流连忘返的奇景。

是什么使这位女士内心发生了这么大的转变？

沙漠没有改变，印第安人也没有改变，但是这位女士的想法改变了、心态改变了。一念之差，使她把原先认为恶劣的情况变为一生中最有意义的冒险，她为发现新世界而兴奋不已，并为此写了一本书，以《快乐的城堡》为书名出版了。她从自己造的牢房里看出去，终于看到了星星。

生活中失败平庸者多，主要是心态有问题。遇到困难，他们总是挑选容易的倒退之路——“我不行了，我还是退缩吧”，结果陷入失败的深渊。成功者即使遇到困难也会拥有积极的心态，用“我要！我能！”“一定有办法”等积极的意念鼓励自己，更能想尽办法不断前进，直到成功。爱迪生在几千次失败的实验面前也决不退缩，最终成功地发明了照亮世界的电灯。

因此，成功学的始祖拿破仑·希尔(成功学是20世纪30年代作为一门学说在美国提出，代表人物：拿破仑·希尔、卡内基·富兰克林等)说：“一个人能否成功，关键在于他的心态。”成功人士与失败人士的差别在于成功人士有积极的心态，即PMA(positive mental attitude)；而失败人士则习惯于用消极的心态(NMA，negative mental attitude)去面对人生。

6.2.6 如何培养积极的心态

具备一个积极的工作心态对于一个客户中心客服人员来说是非常必要的，因为我们将要面临的工作充满了挑战。面对投诉客户的“无端指责”，一遍遍重复着相同的话务内容，在短时间内变换不同的身份和角色……如何可以通过训练和长期的培养形成一个积极的心态？可以从下面的建议做起。

1. 建立乐观心态

年轻的船员第一次出海航行，在航行途中不幸突遇狂风巨浪，将帆船上的桅杆打得快要断裂了。他受命爬上去修整，防止翻船。当他往上爬的时候，由于船只摇动得很厉害，加上又很高，他一直往下看，好几次差点儿摔下来。一位有经验的老水手见状，急忙对他大叫：“孩子，不要往下看，抬头往上看。”年轻的船员听了不再低头看下面，而是抬头往上看，那种天摇地动的感觉消失了，心情逐渐恢复了平静。这个故事告诉我们，生活中碰到不如意的事情很正常，如果我们学会用积极自信、充满光明的心态来看待这些不顺，就能够平安渡过难关。

2. 适当心理宣泄

当心里有太多的压力和焦虑时，我们要及时地宣泄自己的情绪，具体做法是：向心理医生倾诉；选择适当场合喊叫、痛哭；在心理医生的指导下进行自我放松训练；回忆自己最成功的事；积极锻炼身体，参加各种文体活动；多参加集体活动和社交活动，等等。要时刻告诫自己：你是你的主人，你唯一能控制的就是你自己的行为。

3. 有效情绪管理

大多数客服人员都有过受累于客户情绪的经历，客户的投诉、抱怨、误解经常成为自己烦恼、压力、焦虑的来源。这时我们应该尝试对自己进行有效的情绪管理，做自己情绪的主人：先有意识地控制自己；然后，暂时避开不良刺激，把注意力、精力和兴趣投入另一项活动中，从而避免不良情绪的强烈撞击，减少心理创伤，及时稳定自己的情绪。

4. 维持心理平衡

一个健康社会的常态就应该是多劳多得，但是对待瞬息万变的社会，我们还是应该尽量保持心理平衡，让自己有一个健康的心态，具体做法是：对自己不苛求；对他人期望不要过高；及时疏导自己的愤怒情绪；说服自己做一些战术上的屈服；暂时逃避；不处处与人竞争；对人表示善意，等等。

培养积极心态的方法很多，希望客服人员能够善于发现自己的长处，自信自立，这样才能拥有一个健康良好的心态，并获得事业上的长足发展。

6.3 客户心理分析

6.3.1 客户基本心理分析

1. 动机

人类的需要——客户的需要——是客户服务行业存在的基础。因为有了需要和目标，客户才有了动机。动机可以被描述为在个体内部存在的迫使个体采取行动的一种驱动力，这种驱动力表现为一种紧张状态，它因为某种需要未能得到满足而存在，个体会有意识或无意识地通过采取某种行动来降低这种紧张状态，个体所采取的行动会使他们的需要得到满足，并因而使得他们感受到的紧张状态得到缓解。个体所选择的目标和他们为实现目标而采取的行动方式，都是个体思考和学习的结果。

客服人员工作中接触的每一个客户都有他自己的独特需要，其中有一些是先天就有的，另外一些是后天学习的。先天需要是生理上的(即生物的)一些需要，他们包括对事物、水、空气、衣着、住所等的需要，因为他们是维持生命所必需的，所以生物需要被看作第一需要和动机。习得需要则是我们在对文化或环境做出反应的过程中学习到的那些需要。因为后天习得需要一般是心理上的需要(即有心理起因的)，所以他们被称为第二需要或动机，他们多由个体的主观心理状态及同他人的交往而引起。例如，一位客户很意外地接到客服人员销售矿泉水的电话，如果客户正好需要矿泉水，而且客户对于矿泉水的品牌没有特殊的要求，那么这个时候你的行为就满足了客户的第一需要；但如果客户对于你所推荐的品牌一无所知，并且要求购买某指定品牌矿泉水的时候，客服人员所要满足的就是客户的第二需要。一般而言，在商业高度发达的社会中绝大多数客户已经不仅仅满足于第一需要了，因为他们时时刻刻面对着各种信息的“轰炸”，因此，满足客户的第二需要成了我们工作中很重要的内容。当然，如果客户对你的推荐缺乏根本的第一需要，即当你给他推荐某种矿泉水的时候，他告诉你他不需要水，他只需要牛奶，那么你就不用再在他身上花费更多的努力了。总而言之，只有当客户具备了第一需要时，我们才能够说服客户接受满足他的第二需要层次的商品。

对于客户而言，任何一个既定的需要都会产生许多不同的、相应的目标。客户对目标的选择取决于他们自身的经验、生理能力、流行的文化准则、价值观及在自然环境与社会环境中目标实现的可能性，如现在旅游已经成为人们的时尚选择，那么对于年轻的大学生而言，他们可能会选择“背包”旅游的方式，这样既经济、又富于挑战；但是对于老年人而言，他们则更喜欢选择轻松休闲的旅行方式，适可而止，不追求太多刺激。当然，最终而言，目标物必须既符合社会认可的价值标准，还得是在环境中能够得到的。

另外，个体对自我的看法也会影响到具体目标的选择。对于自己拥有的、愿意拥有的或者不愿拥有的物品，个体通常根据它们反映出的与自我形象的密切程度(与自我形象一致)来感知。与自我形象相符的商品比那些不相符的商品更有可能被消费者选中。因而，一个自认为既年轻又“酷”的人可能会选择一辆保时捷汽车；一个自认为富有而传统的女性可能会选择一辆奔驰汽车。人们居住的房屋类型、驾驶的汽车、穿着的衣物、吃的食物等，这些特定的目标物之所以常被选中，不仅因为他们满足了个人的特定需要，更是因为他们象征性地反映了个人的自我形象。

2. 人格

人格是个体内部的心理特征，决定了同时也反映了个体如何对他或她的环境做出反应。客服人员每天接触的都是具有不同人格的客户，不同人格特质的客户在面对同样的产品、同样的推荐性语言时经常表现出完全不同的特点。有的客户的人格特点使得他比较倾向于接受具备高创新性和高技术含量的产品，有的客户则只能非常教条地接受那些大众产品。当我们需要向客户推荐一款新产品时，要根据客户的不同人格特点准备完全不一样的介绍用词来说服客户。在某种程度上，客服人员可以在具备愿意接受新鲜事物人格特点的客户那里得到意外的收获和发现，因为他们更能够接受你推荐的可供选择的多种产品系列。比如同样面对一位从未享受过银行卡服务的客户，如果他是一位愿意尝试和接受新鲜事物的人士，那么他会很容易地接受用卡代替现金消费的理念，并且会在接触银行卡以后立刻理解并且接受信用卡这种先消费后还款的消费理念；但是对于一位比较保守教条的客户而言，情况可能完全相反，因为无论你怎样解释，他也坚定地认为借钱过日子是一件他无法忍受的事情，不论他借的是银行的钱还是邻居的钱。

3. 态度

态度是对一个特定的对象以一贯的喜欢或不喜欢的方式行动的习得倾向。其一这个定义说明态度是针对某个特定的消费、服务或者产品而产生的。其二，态度是通过学习而形成的，比如一位女士可能曾经非常讨厌某种品牌的香水，但是当她很崇拜和欣赏的一位影星代言了这种香水广告并且她的一个很好的朋友向她强烈推荐这款产品的时候，那么她很可能改变自己对这个品牌香水的看法，进而喜欢上这种品牌的香水。其三，态度还具有一致性，比如很多20世纪80年代上海凤凰自行车的老用户现在还对上海凤凰自行车有着良好的印象和记忆，甚至给自己的孩子买自行车的时候也首先考虑选择凤凰自行车，这就是态度一致性的表现。

4. 社会文化影响下的客户心理

客服人员日常工作中接触的任何客户都是一个在个人的经验、家庭和朋友圈子等社会文化氛围影响下的普通消费者。作为普通消费者，他会受到来自朋友圈子的影响，特别是当他的朋友具备较强的可信度或者吸引力的时候。比如一位想买车的客户，当他的某个好友是某个汽车杂志资深编辑的时候，那么他选择汽车的观点就很容易受到朋友观点的影响。另外，家庭影响也对客户心理产生很大的作用。比如一个未成年的孩子，如果从小开始他的父母就经常以能去肯德基或者麦当劳吃饭作为一种奖励鼓励他，那么当他长大以后，他感谢同学或者朋友帮助的时候也会倾向于采用请朋友去肯德基或者麦当劳共进晚餐这种方式。

6.3.2 客户基本性格类型分析

面对工作中每天要接触的千差万别的客户，资深客服人员肯定有自己判断顾客类型的方法和技巧。从心理学角度来看，对人类性格类型的分析有很多不同的观点，根据我们的经验，从实际操作角度而言，和平型、力量型、完美型、活泼型的客户性格分类还是具有较强的指导性和针对性的。

1. 和平型

和平型性格的人在群体中一般都是旁观者，他们性格内向、无欲无求，生活中最怕有压力、有麻烦，害怕啰唆，在我们接触到的客户中是最少见的一类性格。如果我们通过电话的方式进行客户服务时遇到和平型的客户，那么客服人员只需简单明了地介绍自己的产品即可。和平型性格的客户一般会很冷静地面对你突然的“电话骚扰”，然后只要自己不是对产品有十分的兴趣，就肯定会告诉你他不需要你的产品或者服务，如果在这个时候客服人员还强人所难地继续深入介绍自己的产品，那么就很可能招致客户的反感，他会觉得你太啰唆了，觉得你的做法是对他时间的一种侵犯。如果客服人员觉察到了这种情绪，就应该尽快结束电话，而不要造成客户的反感情绪，因为和平型性格的客户比较容易有“投诉”倾向；虽然投诉需要客户主动打电话，但是这种投诉行为非常符合和平型性格的客户“渴望社会公平公正”的心理潜意识。如果我们通过接听客户来电提供客户服务，那么和平型客户的求助或者投诉一般都是比较重大的，因为对于和平型那种多一事不如少一事的性格，一定是已经到了忍无可忍的境况才会主动打电话寻求帮助或者投诉。此外，由于和平型性格的客户的语言和语气经常比较平缓，没有起伏，即使有很大的不满或者意见，也很难从声音中判断，因此对于这种客户，客服人员应该尽量多予以关注和关心，不能因为没有冲你大叫就无视他们的要求。

2. 力量型

力量型性格的人具有比较强的控制欲，而且不轻易认错，同时口气和语气也非常强硬和强势。他们遇到什么问题时总是习惯于主动联络和表达，因此，在我们接到的电话中力量型性格的人比较多。如果对象是力量型的人，那么客服人员必须具备非常完善的业务知识和全面的脚本准备，否则很容易被客户牵着鼻子走而无法有效控制整个沟通过程。对待他们，要求客服人员具备较强的自信心，千万不能被对方的气势压倒。

3. 完美型

完美型性格的典型表现是内向，喜欢分析、思考、探讨问题，思维逻辑性很强，喜欢追求细节，做事情有条理，追求完美，体贴、敏感，做事情喜欢用图表和数字说话，同时有极强的计划性，喜欢按照预定的时间表来安排生活和工作，不能忍受时间表被改变。无论从我们接到的电话还是我们主动打出的电话而言，完美型性格都是比较难应对的客户。对于接到的电话而言，完美型客户很难被说服，同时他们一般都有很强的逻辑性，有理、有力、有据是他们的沟通习惯；对于打出的电话而言，如果客户没有很强的主观认可，那么一般很难被说服接受某种新的产品和事物，同时可能对于这种没有事先预约的电话会有一种莫名的排斥和拒绝。

4. 活泼型

活泼型性格的典型特点和我们一般对具备活泼外向性格的人的描述和理解很接近。活泼型性格的客户比较容易沟通，而且很容易被把握。活泼型性格是那种在人群中很容易被第一眼认出的性格，他们总是丹唇未启笑先闻，通常很开心，描述事物的时候语速非常快，具有极强的感染力，同时容易健忘，喜欢鲜艳的颜色，对于方向、数字、逻辑都不敏感。对于接到的电话而言，活泼型性格的客户一般快言快语、开门见山、有事说事，总是先把自己认为最重要的细节告诉你，先把自己最直接的感受描述出来，这些细节和感受可能并非解决问题的重点，所以客服人员应该先倾听，顺着客户的思路让他把话说完，然后再解决问题。对于打出的电话而言，如果你的电话对象是活泼型性格的客户，那么你可能足够幸运，因为他们很好沟通，而且能够直截了当地表明自己的观点，让你迅速有效地控制谈话。

6.3.3 客户在具体的表现形式上的几种类型

客户的类型除了可以通过性格类型加以区分，在具体的表现形式上也有较大的不同，大体的类型如下。

1. 紊乱需求型

表现：讲话吞吞吐吐、语态羞涩、话语不清、条理不明，说不清自己的需求，只说某某东西坏了、不能用了、启动不了等，不讲问题出现的具体部位、过程。

原因：缺乏信息产品的知识，无法准确描述故障或问题的所在，爱面子，不愿意承认自己不懂。

2. 遮掩需求型

表现：顾左右而言他，说话绕圈子，似是而非，局部不满意，等等。

原因：试图额外、免费获取个别、局部零部件、配件、外部设备等，有占小便宜心理却不直说。

3. 需求不明型

表现：自己也说不清到底需要什么，东挑西问，似乎需求数量很多，但实质性的问题很少。

原因：技术恐惧症、技术孤独感，需要有人指点、支持，鼓足勇气打进电话，认为总是多说多问为好。

4. 浮躁需求型

表现：不耐烦、没耐心、急躁，不完整说明问题和需求。

原因：性格急躁或因自身工作、生活中的问题导致心情不好，或者自己对技术产品缺乏信心但又不愿意认真阅读相关说明书等资料，期望很高，但遇到具体问题没有耐心去解决。

5. 攻击需求型

表现：强烈指责、不满，语速快，不容打断，甚至进行威胁等，所提问题基本清晰，但关联实际问题的内容较少。

原因：对故障、使用常识等问题的责任归结缺乏自信心，利用指责、抗议、威胁等手段给自己壮胆，人为制造所谓的声势，然后慢慢地请求对方予以解决，不仅希望得到实际的优惠与照顾，还要在心理上得到平衡。

6. 虚假需求型

表现：需求多变，话题飘忽不定，闪烁其词，不满溢于言表等。

原因：主要是因为价格变动或与其他厂家的价格比较后觉得自己吃亏了，无处发泄，又无法解决问题。

7. 好奇需求型

表现：口气尊敬、请教的态度，偏重软件使用等方面的内容。

原因：误将计算机产品的购买与自己的培训、学习混为一谈，无法立即报名参加培训，但愿意尝试免费的电话咨询。

千奇百怪的表现，错综复杂的原因，这就是真实的电话语音交流世界！

第 7 章

数智时代的客户管理趋势

7.1 数智时代的新变化

生产工具和生产关系及生产力本身构成了一个非常复杂的社会系统。近些年，我们可以看到先进的数智化生产工具越来越多地渗透和应用到业务运营中，整个业务系统中人和系统之间的协作关系在发生巨大的变化，生产效率在不断提升，整个系统变得越来越复杂，我们不可回避地要了解一下到底哪些方面在发生变化，是如何变化的，这些具体的变化会引发哪些趋势性的改变。

以前局限于售后服务、热线电话、处理投诉的客户服务的概念已经随着时代的发展逐渐演化成全面的客户契动。它包括更全面的客户接触，更准确的客户洞察，更精准且更个性化的服务，更柔和且更具关怀体验的营销。另外，从大趋势上看，数据经济、智慧城市、数字孪生、数智化转型，这些新的概念和名词不断地涌现出来，这些概念与新的客户契动的理念有什么具体的联系，整个客户契动系统应该如何建立和运作。时代要求每一个与客户契动相关行业的人尽快理解并更新观念。

7.1.1 从电脑到数智时代

信息技术对中国企业的进步发展所起到的影响，分为三个阶段：第一个阶段是电脑化阶段；第二个阶段是信息化阶段；第三个阶段是数智化、智能化阶段。

我们先通过前两个阶段复盘一下目前认知上的几个比较明显的问题。

1. 第一个阶段：电脑化阶段

我们可以称它为电脑化，也可以叫作电脑计算化，也就是从纸质的表格、计算器的旧式办公时代到“人+电脑”使用各种生产力工具软件的办公时代。如今，我们可以粗略地估算，比较充分地使用电脑和软件工作的人的产能差不多是之前一个旧式办公时代的人的十几倍，也就是说现在的一个工作单元也就是“人+电脑”的工作效率差不多是十几个旧式办公模式下的人的工作效率的和，但有几个在进入这个时代的设想和转型方式，在事后看起来是很有问题的，甚至是可笑的。一是认为电脑化等于“无纸化”。就算到了今天的互联网时代，我们的生活中和业务上还是没有完全脱离使用纸，如发票、签字文件等。二是认为电脑化等于学会中文输入法加办公软件。高度重视学习输入法和各种办公软件，大规模地进行考核和取证虽然推进了电脑化的进程，但是没有从本质上弄明白电脑化是什么，“人+电脑”的新生产力到底是从何处产生的。从电脑化开始，不同企业的管理能力被拉开了较大的差距，有些企业大规模普及电脑办公软件，利用数据分析工具准确分析数据，使用流程工具进行业务优化和管理，数据的逻辑观念和分析能力不断提高；有些企业虽然人手一台电脑，但是基本没接触过“流程图”“思维导图”，不熟悉办公软件，也没有建立起“数据平台”，更没有数据管理经验，电脑的用途几乎等同于“高级打字机+传真机”。

2. 第二个阶段：信息化阶段

20世纪90年代以后，我们发展到信息化阶段，以ERP、OA(办公自动化)、CRM为代表的企业信息系统，被越来越多的企业应用。企业信息化成为企业转型的主要方式。在信息化阶段，信息技术对企业的影响主要还是在流程的建立和流程的优化方面，也就是用流程将一个一个“人+电脑”用网络连接起来，可以快速地传递信息，更快地做出决策。这时，有一个问题出现了：企业各个部门的数据如同一个个孤岛，每个部门所担负的职责是不同的，这就导致在孤岛中得到的信息相互间存在偏差，甚至是矛盾的和对立的，这让决策变得困难，而且企业越大，部门越多，快速做出正确决策的难度就越大，发生紧急状况时，企业只能靠当权者凭经验做出决策。当权者远离一线时间越长，决策的失误率就越高，如果企业缺乏合理的向上管理机制，就会慢慢陷入管理混乱的状态。

在这个阶段，我们不得不提到一个词“威权”。这本身是一个政治名词，虽然我们的企业不是政治组织，但是“威权”的高低还是会对我们的组织效率产生影响。在过去资源和人才匮乏的时代，若“威权”较高的旧式组织观念中下级对上级绝对服从，有非常好的执行力，就能取得很好的管理效果，这在信息化时代却是企业的最大阻力。在比较充分的电脑化环境下，我们要面对越来越复杂的业务，每个人对业务全貌的了解是相对有限的，只能面对并且深入一块相对独立的业务领域，形成一个独立的信息岛。在“威权”较低的平等型组织中，大家按照流程来讨论问题，以数据分析为基础，做出趋利避害的决策。在高“威权”组织中，如上做法显然是行不通的。企业已逐渐地在观念上发展为“低威权”组织，因为其意识到，企业的根本利益取决于企业的正确决策率，在信息来源多元化的今天，企业不能忽视每一个节点的数据和反馈，企业更需要有人“发现问题”“敢说出来”“敢于负责”“解决问题”。确保决策正确率高和快速决策是企业保持竞争力的关键。

3. 第三个阶段：数智化、智能化阶段

我们也可以把数智化、智能化阶段叫作数实相生阶段。在这个阶段，信息技术对于企业的改变和影响，已经不只停留在流程优化上，更重要的是商业创新和管理变革。我们回顾前两个阶段的问题，会发现一个规律就是企业的管理理念是连续不断地发展和递进的，而企业的组织形式看起来却是跳跃的。迭代后的管理理念带来的，往往不是老企业的转型，而是新型企业的崛起。

我们预测，所有的企业未来都是数智化的企业。

这些新型的数智化企业大致来源分为两类。

第一类是自创立之初就采用数智化的方式进行运营和管理的企业，我们可以把这类企业叫作数字原生企业。互联网公司就是这样的企业，其本身的业务就是从程序和平台开始的，其顺畅运行依托于一个顺畅完整的流程设计，其没有按照传统的方式去运营，而是直接进入数智化运营。

第二类是传统企业成功数智化转型后形成的数智化企业，我们把这一类称为数智化重生企业。其通过引入数智化管理逻辑和思维方式，配合一系列内部数智化转型，转变为数智化企业重新升级发展，其升级成本很高，阻力也很大，甚至很多企业是被成本倒逼才进行转型的。

殊途同归，最终这两大类企业都会成为人机结合的数智型企业。新型数智化企业具有如下特点。

(1) 以客户为运营核心。改变企业和最终客户之间的协同关系。坐在办公室里面研究，是做不出好产品的，只有深入地了解，把握企业所服务的客户最深层的痛点和需求，企业才能制定出正确的战略，企业生产的产品、设计的服务才可能被客户认可。

(2) 以技术为优先手段。优先选择投资系统来支撑常态业务，进行管理的变革。今天这个时代，技术对企业经营发展的影响越来越大。不仅市场需求、产品创新需要运用高速度、高效率的技术手段进行分析，公司经营管理技术的价值也越来越大。技术本身是一种手段和工具，而不是主导因素。在互联网时代，技术的应用异常广泛，传播速度非常快，加之企业的学习能力都很强，技术代差优势的窗口期就非常短了。数智化转型在经历了很短的技术红利期之后，再次转入了拼细致运营的管理上，若此时企业拥有数智化的助力，管理改善的收益将被扩大很多倍，谁能更快地理解和适应，早点加强运营管理，充分利用起所有资源和工具，谁就有可能占有并保持较大的业务领先优势。

(3) 营销和服务的界限日渐模糊。数智时代更强调持续的关怀和沟通，与客户建立长期关系，深入地发掘客户生活或者生产中遇到的各种问题，从而总结出客户具体的需求，然后进行规模化管理。

7.1.2 传感器是数智化的基础

在科技领域，大家可能都觉得芯片十分重要，但是除了芯片还有一个非常重要的技术发明，那就是传感器。传感器可以说是位列十大科技之首，重要性跟芯片不相上下。

在我们的生活中，像指南针、温湿度计、体温计等都是利用了传感器的原理。这些东西看似微不足道，但是已经逐渐改变了世界。传感器现在广泛应用于各种产品上，用于感知和控制。

关于传感器这一技术，中国古代就已经出现。那么，传感器技术到底是什么，让我们对传感器技术进行详细的介绍。

1. 传感器的概念

人们通常将能把非电量转换为电量的器件称为传感器，传感器实质上是一种功能块，其作用是将来自外界的各种信号转换成电信号。它是实现测试与自动控制系统的首要环节。如果没有传感器对原始参数进行精确可靠的测量，那么，无论是信号转换或信息处理，还是最佳数据的显示和控制都无法实现。传感器技术是现代信息技术的主要内容之一，信息技术包括计算机技术、通信技术和传感器技术。计算机和通信技术发展极快，相当成熟，对此运用自如的工程技术人员也非常多，但精通且灵活使用传感器技术的工作者却很少，这是因为传感器应用技术需要使用模拟技术，而模拟技术有很多问题难以解决。为了适应现代科学技术的发展，许多国家把传感器技术列为现代的关键技术之一。

传感器是一种检测装置，它将现实生活中的信息转换成电信号进行输出，这样可以保持信息的真实度，进行远距离的传输。传感器通常由敏感元件和转换元件组成。

用人体来比喻的话，敏感元件就像人体的某个感官，替我们感受外界的信息，研究外界物体的一些规律，将它们转化成一定的参数，进行信息的传递。

由于传感器的存在，它让一些没有生命的物体变得有了人类的触觉、嗅觉、感觉等感官，让他们变得有了生命。

在现代工业化社会，一切自动化的生产几乎都需要传感器的存在，让一些机器来代替人工，进行无人化的操作。除了工业生产需要传感器，还有环境保护、医学诊断、生物工程等领域广泛地应用了传感器。

对于传感器的分类，业界还没有一个统一的分类方法，但是通常有三种方式。

(1) 第一种就是按照物理量进行分类，分为温度传感器、速度传感器、流量传感器、气体成分传感器、力和位移传感器等。

(2) 第二种就是按照传感器的工作原理进行分类，可以分为电阻传感器、电容传感器、电感传感器、电压传感器等。

(3) 第三种就是按照输出的信号的性质来进行分类，分为开关型传感器、模拟型传感器、代码类数字型传感器。

2. 古代的传感器

我国古代的四大发明之一指南针就是传感器，又被叫作司南，可以感应地球的磁场，指出方向。指南针的发明改变了世界，大航海时代的来临，加快了世界的经济、政治和文化的融合。

后来，东汉的科学家张衡发明了地动仪，它能够感应到地震发生的方位。根据史料记载，这个地动仪的确能够准确地预测地震发生的方位，这也可称为一个传感器。

从古代到现代，传感器经历了大致三代的演变，具体可通过扫描右侧二维码阅读。

传感器的演变

7.1.3 终端设备的升级

回望过去，你的手机屏幕分辨率从最早的QVGA、VGA[①]，进化到了让人赏心悦目的720p，随后又随着业界标杆的抬高，到了已经很难用肉眼区分出像素的1080p，最终进化到了肉眼完全区分不出来像素的2K。

在智能手机的进化历程中，人们最直观的感受是屏幕分辨率不断提高(及屏幕尺寸不断增大)。还记得当年让你惊艳，现在看来只剩下浓浓的颗粒感的旧手机吗？还记得哪些手机在屏幕分辨率上提高了业界标杆吗？可通过扫描右侧二维码了解手机的进化历程。

手机的进化历程

7.1.4 视频能力的升级

1. 高清采集技术

说到高清视频采集设备，高品质图像是高清的前提，也是视频监控发展的先决条件。如在拥挤的地铁站里能否看清一个人的面部特征，在高速公路上快速行驶的车辆牌照能否

① VGA分辨率为480×640；QVGA即VGA的1/4尺寸，分辨率为240×320。

被辨别等，都需要清晰的影像。想要看得更清晰，必须依赖于前端摄像机所能提供的图像质量。标清摄像机的缺点是画面模糊、分辨率低，当出现突发性事件需要调看录像回放时，事件发生现场的细节之处很难辨清，不能提供有效的信息。相比之下，高清摄像机可带来更高的像素、更宽的监控范围、更高的分辨率，快速提升了传统视频监控的质量。

当然，高清监控涉及监控体系的多个环节，包括前端的视频采集，中间的视频传输，以及后端的高清存储、显示、分析、联动等。

这里我们可以看看DVR(数字视频录像机)的国家标准。2006年国家质量监督检验检疫总局发布的《视频安防监控数字录像设备国家标准GB 20815—2006》规定，DVR的等级划分A级(分辨率不小于4CIF)和B级(分辨率小于4CIF)。如果按照以上生产厂商的评价标准要求来看，DVR中A级产品为高清产品，B级为通用产品，即4CIF(分辨率为704×576)为高清，CIF(分辨率为352×288)为普通清晰度。随着科学技术的进步，“高清”技术必然引入视频监控领域，视频监控行业的高清标准也会不断完善。

2. 高清编码标准

高清视频编码最常用的编码格式是MPEG2-TS、MPEG4、H.264和VC-1这4种算法，具体情况可通过扫描右侧二维码了解。

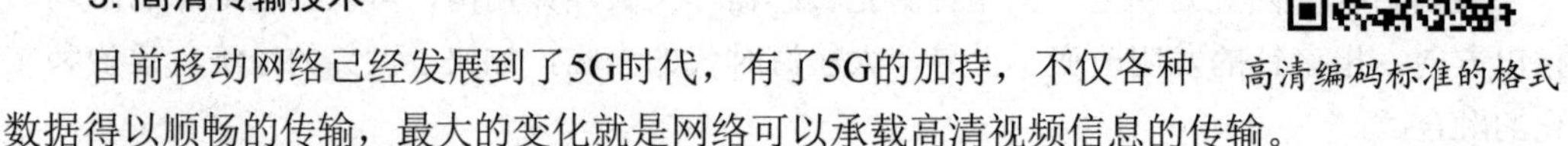

高清编码标准的格式

3. 高清传输技术

目前移动网络已经发展到了5G时代，有了5G的加持，不仅各种数据得以顺畅的传输，最大的变化就是网络可以承载高清视频信息的传输。

监控系统传输技术主要有视频基带传输、光纤传输、网络传输、微波传输、双绞线平衡传输和宽频共缆传输6种传输方式。每种传输技术都有其特点，有各自的应用层面。对于一个复杂的监控系统，往往根据不同的传输距离、不同的监控要求，采用不同的传输方式。面对高清应用的超大数据量及实时性的要求，采用光纤传输是解决长距离视频监控高速传输系统的最佳解决方式，通过把视频及控制信号转换为光信号在光纤中传输。光纤传输具有衰减小、频带宽、不受电磁波干扰、重量轻、保密性好等一系列优点，广泛应用于国家及省市级的主干通信网络、有线电视网络及高速宽带计算机网络。而在视频监控系统中，光纤传输也已成为长距离音视频及控制信号传输的首选方式。但光纤传输需专门的技术人员负责光纤熔接及设备维护方面的工作，而且对于近距离监控信号来说，传输不够经济。

举例来说，高清意味着需要更高的带宽。一般认为，H.264编码D1(720×576)画质的码流为2M左右，那么以1080p计算，画面尺寸约是D1的5倍，简单计算，码流也是5倍。因此，H.264编码的一个1080p高清画面所用带宽约为10M，与D1画质的MPEG2相当。由此可以看出，对于“高清”，网络传输并没有特别的要求。不过有一点必须指出，目前的互联网是不能够承载高清画质的，必须是专网，甚至光纤。相比模拟传输，数字网络传输高清视频具有得天独厚的优势。

当然，由于高清占用了更高的网络带宽，在组建高清系统特别是大路数高清系统时对于网络带宽的使用还是应该精打细算。例如，如果使用100M以太网，其只能同时承载5路左右的高清图像(考虑到以太网的碰撞侦听特性)；如果同一视频源有多个用户访问，则占用的带宽会更大。因此，能否较好地运用系统设计、组播、转发等技术，就显得尤为重要。

7.1.5　客户关怀和服务模式升级

接下来我们来看看在这些新技术的加持下，数智化时代的客户管理怎样进行模式上的升级。

过去，当客户的设备需要使用指导、排除故障、需要协助时，他们通常会打电话给生产厂商或代理商，生产厂商的服务代表或者专家会回答他们的问题，帮助他们排除设备的问题。这是一种以企业为中心的产品价值链，企业的经营理念就是为股东创造价值，一切围绕着产品进行，服务只是产品销售之后的一个环节，被称为售后服务，企业被动地从事维修和零配件业务，通常在销售产品时会包含着一定比例的售后服务费用，用以满足售后产品服务之需，是一种被动的(reactive)服务模式，在收到客户的投诉电话之前，生产厂商通常不会主动联系客户，因为这不仅多此一举，还会增加企业的成本。

在这种模式下，企业最关注的是产品质量、维修速度和材料成本，尽快解决客户问题，不影响产品的销售，尽量降低修理成本，降低服务支出，售后服务部只是一个成本中心(cost center)。

随着维修服务行业的进步，特别是对飞机、轮船、汽车、工程机械和矿山设备等大型产品的研究越来越深入，人们发现，如果针对使用寿命和故障频率提前做好计划，做好预防性的保养，设备的故障率将会大大降低，总体维修保养成本也会下降，大大提升设备的安全系数和出勤率，这在航空业被广泛采用。对于航空器或类似的交通工具，若等到发生故障时进行服务介入，往往为时已晚。因此，服务开始演变成一种预防性的(proactive)服务模式，根据设备的运行时间和年限，定期进行保养，而不是等到设备出现故障时才被动地介入，那时停机已经发生，损失已不可避免。

今天，通信技术的发展让客户与企业的联系方式发生了很大变化，电话、邮件、短信、微信、QQ，或通过企业的App，这些变化让企业的经营模式也发生了很大的改变，逐渐演变为以客户为中心的服务价值链，一切围绕着客户的需求展开，分销和产品只是这个链条上的一环，只靠销售设备无法满足用户的需求，更难做到可持续发展，企业的经营理念也不仅要为股东创造价值，更要为客户创造价值，不然就没有未来。

工程机械设备是生产资料，用来从事工程建设和施工，购买设备的客户非常关注设备的出勤率，因为每次故障停机都会给客户带来很大的损失，不仅影响施工进度，还可能会被项目承包方罚款。为此，一些工程机械代理商将自己变成服务商，与客户签订客户服务协议，将设备所有的保养和维修工作承包下来，保证设备的出勤率，甚至与客户签订“对赌”协议，设备出勤率低于规定指标将会补偿客户。设备服务商之所以敢做出这种承诺，一方面他们具有很强的服务能力，将零件寄售在客户的施工现场，同时安排驻点服务人员，保证7×24小时服务，同时他们的服务也逐渐演变成预测性的服务模式，即：在客户知道自己需要帮助之前，甚至在问题发生之前就能获得帮助，因为企业能够预测到哪些故障可能发生，哪些保养需要完成，并做好必要的零件和服务准备。

通信技术的发展，不仅让客户与企业的沟通越来越多元化、简单、方便，还让人与设备的沟通成为可能，传感器和物联网技术的应用，让企业可以随时随地监测设备的运行状况，及时发现并预警设备的故障并加以排除，而且可以通过大数据分析，预测设备可能发生的故障和面临的风险，通过更新设备的监控软件、改变设备的工作模式，来排除设备的故障，将人与设备的联系从单向沟通——监控设备的运行信息，发展到双向沟通——远程控制设备的状态，未来的设备还可以采用远程遥控或人工智能的无人驾驶模式。

今天，工程机械设备上都安装了各式各样的传感器，通过发射装置定时将数据传到云端，制造商和服务商可以根据接收到的数据分析设备的运行状况，预测可能发生的故障。例如，当发动机出现低油压报警时，很可能是机油压力出现泄漏，这可能导致发动机润滑不足，造成曲轴磨损，需要马上停车检查、处理，否则后果十分严重。服务人员会主动打电话给用户，帮助他们及时排除故障。这就避免了设备的重大故障和损失，将会受到客户的欢迎。未来，服务商与客户的沟通方式会越来越多地采用这种主动的服务模式，这将成为客户服务的标准模式，服务商会越来越多地参与客户的设备管理和服务流程，提供专业的服务和咨询顾问业务，与客户的关系也从简单的买卖关系发展成为业务合作伙伴。客户服务已经不再是被动的保修保换的售后服务，也不再是一个成本中心，而变为支撑主动的客户体验，设备在交付到客户手里之后，服务商仍然与客户保持密切的关系，持续不断地在“后市场”为客户创造价值，为企业创造利润，服务也成为企业的一个利润中心。

很多企业都开发了客户关系管理系统，当客户打电话时，服务人员马上就知道谁来的电话、上次是什么时间联系我们的、因为什么事情、买了什么东西、设备曾经发生过什么问题等。一个训练有素的服务人员不仅会帮助客户解决这次的问题，还会对设备未来的保养提供专业的建议，成为客户信任的专业顾问。这一切都是基于对客户行为的了解和客户的画像，帮助企业预测他的需求，给出专业的建议以便更准确地服务客户。

未来，人工智能将在客户服务中起到非常重要的作用，可以更早地发现问题，在客户还没有发现这些问题之前，服务人员可以提前采取预防的措施，避免重大故障的发生；设备出现故障时，人工智能可以根据客户对故障的描述来提供解决方案，通过越来越多的机器学习和故障现象及因果分析，让人工智能变得更加聪明和经验丰富；借助物联网获得的数据提前预知可能发生的问题，预先提醒客户采取措施加以预防；遇到较为复杂的故障和问题，客户还可以通过装有增强现实技术的眼镜获得服务商专家的远程诊断支持，专家通过眼镜实时了解设备的故障情况，参与故障的诊断和排除工作，并通过智能零件查询系统迅速找到离客户最近的零件库存，通过无人机及时地把零件和工具运到客户现场，客户可以根据服务商发来的工具和维修视频指导自助地完成此次修理工作。

以前的客户服务拼的是维修技术和经验，经验越好的服务技师，越受欢迎。但是，这样的人才需要很多年的培养和历练，企业想留住这样的人才也非常困难。未来的客户服务靠的不再是经验，而是数据和系统，服务人员也开始从机械专业人员变为数据分析员和软件程序员，服务也从现场维修演变为更换部件，然后在专业的车间里维修发生故障的零部件，这样让客户服务更加快捷和专业。几十年来，客户服务模式发生了很大的变化，所有的这些改变都为了一件事：更好地满足客户的需求，为他们提供更优质的服务和客户体验。

7.1.6 数智时代的传播模式升级

随着数智化的普及，在人手一台有高清屏幕和高速网络的手机的时代，信息的传播模式会发生怎样的变化。

1. 生活中的流行，都是怎样发生的

社会流行是人们对某种生活方式的随众和追求，涉及的范围十分广泛。

社会流行是有相当多的人去随从和追求某种生活方式。

社会流行是一定时期内的社会现象，过了一定的时间便不再流行。

流行时尚，是指一种流传广泛、盛行一时的大众心理现象和社会行为。时尚是一种与时间性相关联的社会风尚，它具有明显的时间性特征，时尚的形成与流变，都与时间性密切相关。时尚元素与流行是互动的，一方面，时尚元素生成了流行；另一方面，流行趋势又规定了什么样的元素是时尚的、可进入流行趋势的，从而形成了崭新的社会审美风尚。

日本社会心理学家南博按照流行时尚的内容将流行分为三类，即物的流行、行为的流行和思想的流行。

- 物的流行：指与人们日常生活有关的具体物质的流行，如流行服饰、流行色彩等。
- 行为的流行：指人们日常行为方式的流行，包括娱乐、体育等。
- 思想的流行：指思想方法与各种思潮的流行。

2. 流行的三法则

从小到大，我们见过了太多流行的东西，从幼时的小霸王学习机、小当家干脆面，到现在的王者荣耀、苹果手机，每一个流行的事物都曾掀起人们追捧的狂潮，每一次流行都可以引发我们无数的想象。

这些东西到底为什么会流行？

大多数人并未真正思考过，我们身处在流行中，商品包围着我们，信息泛滥，我们的思考力也减弱了很多。为什么流行，和我有什么关系呢？

马尔科姆·格拉德威尔提出了流行的三法则，即个别人物法则、附着力因素法则、环境威力法则，其很快成为人们理解流行的基础视角。

接下来我们来详细看一下，引爆流行的三法则是如何发生作用的。

1) 个别人物法则

2004年4月，北京、上海等大城市专营水晶饰物的小商店如雨后春笋般冒了出来，满大街的女孩都佩戴上了水晶手链，有的甚至把上十条手链戴在一起。此时，各大电视台和时尚杂志开始制作有关节目，搬出明星现身说法，一时间水晶潮流愈演愈烈。

经过分析发现，这场水晶流行潮是典型的用口头传播引发一场流行潮的例子。

它主要缘于几个活跃分子热心地在论坛上教网友如何鉴别水晶的质量，不同颜色的水晶与服饰的搭配法则，各种水晶与星座的配对等。他们甚至还热心地组织网友集体采购水晶饰品，为他们节约了不少钱。当然，因为他们都是版主一级的人物，所以能够赢得网友们的信任。直接受益者就有笔者的一个同学，她利用业余时间在易趣网上开了一家卖水晶饰品的小店，之前每个月只有几单生意，聊以怡情。最近她说每天都要寄好几个包裹给天南海北的买家，甚至快递商品去了新加坡，生意兴隆到不得不请退休的母亲来当帮手。

其实，水晶饰品和其他饰品并没有什么特殊之处，在短短几个月的时间里从乏人问津到在全国流行，只因受到几个关键人物的青睐，从而引爆了一场潮流。

具有高社交天赋的三类人包括联系员、内行、推销员。

(1) 联系员：他们结识的人非常多，可以非常好地把握弱关系，因此了解的信息和领域

比普通人多。

(2) 内行：他们是信息的积累者，并不是被动地接收信息，而是主动搜寻信息，并且将其散布出去，乐于帮助别人。如果说联系员是人际流通专家，那么内行就是信息传播专家。

(3) 推销员：他们具有“超感染力”，能把别人纳入自己的节拍，还能决定谈话的范围，然后慢慢说服你，并把产品推销给你。在社会流行潮中，内行们就是数据库，他们为大家提供信息；联系员就是社会黏合剂，四处传播信息；如果大家不相信这些信息，推销员便说服大家相信。

这是产生流行的第一个法则——具有高社交天赋的人。

2) 附着力因素法则

一则信息成功的具体因素就在于其“附着力”是否令人难忘？能否促成变化，激发人们采取行动？

有一则令人难忘的公益广告。一位盲人坐在路边乞讨，边上牌子写着“我是一个盲人，我需要帮助”，施舍的人非常少。有个女孩路过，拿起牌子，重新写了一句话。没想到，施舍的人突然多了起来。为什么会有这么大的变化？因为这个女孩把牌子上的字改成了：“今天是美好的一天，但是我看不见。”

一旦建议变得实际而且能够让每个人更加感同身受，它就会变得更加有效。

这给了我们很多启发：一些微小的变动，便可以改变一些事情的走向。

例如同样是写作，讲故事的效果总是比讲道理好很多，因为大家需要的是感同身受，而不是被说教。排斥和接受之间，能够风行起来和不能风行起来之间的差距，有时候比人们表面上看到的要小得多。

在适当情况下，总是存在一种简单的信息包装方法，使信息变得令人难以抗拒，我们的任务就是找到这种包装方法。

3) 环境威力法则

环境威力法则告诉我们，流行潮同其发生的条件、时间、地点密切相关。

大家都听过“破窗理论”，以一幢有少许破窗的建筑为例，如果那些窗不被修理好，将会有破坏者破坏更多的窗户。最终，他们可能闯入建筑，如果发现无人居住，也许就在那里定居或者纵火。此理论认为，环境中的不良现象如果被放任存在，会诱使人们仿效，甚至变本加厉。这和环境威力法则本质上是一回事，我们所处的外部环境影响甚至决定着我们的内心状态，尽管我们对此并不完全了解。

在解读别人的行为时，人们总爱犯一种错误：高估性格因素，而低估具体情形和环境因素。环境威力法则认为，那些诱发人们不良行为的因素，可以是非常简单、微不足道的日常生活中秩序混乱的信号，如公共场所乱涂乱画和乘车套票现象等。

除了社会环境，人群也会影响我们。一旦我们成为群体中的一员，我们都容易感受到来自身边众人的压力、社会规范和其他任何形式的影响，正是这些至关重要的种种影响裹挟着我们加入到某个潮流。

环境对我们的影响作用，也许我们低估了许多。想要发起流行潮，就必须把有限的资源集中到关键方面。世界并非我们一厢情愿的直觉中的世界。

7.2　数智时代的客户管理转型

我们在前文中已经充分了解了数智时代诸多方面的变化：生产运营新工具被发明并且不断更新，传感器的能力、效率和精确度在不断提高，客户端终端设备的处理和多媒体处理能力、展示能力和交互能力在不断增强，视频内容在不断丰富和升级，客户关怀的方式已有了根本性的改变，信息和舆论的传播方式与之前的时代完全不同。那么，在这个数智时代如何做好客户管理的转型呢？

企业数智化是将当前的数字技术应用到企业的战略之中，以达成业务目标。数智化转型的本质主要包括以下几点。

- 连接：万物互联，解决人和人、人和物、物和物的连接问题。
- 数据：连接后产生集成和协同，协同过程自然会产生数据。
- 智能：数据经过加工和提炼，形成智能化分析应用。

其中，连接解决基本的业务链协同问题，通过连接下的业务协同形成数据沉淀，通过数据的存储处理、管控治理形成数据服务能力反哺业务。同时，数据持续积累又进一步为机器学习，进而更好地提供服务。

基于以上思考，我们就可以更好地理解和重构数智化框架。

7.2.1　为何要进行数智化转型

数智化实际涉及企业的战略、业务、组织、流程、IT和技术多方面的内容，绝对不是简单的数智化工具和技术的应用。同时，衡量数智化转型是否成功的标准也很简单，即：数智化转型是否真正提升了企业的核心价值和能力。

对于为何要进行数智化转型，我们从以下两个方面展开，其一是从业务角度来谈，其二是从技术角度来谈。

1. 业务角度：业务目标驱动

企业提出数智化转型基本还是围绕企业战略和业务目标实现提出的，简单来说就是当前构建的IT和技术能否高效、敏捷地支撑企业业务目标和战略的达成。

业务驱动IT，IT需要匹配业务战略和目标。在业务目标达成过程中可以看到引入更多的数智化技术后，整个技术支撑平台能够更加高效、敏捷和自动化，更好地支撑业务战略达成。那么，这个数智化转型是有意义的，即为企业创造了价值，提升了企业核心竞争力。

我们看一下华为数智化转型的案例。

过去30年，华为通过不断变革及IT的实施，有效支持了业务的发展；随着业务全球化、复杂化及不确定性的增长，华为决策者认为，如果仍采用中央集群管理方式作战，既不能适应新的挑战，也无法匹配华为“把数字世界带入每个人、每个家庭、每个组织，构建万物互联的智能世界”的愿景，未来的作战方式应该是一线在充分授权的情况下精兵作战。在这种作战方式下，整个组织的管理架构、运作流程及IT系统都需要改变。

为此，华为提出了数智化转型的目标：在未来3～5年率先实现数智化华为，实现大平台支撑下的精兵作战。

对外，要对准作战，通过与客户交易过程的数智化，实现客户、消费者、合作伙伴、供应商和员工这5类用户的ROADS体验[①]，提高客户满意度。

对内，实现各业务领域的数智化与服务化，打通跨领域的信息断点，达到领先于行业的运营效率，并在九大领域进行数智化转型实践，支撑业务战略和目标达成。这九大领域分别是：①研发上云，全球协同；②大平台能力支撑销售作战；③集成服务交付实时可视；④全球制造运营与指挥中心；⑤智慧物流与数智化仓储；⑥财务快速结账和自动支付；⑦全连接协同办公；⑧智慧园区；⑨手机电商。

2. 技术角度：技术推动业务

数智化时代的一个新特征是，IT反向推动业务流程改进、业务战略目标达成等。

当前，人工智能、物联网、智能制造、数智化、消费互联和产业互联等各种新的概念和技术不断发展。这些概念本身的发展就对企业传统的生产制造、市场营销等造成了巨大的影响。比如传统市场营销方法往往跟不上节奏，现在谈的多是数智化影响，企业自媒体和品牌打造，公域流量如何引流为自己的私域流量，等等。

这些内容由于涉及新技术和IT等，传统的业务部门和业务人员往往难以深入思考如何优化改进业务，如何应用。

相反，企业的CIO(首席信息官)往往具备这种引导能力，特别是那些有IT和技术背景，同时又熟悉企业内部业务和核心价值链的CIO，往往不再单纯地建设IT支撑业务，而关注如何构建IT来推动业务发展。在这一趋势的发展下，IT往往不再是单纯的成本单位，而可能变化为利润单位。

企业CIO要意识到，虽然新技术很重要，但是新技术下产生的新的业务和商业逻辑更加重要，只有清楚地了解新的业务模式后，才能够更加清晰地认识新技术和架构。

当重新思考数智化转型的时候，出现一个新观点：数智化转型不是简单地满足企业当前战略和业务目标，而是重新思考当前的数智化经济和万物互联时代。在理解市场和数智化转型核心思想后，应提出和践行适合企业发展的新的业务战略和商业模式，实现企业破局。

企业做数智化转型时要意识到，满足业务目标是一方面，当你理解了数智化后可以提出新的业务目标，或对当前的商业模式逻辑进行重塑。

技术也可以推动业务变革。以一些传统的轻资产企业为例，在数智化转型后，很难说这个企业是一个传统的业务企业还是一个互联网企业，业务和IT已经高度融合，如瑞幸咖啡、喜茶等。再比如一个新的部门，以数智化营销部为例，这个部门你已经很难用传统的业务部门视角来看待。

一个企业在传统模式下经营太久，很多时候很难跳出原有框架来思考问题，比如传统方式下一般都采用市场和产品的视角，但是新经济模式下需要转变为采用客户的视角，并基于数据来运营，这不是传统业务的简单优化，而是变革。

变革很难，有时候是“革自己的命”。例如某家软件企业原本是做传统的软件开发和实施工作，转变为云服务以后，一个本可以收100万元的项目，如今按照云服务的收费方式，一年只能够收10万元。这种就是大的业务和商业模式的革新，企业虽然短期利益受

① ROADS体验，即real-time(实时)、on-demand(按需)、all-online(全在线)、DIY(服务自助)、social(社交化)。

损，但是这符合企业整体远期商业战略。

7.2.2　如何进行数智化转型

我们需要从技术和业务两个层面来重新理解数智化。

从技术层看。数智化是在传统管理模式充分信息化基础上，通过万物互联的核心思路，来解决物和信息在时间和空间上的完整融合，形成一个整体，局部不断地用高效的工具和流程进行量变，最终实现整体数智化管理能力的质变。

第一个关键点是连接。在实施ERP或其他内部IT系统的时候，我们感受最深的就是物流、信息流和资金流的统一。但是这个过程的实现以前更多的是通过人工去操作，按部就班地执行，比如人工录入单据数据，由人推动整个业务流程的流转，若管理过于严格，就会中断流程，从而影响业务，若增加灵活性，又经常会发生意外的业务风险。到了数智化阶段，在应用了物联网、5G等技术后，不仅仅是人和物的连接来产生信息，而是物和物本身也可以相互连接并自动产生信息。在万物互联下，信息的产生不再通过人工输入信息，而是通过传感器、扫码等手段自动产生、自动计算、自动流转、自动统计、自动做初级分析。

第二个关键点是时空信息的融合。其指在传统的信息化阶段，产生的信息只有时间信息，没有附属空间信息，我们通过查询系统可以知道一批货物何时入库、入库数量等，但无法查询到这批货物当前在什么位置，包括货物具体的空间位移路线。货物的时间信息和空间信息是脱节的。而在数智化阶段，时空信息进一步融合，我们不仅知道事情所处生命周期的时间状态，还知道它的空间地理位置状态，这两个信息本身是一体的。

在数智化基础上，特别是在智能制造领域提得比较多的是数字孪生的概念。数字孪生是充分利用物理模型和物联网传感器采集的全生命周期的运行历史等数据集成多学科、多物理量、多尺度、多概率的仿真过程，在虚拟空间中完成映射，从而反映相对应的实体装备的全生命周期过程。数字孪生是一种超越现实的概念，可以被视为一个或多个重要的、彼此依赖的装备系统的数字映射系统。

这个定义在时空融合上又进一步体现了抽象世界和现实世界的融合，这本身也是数智化技术发展的一个重要趋势。

简单来说，理解数智化必须跳出原来对单纯的数字工具和技术的思维约束，从信息化到数智化发展演进的趋势，从万物互联、时空融合、抽象现实融合角度来重新思考数智化。

请注意，不要混淆信息化阶段和数智化阶段，不要把应在信息化建设阶段完成的事情留到数智化阶段，最典型的就是基础数据、信息平台的建设，如：围绕ERP的横向价值链信息化，以MES(制造执行系统)为核心的纵向信息化，同时横向和纵向的集成和协同，基于传统IT的BI(商业智能)或大数据分析平台建设等。

1. 业务数智化：数据驱动

业务数智化是在谈数智化转型的时候经常谈到的一个概念，在这里强调数智化转型的其中一个本质，即数据。

连接的重要性实际上在前面已经强调，连接的价值不仅仅是支撑了业务协同，更加重要的是产生了持续的相互有相关性的数据。数据通过组合、分析、计算产生出有价值的信息来反哺业务，支撑业务正确决策和运作；且数据本身可以持续积累，数据积累后可以总结规律、正确估算业务发展趋势信息，应用于分析和决策。

在信息化阶段也强调数据，强调BI或数据决策分析，但仅仅停留在将有价值信息呈现在管理者眼前；在数智化阶段则需要进一步强化数据的分析和计算，主要体现在以下两点。其一是快，数据能力通过自动化流程和一系列设定好的阈值，持续不断地实时或准实时地协调和支撑业务运作。其二是准，数据本身通过积累后，在设计好的流程中直接全量进行分析，分析结果更具有价值，分析结果和解决方案应用速度几乎可以做到同步，进一步为高级数智化人工智能提供支撑。

数据驱动运营，运营本身衔接市场需求和内部能力。运营是真正拉近了企业内部IT能力和外部需求及用户之间的关键桥梁。

"数据+运营"是转型过程中一个关键的思维转变。

简单来说，企业不再简单地收集市场需求信息设计，生产产品交付给市场或客户，等待反馈再优化。数智化生产模式是建立起市场和内部能力之间的纽带，通过持续不断的数据分析来不断地生产新产品和迭代老产品，充分利用所有资源和优势，将长期动态保持企业的市场竞争力作为目标。

2. 如何分阶段演进

当说到数智化转型的时候，现在说得最多的就是消费互联和产业互联，谈自建电商平台，谈线上和线下的打通，谈数智化营销，谈自媒体运营和C端用户触达，谈互联网引流等。请注意，这些更多的是面对类似快消类行业，并非适用于所有企业。比如一个传统的制造行业，重点不是快速地打通外部，而是更好地整合内部IT能力、制造能力，以及低成本、高效敏捷响应市场的能力。另外，数智化转型一定要考虑分阶段演进，当前数智化转型建设一定是逐个解决问题，而不是建立大而全的系统或平台，后者所需成本巨大，短期难见效益，后期难以维护。

1) 思路1：按"连接—数据—智能"思路演进

当谈数智化演进路线的时候，实际上数智化转型的三个核心内容正是最基本的演进路线。企业在进行数智化建设的时候应优先考虑解决连接和协同问题，这个过程有些是处理信息化阶段没有做完的事情，进行优化和整合。

然后是数据驱动运营，数据贯穿整个数智化建设生命周期，即业务和数据建设两条线是并行的。传统方式是IT系统建设完成后才考虑如何利用数据进行分析决策，而新的构建思路是数据建设配合业务建设和协同并行，数据不断地反哺业务，支撑业务运作。

最后是智能，智能不是简单基于预设规则的自动化，而是进行规则调整和优化，这需要慢慢积累。

2) 思路2：由内而外，从三流整合到生态整合

在海尔分享自己的数智化转型经验的时候，谈到了海尔电商发展的4个阶段，即从最早的电商平台建设到后期的生态整合。

在海尔电商的发展前期，其目标是通过构建电商平台来打通内部和外部，打通线上和线下，对物流、信息流、资金流进行整合。这不仅要进行业务和流程的变革，还要转变数据驱动运营思维。其核心就是如何真正基于数据分析持续运营，将被动地等待市场和客户，变化为主动地经营流量和拓展客户。

当从消费互联转到产业互联的时候，其重点在于生态的整合，构建一个完整的生态体系和开放能力平台，这个生态平台才是能够持续不断发挥价值的地方。小米也一样，实际并不是一个单纯的手机厂商，而是一个生态平台建设和运营商，真正赚钱的反而是对整个生态体系的持续运营和增值服务提供。

3) 思路3：目标细分和短周期迭代

在前文中曾提出，在企业数智化转型过程中，不要搞大而全的模式，而是围绕企业战略和业务目标，将大目标分解为子目标，然后围绕每个子目标进行业务、组织、IT技术的改造和优化。

企业数智化转型的主要工作包括连接、数据和智能三个部分。其上，可增加组织支撑和技术支撑两部分内容。组织支撑包括组织、人员、文化、过程等。技术支撑包括云原生、物联网、5G和数字孪生、数字中台构建等。其下，可增加运营支撑的内容。运营支撑的核心是基于数据驱动思维，以价值创造为目标实现持续改进，与以前的流程化相比，其效率较高，因为借助数智化平台，会使闭环大大加速。

数智化转型将是一次全面的转型，是观念、方法、工具的一体化的转型。管理者要不断提高认知，否则当你还在收集数据、讨论研究的时候，对手早已洞悉问题，找到方案、进行测试，完成迭代工作了。

3. 内部——能力提升和重构

对于已经具备信息化基础的企业来说，有两个重要工作需要完成：一是解决系统间的整合和集成问题；二是利用新的数智化技术来解决自动化和智能化问题。任何企业谈数智化转型，其核心都是数智化重构和整合后的内部能力，这个能力目标就是实现业务的敏捷和自动化，以及面对市场和客户需求时的柔性应变能力。

如果这个基础能力不具备，就快速地去做消费互联和产业互联，那很可能是“赶鸭子上架”无法支撑，即使流量来了，也只是“昙花一现”。企业跨越边界走出去是件好事，但前提是把内功练好。

4. 外部——消费互联和产业互联

跨越企业内部边界到外部，谈得较多的是消费互联和产业互联。其主要发生在快消行业或直接面对C端客户的行业。

研究其核心原理主要包括以下两点。

(1) 内部能力完善是基础，数智化工具本质上是一套“加速工具”，其本身并没有创造和创新能力，但可以大大加速创造和创新的过程，精确控制试错的规模和成果，所以内部运营能力、信息能力的完善是基础，如果本身基础不好，盲目地使用数智化工具，可能会放大原有的问题。

(2) 数智化转型本质是业务问题，其次才是技术问题。业务需求引发技术革新，技术革新带动业务加速，这两者除了主次关系，其本身也是相辅相成的。应先有非常清晰的蓝图，然后围绕目标解决一个个过程问题，这就要求业务对技术有更深入的理解。

最近几年，有个很不好的风气就是过度强调企业营销，强调抢占流量风口，但是企业的核心是提供有价值和有竞争力的产品和服务。你只有提供有竞争力的产品，才能在引入流量后留住客户，如果产品或服务本身问题较多，就算流量来了，也不会留住客户，甚至获得较差的口碑。

术业有专攻，任何一个企业要搞清楚自己的核心竞争力在哪里，要专注打造自己的核心竞争优势，而不是去做自己不擅长的事情。

第一，企业不要企图打造一条产业链。若没有一定的能力，就不要"通吃"整条过程链，应先做好自己擅长的垂直领域。有人帮你代理或者分销是一件好事，虽然少赚了钱，但是也减少了成本和风险。

第二，不要轻易直接面对C端客户。当你真正面对C端客户的时候，会发现需求敏捷性、需求多样化急剧增加。如果你当前的价值链、生产、物流等过程没有足够的敏捷性和柔性，最好不要直接面对C端客户，认真做好B端即可。

7.3 数智时代的核心趋势变化

数据处理的大趋势是"上云用数赋智"，也就是在云上使用智能化模型自动化批量处理大数据来进行自主或辅助决策。

说起中台，可以简单理解为"可复用的预制件"，将一些可通用型的模块统一制造开发，以实现敏捷、复用等业务目标的技术、数据、业务模式的集群。原有中台按照类型可粗略地划分为技术中台、数据中台和业务中台。

而随着业务进入数智化时代，新的算法中台的概念被提出。我们将数据中台的结构归纳为以下4点。

(1) 算力：即哈希值，指技术中台对应的计算能力，相当于可以用多少服务器，需要多少计算能力，怎么样管理这些能力。

(2) 算据：即可用于计算的数据，算据与数据是有差别的，例如，原始的语音录音数据就需要通过ASR(智能语音识别)程序转化成结构化数据，才可算作可计算统计的结构化数据。

(3) 算法：即计算的方法、计算的模板，多通过长期的运营分析得来，通过对算据的加工、整合、对比、分析得到有效准确的可供决策的信息的整套模型。

(4) 算业：即算力、算据、算法组合形成的类似业务中台的计算业务集合，直接称其为业务中台其实是不恰当的，因为业务中台不是一个技术的概念，而中台通常都是从技术出发的，可以称之为算业。算业是针对业务的共性，用技术把它固化下来的可复用的业务程序。在不同的业务领域、不同的业务系统中，算业是可以复用的。最典型的就是购物车，一旦做好一个数智化的购物车，各个平台均可使用，也就是说用技术实现了"购物车"的功能，并且固化下来变为可以复用的业务，这就是算业。

7.3.1 数据到大数据算据的趋势

我们不仅是数据制造者，也是活跃的数据消费者，例如我们时常检查自己的在线消费习惯，监测健身情况，或者查看自己的常旅客积分是否够去三亚度假，这些行为都是在消费数据。

数据到底是什么？按最通用的形式来理解，数据就是被储存起来以备日后使用的信息。最早记录信息的方式可能是在动物骨头上刻蚀符号。到了20世纪50年代，人们开始在磁带上记录数字信息，然后是打孔卡片，再后来是使用磁盘。我们做数据处理的时间并不长，但已经奠定了我们如何收集、存储、管理、使用信息的基础。直到最近，我们对那些无法计算的信息(例如，视频和图像信息)还只能进行分类处理。

但近几年来，通过大量的技术变革，无法存储的数据类型变得越来越少了。事实上，存储的信息或者数据，就是以一种可用的编码方式，为了我们可计算的目的而建立的真实世界的模型。

数据是真实世界中所发生事情的持续记录或"模型"，这一事实是分析学的一个重要特征。被公认为"20世纪最伟大的统计学家之一"的乔治·鲍克斯(George Box)曾经说过："所有的模型都是错误的，但有些模型是有用的。"

很多时候，我们在数据中发现一些没有意义或者完全错误的东西。请记住，数据是从真实的物理世界转化并抽象为代表真实世界的东西，即乔治所说的"模型"。就像机械速度计是测量速度的标准一样(也是衡量速率的一个很好的替代物)，这个模型(指机械速度计)实际上是测量轮胎的转速，而不是速度。

总之，数据是存储的信息，是所有分析的基础。例如，在可视化分析中，我们利用可视化技术和交互界面对数据进行解析和推理，找出数据本身存在的规律。

7.3.2　用智能报表和智能模型进行商业分析

1. 分析

关于分析的定义有很多争论。就当前讨论的问题而言，我将分析(analytics)定义为一种全面的、基于数据驱动的解决问题的策略与方法。应避免将分析定义为某个"过程"、某种"科学"或"学科"。相反，要将分析定义为一种全面的策略，它是包含过程、规则、可交付物的最佳实践。

分析是指通过使用逻辑、归纳推理、演绎推理、批判思维、定量方法(结合数据)等手段，来检验和分析现象，从而确定其本质特征。分析植根于科学的方法，包括问题的识别和理解、理论生成、假设检验和结果交流。

(1) 归纳推理。当积累的证据被用来支持一个结论，但结论仍带有一些不确定性的时候，就会用到归纳推理方法。也就是说，最终的结论有可能(存在一定概率)与给定前提不一致。通过归纳推理，我们基于具体的观测或数据做出广泛的、一般意义上的概括和总结。

(2) 演绎推理。演绎推理是指基于某些一般案例提出论断，然后依靠数据，使用统计推断或实验手段证明或证伪提出的论断。例如，按照演绎推理方法，我们提出一个关于世界运动方式的基本理论，然后(应用数据)去检验我们提出的假设的正确性。

分析可以用来解决各种各样的问题。例如，UPS公司(美国联合包裹运送服务公司)应用分析结果而采取优化货物运输措施，节省了150多万加仑(1加仑=3.785 41立方分米)的燃油，减少了14 000吨的二氧化碳排放量。又如，医院利用分析结果优化了手术室的运营时间安排。

有了这些成功案例，对于技术供应商(硬件和软件)和其他不同支持者来说"分析"毫无疑问都是极具吸引力的。当然，“分析”这个词当前存在过度使用危险，这可以从人们把这个术语与其他词的各种组合中看出，如大数据分析(big data analytics)、规范性分析(prescriptive analytics)、业务分析(business analytics)、操作分析(operational analytics)、高级分析(advanced analytics)、实时分析(real-time analytics)、边缘或环境分析(edge or ambient analytics)等。虽然这些在分析应用的类型和描述上具有独特性，但是经常给人们造成理解上的混乱。技术供应商总是热衷于提供最新的分析解决方案，试图能解决每一个业务痛点。

分析并不是一种技术，技术只是在分析活动中起到了推动和赋能作用的策略和方法。分析通常指能够识别数据之间有业务意义的模式和关系的任何解决方案。分析被用于解析不同规模的、不同复杂程度的、结构化和非结构化的、定量或定性的数据，以便从中实现对特定问题的理解、预测或优化的明确目的。

所谓高级分析也是分析的子集，它使用复杂的分析技术来支持基于事实的决策过程，而且这种分析通常是以自动化或半自动化的方式开展的。高级分析通常包括数据挖掘、计量经济建模、预测、优化、预测建模、模拟、统计和文本挖掘等技术。

2. 商业智能和报表

关于分析与商业智能的区别，几乎没有形成过共识。有些人将分析归类为商业智能的一个子集，而另一些人则把它归为完全不同的类别。我把商业智能(BI)定义为一种管理策略，用来建立一种更有结构性和更有效的决策方法。商业智能(BI)包括报表、查询、联机分析处理(OLAP)、仪表盘、记分卡等常见要素。

商业智能的重点是使用相对简单的数学方法来对历史数据进行展示和呈现。分析则被认为是采用更复杂的计算逻辑，并且能够预测一些特定问题、识别因果关系、确定最优解决方案的方法，有时也被用于指明需要采取的行动与措施。

大多数商业智能应用的局限性并不在于技术的限制，而在于分析的深度和为行动提供依据的真正洞察力。例如，告诉我已经发生了什么事情并不能帮助我决定如何行动以改变未来，这样的结果往往是通过离线分析(offline analysis)得到的。

分析的真正责任是形成可行动的、可操作的洞察力，从而能够帮助我们了解已经发生的事情(在什么地点发生，为什么会发生，在什么条件下发生)，预测出未来可能发生什么，及我们可以做什么来影响和优化未来的结果。

商业智能和它的近邻“报表”，都是用来描述有关现象的信息展示技术，通常位于数据传递管道的尾部，在那里可以直观地访问数据和结果。另一方面，分析则超越了对数据的描述，它真正理解了这个现象的内在规律，从而来预测、优化和预判未来应采取的适当行动。

从传统上看，商业智能一直存在两个缺点，这源于它们与这样的事实有关：

- BI通常专注于建立对过去已经发生事实的认识，因为它侧重于度量和监视，而不是预测和优化；
- 其计量分析往往不够复杂，无法建立足以产生精确洞察力的有意义的改变(虽然正确的报表或可视化展现也可以对改变产生影响，但还不够精确)。

如果把商业智能与深入的“分析”恰当地结合在一起，而不仅仅停留在对事实的认识，它就更接近分析，但它又往往缺乏高级分析解决方案中经常用到的复杂统计、数学或者“机器学习”方法。

因此，我认为分析是商业智能总体框架内所包含的概念的一种自然演变。它更加强调充分开展必要的各种活动，以形成能促进行动的真知灼见。分析远远不止于在自助操作仪表盘或报表界面中所使用的、预先定义的可视化元素。

7.3.3 充分利用大数据的价值

大数据(big data)是一种描述不和谐信息的方法，在将数据转化为洞察力的过程中，组织必须处理这些难以处理的信息。1997年，迈克尔·考克斯(Michael Cox)和大卫·埃尔斯沃思(David Ellsworth)首次使用了大数据这一表述，他们当时提到的“问题”如下：

可视化为计算机系统提供了一个有趣的挑战：数据集通常相当大，占用了大量主内存、本地磁盘，甚至远程磁盘的容量。我们称之为大数据问题。当数据集大到无法存放在主内存(核心存储器)，或者甚至无法存储在本地磁盘上时，最常见的解决方案是扩充并获取更多的资源。

将大数据视为一个概念，它突出了这样一种挑战：数据的规模和复杂性超出了传统数据分析方法能够处理的范围。如果大数据是用来描述当今信息复杂性的概念，那么分析就可以帮助我们以主动的方式(预测性和规范性)来分析复杂性，而不是以被动的方式(即商业智能的范畴)来应对。

7.3.4 充分利用人工智能与认知计算

人工智能(AI)是一门“让计算机做需要人类智能才能做的事情的科学”。

人工智能和机器学习的区别在于，人工智能是指利用计算机完成模式的识别与探索这类“智能”工作的广义概念，而机器学习是人工智能的子集，它主要指利用计算机从数据中学习的概念。

机器学习是人工智能的一个子集，它可以根据数据进行学习和预测，不是仅仅根据特定的一组规则或指令完成事先规划好的操作，而是利用算法训练来自主识别大量数据中的模式。

可以利用人工智能做分析，如分析数据是如何构造的，存在什么模式等。人工智能在分析中的应用通常以机器学习或认知计算的形式出现。

认知计算是一种独特的应用，它将人工智能和机器学习算法结合在一起，试图复制(或模仿)人脑的行为。认知计算系统被设计为像人一样通过思考、推理和记忆等方式来解决问题。这种设计方法使认知计算系统具有一个优势，使得它们能够“随着新数据的到来而学习和适应”并“探索和发现那些你永远不会去问的东西”。认知计算的优势在于，一旦它学会了某种能力，它就永远不会忘记，而人类往往做不到这一点。

在狭义的术语中，人工智能代表人类智慧，而认知计算则提供信息来帮助人们做出决策。

7.3.5 数智化回归业务本质

1. 不懂业务，分析就仅仅只是提数

人人都在说“数据分析要懂业务”，但是究竟怎样算作懂业务呢！对于头条类的内容

产品来说，其业务模式无非是从(内容)生产到分发再到变现，从而实现从投入到盈利，再到盈利增长这样一个商业闭环，要想将这个模式跑通，就应该有内容(生产者)，有用户(消费者)、有平台(消费平台)、有广告(激励生产者和平台)。

如果懂业务，你就不会在日活跃用户数量出现下行趋势时单纯提出加大广告投放这样谁都知道的建议；你就不会在生产者因竞品提升激励费用而出现流失苗头时，只是轻描淡写地汇报一下同比和环比；你就不会在关于广告的反馈量异常提升时粗暴建议业务侧全局减少广告频率……

如果懂业务，你就会知道数据工作该如何推进。

第一阶段应该是基础数据建设，保证数据收集的规范化、全景化和扩展化，保障“打点—收集—清洗—统计—入库”这个数据生产流程的效率和稳定。

第二阶段重点关注种子用户的数据表现，用户对产品哪些功能使用不顺畅，对哪些品类的内容更加偏爱，什么样渠道的用户质量更高，并将以上结论同步输出给业务侧，并持续进行PDCA[①]循环，直至通过留存率测算出来的life-time(生命周期)足够支持进入爆发期。

在爆发期的分析重点就是不断提升运转效率，比如根据用户偏好特征进行定向组织生产，继而扩大分发场景，从App内分发再到App外分发，不断提高单篇内容的分发效率；优化产品的栏目布局、功能按钮等动线设计，满足不同人群的使用偏好，提高效率。

第二阶段的目的是不断放大用户与内容的规模效应，为商业化做准备。

第三阶段的分析重点则是关注商业侧表现，内容无论是自产，还是UGC(用户原创内容)，都是有成本的，成本换作了流量，流量又通过商业化实现了变现，所以需要通过数据优化当前的广告形式和策略，帮助企业用户找到最匹配的用户，以及让用户发现最需要的广告，从而实现ROI(投资回报率)的最大化。

第四阶段则应关注创新发展，国内同行当前的发展模式都有哪些，以及各自的差异化竞争点，国外是否有类似的行业及当下现状是如何，用户还有哪些延伸需求没有得到满足，内容行业的未来发展趋势是什么，以及可能遇到的法律法规等政策风险。

如果懂业务，你就会知道在相应的阶段老板的关注点是什么，就会设计出更符合业务视角的报表，通过相应的专题分析，解答老板还未开口的“需求”。

如果懂业务，你就会想到首先要了解各业务角色的KPI(关键绩效指标)。对于团队协作来说，最有力的方法就是驱之以利，而非驱之以理，当业务人员知道你们是利益共同体的时候，良好的协作也就有了保障。

那么，如何检验自己是否懂业务，就是看你的主要时间花费和产出都在哪里。如果懂业务，你的主要产出就一定不会是提数，因为老板和业务部门知道，让你提数就相当于浪费公司人效和损害自己利益。否则，分析就仅仅是提数。

2. 回归本质，数据才能为业务赋能

引用一下维基百科的解释，“数据就是数值，它是我们通过观察、实验或计算得出的结果。数据有很多种，最简单的就是数字”。数据的本质是数值，只是一个结果，要想改

---

① 所谓PDCA，即是计划(plan)、实施(do)、检查(check)、处理(act)的首字母组合。

变结果，只能寻因，从因上做改变，才能改变数值，比如，流水的公式为

流水=日活购买率×人均购买金额

这个公式还可以继续往下拆，并将拆解后的因子交给不同的业务小组负责，也就成为了这些小组的KPI。

管理过类似业务的人都知道，这个公式最大的意义是跟踪和监控，而不能作为执行目标。决定流水的正确因子应该是用户的需求强度、购买力，以及相应购买力用户与相应价格档商品的匹配程度。如果不从因果关系上思考解决办法，只在当前的存量购买力下追求各个伪因子，就会出现“按下葫芦浮起瓢”的现象。

举一个例子，随着业务的迭代和细化，结果型报表对业绩提升毫无用处。主要思路是将结果型报表变换成过程型报表，以用户视角将整个报表分成基本属性、兴趣偏好、使用特征、商业贡献4个单元。

基本属性主要是以新增日期、渠道、机型、性别、年龄等为代表的用户基础描述。

兴趣偏好是用户在使用产品之后表现出来的特性，比如喜欢卡牌、RPG等品类游戏。

使用特征则是用户在使用产品时留下的数据行为，比如浏览、点击、搜索次数。

商业贡献则是衡量用户对商业化的贡献，比如购买次数，购买金额。商业贡献结合基础属性其实就实现了对用户LTV(生命周期总价值)的整个监控。

有了这种视图，就等于有了自变量与因变量，可以回到我们熟悉的多变量分析方法上来，提出RFM①、CRM、渠道评估、反作弊等解决方案。

熟悉业务的好处是可以有相同的对话语境和立场，弊端是常常因走得太近，走得太快而忘记数据的本质。一个优秀的分析师需要建立起一套属于自己的分析系统，其中，很重要的一个环节是自我纠错机制。

3. 数据先行，增长才能更加稳准狠

伴随着人口红利消解，互联网大盘流量增长接近上限这个大背景，增长获客的概念现在越来越火，应注意以下两点。

1) 增长手段是有一定条件的

微信裂变、社群运营、用户补贴、拼团等属于增长手段，手段是有有效期和适用环境的。电商行业有句打油诗是这么说的——“用户促活一句话：推送信息把券发，有事没事发短信。您要登录把礼拿，优质产品在秒杀，再不来就没有啦！要是客户不买账，直接拿券头上砸”。这种“生搬硬套、无脑跟风”的后果就是成本越来越高，效果越来越差。用户的购买决策体系发生紊乱，商家的定价权也受到质疑，“价格太虚了，啥时候有优惠啥时候再来买，反正也不着急”。薅羊毛的用户越来越多，平台陷入了饮鸩止渴的尴尬境地。

2) 增长获客正确的姿势

增长获客正确的姿势应当是数据先行，通过一组指标还原用户场景和动机，进而“归纳演绎—找到差异—抓住增长点”。数据增长还包括用户定位、产品设计、价格策略等环节。

同时，增长类项目的发挥效能还取决于以下前提：

① RFM模型是衡量客户价值和客户创造利益能力的重要工具和手段。在众多的客户关系管理(CRM)的分析模式中，RFM模型是被广泛提到的。

- 数据增长是游离在产品、运营、技术、品牌之外的一种高效组织形式，打破常规分工模式和业务惯性，需要跨部门、跨角色间的联动，这种联动越高效越好；
- 正是因为与原有分工体系游离和并存，会不可避免地发生碰撞和交融，所以对增长小组进行直接授权和负责的管理层级别越高越好。

7.3.6 数智化时代需要新人才

随着数智化时代的到来，对于数智化人才的需求也随之而来。2020年2月25日，人力资源社会保障部与国家市场监督管理总局、国家统计局联合向社会发布了人工智能训练师、全媒体运营师等16个新职业。纳入《中华人民共和国职业分类大典》的全新职业，这是2015年版《中华人民共和国职业分类大典》颁布以来发布的第二批新职业。数智化时代对于人才的要求也势必会发生很大的变化，从目前的大趋势上看，这里主要介绍两个非常典型的数智化转型后的新职业。

1. 人工智能训练师

互联网的发展带来服务渠道的变化与服务量的不断增加，而依靠传统物理堆积的方式来解决服务量和提高服务水平越来越不“给力”，科技改变生活，在人工智能的加持下，以在线机器人为辐射中心的智能服务产品体系已经逐渐被各客户服务中心接受并成为服务阵营的中坚力量，作为在线机器人和智能服务产品背后的灵魂人物之一的人工智能训练师，随着智能服务产品的成熟，越来越多的企业甚至连政府机构都开始认可这一新兴职业。

2020年新春来临之际，一场突如其来的疫情给我们的生活及工作带来了很大的影响。这场没有硝烟的战争，同时也加速了客户中心向智能化服务的转型。但是，引入智能客服后，相关的运营、人员的配置、运营人员向人工智能训练师的转型等一系列问题都困扰着各个企业：

- 如何基于智能服务，重新设计服务体系？
- 如何有节奏地开展智能服务运营？
- 机器人的运营如何开始？
- 如何确定服务目标、场景、业务？
- 如何对语料进行梳理？
- 机器人的知识库该如何搭建并优化？
- 如何提升应答效果？
- 如何评估机器人的运营效果？

以上，都是开展智能化运营的呼叫中心管理人员普遍关心的问题。

计算机、互联网的发明和应用催生了第三次工业革命，伴随社会和技术指数的进步，信息化和智能化带来了第四次工业革命，这次工业革命的核心技术就是人工智能和大数据。客户服务中心作为天然的企业信息收集器，自然成为人工智能最佳落地场景，处在这次革命的风口浪尖中。而互联网的发展带来客户服务渠道的变化和服务量的不断增加，传统的服务方式也随着业务量的增加显得力不从心。科技改变生活，在人工智能的加持下，以在线机器人为辐射中心的智能服务产品体系不仅可以帮助企业优化服务流程，提高服务效率，降低服务成本，还可以提高客户满意度，这让越来越多企业的客户中心开始引进智能服务体系，并成为服务阵营的中坚力量。

但引进智能服务的同时，我们发现绝大部分智能应用难以收获客户满意，原因是智能产品做得还不够好，技术不精，缺少从业务运营能力角度做思考，这样的认知带来的决策和行为自然就变成了不断地去升级智能产品装备，不断采购，不断换系统。之所以出现类似这样的情况，根本原因还是在于忽略了智能服务产品背后的使用者的提升。目前，对于人工智能训练师的工作职责与能力界定都存在模糊化的困境，甚至不知道应该如何评定人工智能训练师团队工作绩效的优缺点。这样带来的结果将会是人工智能服务产品无法发挥原本的功效，导致企业在引进智能服务产品时比较迷茫，相关的从业人员难以得到长足的发展，造成从业人员数量锐减。

无论是从企业的业务、客服的诉求，还是产品的进步、从业者的迷茫来说，客服部门都需要回归本职轨道，重点关注智能时代客服人员(即人工智能训练师)的成长及能力发展，才能让人工智能技术发挥出应有的价值。

2. 全媒体运营师

互联网电商在中国的发展可以追逐到1995年，甚至更早。从线下到线上，从PC阶段到移动互联网，再到微信生态和当下如火如荼的短视频和直播平台。服务的场所、形式、内容及社会、企业赋予服务的价值与期望越来越丰富多彩。

同时，人工智能的飞速发展分担了大部分基本的客服人工应答或回访。企业、客户对人工服务的期望也从解决基本问题向专业化、定制化转型，从单点解决问题向整体解决方案转型。随着交易渠道和交互渠道不断创新，服务的日常交互也将逐步从解决问题向商机挖掘及提供整体解决方案转型。

全媒体运营师的主要任务包括：

(1) 运用网络信息技术和相关工具，对媒介和受众进行数据化分析，指导媒体运营和信息传播的匹配性与精准性；

(2) 负责对文字、声音、影像、动画、网页等信息内容进行策划和加工，使其成为适用于传播的信息载体；

(3) 将信息载体向目标受众进行精准分发、传播和营销；

(4) 采集相关数据，根据实时数据分析、监控情况，精准调整媒体分发的渠道、策略和动作；

(5) 建立全媒体传播矩阵，构建多维度立体化的信息出入口，对各端口进行协同运营。

目前，全媒体运营师有4 000万人才缺口，百度、阿里巴巴、腾讯、京东、新浪、头条、快手等众多互联网知名企业，都对全媒体人才需求迫切。

全媒体运营师必备的相关技能包括：

- 了解行业发展趋势及消费者心理，为企业制定前瞻性服务营销发展策略；
- 掌握电商基本运营常识及流量生态建设；
- 了解移动互联网时代用户特点与运营对策；
- 掌握社会化营销生态运营；
- 掌握公域流量转化运营规则与技巧；
- 掌握私域流量运营方法与技巧；

- 社群建设与运营的方法与技巧；
- 移动互联网时代流量生态建设；
- 掌握直播、短视频运营逻辑与实操方法；
- 运用数智化管理工具有效经营会员。

第二篇

客户中心管理师

当今社会，随着智能化/数字化技术突飞猛进地发展，社交网络使全人类的沟通发生了根本性的改变。客户行为的多样化和全球发展的智能化使得企业之间的竞争逐步加剧，在这个过程中，客户中心行业也无可例外地发生了翻天覆地的改变。

毫无疑问，今时今日的“customer engagement”(顾客参与)不再是通信时代的“contact center”(呼叫中心)。“传统的语音呼叫中心已死！”是一个无论你是否愿意接受、却不得不去面对的必然结果。数智革命推动下的变革力量，其潜力和速度都超乎想象，它对客户中心生产力的提升效果远远超过我们目前的管理手段；同时，传统语音客户中心时代的“客户中心管理师”的中、高级岗位胜任力模型发生了结构性的变化，亟待升级更新；专业服务外包、基于平台的众包等新型业务组织发展方式将有突破性的发展。

在数智时代，客户中心应如何做好管理？本篇将从数智时代下自建型客户中心管理角度进行阐述。

第 8 章

战略规划

客户中心战略定义了发展方向，是具体行动的纲领。客户中心管理先要保证方向正确，然后才是行动科学化，并且方向的确定与客户中心的文化息息相关。

8.1 客户中心的文化

对于一个公司而言，客户中心的文化是对企业文化的传承、深化或者补充，其根本目的是打造团队的创造力、执行力与凝聚力。

企业文化要落地，必须通过客户中心的文化进行有效的转换和传递，根据客户中心的特性，因地制宜，增强员工对企业文化及客户中心管理的认同，保证管理决策的一致性。

客户中心文化的形成主要包括：提炼、诠释与传播文化理念。

8.1.1 文化理念的提炼

客户中心的文化主要基于企业文化的传承与分解，或是对企业文化的深化和补充。比如，企业文化中含有“创新”的字眼，那么客户中心文化可以延续创新的要求，提出类似于“开拓、变革”的理念，也可以直接沿用“创新”，作为客户中心的文化之一。客户中心文化包括愿景、使命、价值观。

1. 愿景

愿景是客户中心对未来的设想和展望，是未来的长期发展方向，回答了“客户中心将成为什么”的问题，它告诉员工客户中心将走向哪里。

愿景是一个鼓舞人心的、展现在全体员工面前的目标，这个目标通常会使人不自觉地被它的力量所感染。它需要被所有员工接受和理解，并能够有效地激励员工们努力实现目标，团结一心。

2. 使命

使命是客户中心存在的理由，是客户中心承担并努力实现的责任，回答了“客户中心为什么而存在”，即“要实现什么”的问题。使命告诉每个成员在一起工作是为了什么，这中间包含了客户中心经营的哲学定位、价值观及其形象定位。

3. 价值观

价值观是客户中心及其员工共同认可和崇尚的价值评判标准，即客户中心的信仰，是客户中心及其员工在长期的工作实践中产生并共同遵守的思维模式和职业道德，回答了“客户中心为实现使命和愿景如何采取行动”的问题，是被员工所重视的行为和技能。它为客户中心及其成员在工作的各个方面提供了行动准则，也为客户中心处理各种矛盾提供了判断依据。

8.1.2 文化理念的诠释

对于提炼出的客户中心价值观，要用直接、简洁、具体的语言加以诠释，梳理日常工作行为中哪些是需要做的，哪些是不能做的，即“提倡什么、反对什么”。比如对于“高效”的诠释可以是“反对等待拖延、提倡立刻行动”“反对找借口、提倡找方法”等。

“文化理念的诠释”这个环节是文化落地的“梯子”，可以组织所有员工进行头脑风暴，群策群力。

头脑风暴是一种运用明确的准则来生成创意和建议的具体方法，要营造一种尊重和鼓励大家畅所欲言的沟通气氛，在使用头脑风暴时，我们要遵循以下4条基本原则：

(1) 不要批评任何想法；

(2) 没有想法是太过疯狂的；

(3) 想法的数量非常重要；

(4) 抓住机会“搭便车”。

当收集到大家不同的反馈信息后，管理人员可以从中选出最符合现状的、最能达到管理人员要求的内容，组合成对文化理念的诠释(见表8-1)。

表8-1 对文化理念的诠释

类目	拼搏	求变	共赢
需要做	❶百折不挠，坚韧不拔，经得起折腾，扛得了压力 ❷说到做到，全力以赴，使命必达，捍卫荣誉 ❸直面困难，绝不逃避，勇担责任	❶开放包容，打破固有观念，虚心接纳不同的观点和方法 ❷不断学习、获取及应用工作中的新知识、新方法、新理念 ❸适应变化，积极尝试并敢于试错，快速迭代，积极寻找最优解决方案	❶同心同力面对困难挑战，一起分享胜利果实 ❷在适用范围内制度透明公开，奖罚分明，优绩优酬 ❸尊重他人，对事不对人；帮助他人，共同成长
不能做	❶没开始就说不行，临阵退缩 ❷怕苦怕累没担当，敏感脆弱玻璃心 ❸工作中斤斤计较，传播负能量	❶自以为是，拒绝听取他人意见或建议 ❷安于现状，害怕变化，不敢突破自我局限 ❸墨守成规，保守固执，拒绝尝试新方法，不愿试错	❶自私自利，损害集体利益 ❷营私舞弊，刻意隐瞒重要信息 ❸对他人冷漠粗暴，麻木不仁

8.1.3 文化理念的传播

有了合适的文化，并进行了切合实际的诠释，接下来就要让所有的团队成员了解、领会与认同文化，这就需要通过各种方式和载体进行传播，去影响员工的思想。比如，可以将文化及相应的诠释贴到“部门墙”上，通过各种会议或其他场合，诠释文化理念，以文化作为评判员工能力素质的标尺。久而久之，文化就会变成大家熟知并逐步认同的准则，改变其思想与行为。

活动也是比较好的文化传播载体之一，这种活动不是随意性的娱乐活动，而是体现文化的管理活动，比如为了体现员工关怀，设置员工生日会；为了鼓励员工学习与成长，组织每周固定时间学习；为了树立文化理念标杆，评选文化之星。

文化要真正落地，发挥凝聚人心，提升团队执行力、创造力的作用，还必须融入每个人的行动中，浸透每个管理举措和管理要求中，运用到人力资源管理的“选、育、用、留”中。

8.2 管理体系

8.2.1 有效的管理体系

1. 什么是管理体系

管理体系就是维持客户中心运作和取得效益的一系列管理方法、管理机构、管理理念、管理人员的总称。一个管理体系的好坏，会影响客户中心的长远发展。

客户中心管理是一项非常复杂与烦琐的动态管控过程，它没有一成不变的管理模式，但是有一些需要遵循的管理规律，违背了这些规律，就很有可能致使某些方面的管理失控和蒙受一定程度的损失。这些规律包括人员层面的、客户层面的，乃至经济层面的，如果长期出现这样的问题，必会导致整个客户中心的绩效大幅度下滑，甚至导致企业破产。

2. 管理体系的组成

管理系统一般由三个部分组成：运作模式、战略经营计划、绩效评审和提高方法。

1) 运作模式

运作模式是客户中心实现战略目标的基础。它往往包含组织架构、服务对象、提供服务的方法和流程、日常运营管理方法等内容。如用平衡记分卡、六西格玛等管理方法，强调让数据说话，而不是靠个人意见。

2) 战略经营计划

客户中心为实现未来几年战略目标，需制订一系列与客户体验、人员招聘/培训、流程制定等相关的计划。战略经营计划往往包含以下内容：

- 对市场趋势及客户中心在市场中竞争地位的分析；
- 人员配备和需求的设计；
- 客户服务对象的定义及相关的绩效指标；
- 主要流程和相关负责人员。

3) 绩效评审和提高方法

绩效评审和提高方法是指客户中心所采用的对经营计划完成情况进行考核和对已有运作模式不断改善、提高的方法，如：DMAIC原理＝定义→测量→分析→改进→控制。

3. 常见的管理体系

1) CC-CMM能力成熟度模型

建立健全管理体系，符合客户中心管理规律，可以借鉴CC-CMM能力成熟度模型(见图8-1)中提及的5个维度来展开。

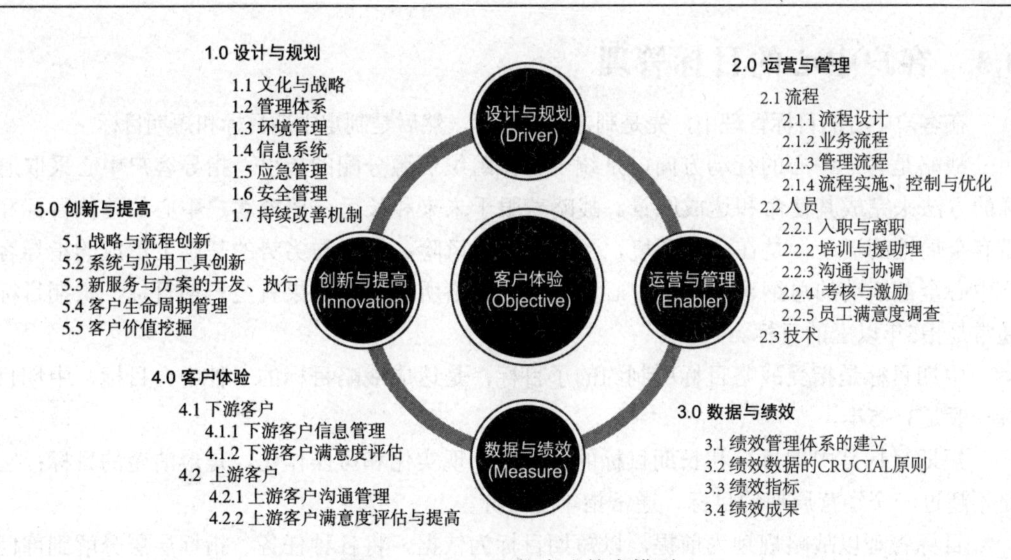

图8-1 CC-CMM能力成熟度模型

(1) 设计与规划：关注文化与战略的制定、管理体系的建立、环境管理、信息系统管理、应急管理、安全管理和持续改善机制的建立。

(2) 运营与管理：包括流程管理，人员管理和技术三个方面的内容。通过这三个方面的建设，实现客户中心运营效率的最优化和运营效果的最大化。在提升自身能力的同时，改善财务指标，实现价值提升，通过优质的服务建立起更加良好的客户服务和客户营销的口碑和声誉。

(3) 数据与绩效：包含绩效数据的分类与绩效数据的管理两个方面的内容。通过这两个方面的建设，来实现企业的战略目标、强化企业文化、实现价值分配、提升管理效果；通过考核目标和标准的建立，以及对绩效评估结果的沟通和反馈，达到预期的管理目的。

(4) 客户体验：从上游客户和下游客户两个方向展开。

(5) 创新与提高：从战略与流程创新、系统与应用工具创新、新服务/方案开发与执行、客户生命周期管理和客户价值挖掘等5个方面进行创新。

管理体系

2) 其他管理体系，包括精益六西格玛质量管理办法、SPC(质量管理与控制)、TQM(全面质量管理)、ISO质量体系标准等。具体可扫描右侧二维码进行了解。

8.2.2 管理体系的年度评审

为了保证客户中心整体运营管理规范化，使客户中心运营管理具备自我完善、自我改进的机制，客户中心需要定期对管理体系进行评审，目的在于审核管理体系运行的符合性、有效性和适宜性。一般而言，客户中心可以每年进行一次评审。管理体系的年度评审可以分为内审和外审两种方式，无论采用哪种方式，其审核流程都包括：编制审核实施计划、确定审核小组成员、编制审核检查表、审核实施、发布审核报告、针对审核过程中需要完善的地方制定改正措施、执行措施和验证效果等环节。

8.3 客户中心的目标管理

在客户中心的目标管理中，先是制定战略目标，然后是制定中期目标和短期目标。

战略是客户中心的行动方向，是统一整体组织资源分配的指引，指导客户中心采取怎样的方法来完成其使命和达成愿景。战略着眼于未来和长远，研究客户中心的总体目标和带有全局性的活动，是在分析环境，预测机会与风险、优势与劣势的基础上形成的指导客户中心全部活动的总纲领。客户中心实施特定战略所期望的结果就是长期目标，长期目标通常是指5年以上的目标。

中期目标是指受战略目标所制约的子目标，是达成战略目标的一种中介目标，中期目标一般是3～5年。

短期目标是中期目标和长期目标的具体化、现实化和可操作化，是最清楚的目标；它是不超过一个经营周期的目标，通常指年度目标。

目标管理以战略规划为前提，以短期目标为依据，将各种任务、指标层层分解到部门和个人。短期目标是长期目标和中期目标的分解，短期目标实现的累计是达成长期目标的必然之路。

8.3.1 客户中心目标管理的原则

客户中心的目标管理要保证战略目标与中期分目标、短期分目标一致；同时目标需要逐级承接。战略目标是客户中心的行动方向，是统一整体组织资源分配的指引。战略目标需要制订具体目标和行动计划，需要下一级来组织实施，这就需要层层分解、落地和执行。下一级的行动方向是上一级的行动计划，下一级目标是上一级对应行动计划的衡量标准，各个行动计划分解要具体，不重叠不交叉，以节约资源，明确责任部门与责任人。

目标管理还需要遵循SMART原则，具体如下所示。

- S(specific)：目标必须是具体的，要对标特定的工作指标，不能笼统。
- M(measurable)：目标必须是可衡量的，衡量的指标是数量化或者行为化的，验证这些指标的数据或者信息是可以获取的。
- A(attainable)：目标必须是可实现的，在付出努力的情况下可以实现。
- R(relevant)：与其他目标有一定的相关性。
- T(time-bound)：目标必须有明确的截止期限。

8.3.2 客户中心目标设定的步骤

目标设定会将中心的使命、愿景、价值观作为内核驱动，结合客户中心的现状形成战略，各部门根据战略拆解自己的组织目标，然后进行目标逐级拆解并下发，最终形成各部门可衡量的KPI；接下来进行执行环节，最终在结果交付后进行考核验收。

对于战略的解读和目标的设计要时刻关注：

- 客户中心的战略是什么，长短期目标和关键策略分别是什么？
- 我们团队站在哪里？我们要解决的核心问题是什么？
- 客户是谁？要实现哪些客户价值?为什么由我来实现？

1. 设定战略目标和总体目标

客户中心战略定义了发展方向，是具体行动的纲领。客户中心的一系列活动，包括组织架构与各种资源的配置都是围绕战略展开的。中心的最高层管理人员一定要制定明确的战略，领导客户中心更好地发展。

客户中心战略往往包含以下内容。

(1) 与上/下游客户相关的绩效指标，如提高上/下游客户满意度、增加客户的保有率、提升新客户数量等。

(2) 财务指标，如降低成本、提高收益、提高人均产值等。

(3) 内部运营指标，如提升座位的利用率、降低平均处理时长等。

(4) 员工成长指标，如降低员工的流失率、提高员工的成长率等。

客户中心的年度总体目标源于企业的战略目标。战略目标是客户中心长期的发展规划，要保证战略目标的实现，客户中心必须将战略目标分解到每个年度去完成，只有这样，战略目标才具有实际意义。

2. 目标分解

在清晰明确的、且达成共识的战略方向和年度目标指导下，客户中心会分解任务目标、明确职责权限。

目标管理要求每一个分目标都有确定的责任主体。因此，总体目标设定之后，需要重新审查现有组织结构，根据新的目标分解要求进行调整，明确目标责任者和协调关系。

中心级目标按照一定的原则和程序进行分解，形成部门和个人目标，这便建立了客户中心的目标体系。每一个岗位和个人的目标，是为了达成上级的目标而存在的。如果没有上级的目标，无从议定岗位和个人的目标。在目标的纵向分解过程中，即形成了部门、岗位各自相应的目标内容，同时形成了部门之间、岗位之间的协同目标。这是目标管理应遵循的内在规律。

3. 目标的传递

目标传递的核心是让员工把客户中心的方向和目标变成自己的目标，传递过程中要强调目标是怎么来的，把目标和团队成员的获益点关联起来。

8.3.3　客户中心的指标体系

1. 客户类指标(语音服务)

客户类指标(语音服务)具体情况如表8-2所示。

表8-2　客户类指标(语音服务)

指标	定义和公式	目标范围
一次解决率	统计周期内，通过单次电话交互解决的客户请求数量与同一时期收到的请求总数的比率	85%～100%
服务水平	Y/X，在X秒内应答的电话数与所接入的电话总数之间的百分比	80/20
平均应答速度	统计周期内，总共排队时间除以所回答的电话总数 平均应答速度=转人工接听的电话在座席代表接听前所等待的时间总和/人工应答数量	＜20秒

(续表)

指标	定义和公式	目标范围
平均处理时长	统计周期内，座席代表处理一通客户电话的平均时长，包括通话时长和话后处理时长 平均处理时长=(通话总时长+持线等待总时长+话后处理总时长)/人工应答数量	—
平均通话时长	统计周期内，座席代表在线与客户通话的平均时长 平均通话时长=通话总时长/人工应答数量	—
平均持线等待时长	统计周期内，座席代表需要客户在线等待的平均时长 平均持线等待时长=在线等待的总时长/人工应答数量	—
平均事后处理时长	统计周期内，座席代表处理一通电话后续工作所需要的平均时间 平均事后处理时长=话后处理的总时长/人工应答数量	30～60秒
致命错误率	会导致整个服务有重大缺陷的准确率错误发生的比率 致命错误率=产生致命错误的业务监控次数/业务监控总次数	≤2%
非致命错误率	不会导致整个服务有重大缺陷的准确率错误(包括软技能、专业化程度和许多数据输入错误)发生的比率 非致命错误率=产生非致命错误的个数/产生非致命错误机会总数	≤5%
客户满意度	统计周期内，对客户进行满意度调查时，选择非常满意与满意的客户数量与接受调查的总客户量的比率 客户满意度=选择非常满意与满意的客户数量/接受调查的总客户量×100%	—

2. 客户类指标(在线服务)

客户类指标(在线服务)具体情况如表8-3所示。

表8-3 客户类指标(在线服务)

指标	定义和公式	目标范围
一次解决率	统计周期内，通过单次在线交互解决的客户请求数量与同一时期收到的请求总数的比率 一次解决率=通过单次在线交互解决的客户请求数量/同一时期收到的请求总数	85%～100%
最大接待量	每个在线客服同时接待会话数量的最大值	8～12
首次响应时间	客户发出第一条消息后，客服弹窗的时间点与在线客服手动回复客户的第一条消息的时间点之间的差值	<20秒
平均响应时长	在一次会话中，客户与客服每一次对答所用时间的平均值 平均响应时长= SUM(客服回复消息与客户消息时间差)/客服消息数	<30秒
平均处理时长	统计时间内的会话从客服发起或者回呼开始到结束所用时间的平均值 平均处理时长=SUM(客户发起咨询与结束咨询的时间差)/回复量	—

(续表)

指标	定义和公式	目标范围
平均事后处理时长	一次会话结束前，在线客服需要完成与此次会话相关的整理工作所需要的时间 平均事后处理时长=会话后处理的总时长/人工应答数量	30～60秒
致命错误率	会导致整个服务有重大缺陷的错误发生的比率 致命错误率=产生致命错误的业务监控次数/业务监控总次数	≤2%
非致命错误率	不会导致整个服务有重大缺陷的错误(包括软技能、专业化程度和许多数据输入错误)发生的比率 非致命错误率=产生非致命错误的个数/产生非致命错误机会总数	≤5%
客户满意度	在统计周期内，对客户进行满意度调查时，选择非常满意与满意的客户数量与接受调查的总客户量的比率 客户满意度=选择非常满意与满意的客户数量/接受调查的总客户量×100%	—

3. 运营支撑指标

运营支撑指标具体情况如表8-4所示。

表8-4　运营支撑指标

指标	定义和公式
缺勤率	员工已排班却没出勤的比率 缺勤率＝员工缺勤时间/员工已排班时间
招聘准确率	招聘周期内招聘准确性的比率，通常使用顺利通过培训的新人数的比率表示 招聘准确率=顺利通过培训的新人数/录用的总新人数
招聘完成率	招聘周期内招聘完成的比率 招聘完成率=在既定时间内招聘到的新人数/计划招聘的总新人数
培训准确率	在通过培训后的两个月内，业务监控成绩达标的新人数与通过培训的总新人数的比率 培训准确率=业务监控成绩达标的新人数/通过培训的总新人数
预测准确率	预测量与实际发生量之间的差距比率 预测准确率=(实际呼入总呼叫数-预测总呼叫数)/实际呼入总呼叫数
座席利用率	座席利用率=特定时间段内企业支付工作时长总和/(座席总数×特定时间段的小时数)
离职率(月)	统计周期内的离职人数与该周期内在册人数的比率 离职率=离职员工数/[(期初人数+期末人数)/2]
成长率(年)	统计周期内晋升的人员比率 成长率=年内得到晋升的员工数/[(年初人数+年末人数)/2]
员工满意度(年)	所有员工对企业满意程度打分的平均值

4. 财务性指标

财务性指标具体情况如表8-5所示。

表8-5　财务性指标

指标	定义和公式
单个呼叫成本	统计周期内，客户中心的所有费用除以客户中心周期内处理的所有业务的总量 单个呼叫成本=客户中心的所有花费/处理的所有业务的总量
单个座席成本	统计周期内，客户中心的所有费用除以客户中心周期内客户中心的平均座席数量 单个座席成本=客户中心的所有花费/平均座席数量

5. 智能服务类指标

智能服务类指标具体情况如表8-6所示。

表8-6　智能服务类指标

指标	定义和公式	目标范围
语义识别准确率	智能客服正确识别客户问题数量与客户向智能客服提问总量的比率 语义识别准确率=智能客服正确识别客户问题数量/客户向智能客服提问总量	65%
访客数	通过智能机器人各入口点击进入的总量	50%～80%
拦截率	拦截量与互动访客数的比率 拦截率=拦截量/互动访客数	—
场景覆盖率	通常用于文本机器人，指智能机器人服务的场景所占的比率 场景覆盖率=智能机器人服务的场景/所有场景	60%～90%
问题解决率	通常用于文本机器人，客户在智能机器人每一次回答后，点击已解决的数量与点击总量的比率 问题解决率=点击已解决的数量/点击总量	90%～95%
语音识别准确率	智能IVR①中语音识别的准确性比率 智能IVR中语音识别准确率=语音识别正确的字数/总字数	80%～90%。
主动服务满意度	客户在服务结束后主动点击服务满意的数量比率 主动服务满意度=客户满意量/(客户满意量+客户不满量)	85%～95%
答复率	机器人答复客户的比率 答复率=1-机器人拒识对话量/对话总量	90%
平均对话轮次	某一类任务(或技能)的对话轮次的平均数 平均对话轮次=总对话轮次/总通话量	3.8轮次
业务成功率	在智能外呼过程中，业务成功量与接通量的比率 业务成功率=业务成功量/接通量	30%～50%

8.4　组织结构

8.4.1　典型的客户中心组织结构

客户中心的组织结构和服务规则是运营管理的核心内容之一。一个机构的组织结构，通俗地说就是对要执行的任务如何加以分工、分组并实现协调合作。客户中心采用什么样的组织结构是由企业、客户中心自身的特性与企业所在的行业情况决定的。进行客户中心

① IVR(interactive voice response)，互动式语音应答。

组织结构设计所需要考虑的因素很多，如管理幅度、策略目标、业务流程、产品及客户情况等；外部因素包括行业特点、市场特点等。

常见的组织结构包括职能型结构、项目型结构、矩阵型结构等。

1) 职能型结构

职能型结构通常按照活动的职能对工作活动进行分类，如运营部、市场部、销售部、培训部、财务部，每个部门各司其职。打个比方，要完成装配汽车的任务，部门1只负责装前右车门，部门2只负责装前左车门……如果每个部门完成任务的时间最长是9秒，则装配一辆汽车仅需9秒钟。整个过程效率高，资源运用充分，对中层领导和员工的要求较低。这种组织结构盛行于20世纪五六十年代。IBM、通用、大众汽车公司、松下、壳牌集团都曾采用这种组织结构。其缺点是可能会导致各部门之间的冲突，职能部门的目标有时会凌驾于组织的整体目标之上；灵活性相对较差，顾客随时提出的要求难以满足；助长官僚主义作风；部门间互相推脱责任；对变革的反映速度慢，压抑员工的创造性和积极性。

2) 项目型结构

项目型结构通常按项目类型对工作任务进行分类。对于一个项目，设置一个项目经理，他有自己的运营人员、市场人员、培训讲师、财务人员，这些人员都只对他负责。项目管理者要注意自己的领导风格应随着下属的变化而调整。只有当领导风格和下属的情况相匹配时，才会实现绩效最大化。这就是组织行为学中的权变理论。项目管理的要点是管理者应学会如何授权。图8-2是管理者授权程度的示意图。

3) 矩阵型结构

综合职能型结构和项目型结构的所长，在部门职能分工的基础之上加入项目管理的方法，可以有效地对资源加以整合利用，同时保障对专门项目进行专项管理。缺点是每个管理节点均需双头汇报，往往导致产生权力的叠加或出现管理盲点。

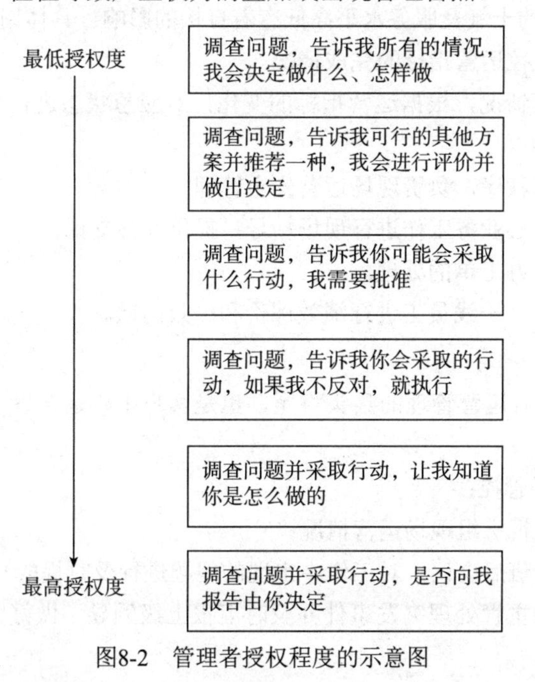

图8-2　管理者授权程度的示意图

8.4.2 岗位设置

无论是职能型结构、项目型结构，还是矩阵型结构，客户中心的岗位设置基本都会包括运营岗位和运营支撑岗位。其中运营岗位主要负责各个渠道(电话渠道、在线渠道、多媒体渠道等)的业务承接和业务处理；运营支撑岗位主要负责为运营提供制度、技术、业务支撑，包括业务规则建立、质量控制、人力资源支持、数据分析等。

运营岗位主要包括：运营经理、现场主管、班组长、座席代表等岗位。

运营支撑岗位主要包括：质检、培训、知识库、数据分析等岗位。

1. 运营经理

运营经理主要负责客户中心全面管理工作，其具体职责如下。

- 组织开展客户中心各项行政办公、现场运营、人事、人资、财务等管理工作，以及团队建设工作。
- 统筹制定客户中心发展规划和目标，组织制订客户中心年度计划及相关计划。
- 负责客户中心的职业生涯设计，人才梯队的搭建，管理人才的储备和培养。
- 组织开展客户中心绩效管理工作，审核绩效评价体系，并提出实施和改进措施。
- 负责统筹管理客户热线、电子渠道等远程服务渠道受理客户诉求。
- 负责统筹制定客户服务相关制度、标准、管理及业务流程，监督实施及效果评价。
- 组织开展公司客户服务运营数据分析，为公司做好决策辅助支持。
- 负责统筹管理客户中心信息安全工作，以及系统故障处理等管理工作。

2. 现场主管

现场主管(supervisor，team leader)的工作主要集中在现场的指标控制、秩序管理和人员管理，主管是管理层与座席代表(CSR)之间的桥梁和纽带，是客户中心管理措施实施的具体执行者，对座席代表的士气及服务水平高低有着直接的影响。具体岗位职责如下。

- 负责关注、监控运营指标的完成情况。
- 管理现场运营情况，根据运营指标的变化，对应急状态进行预判，根据需要进行人员调配。
- 监控现场运营秩序，负责现场运营安全管理。
- 负责对客户中心业务工作进行现场指导、提供业务支撑。
- 负责监督、督办工单的处理。
- 负责对值班长、一线员工进行绩效评价和绩效沟通。

3. 班组长

班组长是客户中心运营管理的兵头将尾，也是客户中心运营管理的最小细胞单元，其具体职责如下。

- 负责班组现场管控：
  - ✓ 监督、巡视班组现场运营情况；
  - ✓ 召开班前班后会议，对工作中出现的问题进行及时提醒与总结；
  - ✓ 协助现场主管处理突发事件并及时汇报上级领导，做好突发事故的话务应急处理工作。

- 负责班组服务质量及品质管理：
  - ✓ 监控分析班组质量指标，监听录音和工单，及时纠偏，督促员工的改进工作；
  - ✓ 针对班组内部质检差错进行班组内部的培训与辅导，并进行改进情况的跟进。
- 负责班组人员的考勤管理、日常管理、安全管理、团队建设及绩效管理。
- 负责业务指导工作：
  - ✓ 指导班组业务工作，解决员工在工作中遇到的疑难问题；
  - ✓ 进行工单审核，做好资源的协调对接工作，确保疑难升级工单的妥善处理。

4. 座席代表

座席代表的具体职责如下。

- 负责综合受理各类业务，对客户提供业务咨询、业务处理、投诉受理等服务。
- 积极参加各类业务培训，不断提高自身素质和业务技能。
- 收集整理客户信息，及时向班组长及上级部门反映。
- 在客户服务过程中，正确引导客户使用公司产品，把握向上、交叉销售机会，促成交易，同时做好新业务的促销工作。
- 严格遵守各项纪律和管理规范，依照业务流程和业务规范的说明开展工作。

5. 质检专员

质检专员的具体职责如下。

- 根据设计的质量监控体系，监督、检查通信质量和服务质量，对重点问题进行分析并提出改进意见，将发现的个人问题和整体问题反馈给运营经理，为其整体管理提出支撑信息。
- 根据质量检查情况，提出整改措施，结合典型案例进行整理分析，对员工进行现场辅导。
- 负责根据质量检查情况，反馈培训需求及培训方案。
- 负责对客户的有理由投诉、表扬工单、远端拨测、采编公告等情况进行复核。
- 负责搜集、汇总、上报工作流程优化及业务采编资料库信息的系统性、准确性、实效性等方面的意见和建议。

6. 培训专员

培训专员的具体职责如下。

- 负责根据设计的培训计划制订部门内部培训方案，为员工业务学习提供教材，负责新员工岗前培训工作。
- 安排培训场地与培训设备、组织落实培训会务及其他行政事务，并做好培训效果的评估，确保培训活动的顺利开展。
- 根据人力资源发展规划，协助运营部门策划员工职业生涯的执行方案，开发员工中长期培训发展的渠道、协助办理各类相关手续。
- 负责根据部门需求，配合完成在岗培训工作，不断提高座席代表的整体服务水平。
- 负责客户中心培训素材库(资料)的整合和管理。
- 为提高人员的业务素质及服务技能，负责网上考试及短信知识题库的维护及更新。

7. 知识库专员

知识库专员的具体职责如下。

- 负责知识库的建立，保证客服机器人智能问答的准确率、命中率及人工知识库内容的及时性。
- 负责深入分析智能座席的交互场景和用户需求，负责机器人外呼等对话场景下的人机对话方案、交互设计等。
- 负责产品信息、业务信息、服务信息等资料的整合与编辑。
- 负责收集产品优化需求，并参与知识库逻辑规则建设。
- 负责在业务更新前与各部门进行内部沟通与确认，保证及时更新。
- 定期针对知识库的知识点击量、知识收藏量等数据进行分析，并定期上报知识库完善优化建议；不断完善知识库系统的易用性和实用性。

8. 数据分析专员

数据分析专员的具体职责如下。

- 制定完善的标准化数据提取规则，确保数据的准确性及有效性。
- 负责收集各岗位的周报、监理月度报表，进行汇总整理，对常规数据进行检查核对。
- 负责采集、统计、分析数据，并撰写日报、周报、月报、年报、专项数据分析报告等。
- 负责客户中心运营指标数据记录、存档，对日常运营中存在的问题提供数据支撑。
- 定期形成客户反馈报告，通过数据分析定位客户痛点问题，并定期反馈给其他部分推动产品优化和迭代或流程优化，从而持续提升用户满意度。

第 9 章

运营管理

客户中心的运营管理就是对运营过程的计划、组织、实施和控制，是与客户中心提供的服务密切相关的各项管理工作的总称。运营管理要控制的主要目标是质量、成本、效率和柔性(灵活性/弹性/敏捷性)，这是客户中心竞争力的根本源泉。

9.1 流程管理

流程是把一个或多个输入转化为对客户有价值的输出的活动，流程是客户中心运营的基础，它可以确保客户中心所有人员遵循一致的方法来进行每天的工作，并由此为客户提供高效优质的服务。

流程由输入资源、活动、活动的相互作用、输出、客户及价值等6个基本要素组成。

- 输入资源是为了保证产出必须投入的因素，比如人员的投入、系统、资金等。
- 活动是组成流程的基本元素，是流程运作的环节。它是对流程整体价值有贡献的，或者关键的、有增值性的动作及动作的集合，它们是为了满足流程客户的需要必须完成的活动，实际运作之后能够在质量、成本或速度上增加客户收益。
- 活动的相互作用是指流程中的活动之间的关系，可以把流程从头到尾串联起来。
- 输出是流程存在的根本原因，也就是流程的工作成果。流程输出可以是有形的，也可以是无形的。
- 客户是流程服务的对象，对外是指服务的个人或组织，对内是指流程的下一个环节。流程服务的客户可能是一个，也可能是多个。
- 价值是流程运作为客户带来的好处，很多情况下不是用货币来衡量的，它可以表现为提高了效率、降低了成本等，流程的输出必须为流程的服务对象带来价值。

流程管理的核心是流程，是一种以规范化的卓越流程为中心，以持续地提高客户中心绩效为目的的系统化方法，流程管理的最终目的是提升客户体验，提升客户中心绩效。

流程管理可以包含以下三个层面：流程规范、流程优化和流程再造。

(1) 流程规范：整理流程，界定流程各环节内容及各环节间交接关系，形成业务的无缝衔接，适合所有客户中心的正常运营时期。

(2) 流程优化：流程的持续优化过程，持续审视流程和优化流程，不断自我完善和强化客户中心流程体系，适合客户中心任何时期。

(3) 流程再造：重新审视客户中心的流程和再设计，适合于客户中心的变革时期，比如管理结构的变化，战略的改变，商业模式的变化，新技术、新工艺、新产品的出现，新市场的出现，等等。

流程的管理包含流程规划、流程设计与编制、流程执行、流程的监控、流程优化等环节。

9.1.1 流程规划

流程规划是客户中心在流程管理上，实现从“零散”管理到“系统性、有计划”的管理，从无序管理到有序管理的过程。流程规划能够从整体层面上识别、厘清客户中心目前的运营管理现状，从而绘制流程体系结构图，使流程管理工作的目标更明确。

流程规划是一个系统性的工作，规划工作需要分类、分层，逐步细化，是一个不断完善的过程，特别是对于业务比较复杂的客户中心，其流程规划更是一个不断完善的过程。

1. 基于战略的流程规划

在进行流程规划时，对客户中心的战略进行明确或重新审视是十分必要的。战略决定业务，业务决定流程，流程决定组织，明确客户中心战略不仅要明确其总体目标，还要明确其分解的目标及其实施战略目标的策略等。

根据战略目标梳理客户中心现有功能和资源，包括：分析客户中心的功能模块需要投入的资源、为实现战略目标各功能模块发挥的具体作用、各个功能模块之间的逻辑关系；根据重新调整的功能模块来优化现有组织架构，以保证资源调整的最优化；根据重新调整的组织架构、功能模块、资源配备情况来搭建流程体系框架(见图9-1)。

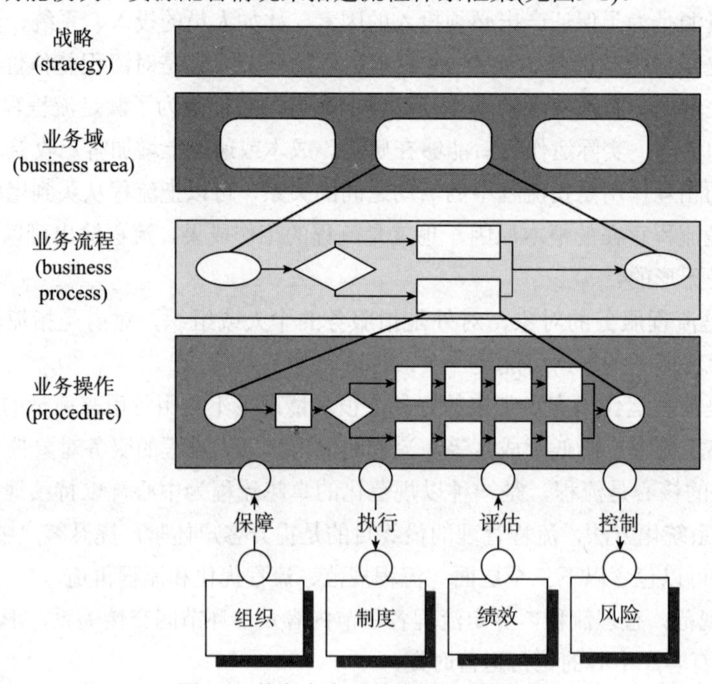

图9-1 某客户中心的流程体系框架

2. 流程识别

流程识别就是将隐藏在业务、管理之中的、客观存在的流程显现出来，加以命名，并界定每个流程的开始点、结束点、输入及输出。

识别流程是流程规划工作的第一步。流程识别工作进行得好坏会直接影响后续各环节工作的质量。流程识别基于客户中心的组织架构和岗位职责，由各个部门进行。各部门负责人应厘清以下问题。

① 部门在客户中心中起到什么作用？ 要为中心层面的哪些关键绩效指标负责？

② 为达成关键绩效指标，部门应该设置什么工作目标？完成这些工作目标要完成哪些任务？它们的产出物有哪些？如何衡量这些任务达成的情况？

③ 部门内正在进行哪些活动？

④ 部门已有哪些文本信息(包括已有的流程、流程实际运行情况、记录文档、分析报告、报表等)？

前两个问题实际上是帮助部门负责人明确部门在整个客户中心中的地位及所发挥的作用，梳理本部门的职能职责，并将其分解成流程，建立部门级流程体系的过程。后两个问题是为了了解本部门流程建设和执行的具体情况，负责人可以将这些收集的具体信息与之前建立的流程体系进行比较，这样既能保证考虑问题的全面性，也可以对现有的工作进行优化。

流程识别可以利用流程信息分析表(见表9-1)来进行。该表包括岗位职责、工作分解、涉及的流程、输入/提供者、输出/接收者、流程走向及相关文档等内容。

表9-1 流程信息分析表

岗位职责		工作分解	涉及的流程	输入/提供者	输出/接收者	流程走向	相关文档
1							
2							
3							

为了保证流程识别的质量，流程识别工作由各个部门负责进行，具体步骤如下。

- 步骤1：由部门内流程规划负责人将岗位说明书中的岗位职责分别填入部门流程信息分析表中的“岗位职责”栏中。如果该岗位没有岗位说明书，则可以采用“工作穷尽法”，把岗位的实际工作内容填入“岗位职责”栏中。
- 步骤2：将“岗位职责”进行分解，需要细化到岗位活动，然后把得到的工作活动清单填入“工作分解”栏中。

- 步骤3：把“工作分解”后的结果按照工作性质进行分类，然后以活动发生的先后顺序排序，提炼活动中的流程，填入“涉及的流程”栏内。
- 步骤4：分析流程的上下游，填写“输入/提供者”和“输出/接收者”。此工作的目的是理顺流程间的接口。
- 步骤5：根据工作分解结果，总结“流程走向”。
- 步骤6：注明识别出的流程是否已有文档，如有则填入“相关文档”栏，否则应注明“没有相关文档”。
- 步骤7：汇总并整合部门流程信息分析表。

各部门完成流程识别后，流程管理团队需要整合整个客户中心的流程，删除重复的流程，同时进行查漏补缺，形成流程清单雏形。此清单整合各部门识别出流程，显示了流程分类分级工作的输入情况。

3. 流程的分级

流程分级实际上就是将复杂的管理活动简单化的过程。流程分级按照自上而下的原则进行，它让不同的管理层关注不同的管理重点：管理高层关注的是客户中心战略的规划和实施，因此他们主要关注的是整个流程体系——以客户、市场需求为输入，以运营、战略目标的实现为输出的一级流程；作为基层则需要按照其岗位职责，执行实施其负责范围内的流程。

流程之间的层级关系一般是由总体到局部、从宏观到微观的逻辑关系。这样的层次划分符合人类的思维习惯，有利于客户中心流程体系的优化。

对于客户中心流程的层级数、具体定义并没有标准答案，不同客户中心，其经营管理理念不同，管理精细化程度不同，即使他们同属一个行业，对于流程分级的要求也不尽相同。

一般来说，流程体系的分级与战略层级、客户中心的管理层级直接相关。不同层次的流程用于规范不同管理层次的工作，大部分组织的管理层次往往分为三层，即战略规划层、战术计划层、运行管理层。

(1) 战略规划层即上层管理，用于中高层的业务决策和端到端跨职能部门的业务管理，其主要任务是从组织整体利益出发，对整个组织实行统一指挥和综合管理，并制定组织目标及实现目标的一些政策方针。

(2) 战术计划层即中层管理，用于职能域的管理，确保职能域的交付能满足战略流程的需要，其主要任务是负责分目标的制定、拟订和选择计划的实施方案、步骤和程序，按部门分配资源，协调下级的活动，以及评价组织活动成果和制定纠正偏离目标的措施等。

(3) 运行管理层即基层管理，用于指导基层的活动，其主要任务是按照规定的计划和程序，协调基层员工的各项工作，完成各项计划和任务。

相应地将流程划分为高阶、中阶和低阶这三个层次。

(1) 高阶流程：对客户中心整体的经营运作具有重要影响的、相对比较宏观的重要流程，一般为客户中心管理体系。

(2) 中阶流程：客户中心的价值链，描述客户中心创造价值的过程，即为端对端流程。一般来说，中阶流程也称作部门级流程。

(3) 低阶流程：具体到执行层面的流程。这些流程已经明确了具体的岗位、时限和实施内容。

完成了客户中心流程体系的层级划分以后，就形成了一张流程清单，如表9-2所示。细化的流程清单将对客户中心的运营管理起到重要作用，包括：

- 通过流程清单可以清楚地了解客户中心是如何创造价值的。
- 为客户中心提供一次审视全局的机会，优化以客户为导向的业务链。
- 为客户中心提供一次优化业务和管理流程的机会。建立流程清单的过程，参与的人员会对流程间的逻辑关系、业务影响进行深入的讨论，避免流程断节、冗余或者遗漏的情况。

表9-2　流程清单

编号	一级流程	二级流程	三级流程	归口管理部门	流程状态

填写说明：“流程状态”可以为有效、待梳理、暂缺。

4. 流程分类

1) 常见的流程分类方法

流程分类的方法有很多，流程的性质不同，分类方法也不一样。常见的流程分类方法有以下几种。

(1) 按照流程的服务客户分类，如内部客户和外部客户，企业级客户和个人客户，VIP客户和普通客户等。

(2) 按照流程的责任部门分类，如质量管理部门流程、培训管理部门流程等。

(3) 按照流程实现的功能分类，如战略流程、支撑流程、运营流程等。

(4) 按照重要程度分类，如核心流程、辅助流程等。

(5) 按照经营模式分类，如自营类流程、外包类流程等。

2) 客户中心的流程分类

客户中心的流程主要分为业务流程和管理流程。

(1) 业务流程。业务流程的通用定义为：“业务流程是为达到特定的价值目标而由不同的人分别共同完成的一系列活动。”由于客户中心产业具有特殊性，我们对于这一概念进行了进一步的补充：业务流程是为达到特定的价值目标而由不同的人分别共同完成的一系列与客户交互的活动，是与客户价值的满足相联系的一系列活动，它是以面向客户直接产生价值增值的流程，如咨询、查询、投诉、建议、回访、营销等流程。

(2) 管理流程。管理流程是客户中心开展各种管理活动的相关程序。客户中心通过管理活动对其业务开展监督、控制、协调、服务活动，间接地为客户和公司创造价值，如绩效管理、招聘管理、培训管理、质量管理、排班管理、报表管理、知识管理等流程。

5. 流程体系结构图

在流程规划的最后阶段，流程规划人员要根据梳理后的流程清单绘制组织的流程体系结构图(见图9-2)。制作流程体系结构图时可根据输入、输出及资源投入情况将流程进行逐级分解，用箭头表明流程与流程之间的管理，从输出提供方指向接收方，并注明主要输出。

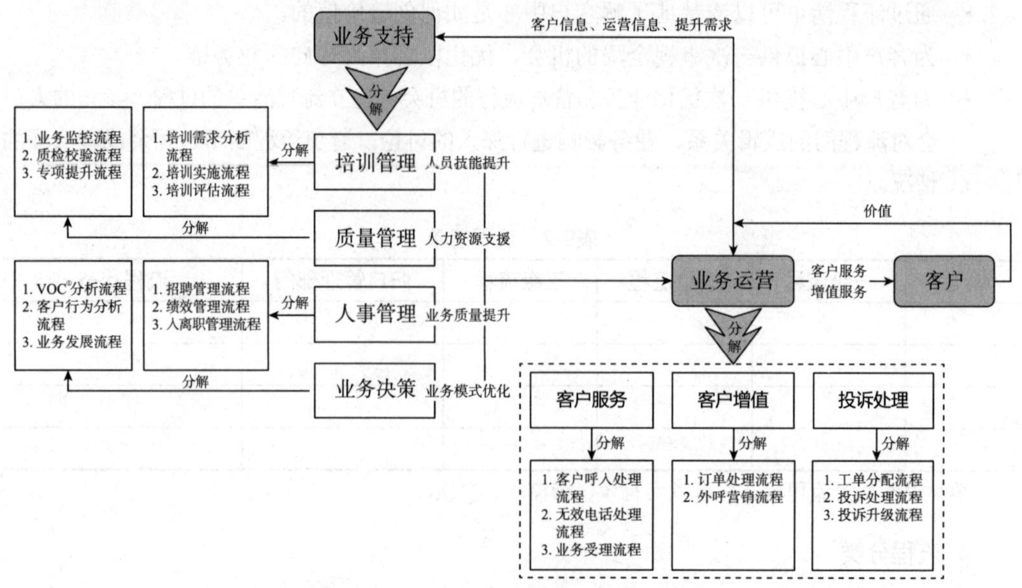

图9-2　某客户中心的流程体系结构图

客户中心通过绘制流程体系结构，可以排除职能部门和其他环境因素的干扰，清晰地看到客户中心系统的构成及各个职能模块之间的联系。当流程从整体上得以流畅地运行时，客户中心的管理体系也会随之运营得更加顺畅有效。

9.1.2　流程设计与编制

流程之所以叫流程，是要求相关的管理要素能够按照既定的程序化方式进行流动。一个好的流程，至少要包括：工作任务的流动、责任的流动、目标和绩效指标的流动、时间的流动、相关资源的流动、信息的流动。

流程的设计既需要支持客户中心的整体目标，还需要同时关注客户和业务需求，在满足业务需求的基础上，关注流程的输入及输出的结果的增值和效率，消灭无效流程的存在。

在梳理和规划好流程后，就可以开始具体的流程编制了，可以按照下列步骤进行。

第一步：找到流程的客户。

流程的客户一般包括内外部客户，尽可能站在整个公司流程系统的角度去看待本流程的客户，而非简单地把流程上下端接口岗位当作客户。可以找一些客户代表进行访谈，分析客户是如何看待该流程的，客户对此流程的价值期望是什么。

第二步：讨论并确定流程的目的。

一般从客户的需求与经营管理要求两个方面来分析流程的目的。同样一个流程，不同的目的决定了流程路线的设计和效果。

① VOC：voice of customer，客户声音。

第三步：把流程的每一个目标分解成量化的目标，并找出关键控制点。

要求做到具体可测量，一般可以从质量、成本、速度等几个维度去设定。目标一般可以作为流程绩效评估的标准。

第四步：任命流程所有者。

流程所有者是对该流程整体绩效负责的人或团队，流程所有者具体职责具体如下。

(1) 负责流程的设计，保证流程方向正确、方法正确、规划明晰有效。具体工作表现为新流程的建立与旧流程的梳理。

(2) 负责流程的推动实施，确保流程执行到位。具体工作表现为流程的宣贯、培训，流程的稽查和纠偏。

(3) 负责流程的绩效评估与考核。具体工作为评估与分析流程绩效，采取纠正措施，对流程团队的流程进行绩效考核。

(4) 负责流程跨部门问题的处理。

(5) 负责推动流程持续优化，提升流程竞争力。

(6) 与其他流程所有者一起合作推动高阶流程绩效的改善。

第五步：明确岗位职责。

职责的分配原则具体如下。

(1) 明确流程整体效益最大化。

(2) 职责明晰，不重不漏，不扯皮。

(3) 权责利对等原则。

(4) 指派胜任和最想得到结果的人去执行。

第六步：确定流程顺序，画出流程图。

标准化的流程管理中最常用的就是流程图，在编制流程图时，要注意以下原则。

(1) 流程图要尽可能简单明了。

(2) 使用在一定范围内通用、统一的符号标记，图形尽可能简单，图形中的文字务必简要明确。一般情况下，一个处理框应是一件独立的工作或者事件。

(3) 流程图中的流程活动要按照发生的逻辑先后顺序从上到下、从左到右排放，且流程图要符合逻辑。

(4) 流程节点的颗粒度大小要一致，且颗粒度的大小要适中。节点的颗粒度可以按照职能岗位进行划分，但需要注意的是，对于同一岗位在不同时间段进行的活动要分开。

(5) 流程的验收标准是需让一个外行人能看得懂。

第七步：确定流程与上下游流程之间的接口及其与规范流程运行要求相关联的制度之间的关系。

完成以上7步后，即可按照客户中心的流程模板完成文件编制。

9.1.3　流程执行

流程需要通过切实的执行才能发挥作用，执行所关注的是执行的效率和效果。效率是指在达到目标或指标的过程中所耗费的资源(人力、物力、财力、时间等)；效果是指目标或指标的完成情况。因此，在流程的执行过程中需要关注制度保障、培训与指导、流程管理团队三个方面的管理。

1. 制度保障

流程是制度的框架和主线，制度是流程有效执行的保障。用一个形象的比喻来理解流程、流程管理与制度的关系：流程就像是河流，流程管理就像是河道梳理，制度就是巩固河道的堤坝。如果是治理如同河流一样的流程，应该先通过流程管理梳理河道，河道梳理好了以后再用管理制度这样的堤坝巩固梳理成果，如果只是加固堤坝，河流总有一天会泛滥成灾。

如果制度没有流程作为框架，制度的设计就会是问题导向与个人导向的，设计缺乏整体性，制度之间充满了大量的冗余、矛盾及缺失。在制定制度的时候要想清楚是为哪个流程服务的，应了解清楚流程的框架，理解流程的目的、目标与管理原则，知道制度是如何为流程目的服务的。

制度是依附流程而存在的，如果制度不能反映流程，它的执行一定会出现问题。在制度无法执行时，往往是它所包含的流程有问题。因此，必须先明确流程，然后进行制度的梳理，确保每个步骤的操作都有章可循，确保流程的权威。

本质上，流程管理的假设与制度管理的假设截然相反，流程假设人性本善，相信员工在流程体系中都能自我管理并积极发挥创造力去完成各项流程目标。相反，制度则是针对人性的弱点出发的，约束员工什么可以做，什么不可以做。比如一般咨询流程，我们规定了音调适当、语速适中、不使用禁用语、不使用口头语、倾听理解、回答完整、回答有效等要求，确保员工在这个框架内完成工作，使得员工间的服务能力保持一致，对外呈现专业的素养；同时规定了违反流程所需受到的惩罚。

在进行制度设计时，通常包括以下内容。

(1) 流程目标：流程运行中要实现的目标，并规定每个节点的操作要做到怎样的程度。这实际是对流程操作提出具体的绩效要求，以确保流程目标能够实现。

(2) 流程步骤：制度所需要的具体活动步骤，通常情况下可以流程图的形式来展现。

(3) 流程范围：流程制度所约束和适应的人群或部门。

(4) 管理规则：为了实现流程目的需要遵守的规则，例如工单流程中的派单规则、应答规则等。设置管理规划的目的是保证流程运行井然有序，控制流程运行的风险，执行流程设计的原则，确保实现流程设计的目的。

(5) 流程执行的人员职责：主要指流程团队成员之间的分工与职责，确保团队合作规则清晰，每一项工作都能够落实到岗位，比如确定应急响应团队的组成人员等。

(6) 流程运行的绩效测评规则：包括流程稽查、流程效能评估的制度，保证在流程执行的过程可以做到及时检查，通过制度确保流程在执行中的问题能够被及时发现。

(7) 流程执行的激励机制：即奖优罚劣。对不符合流程、流程执行力达不到要求的责任人员进行约束，对表现优秀的人员要有正向的激励。

2. 培训与指导

做好流程设计后，需要确保各级执行者理解并执行流程内容。一般情况下，新建的流程都需要通过培训发布，更新的流程可以采取不同策略，如公开培训、邮件通知、带教通知、层层传达等。执行过程中，还需要通过深入现场监督、检查、指导以保障新流程的正确实施。

3. 流程管理团队

每一个流程在执行过程中都需要有指定的流程控制人，负责流程的维护、执行的监督和流程的改进。一般而言，流程所有者就是该流程的控制人，对流程整体结果负责任，他要负责流程的设计、流程的推动执行、部分流程的内部检查与优化，属于流程执行第一责任人。

同时，其还需要流程协助者，帮助推动流程的执行，流程协助者必须具备掌握流程运行实时情况的能力，一方面能够告诉流程所有者现实操作中会存在的问题，另一方面督促其他流程操作者执行流程。流程所有者、流程协助者与流程操作者之间的关系如图9-3所示。

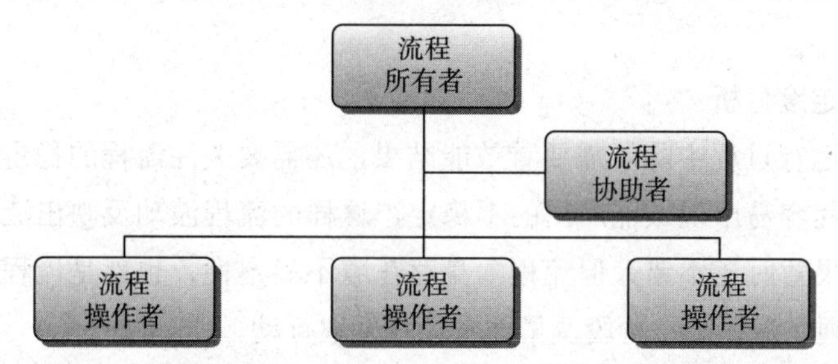

图9-3　流程所有者、流程协助者、流程操作者之间的关系

9.1.4　流程的监控

1. 流程的控制方式

对流程的控制主要聚焦在流程执行过程合规性与流程效能，简单来说就是检查是否做了及做了之后所带来的成果是否有效。因此，在进行流程控制时，一般会用流程稽查及流程效能测评以达到监控的目的。只有不断地确保执行，发现执行问题，发现效能问题，找到造成问题的根本原因，及时采取有效的措施，流程才能够不断地改善，绩效才能不断地提高。

1) 流程的稽查

流程的稽查是比较典型的对流程执行到位的评估。稽查一般分为年度稽查和专题稽查两种。年度稽查是指客户中心对整个流程体系进行执行到位的稽查，由于其工作量非常大，因此一般一年完成一次，确保客户中心按照预定的整体流程体系进行执行。专题类稽查是对关键流程的审计，属于局部性审计，一般出现在流程设计、流程优化、试运行期间，目的是确保流程可以被执行下去，对流程的实践应用和推广起到督促执行和改进的作用。

2) 流程效能测评

在进行流程效能测评之前，首先要把流程量化。流程的量化就是通过对流程的输入、输出和中间步骤的分析，找出流程执行的可控点，并进行数据化(指标)的过程。流程量化可以理解为流程可视化的一种手段，通过量化我们可以得出衡量效能的量化指标及流程的稳定度。流程的测评主要是以流程作为考评对象，对其综合绩效指标进行定量和定性评价的管理手段。这里必须明确，流程是组合了人、资源、组织、业务于有机一体的企业元素，因此考评必须以整体流程效率为考察目标，而不是以局部个体的效率为考察目标。

客户中心在进行流程量化时，可以依据两大方面来考虑：流程效果和流程效率。

(1) 流程效果。流程效果指的是流程的产出满足客户期望的能力。在实际运营中，质量、时效、客户满意度、成交率、一次问题解决、服务响应速度、品牌形象提升等都属于效果的范畴。

(2) 流程效率。流程效率主要指投入产出的能力，即达到效果所需付出的资源。流程效率越高，达到效果所付出的资源或造成的浪费越少，运营的成本越低，通俗来说就是又快又好。在流程的设计和优化时，需要充分考虑流程效率的提升，在确保安全的前提下，减少不必要的、不增值的环节，同时考虑已有的工具和条件是否能帮助流程各节点的有效产出，在效率和效果间寻求平衡。典型的测评指标包括流程周期、投入产出比、增值时间比例等。

2. 流程的稳定度分析

流程在实际运行过程中除了需要看效能结果，还需要关注流程的稳定性，尤其在跨部门的流程中，流程容易出现效能产出的不稳定，这样的流程波动反映出流程的成熟度比较低，即使效能结果暂时还不错，但流程本身存在着不稳定性，也就是流程本身存在风险，这样的问题也必须在流程监控阶段及早地发现并采取行动。

了解并衡量流程中的差异有助于衡量流程的稳定度，使我们明确识别流程目前的业绩表现水平，以及需要改进什么，从而可以减少差异，减少交付给客户时的缺陷，提高流程的可控性。

那么，究竟如何来量化流程中的稳定性呢？除了在上文中提到的效能指标，还需要用到一个统计学的计算值——标准差。标准差(standard deviation)，又称均方差，是一组数值自数学期望值分散开来的程度的一种测量观念。一个较大的标准差代表大部分的数值和其平均值之间差异较大；一个较小的标准差代表这些数值较接近数学期望值。标准差在概率统计中最常用作测量统计分布程度(statistical dispersion)。标准差的计算方式为总体各单位标准值与其平均数离差平方的算术平均数的平方根，它反映组内个体间的离散程度。标准差计算公式见式(9-1)。

$$S=\sqrt{\frac{\sum_{i=1}^{n}(x_i-\bar{x})^2}{n-1}} \tag{9-1}$$

流程效能和稳定度评估是手段，不是目的，目的是要对流程绩效进行控制，保证流程在符合流程目标的基础上，持续改善流程绩效。因此，要通过分析找到流程设计或执行中存在的问题，以促进流程体系的持续改善。

9.1.5 流程优化

流程直接关乎客户中心的效率，进而影响成本及收益，客户中心的流程设置不是固定不变的，而是随其战略、业务发展而调整的。所以，流程的优化是个循序渐进的、不断提升的工作。

1. 流程优化的层级

流程优化有三个层级，包括业务模式优化、流程场景优化和流程活动优化，如表9-3所示。

表9-3 流程优化的层级

层级	问题来源	工作内容	变革范围
业务模式优化	战略和市场	价值链重构	业务结构 组织结构 业务分工
流程场景优化	业务策略和方法	业务变革	工作方式 权责关系 岗位职责
流程活动优化	流程环节	流程重排	流程 制度 表单

1) 业务模式优化

业务模式优化是一种对业务模式进行顶层再设计的工作。其会改变客户中心价值链的结构，也可能改变组织形态、权责关系。

2) 流程场景的优化

流程场景的优化是指客户中心中的某些业务实现方式和场景发生了变化，价值链整体结构没有变化。例如引入了一套IT系统，IT系统与手工的运作方式不同，流程要按照相应的新模式去设计和运行。这种流程优化的量级比流程活动优化要大一些，不仅工作方式、制度和表单会发生变化，局部的组织机构和权责关系也会发生变化。

3) 流程活动优化

流程活动优化是最基础、最简单的优化，作用于一条流程的细节活动。其表现为流程的重排，增加某些环节，消除某些冗余等。流程活动的优化是局部活动的变化，通常这些局部变化不会引起权责关系和业务模式发生结构性变化，只是某些操作发生了变化。即使是非常小的变化，也会引起工作方式、制度、表单及个别人的岗位职责发生变化。

2. 流程优化方法论

1) 流程优化的特征

流程优化这个概念是由美国学者迈克尔·哈默博士在《企业再造》一书中提出的。该书中提到企业改革应该是彻底的、根本的，特别是应该彻底再造企业的业务流程。他列举了IBM等三家公司的例子，说明只有再造业务流程，才能大幅度提高企业绩效、提高服务。本书借鉴了哈默博士的流程优化九大原则，总结了流程优化之后经常出现的一些共性特征。

(1) 若干种职位组合成一种职位。例如大型客户中心常见的VIP组，一般能给客户提供一站式服务，人员技能水平较高。当然，并非所有人员都是全技能人员，因为要教会员工全部技能需要一定的时间和成本，这显然并不现实。

(2) 工作人员有决定权。相应的规则已经通过流程明晰化，且通过信息系统来进行透明化记录，员工具有更大的权限，不需要管理人员每件事都亲自过问或签字。

(3) 业务流程中的各步骤按照自然顺序进行。借助信息系统的支持，多数流程可以并行操作，提高工作效率。

(4) 业务流程多种多样。任何时候企业进行业务流程再造都是有可能的，因为流程需要随着客户需求及市场变化而变化。

(5) 哪里最适合，就在哪里安排工作。流程优化过程需要打破固有思维，服务业不等同制造业，无须每个步骤都必须由上至下，在哪个环节适合提升客户满意度、降低经营成本，就可以考虑优化该环节的流程。

(6) 减少检查和控制。最大限度地减少非增值工作，只有在有经济意义范围内的才加以监控。

(7) 最大限度地减少调整工作。比如，客户中心的业务量激增超过预警阈值时，系统先会进行提醒，同时系统自动修改呼出组员工技能为呼入状态，保证接通率。这项工作流程借助信息系统实现了自动化，最大限度地排除人工需要判断干预的因素，自动触发，无须人工调整。

(8) 综合经理是企业同其客户的唯一联系人。

(9) 集中运作和分散运作相结合。例如：沃尔玛商店的集中采购有其规模效应，家乐福采取分散采购亦有其灵活性。

2) ESEIA流程优化法

ESEIA流程优化法，包括eliminate(清除)、simplify(简化)、establish(填补)、integrate(整合)、automate(自动化)，具体如下。

(1) eliminate(清除)：清除不增值的流程。

(2) simplify(简化)：对必要流程进行简化。

(3) establish(填补)：根据客户或管理需要增加创造价值的流程。

(4) integrate(整合)：对简化后的流程进行整合，使其与原来的流程连贯，并满足客户的需求。

(5) automate(自动化)：充分利用信息技术自动化，提高流程处理速度与质量，自动备档。

3. 流程优化的步骤

第一步：流程优化需求的收集与分析。

流程优化需求的收集与分析是流程优化的关键环节，也是流程优化过程中最需要重视的过程。需求分析是否到位、优化目标理解是否清楚将直接影响后面各个环节工作的有效性，最终奠定了流程优化项目产出是否能带来效果，是否得到流程执行人员的认可实施，帮助客户中心真正实现降本增效的基础。

根据流程优化需求驱动因素的不同，流程优化需求大致可以分为三种：问题导向、绩效导向、变革导向。

- 问题导向：流程优化建议、流程事故、内外部客户投诉建议反馈、流程审计报告、公关危机事件等。
- 绩效导向：流程目标及绩效测量报告、标杆企业对比分析报告等。
- 变革导向：企业战略、经营思路及策略、重要改革举措、流程规划报告等。

流程优化需求自产生到分析完成，包括需求收集、需求整合到需求评估等环节。形象地说，流程优化需求分析过程就像“漏斗”过滤的过程，如图9-4所示。

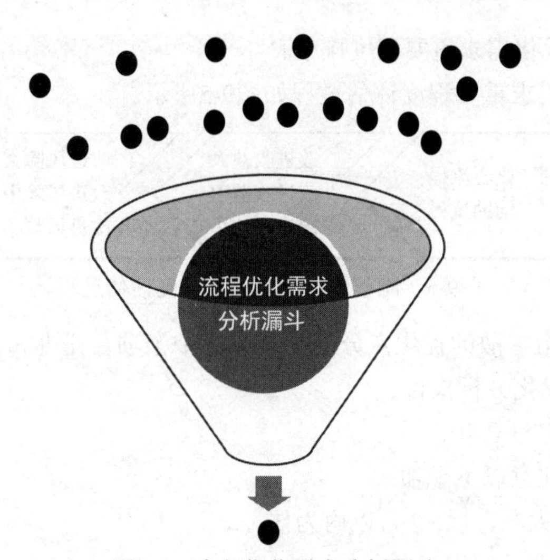

图9-4 流程优化需求分析漏斗

1) 需求收集

先下发流程优化需求申报表(见表9-4)，由各个业务部门根据实际运营情况提交流程优化需求，必要时可以召开“流程优化需求申报交流会议”。

表9-4 流程优化需求申报表

现状及问题描述	原因分析	优化建议及期望效果	涉及的系统需求	优化的紧急程度(A/B/C/D)	提出部门及人员

另外，可以通过以下渠道收集需求，如客户满意度调研报告、公司战略、标杆企业对比分析、流程规划、流程审计报告、流程绩效评估等；还可以采取查阅资料、人员访谈、现场观察、案例分析、神秘客户等方式进行。

2) 需求整合

收集的需求是多种多样的，有些描述甚至可能只是表象问题，而背后的本质问题并没有浮现。因此，流程管理人员需要与流程申报人员进行专门沟通，确保双方对流程需求的理解达成一致。

整合流程的方法很多，可以按照流程的分级、分层、分类，对收集的流程优化需求进行重新分解整合，然后归类到现有流程体系中所在的流程。这样便于看清问题的本质，能更顺利地开展下一步的工作。

3) 需求评估

一般来说，接收到的需求总比实际能解决得多，因此需要对所有需求进行重要程度评估。第一，可以基于公司战略方向评估需求重要程度，如果公司将提升客户满意度作为战略重点之一，那么与客户服务流程相关的需求重要度就高一些。第二，可以从收集上来的申请表中根据流程所有人提出的重要程度来进行判断。第三，可以根据战略相关度、核心程度、紧急程度、投入产出比、短期见效性、目标明确性、风险与障碍等关键指标及其权重，进行最终的流程优化需求重要程度排序。

常用的流程优化需求重要程度评估过程如图9-5所示。

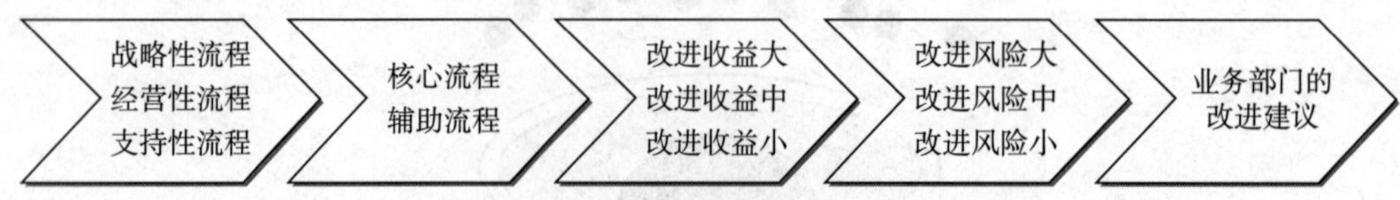

图9-5　流程优化需求重要程度评估过程

在分析整合后，把零散的优化点分割组装成一个个项目是非常关键的一步，可以在这个基础上，形成流程优化分析报告。

第二步：目标设定与立项。

项目立项时需要注意以下事项：

- 项目时间不宜太多，以6个月以内为佳；
- 将项目中端到端的流程问题一起解决；
- 问题的范围应界定清楚；
- 保证项目优化涉及的资源支持能够到位，保证质量第一。

完成项目优化后，需要与各流程所有者进一步确认项目需求，讨论项目经理的合适人选，对项目目标、预计完成时间、重要度等信息进行讨论；然后，起草立项建议书，提交公司高层审批并任命项目经理。

1) 组建项目团队

项目经理得到任命之后，需要着手了解现有的材料(包括之前收集的流程优化需求申报表、需求分析报告和项目计划书等)，根据流程优化项目涉及的项目范围，开始组建项目团队。一般来说，项目团队的人员来自公司内各个岗位，可能是公司领导、部门经理、主管、骨干员工，以及支撑部门的人员(如人力资源专员、行政专员)等。具体需要哪些角色，由项目涉及的范围而定。

2) 召开项目启动会

当“招兵买马”的工作完成后，项目经理需要召集所有项目组成员开一次项目启动会，最好有高层决策领导参加，必要时可以为项目争取资源。启动会的意义在于向大家宣告项目正式开始，让大家有一种开始正式工作的使命感，同时动员大家在接下来的时间里，全身心投入，保证项目成功。启动会上，项目经理需要向大家介绍项目的背景及关键问题，同时，让项目组成员互相认识了解，并告知每个成员大致的角色和工作职责，以及整个项目计划书。

3) 完成项目计划书

启动会之后，在正式开展项目之前，项目经理需要拟写正式的项目计划书，此举将有助于项目组成员更加清楚项目的需求，利于管理层对整个项目的进度把控，最终保障项目成功。一般来说，项目计划书包括项目背景、项目目标、项目范围、关键问题、项目成员、项目推进计划等。项目计划书将帮助项目经理从全局看待整个项目，并就关键环节与流程优化需求申报者达成一致。

4) 项目成员技能培训

由于项目组是一个临时组织的团队，人员水平各不相同，为保证项目实施质量，在正式开展工作之前，需要针对项目组开展相关的培训，例如“如何做好流程优化”“项目管理基础”等，这些工作将有利于项目工作的顺利开展。

第三步：流程现状分析及诊断。

如果流程现状已经非常清楚，可以跳过这个步骤，直接使用现有的流程制度进行优化方案讨论。

当然，在实际工作当中，常常遇到复杂的流程优化问题，需要项目组成员站在全局的角度，通过各种办法来对流程现状进行讨论、分解、剖析，找出流程问题的本质。

1) 寻找问题本质

项目经理组织大家召开项目会议，引导大家积极发言。为保证会议不偏离主题，最好在会议之前确定会议讨论的议题，并将议题和要求提前通知大家，让大家有足够的时间来做好准备或做预先的思考。同时，确定会议记录人员，负责将会议上大家提出的问题及描述记录下来，为后面的整理和统一思想做好保证。

需要注意的是，在会议上项目经理引导大家针对议题进行头脑风暴，只提出自己认为存在的问题，无须讨论其合理性、原因及解决办法；会议过程中要互相尊重，对事不对人；不随意打断任何人的发言；做好记录。

2) 整理问题

将问题分类，填写流程现状梳理分析表(见表9-5)，并公布给项目相关人员。

表9-5 流程现状梳理分析表

序号	时间点	活动名称	具体工作描述	存在的问题			相关文件
				描述	分析	重要度	

召开第二次会议，针对流程现状梳理分析表中列出来的问题，引导大家继续讨论，采用矩阵法，根据问题的重要性、解决的难易程度进行问题分类，优先解决重要又易于解决的问题。问题排序矩阵图如图9-6所示。

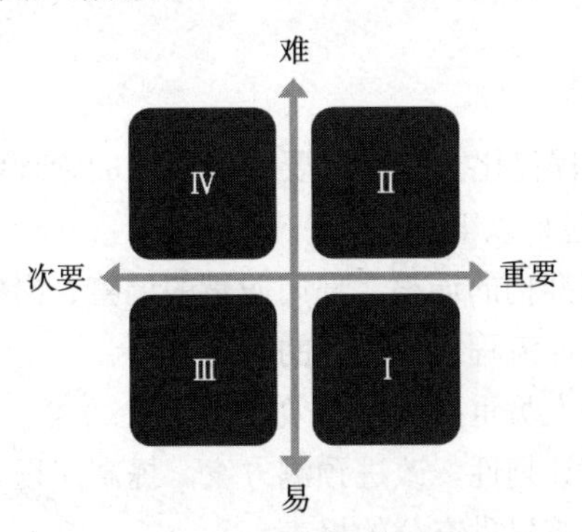

图9-6 问题排序矩阵图

如果问题比较复杂，需要考虑更多维度的问题，此时可以使用打分法。打分法具体操作如下：让项目组成员就列出来的问题按照重要程度、难易程度、紧急程度等各维度进行打分，如果1～5分代表紧急程度由弱到强，那么1分表示非常不紧急，2分表示不紧急，3分表示一般，4分表示紧急，5分表示非常紧急。给各问题打分之后，将各分数加权相乘，得到最后的分数后进行排序，分数最高的就是需要优先解决的问题。

问题优先程度打分表如表9-6所示。

表9-6 问题优先程度打分表

序号	问题描述	打分维度			总分	问题等级
		重要程度	难易程度	紧急程度		

问题分析出来之后，显然不是所有问题都需要解决，而且每个问题的本质各不相同，关键是要找到问题背后的原因、背景、相关管理需求及管理原则。在这个环节中，项目组成员需要集思广益，提出尽可能多的解决方案，可以使用以下两种方法来进行分析。

(1) 鱼骨图法。借助图形从6个方面来找出问题出现的原因。这6个方面为“5M1E”，分别是人(man)、机器(machine)、材料(material)、方法(method)、测量(measurement)、环境(environment)。绘制鱼骨头时，首先定义问题的特性，画出鱼骨图的六大原因，然后在大原因下再画小原因。通过层层剥解的方法，直到找到问题的主要原因，最终问题的解决方案就可以水落石出了。

(2)“5W2H“法。针对每一个问题不断询问，找到问题解决的这7个要素，直到每个要素都能找到清晰的答案为止。

- Why：为什么要做这件工作？
- What：内容是什么？
- When：什么时候做？
- Where：在哪儿做？
- Who：谁来负责？
- How：如何做？
- How much：要花多少时间和资源？

第四步：设计配套方案。

1) 设计对应的方案

项目组讨论确定新的流程优化方案后，要设计对应的管理配套措施来保障新流程的有效运作，管理配套措施一般包括以下几方面。

- 职责调整：包括组织架构的调整、部门职责的调整、岗位职责的调整。
- 制度调整：制定为保证流程运作有效的制度。
- 考核调整：确保相关人员重视流程绩效。
- 计划调整：通过提高计划性，改进预测方案，提高流程效率。
- 报表调整：为流程决策提供充分的报表。
- 系统需求：此项一般是配套方案中的重点，是流程执行的有力保障，最好的做法是将所有的流程优化方案都尽可能地落实到信息系统中去，实现流程执行的信息化管理。

2) 确认流程优化方案书

在完成新流程设计及配套方案设计后，形成一份书面的需求方案书，再由项目经理负责牵头召开流程优化方案确认会，会议可以邀请优化流程设计的各环节最高管理者参与，重点讲解新流程的设计及优化前后对各岗位职责带来的变化，以保证新设计的流程优化方案得到认可和执行。

第五步：切换新旧流程。

1) 编制相关制度文件

由流程所有者编制新流程文档，如果项目组成员刚好是流程所有者，那么可以由该成员完成。考虑到新优化的流程在上线时可能会出现新的问题，此时完成的流程文档无须发布。

2) 培训宣贯

交由培训组编制培训计划并开展培训，如果流程变化较大，需要进行考核，根据考核情况决定是否可以按时切换。如果流程更新不多，可以通过电子邮件或者班前班后会的形式进行宣布，并由班组管理人员进行班中抽查。

3) 新流程上线

对于变化较大的流程，建议先召开上线启动会，就上线相关的事宜进行部署；然后发出上线通知，再次向全体人员解释此次流程优化项目的背景、流程重要变更点、涉及的岗位变更或操作变更、上线时间、上线范围及策略、附带的新流程文件及操作手册、问题接口人及问题反馈表等。在上线过程中，如果出现较严重问题，要立即召开补充解决方案的讨论会议。

第六步：流程优化评估。

1) 项目目标是否达成

新流程正式上线后，项目要关闭，要先检查项目目标是否达成，这个目标可能是项目立项时制定的目标，也可能是项目实施过程中制定的更加具体的目标。检查可以交由第三方进行，如流程使用者、流程管理小组或者质检组。

2) 流程及模版是否归还流程所有者

新流程上线之后还会遇到一系列的问题，在项目关闭之前需要整理相关流程文件和操作文档，移交给流程所有者来进行发布和日常维护。

3) 项目正式关闭

项目正式关闭之前还需要将上线问题汇总表一一检查，确定是否所有问题都得到了解决，然后项目经理就可以发出“项目关闭”的正式邮件告知大家项目正式结束。

4) 项目效果评估

对实施效果的正式评估需要在新流程上线3个月之后开始，因为此时新流程基本稳定下来了。评估一般由项目第三方来进行，从新旧流程的效率、成本、风险、质量和客户满意度几个维度进行对比，最后完成项目评估报告并提交审核。

5) 项目知识管理

项目经理负责将本次项目涉及的相关文档文件及经验教训进行汇总归纳，提交知识库管理人员上传归档。

9.2 质量管理

质量管理以服务提升为目的，以客户为中心，广义的质量管理贯穿于客户中心运营管理全过程，是指全面的客户中心质量管理，是全员、全过程，高效、全面、综合性的质量管理活动。狭义的质量管理是指质检，用于发现人员、系统、业务等方面的服务缺口和质量短板，提升员工的服务质量和效能，优化流程，提升客户体验。本节中的质量管理主要围绕狭义的质量管理进行阐述。

质检作为客户中心质量管理的重要一环，一直以来都以人工抽测为主，针对热线服务和在线服务，靠质检人员的“听”和“看”并结合自己对业务理解来检验服务的好坏。随着云计算、人工智能技术的发展及智能语音识别(ASR)、自然语言处理(NLP)、大数据挖掘等技术逐渐成熟，越来越多的客户中心开始逐步探索和应用“智能+人工”的质检模式。

9.2.1 智能质检

智能质检是综合运用语音识别技术、语义理解技术及大数据处理技术，将客户中心设定的服务质量、合规性风险监控规则，全面应用于客户中心电话座席产生的语音对话数据和在线客服人员产生的文本交互数据，进行筛选、检测及自动评分，快速高效地找出显性的、潜在的服务质量问题和合规性风险。

智能质检系统通过语音识别技术将录音转换成文本，然后通过自然语言处理对转换后的录音文本进行理解，采用预设的质检规则模式对服务人员的座席文本数据进行监测与评分，最后通过人工进行归类质检。

1. 智能质检的优势

智能质检具有以下优势。

1) 覆盖度高

人工质检运用随机采样方式进行，受人工资源制约，质检覆盖率不高；智能质检可以实现100%全量全自动、7×24小时不间断质检。

2) 质检效率高，成本小

客户中心的数据量巨大，人工质检的时间和人工成本高；使用机器自动打分，减少了人工质检的工作量，可提升工作效率，降低成本。

3) 及时性强

人工质检大多事后抽取范本，对于异常指标、异动业务等，可能难以在第一时间发现，造成服务质量管控滞后；智能质检实时监测，既可以及时发现员工情绪异常，还可以结合强大的知识图谱功能，根据客户的问题推荐合理的回答方式和知识点，辅助员工更加高效高质地完成服务。

4) 有效的价值挖掘

智能质检根据预设的规则识别员工、客户情绪，基于关键词识别做好风险预警管控和服务修复；还可以聚焦重点产品、重点业务，抓取热点问题，及时发现客户新需求，掌握市场风向。

2. 智能质检系统的功能

智能质检系统具有以下功能。

(1) 语音识别转写：通过语音识别技术，将海量的通话音频内容自动转写成文字。

(2) 内容检索：指定关键词进行检索，比如敏感词、禁忌语等，由客户中心预先设置好相关的词库。

(3) 情绪分析：对服务过程中客户情绪进行识别，锁定客户情绪波动的录音，对潜在不满客户的感知主动修复；分析员工的语气、语调等信息，实现对员工情绪波动的识别和判断。

(4) 语速分析：对语速进行检测，可根据话术设定完成时间，帮助员工控制语速快慢。

(5) 静音分析：对员工是否及时应答、业务是否熟练、等待时间长短来检测本次通话有效时长，分析员工业务熟练情况、服务态度等。

(6) 声纹识别：通过分析语音中与客户个性相关的特征参数，来自动识别客户身份，对重点客户的声音进行标记，快速识别客户身份，提供针对性的服务，特别是针对高价值重点及特殊敏感客户的识别。

3. 智能质检流程

1) 质检规则梳理

根据客户中心内部的质检场景进行梳理，对质检规则进行标签化。质检业务场景可分为呼入场景和呼出场景，场景不同，考察侧重点也不同。在呼入场景中，重点关注业务解答规范及技能技巧；在呼出场景中，行业不同，场景考察指标也不同，比如保险行业有险种回访、保险电销、续期提醒等场景，应重点关注座席回访的问题是否全面且符合业务规范；金融行业有催收场景、理财销售、满意度回访、在线客服等场景，应更多地关注座席解答流程是否合规，销售技能是否达标。

2) 质检模型建构

根据业务梳理的质检规则，在系统中建立对应的质检模型，围绕模型主题收集各类语料信息，如服务禁语、推诿用语词库、业务词库、需求意愿词库、开头语词库等。

底层数据的处理是建立质检规则的基础。数据来源最好是行业历史数据及当前自己的客户中心语音数据。数据的预处理操作为：首先通过语音转译引擎将获取的录音音频数据转化为结构化的文本格式数据，然后对获取到的原始文本、音频数据进行二次加工处理，找出搭建质检规则需要的重要数据。

对预处理后的数据进行规则设计是智能质检方案设计最核心部分。智能质检系统中的录音定位、问题检出、报表输出等功能都是通过对质检规则的学习得以实现的。一般业务场景会建立“常规质检+多套专项质检”规则，在实际应用中质检规则需灵活配置，以满足多种业务场景需求。行业通用质检规则模式包括以下几种。

(1)“语义”。针对某些场景客户发散式的提问，单纯地通过关键词或者正则表达式规则模式，会出现违规点“找不全”的情况，从而影响机器质检效果。而语义可以通过对句子上下文的理解，判断客户真实意图之后，再确定座席业务解答是否规范。比如客户询问产品如何购买，业务怎么办理等，需要针对客户具体问题进行解答，这类业务可以选择此规则模式，以提高机器质检正确率及人工复检效率。

(2)“语义+关键词”。“语义+关键词”规则是语义规则的一种补充，例如某些业务场景中需判断座席是否按照知识库中已有明确答案进行解答，解答话术较长且需要涉及专业名词，这种情况仅仅配置语义规则进行质检不够精细化，可以通过设置“语义+多个关键词”信息来辅助机器质检座席业务规范。

(3)“关键词+正则表达式”。几乎80%的业务场景需求都需要质检座席是否使用规范的礼貌服务用语，录音中是否出现违禁词。比如当客户配合操作或提供信息时，是否正确使用“请”“您好”“谢谢”“不客气”等礼貌用语，保险回访场景中，座席是否出现“存、取”等违禁词，可以通过配置“关键词+正则表达式”的质检规则来实现，但如果客户姓名中包含“存”“取”两个字，机器误判违规则不符合业务需求，此时可以通过“关键字+正则表达式”规则设置例外情况，降低机器误判率，从而提高机器质检正确率。

- 无论是关键词、正则、语义哪一种质检规则设计模式，都有其可取之处。语言的表达方式多种多样，将多种质检规则进行组合，可以提升质检效果，这是一个必然趋势。
- 设计符合业务考核标准的评分逻辑。

由于业务的特殊性，单一的质检评分逻辑无法满足多样化的业务考核标准，因此需要运用多元化的评分规则逻辑，目前常用到的评分逻辑有违规扣分、合规加分、阶梯评分等。比如保险行业的新契约回访，可以通过“违规扣分”方式实现，即没有明确告知条款内容就违规，违规就扣分。通话过程中客户主动表扬座席时，可以通过设置“合规加分”满足业务需求。在业务不断发展过程中，还会遇到“错了不全扣分，对了只取逻辑中最高分”的情况。此时，可以通过阶梯打分来实现客户需求。

3) 自动化质检

配置质检模板，实现机器的自动打分，产出质检结果。

4) 复检

随着客户中心在质检效果和效率上的精细化需求，针对一些高风险的业务还需要增加人工再次复核环节，以免给客户造成损失。通过人工复检，即对系统判断的质检结果进行确认，避免智能质检出现误判的情况，每一次人工复检结果，都会反哺AI算法模型，使算法模型更加精准。

9.2.2 人工质检

虽然现在智能质检已经在很多客户中心应用，并取得了一定的成效，但人工质检仍是目前客户中心必不可少的一种质量管理方式。人工质检的操作流程是：随机抽取员工处理的业务，对员工为客户提供服务时所表现的流程性、专业性和准确性进行审核。通过业务监控来发现员工独有的问题及流程上共有的问题，并加以更正。

1. 质检标准

1) 质检标准的特性

标准是一种作为规范而建立起来的测量标尺或尺度。对照控制标准，管理人员可以对员工的工作绩效好坏做出判断。没有一套完整的质检标准，衡量绩效和改进服务质量就会失去客观的依据。因此，制定质检标准是质检工作的起点。

通常来说，行之有效的监控标准需要满足如下基本特性的要求。

(1) 简明性：即对标准的表述要通俗易懂，便于理解和把握。

(2) 适用性：建立的标准要有利于质检目标的实现，明确规定每一项工作的具体衡量内容与要求，以便能准确地反映客户中心期望的工作状态。

(3) 公平性：建立的标准应尽可能地体现协调一致、公平合理的原则。质检标准应在所规定的范围内保持公平性，如质检标准适用于每个客户中心的成员，那就应该一视同仁，不允许有特殊化。

(4) 可行性：即标准不能过高也不能过低，要使绝大多数员工经过努力后可以达到。标准的建立必须考虑到工作人员的实际情况，包括他们的能力、使用的工具等。如果标准过高，员工将因根本无法实现而放弃努力；如果标准过低，员工的潜力又会得不到充分发挥。可行性的质检标准，应该保持挑战性和可达性的平衡。

(5) 可操作性：即标准要便于对实际工作绩效的衡量、比较、考核和评价。

(6) 相对稳定性：即所建立的标准既要在一段时期内保持不变，又要具有一定的弹性，能对客户中心发展的不同阶段的变化有一定的适应性，特殊情况能够例外处理。

(7) 前瞻性：即建立的标准既要符合现实的需要，又要与未来的发展相结合。监控标准实际上是对员工行为的一种规范，它反映了管理人员的期望，也为员工提供了努力的方向。因此，制定出来的监控标准应将客户中心当前运行的需要与未来发展的需要有机地结合起来。

2) 制定标准的过程和方法

(1) 确定质检内容。进行质检首先遇到的问题是“质检什么”，这是在决定质检标准之前首先需要妥善解决的问题。客户中心的运营和管理要实现的目标是什么？如果简单定义为为客户提供满意的服务，那么实现这一目标的整个过程就是客户中心要质检的内容。从理想的角度看，管理人员必须对全部影响实现目标成果的因素进行质检，但这种全面质检往往是缺乏经济性的。管理质检中更普遍的做法是：选择那些对实现组织目标成果有重大影响的因素进行重点质检。这样，为了确保质检取得预期的成效，管理者在选择质检对象时就必须对影响目标成果实现的各种要素进行分析研究，然后从中选择出重点要素作为质检对象。一般地，影响客户中心服务质量的因素有：解决问题的能力、流程遵循度、服务技能规范。这些因素均是质检工作的重点，但是客户中心的发展阶段不同，侧重点会有所不同。

(2) 选择关键监控点。重点质检对象确定下来后，还必须具体选定监控的关键点，才能够制定质检标准。对关键监控点的选择，应统筹考虑两方面因素：影响整个工作运行过程的重要操作与事项；容易出现问题的环节。

根据客户中心质检内容的不同，关键监控点具体如表9-7所示。

表9-7 重点质检对象及其关键监控点

重点质检对象	关键监控点
解决问题的能力	理解产品知识，并运用解决问题技巧帮助客户解决问题。常见的衡量项为处理问题的全面性、准确性、业务熟练度等
流程遵循度	内部业务流程规范，系统相关操作的准确度等。常见的衡量项为按照业务流程处理，执行规范操作，话后小结规范等
服务技能规范	主要指应答规范要求的控制点，常见的衡量项有：规范服务用语，设置禁用语，保持语速，不能推诿客户，有效代表公司整体形象，具有同理心，倾听客户声音，客户有不满情绪时要及时安抚，主动引导客户等

(3) 制定质检标准。

表9-8为某客户中心的质检标准。

表9-8　某客户中心质检标准

序号	分类	类型	考核项目定义
1	恶劣行径	致命性错误	在电话中辱骂客户、与客户争吵、讽刺、挖苦、恶意挂机等态度恶劣的行为
2	提供错误的解决方案	致命性错误	• 业务解释错误 • 给客户提供错误的方法
3	服务意识差	致命性错误	• 按规定可以解决的问题，推诿客户，不给客户解决问题 • 客户提出合理要求，推诿客户，不给客户解决问题
4	业务熟练度	非致命性错误	• 业务掌握不熟练 • 解答客户问题时，解答不完整，不详细
5	不恰当语言和行为	非致命性错误	• 态度不耐烦、提高语调、催客户挂机 • 通话过程中出现抢话或打断客户讲话 • 语气平淡，欠热情，精神欠饱满
6	主动性	非致命性错误	主动服务意识淡薄，不能积极主动帮客户解决问题
7	规范服务用语	非致命性错误	未按规定使用集团公司或客户中心规范服务用语
8	操作规范	非致命性错误	• 未按照业务规范答复，或未执行业务操作流程 • 15分钟不主动挂机、不查看来电弹屏等
9	沟通技巧	非致命性错误	• 客户有不满情绪时未安抚客户 • 掌控不了通话节奏的主动权，引导性差，业务解释缺乏条理性
10	解决问题的能力	非致命性错误	• 基本业务未能及时回答，还需求助后再答复 • 客户等待时间过长，导致客户不满主动挂机
11	聆听性	非致命性错误	• 接听电话时，不认真聆听客户所讲内容，答非所问，无法理解客户意图或记录客户所讲内容

2. 衡量方式

在识别出了影响服务感知及内部流程规范的监控点后，需要根据监控点的严重程度分为致命性与非致命性错误。致命性错误是对整体业务造成严重缺陷，最大概率造成企业或个人经济损失及客户投诉的衡量项；非致命性错误率是造成服务上的一定缺陷，但还未造成致命错误缺陷影响水平的衡量项。采用通过和不通过的方式对样本进行评判，使员工在处理过程中的衡量有章可循，保证质检人员公平地、公正地、清晰地评价员工服务质量。

致命性错误率＝产生致命性错误的业务监控次数/业务监控总次数

非致命性错误率＝产生非致命性错误的差错次数/业务监控非致命性错误机会总数

根据行业普遍水平，通常情况下，致命性错误率控制在2%以内，非致命性错误率控制在5%以内。

3. 抽样方式

任何一项流程实施起来都会消耗一定的管理成本，质检也不例外，因此客户中心需要考虑其投入产出比，还需要考虑其结果的可信程度，因此我们需要根据统计学合理抽样，避免抽样数太少和抽样偏见。

(1) 我们必须遵循随机抽样的原则，可以按不同时段、时长、业务类别、满意度情况分层选取录音。

- 时段：在每日的时段选择上，抽样可以覆盖“刚上班、上班中、下班前”几个时段；在每月的时段选择上，可以覆盖月初、月中、月末三个时段。
- 时长：抽样高峰期和低谷期都需要覆盖，并且以AHT(平均处理时长)为标准，高于和低于AHT的录音都要监听到，这样才能反映出整体服务水平。
- 业务类别：根据业务类别进行选择，如一般咨询或者普通交易类业务、投诉类或风险型交易等。
- 满意度：根据满意度评分进行抽检，大多数客户中心会将不满意或差评录音全部进行抽检。

(2) 在抽样量的选取时需要运用置信度、置信区间来计算出有统计学意义的质检成绩，从而对整体质量水平予以评价和提升。

- 置信区间：某一置信度下，样本统计值与总体参数值间的误差范围。
- 置信度：总体参数值落在样本统计值某一区内的概率，表明抽样指标和总体指标的误差不超过一定范围的概率保证度，可以是90%、95%、99%，一般用95%。

4. 质检方法

1) 录音监听

这是目前大部分的客户中心在运用的质检方式，主要是通过事后对录音和工单进行质检，这种方式依靠反复听取录音，能有效发现服务存在的问题。一般来说，质检结果的准确性更高、使用普遍性高、成熟度高。其缺点在于发现问题的时效性较差，无法第一时间直接处理服务过程中存在的问题。

2) 实时质检

通过系统对员工进行实时质检，以及通过系统管理看到员工的操作界面，实时质检可以及时发现问题，并能及时提醒员工对差错进行处理。

3) 现场工作指导

现场旁听并给予工作指导，这种方式保证双方可以及时交流沟通，质检员能够及时给员工信息反馈，可以直接回答员工提出的问题，传达工作标准；同时，员工能够在质检员的指导下及时掌握新的服务内容和技巧，尤其是对新员工帮助很大，这是由于高度交互式的交流为员工提供了一个令人鼓舞的支持性的环境，有利于员工和质检员建立起良好的关系，增进彼此的信任感。其缺点在于员工可能会由于质检员就在自己身边而感到羞怯或者恐惧，因此不能表现其正常的工作状态。

5. 质检校准

质检员在质检过程中会受主观因素的影响，为了尽可能消除质检评分中人工评判产生的偏差，保证质检工作的公平性和质检人员对标准把握的一致性，需要定期对质检标准判断与评分尺度进行校准。

质检校准至少每个月进行一次，如果新制定了质检标准或有新的质量要求加入标准中，则需要每天进行质量校准。定期校准不仅可以使质检员的评分尺度尽可能趋于一致，还可以使质检整体的评判与员工的服务认知趋于一致，这样可以使员工服务质量的反馈与辅导有据可依，更加精准。此外，定期的质量校准可以促使质量标准的持续调整和优化，使之与动态的客户需求变化保持一致，以确保客户享受到优质的体验。

质检校准通常会以会议形式进行，除质检团队外，一线员工代表、培训岗位、班组长、运营管理岗位及主管领导都应该参加。一线员工代表可以从自己的立场和体验上提出对质检标准的疑惑及可能的不合理成分；主管领导可以引导大家更加深刻地认知质检及整体客服运营的目标与原则，以及这些目标及原则在针对具体质量问题时的判断规则。培训岗位通过参加质检校准可以对培训内容进行持续的调整优化。班组长则能够更加深刻地理解质量关键点及评判原则与尺度，使后续的员工服务质量反馈与辅导更加具体、更有针对性。

校准会议样本每次可以选择5～8个，校准的案例可以选择争议较大或者存在知识盲点的样本，同时需要选择已有标准依据的基础样本。校准会议先由每个人根据自己对质检的理解进行服务评分，在规定时间内完成评分后由会议主持人统一收集；然后参与者进行讨论，并最终达成一致意见；同时，质检校准的结果可以用于质检标准的优化或质检员的考核。

6. 质检结果的应用

质检结果可应用于以下几方面。

1) 流程优化

通过质检发现流程问题、话术问题或者系统问题，可以及时反馈给对应的部门，提出优化建议，进行不断完善和优化。

2) 员工辅导与跟踪

根据质检结果所得到的员工表现情况，发现员工个体的提升需求，以及整体的培训需求。针对发现的员工个性问题，及时反馈给员工，根据数据结果制订出下一步的辅导跟踪计划。对于共性问题，应及时地调整培训计划，使培训效果最大化。

3) 员工考核或激励

质检成绩可以按照一定比例直接纳入员工的绩效考核中，与员工每月的绩效或奖金评定直接挂钩。同时，对于员工的出色表现，可给予认可与激励。

9.3 现场管理

现场管理是客户中心运营管理的核心环节。良好的现场管理可以帮助客户中心降低成本，提高员工工作效率和工作质量，降低人员流失。

现场管理包括排班管理、指标监控、应急与调度、运营分析、巡场管理等。

9.3.1 排班管理

排班是客户中心管理中的重要环节，科学的排班不仅能有效地管理客户中心现有的人力资源，还能进一步提高客户服务的效率，提升客户的满意度，更能在管理上起到事半功倍的效果。话务预测与排班流程如图9-7所示。

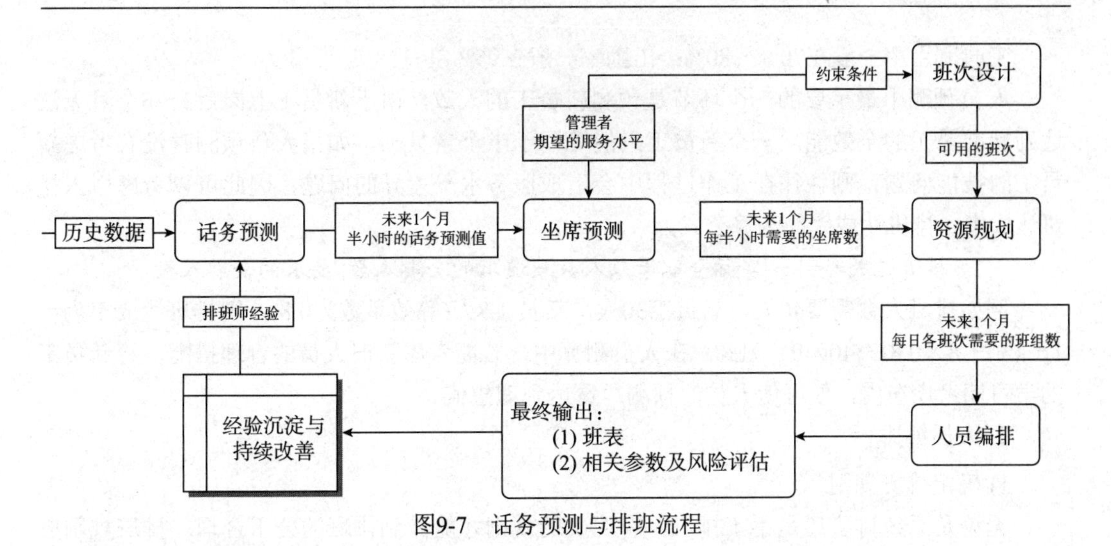

图9-7　话务预测与排班流程

1. 业务量预测

预测是排班的第一步，预测包括历史数据收集、数据提取与清洗、数据加工与建模等。

1) 历史数据收集

要收集分析年、月、日的历史数据，同时还需要收集影响话务量的因子数据，包括：节假日因素(如春节、国庆等)、重大业务因素(如营销活动)、季节性变化因素、突发事件因素(如自然灾害)、系统因素，并确认历史数据的提取范围、提取方式、提取内容。

2) 数据提取与清洗

对提取的数据进行清洗，如检查数据一致性，剔除或者替换异常数据，用相似数据替换缺失数据，删除重复数据，纠正错误值等。

3) 数据加工与建模

集合多个数据源的数据，对数据统一进行规范化处理，将数据转换成适用于数据建模的形式；选择最优的算法进行数据建模。搭建预测模型是提升话务预测准确率的重要环节，各个客户中心均应建立适合自身的预测模型，如移动平均法、指数平滑法、回归分析、周期性分析等。

2. 人员预测

排班除预测呼入量外，还需要收集参与排班的座席代表的工作效率，即平均处理时长。

平均处理时长＝平均通话时长＋平均事后处理时长

平均处理时长的收集，直接影响在预测呼入量时应该安排多少座席代表来承接这些业务。

根据预测的呼入量，可以推算出需要安排多少座席代表，公式为

每半小时所需人数＝(每半小时预测呼入量×目标接通率×每通电话的平均处理时长)÷(1800×工时利用率×出勤率)

工时利用率＝(通话时长＋事后处理时长)÷总登录时长

工时利用率一般在70%～80%；出勤率一般在95%左右。

人员预测中最重要的一个环节是预测新员工的人数，由于新员工上岗后3～6个月无法达到标准员工的全效能，一个新员工只能等同于半个老员工，如果人员预测时没有考虑新员工的技能问题，则往往在工作过程中会造成服务水平差异的问题，因此可以考虑引入排班达成率，排班达成率的测算公式为

排班达成率=1－|实际全职等效人数－要求的全职人数|/要求的全职人数

例如排班人数需要40人，老员工30人，新员工8人(等效系数为0.8)，则排班达成率为＝1－|(30＋8×0.8)－40|/40＝91%。在人员测算中，若能考虑新旧人员的合理搭配，将新员工的学习期考虑在内，便可使人员的预测尽量达到理想值。

3. 人员编排

1) 确定排班规则

无论是系统排班还是手工排班，有明确的规则才能做到排班的公平合理。排班规则应考虑团队管理与员工感知的平衡。团队管理主要考虑管理的效率和成本、团队建设等，因此排班工时需要遵循国家的法律规定，每个小组单位尽可能统一排班；需要明确双休平均分配、节日平均分配及特殊班次配置等，比如夜班后不能接早班、连续上班的天数不宜超过5天。

2) 制定排班班次

在排班班次设计上，目前大多数客户中心会分为早班、白班、晚班、两头班、中晚班、小夜班、大夜班等，班次一般按间隔15～30分钟区分，每日班次时长不宜过长或过短，一般以6～8小时为宜。排班管理根据需要，选取合适的班次、节点、初始班次，并制定轮换规则，从而增加排班的合理性及舒适度。

3) 制定和调整班表

根据预测情况、排班规则、班次情况匹配人员，生成班表，班表生成后基于话务预测结果实现初始班表的拟合分析，评估每日排班人数及排班人力覆盖的时间段是否能够满足业务需要，在充分考虑接通率、工时利用率、人均AHT、出勤率多方面指标的情况下，确保人力投入的合理性。

4. 排班回顾

排班的效果可以以月为周期进行分析和评估，结合排班过程及运营指标的要求，排班成效评估可以包括预测准确率、排班拟合度、员工满意度等。

(1) 预测准确率的计算公式为

月预测准确率＝1－(日偏差≥10%)的总数/月工作日

日偏差＝|实际话务量－预测话务量|/实际话务量

(2) 排班拟合度：排班人数与资源预测的比值。

(3) 员工满意度：员工对排班的满意度，可以通过问卷调研收集该信息。

9.3.2 指标监控

指标是衡量一个客户中心好坏的关键因素之一，关注指标是现场管理的重要职责之

一。通过指标及数据监控可以及时发现并辨识各类可能影响运营及服务的异常事件，为准确预警及快速制订应对方案提供有力支撑，大幅降低运营及服务风险。

(1) 运营指标监控：对客户中心运营状态进行监控，包括接起率、服务水平、排队人数、呼损率等，便于掌握实时业务量情况，确保接续工作有序开展。

(2) 员工效能监控：对座席代表工作状态进行监控，包括AHT、员工利用率、小休次数等。随时关注其实时的状态，辅助管理人员管控工作秩序和行为规范性，并进行座席代表合理调配。

9.3.3 应急与调度

客户中心有可能会遇到引起业务过程中断或对业务产生负面影响的各种风险，当这些突发情况发生时，现场管理需要进行统筹调度，对各类风险进行应对和处置，应急管理就是针对突发事件找到最优应对决策，提高组织的运营效率，确保客户中心稳定、持续、发展。

1. 应急管理中处理不确定事件的方式

1) 预案管理

预案管理是把可能发生的突发事件列举出来，逐一制订解决方案和措施，是应急管理的主要组成部分。例如针对在客户中心中可能存在的自然灾害、意外事件(话务量突变、停电等)、设备故障、故意行为(恶意投诉等)制订预案。

2) 鲁棒优化

在计划中配置足够的冗余资源，甚至准备一些备份资源，这样在突发事件过程中就可“以不变应万变”，因为系统留有充分的余地，突发事件对系统的损害和干扰可以被系统所吸收。例如客户中心中关键设备的备用制度、信息化存储中双机热备份等都属于此类型。

3) 随机模型

随机模型是以突发事件的发生概率和数理统计为基础，采取相应的应对措施，以优化期望利益。例如客户中心应急人员排班这项工作就应该以业务发生突发事件的风险度进行相应配置。

4) 实时应急管理

这种方法对企业的软硬件要求都很高，可以实时显示和调度企业的所有资源，以最优的方法，按照预先制定的目标顺利执行和完成计划。

2. 应急管理的特征

突发事件发生后，各方面的应急需求急剧增加，任何单方面的行动都无法达到理想效果，需要组织各方力量和资源，相互协作、快速联动。因此，应急管理应该是一个系统概念，应急管理体系就是指客户中心通过组织整合、资源整合、行动整合等应急要素整合而形成的一体化工作体系。一个现代的应急管理体系应当具备如下特征。

1) 全面性

优秀的应急管理体系应该能够处理各类突发事件，并且在应对突发事件时考虑得更加全面和系统，不会遗漏某方面的问题，因为一个问题的遗漏有可能导致灾难性的后果。

2) 层次性

应急管理体系不仅要内容全面，还要有清晰的层次。机构设置、职责分工都应该清晰明确，层次分明。根据突发事件性质和级别的不同采取不同层次的应对措施，每个层次都有一套相应的处置措施子系统，这样不仅可以使系统目标更为明确，而且可以节省资源。

3) 集成性

一个高效的应急管理体系不应该是单纯的横向或纵向的层次结构，而应该是高集成性的功能综合体。这个体系应该包括整个客户中心运行的各种组织、部门，在一定范围内协调各种资源对突发事件进行统一的处置。

4) 可操作性

应急管理体系必须具备可操作性的特点，这个可操作性不仅表现在应急状态下该系统可以被有效运用达到其应急保障的目的，还表现在平时状态下该系统可以作为一个可操作的模拟系统，用来演练应急运作流程，培训应急人员，普及应急知识。

5) 信息化

准确、及时、全面的信息是科学决策和早期预警的前提。因此，信息技术贯穿在整个应急管理体系之中。现代客户中心都把利用最新信息通信技术建立信息共享、反应灵敏的应急信息系统作为应急管理体系建设的核心部分。

3. 突发事件的分类

在应急管理中，对突发事件特征进行有效地识别和分类，将有助于提高客户中心对突发事件的预防和应对能力。

对于风险类别分析框架，目前尚没有形成一致的观点，但很多学者认为，根据风险的可能性和影响力两个特征维度对风险进行分类，是一种合理的分析方法。

突发事件在可能性和影响力两个特征维度上可以划分为如下4种类型。

1) L-L类型(低概率—低影响)

对于L-L类型的突发事件，由于其发生概率和影响力都比较低，可以利用客户中心自身的弹性(即冗余资源)来应对。所谓冗余即企业通过保留一定的资源来应对突发事件的影响。在企业实践中，最常见的应急资源冗余策略有：设置更高的安全库存、选择多个供应商、降低设备利用率等。

2) H-L类型(高概率—低影响)

H-L类型的突发事件往往是客户中心日常运营中的紧急情况，比如经常遇到的电脑设备故障问题。

3) L-H类型(低概率—高影响)

L-H类型的突发事件主要是来自客户中心外部的灾难性事件，比如新型冠状病毒感染疫情、严重的自然灾害、恐怖袭击等，往往造成需求的巨大波动。这种情况下，客户中心供应链体系中的企业纵向应急协作可以有效缓解需求波动带来的影响。

4) H-H类型(高概率—高影响)

随着发生频率和后果严重性的不断升高，突发事件上升为H-H类型。这种情况下，面向应急的第三方企业可以通过规模优势和专业优势，为企业提供低成本、高效率的应急服务。

4. 客户中心的应急规划环节

1) 预测措施

这是突发事件应急管理活动的第一步，也将贯穿整个系统的全过程。监测结果和数据的真实性对应急管理的各个阶段至关重要，信息的准确获取有利于管理者进行决策分析及后期活动的正确展开。

2) 预测预警

(1) 预测预警的层次。预测预警阶段包括预警和识别两个层次。

- 预警。预警是在检测结果的基础上对突发事件的不良趋势进行分析并及时报警的活动。突发事件的出现是一个从量变到质变的过程。很多突发事件出现前其实有一些征兆和信号，只要重视这些征兆并对这些信息进行分析处理，就可以推导出事件出现的可能性，并采取相应的措施，提前降低突发事件的危害程度，甚至避免突发事件的发生。但更多时候，这些征兆和信号会因应急意识的淡薄和技术工具的缺乏而被忽视。
- 识别。识别是指对演变为不良影响的突发事件进行前期分析判断，确定事件性质、类型和级别，发出前期警告。研究表明，模糊信号往往会导致不信任和对危险的忽视，对于一个陌生或熟悉的预警信号，人们通常会认为是别处的或者另一个事件，而不会立即认为与自己有关，往往等待或者找到已证实危险的信号后才会采取行动。因此，建立一套行之有效的预警信息系统，有效识别突发事件的类别是客户中心突发事件应急管理的上策。风险识别和评估信息表如表9-9。风险图谱如图9-8所示。

表9-9　风险识别和评估信息表

日期：　　　　公司：　　　　　　　　　　部门：

编号	风险名称	发生可能性						影响程度					
		专家1	专家2	专家3	专家4	……	平均	专家1	专家2	专家3	专家4	……	平均
1	火灾	0.5					0.5	1.5					1.5
2													
3													
4													

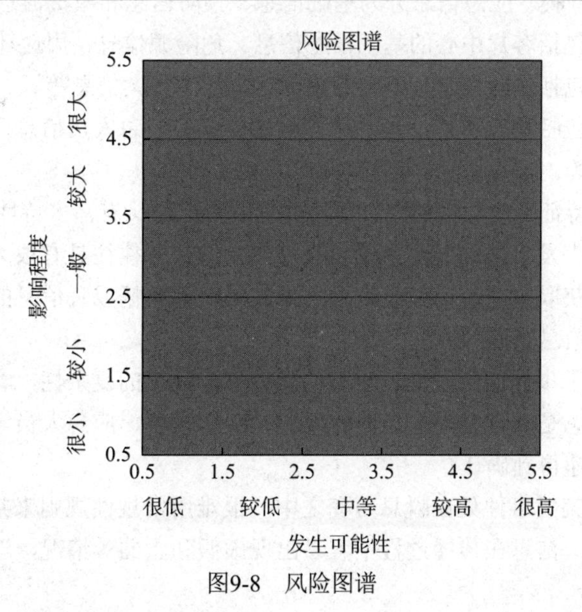

图9-8　风险图谱

(2) 预警信息系统。一个完整的预警信息系统包括预警信号子系统、预警模型子系统、信息加工及传递子系统、报警子系统、应急预案启动子系统和预警反馈子系统，其具体运行步骤如下。

- 预警信号子系统通过媒体舆论、灾害预报、运营安全监测等渠道收集各类与客户中心安全有关的信息，然后把这些信息传递给预警模型子系统和信息加工及传递子系统。
- 预警模型可以是定性或定量的，还可以是定性与定量相结合的，通过对预警指标数据线性或非线性的处理，得出隐患的动态发展过程及可能结果。
- 根据信息加工传递和预警模型计算结果，报警子系统决定是否发布警报。若数值超过警戒范围决定报警，应急预案就紧急启动。由于预警信息存在噪声干扰和偏差，报警子系统和应急预案启动子系统还应通过预警反馈子系统把反馈信息及时传递给预警信号子系统，以便完善预警过程、克服信息偏差现象。
- 预警信号一旦发出，保障体系就进入启动阶段，此时应迅速将应急管理系统切换到战时状态，系统内部相关人员开始联动，指挥部门根据对突发事件的分类、分级，从预案库中快速搜索匹配相应预案进行评估，评估出实施方案并通知相关部门开展工作。
- 应急预案启动子系统根据指令，执行处置预案，迅速组织人力、物力。动用各类资源对突发事件进行处置，同时进行实时监测、评估预案处理效果，并根据应对的效果，动态调整预案。

3) 信息报告

(1) 应急信息。对于应急信息，有两种解释：狭义的应急信息是突发事件本身所表现出来的信息，是反映突发事件性质的信息；广义的应急信息是与突发事件相关的任何信息，它存在于突发事件发生前、中、后任一阶段。应对突发事件时，客户中心面对的应该是广义的应急信息，不能只注重事件发生时所表现的信息，而忽略事件发生前后的信息。

① 应急信息的分类。应急信息分为基础信息、预防信息和救援信息。

- 基础信息，包括客户中心的基础设施信息、危险源信息、周边环境信息等。
- 预防信息，包括运营信息、事故隐患信息、应急预案信息等。
- 救援信息，包括突发事件信息、应急设备信息、应急人员信息、应急过程信息、外部协作信息等。

② 应急信息的特征。应急信息既有信息的一般特征，又有诸多特性。具体特征如下。

- 难获取性。突发事件的发生虽然也有征兆，但信息往往具有很大的隐蔽性，不容易被人察觉和获取。同时，由于信息的采集渠道不通畅或者信息的传递环节过长，也加大了应急信息获取的难度。
- 有限性。由于事件的突发性、时态的紧迫性及环境的复杂性，客户中心能够有效利用的有用信息是非常有限的。通信设施、应急设备、应急人员等资源在短时间内有可能无法迅速得到确认。
- 不确定性。突发事件处在瞬息万变之中，很难用常规性规则来判断，信息不确定性很高。同时，信息在传播过程中容易出现虚假和歪曲等情况，造成部分信息内容不准确。

- 时效性。应急信息比一般信息更具有时效性。应急信息必须随着突发事件的变化而变化，“马后炮”信息达不到应急的预期效果，甚至可能造成严重的经济损失。

(2) 应急信息管理。所谓应急信息管理就是客户中心从信息角度出发，利用信息管理理论和信息手段，在应急管理过程中，全面、系统、准确、连续地收集、分析和利用与突发事件处置有关的重要信息，从而进行有效的突发事件应急管理。

应急管理是一种非常态管理，也是一个信息加工处理的过程。如果没有充分的信息支持，就不可能做出正确的应急决策和进行有效的应急处置。

根据突发事件的发展过程，可将客户中心应急信息管理过程划分为平时状态的信息管理、警戒状态的信息管理和战时状态的信息管理三个阶段。在应急管理的各个阶段，信息的收集、加工、传播和利用起到举足轻重的作用。尤其是现今信息技术和通信技术在管理上已得到广泛应用，客户中心在应急管理过程中也可以借助数据挖掘、数据库、模型库、GPS(全球定位系统)、GIS(地理信息系统)等新技术识别事故隐患信息，进行快速的信息沟通和信息处理，为应急决策提供技术支持。

4) 信息沟通

应急决策的正确与否很大程度上取决于获得的信息是否充分，而应急决策能否正确执行则受制于是否有一个充分的信息沟通渠道。如果信息传达渠道不畅通，应急执行小组很可能曲解决策层的意图，进而做出背道而驰的行为。

客户中心信息沟通主要有内部沟通和外部沟通两种。

(1) 内部沟通。内部的信息沟通主要在于培养应急管理人员的信息收集、发送及评估技能，尽可能简化信息沟通的渠道，克服沟通渠道中阻塞信息流通速度的瓶颈现象。过多层级的汇报过程有可能因中间层级汇报人的理解不一致而造成汇报内容的不准确，从而影响对突发事件决策的准确性和时效性，所以缩短信息流通过程，强化应急组织的应变能力就极为重要。

(2) 外部沟通。企业发生突发事件后，外部组织和公众急需了解事件真相，如果不能利用公开的、为人们所熟知的渠道和方式向外传递有利于企业协调运转的真实信息，媒体和公众会从各种非正式渠道获取信息来填补信息“真空”，从而形成“小道消息的传播”。因此，在应急管理中建立信息沟通机制是非常必要的。

突发事件的影响范围越广，外部沟通就越重要。在网络发达的现代社会，信息传递瞬时即可完成，当发生重大突发事件，尤其是发生给社会带来损害的突发公共事件时，企业会被立即推到风口浪尖，成为社会关注的焦点和媒体追逐的对象。因此，企业平时一定要重视和媒体建立良好的关系，制定预先的沟通策略，在事件发生后及时与媒体沟通，通过媒体来澄清事实，正确引导舆论。

5) 应急响应

应急响应中心是客户中心日常应急管理部门的办公场所，突发事件发生时的应急指挥室。客户中心应秉着“平战结合”的建设原则，运用计算机技术、网络技术和通信技术、模拟仿真技术、GIS、GPS等高技术手段，整合监控系统、有毒有害气体检测仪、可燃气体检测仪、门禁系统、运营管理系统等信息资源，实现日常状态下重大危险源监测、监控、预警；在突发事件过程中全方位接收和显示来自突发事件现场、应急队伍及社会公众各渠道的信息，实现对突发事件的快速响应和辅助决策，进行优化资源调度和决策指挥等。

突发事件处理完毕后，应急体系切换到平时状态，根据行动中的具体问题和主要事件做出总结报告并提交决策支持和信息部门，进入客户中心的管理数据库，为其日后的管理提供实践经验。

同时，应急管理部门在平息危机事件后，要建立危机评估系统，对整个危机处理过程和运行机制进行分析评估，包括对预警机制的组织实施、危机应急计划、危机决策及处理等各方面的评价，详尽地列出应急管理工作中存在的漏洞，对危机涉及的各种问题分别提出修正措施，改进客户中心的经营管理工作，并将评估结果作为改进应急管理机制的重要参考。

5. 疫情下客户中心的应急管理

客户中心建设过程中，绝大部分企业都会考虑客户中心层面的容灾备份，通过异地灾备等方式提供了比较完善的容灾备份机制。但2020年初至今的新型冠状病毒感染疫情使全球的企业都面临着严峻的前所未有的挑战，这对客户中心更是一次极大的挑战：客户中心作为劳动密集型单位，在疫情下安全保障难度大，到岗率不足、离职率高，新员工培训不足，原有正常流程运转不畅，业务无法正常开展等。因此，面对疫情危机，客户中心的应急管理机制需要建立起来。目前，面对疫情主要有以下三类应急措施。

1) 技术类措施

技术类措施是指通过技术手段，将座席分散、业务分散。

(1) 远程座席。包括远程手机座席、全功能VPN[①]远程座席、SIP[②]远程座席等。

- 远程手机座席。其通常适用于座席无法在家里通过互联网远程访问客户中心业务系统的情况，主要保证应急时期客户中心客户来电的正常受理。在此方式下，可以在客户中心通信系统内，通过数据配置将座席的客户中心内网分机与其手机(也可以是座席家庭座机)实现联动。联动后，座席可以通过运营商电话网远程拨入客户中心系统实现座席的签入、示闲、置忙、签退等多种操作。当客户来电时，客户的呼叫可以被客户中心通信系统自动外呼接续至联动的座席手机上实现通话，正常完成与客户的交互。
- 全功能VPN远程座席。其适用于提供了VPN远程接入客户中心的企业。座席可以使用家里的互联网线路，以VPN方式接入客户中心，同时在电脑上安装客户中心通信系统IP软电话。当VPN连接建立后，IP软电话可以登录到客户中心内网通信系统，使用与职场话机相同的号码，具备与客户中心职场电话完全相同的功能。同时，还可以通过VPN连接访问客户中心业务系统和多媒体处理系统。
- SIP远程座席。其适用于客户中心具备SIP远程座席接入能力的企业。对于企业端，需要在网络边缘部署有SBC边界安全网关设备接入互联网，提供远程SIP座席接入能力。对于座席端，需要在家庭电脑上安装客户中心通信系统IP软电话。座席需要远程接入客户中心时，使用家里的互联网线路，将电脑上的IP软电话通过企业端

---

① VPN：虚拟专用网络。

② SIP：会话初始协议。

SBC(会话边界控制器)接入客户中心并登录注册到客户中心通信服务器，同样具有与客户中心职场座席话机完全相同的功能，不需要安装VPN设备。客户来电时，客户中心通信系统将把客户来电语音通过SBC和互联网线路转发到远程座席电脑上的IP软电话，座席使用PC耳麦即可实现与客户的通话。此外，也可以将客户中心通信系统的SIP硬件电话机部署到座席家里，同样通过SBC登录到客户中心通信服务器，提供更好的通话质量。

(2) 云桌面远程座席。

在数据中心服务器上部署桌面虚拟化应用软件，如Citrix等，为每个座席创建一个镜像，座席IP软电话可以部署在虚拟化镜像内，也可以在座席桌面单独部署软电话或硬件电话；座席端通过虚拟化软件客户端或浏览器访问后端应用软件；职场座席或远程座席在个人电脑或瘦客户机虚拟桌面内打开CRM软件和座席软电话；业务和语音数据可以都通过虚拟化软件带内传输，也可以将语音通过虚拟化软件带外传输，提供更好的语音质量；需要企业提供通过互联网远程接入客户中心的网络通道；在此方式下，座席具有对于业务系统、多媒体处理系统、语音处理的全能力。

- 在线客服平台。通过SaaS[①]方式提供客服业务服务，支持员工通过外网登录在线服务App，实现高效的远程办公。
- 系统远程、移动办公(SaaS模式及外网协同模式)。搭建远程办公的在线管理系统，保障客户内部工作管理及业务运转，如远程考勤管理、在线工作审批、在线工作通知、在线工作汇报、线上会议、远程培训等。

2) 运营类措施

运营类措施是指管理分散的座席，保障服务品质。为确保疫情期间的服务品质，启动居家办公模式，并配套制定相应的管理制度，使这种办公方式更加标准化、规范化、系统化，提高管理效能。

(1) 工作内容标准规范化。

① 制定居家办公制度，具体如下。

- 考勤管理制度。利用互联网工具进行远程线上签到，比如微信签到、视频打卡功能等，让远程办公守时高效。
- 会议沟通机制。形成常态化的会议沟通机制，比如9点开早会，17:00开夕会，可以借助互联网工具(如腾讯会议)来实现。
- 工作汇报机制。每天要报告当天工作总结或任务完成情况，并有相应的工作表单来跟踪，可以借用一些互联网共享文档来实施，不仅便捷，还可以通过共享功能让员工了解团队其他成员的工作情况，达到信息互通共享。
- 工作保密机制。远程办公会不可避免地遇到机密外泄的风险，除了通过技术手段对资料进行加密管理，还可以在管理手段上让员工签订工作保密协议，从责任角度强化员工的保密意识，并对员工岗位的敏感度进行分层分级配置权限，最大限度地降低公司核心商业信息泄露风险。

② 安排工作任务。让居家人员清楚每天的工作任务，明确个人的工作内容和要求。

---

① SaaS：软件运营服务。

③ 细化工作组管理。对居家办公人员的工作组进行细分，安排好岗位角色，使得远程办公沟通对接更顺畅。

(2) 工作成果评估科学化。

对于居家办公人员的工作成果的评估，既要数据化管理，也要人性化管理，既要关注结果，也要关注过程。

- 定量评估。关注工作结果。根据员工现有的工作任务KPI(关键绩效指标)，针对此员工远程办公和集中办公的数据，评估员工的工作效率和产能。
- 定性评估。关注工作过程。及时了解员工远程办公的状态，借助大数据管理，对远程员工工作情况的数据、状态信息(比如小休情况、示忙情况、静音状态等)等做关联性分析，实现科学化地监督和评价员工，帮助管理者判断员工的工作状态，及时给予关注和指导。

(3) 员工激励关怀即时化。

在居家办公时，员工脱离了团队的氛围，在归属感上可能会有所欠缺，这时对员工的人文关怀和激励就变得尤为重要。领导者需要主动关怀员工，营造一个和谐的团队沟通、互动氛围。比如作为领导者要建立一个即时通信群，即时询问员工的状态，在群上营造一些互动的小惊喜等，让员工感受到组织的关怀。

同时，管理者要善于挖掘居家办公的一些表现和事迹，对于及时、认真完成工作任务的、在服务客户上有突出表现的员工，特别是在疫情之下，可以捕捉到很多服务闪光点，对这些事迹一定要即时在沟通群上、朋友圈上表扬和鼓励，放大宣传，以增强员工的荣誉感，激发员工的积极性。

(4) 采用分布式座席服务。

分布式座席用工形态分为共享客服和居家客服。

- 共享客服指具有行业经验的非企业独家签约用工，也就是我们俗称的斜杠客服，他们更擅长于业务技能的横向发展，适合承接简单易上手、类型不同的多项目任务需求。
- 居家客服往往为企业长期雇佣的专兼职居家客服，更专注于企业的交付任务，适合承接有一定难度、长期性的业务，成长性及技能都比较强。

3) 人员替代措施

人员替代措施包括：引导使用自主渠道，智能化AI工具，进一步使机器替代人工。

在App、网页端、微信端等全渠道搭建文本机器人、电话机器人组合平台，实现各系统间知识库平台的统一与自动打通，实现服务前置和客户自助服务。

9.3.4 运营分析

1. 运营分析的目标

客户中心的运营管理自身就是对“数字”进行管理的过程，各项营运报表、整体运营成果、座席代表行为举动等都蕴藏在“数字”中。随着客户中心应用在国内的高速发展，客户中心的管理也日趋精细化、数字化。

一位真正懂得数字化管理的优秀客户中心管理者或客户中心决策者必须清楚如何从数据中找规律、找问题、找答案、找方法，学会如何通过数据分析降低成本、增加收益、提高效率、避免风险、扩大影响、削除障碍等。

要达到此目标，则需要掌握数据分析与数据挖掘的知识。数据分析的目的，在于发现问题，解释原因和关系，以及寻找可能的解决方法；同时达到更有效的沟通，无论是向决策层报告，还是与团队成员分享；数据的挖掘和整理，是绩效改善过程中的重要环节。

许多客户中心管理者们经常忙于各种所谓的"数据分析报告"，堆砌了大量的图表和文字，显得"专业""美观"，但认真研读后却发现缺乏最关键的"分析"过程，更别提分析结果了。显然，这只是把对事实的原始描述当成了数据分析，而实际上描述原始事实只是数据分析过程的一项内容而非全部。数据分析不能仅有报表没有分析，因为"有报表不等于有分析，有分析不代表有效执行"，报表只是数据的展现形式；数据分析也不能仅有分析没有结论，没有结论的分析无疑"差了一口气"，对实际业务工作无法产生价值，唯有通过分析得出结论并提出解决方案才能体现数据分析协助管理者辅助决策的核心作用。因此，数据分析源于业务，也必须反馈到业务中去，没有前者就不存在数据分析的基础，没有后者也就没有数据分析的价值了。

2. 数据分析过程

完整的数据分析过程可分为以下几步：识别信息需求；明确数据分析的目的和内容；收集数据；处理数据；分析数据；展现数据；撰写数据分析报告。

1) 识别信息需求

识别信息需求是确保数据分析过程有效性的首要条件，可以为收集数据、分析数据提供清晰的目标。识别信息需求是管理者的职责，管理者应根据决策和过程控制的需求，提出对信息的需求。就过程控制而言，管理者应识别需求，明确要利用哪些信息支持评审过程输入、过程输出、资源配置的合理性、过程活动的优化方案和过程异常变异的发现。

2) 明确数据分析的目的和内容

明确数据分析的目的和内容是确保数据分析过程有效进行的先决条件，以便明确数据的分析方向。

现实情况中人们在做数据分析时往往陷入堆杂乱无章的数据中，而忘记分析数据的目的。数据分析第一步就是要明确数据分析的目的，然后根据目的选择需要分析的数据，明确数据分析的产出物，做到有的放矢、一击即中！

有目的地收集数据，是确保数据分析过程有效的基础。组织需要对收集数据的内容、渠道、方法进行策划。策划时应注意以下几点：

(1) 将识别的需求转化为具体的要求，如评价供方时，需要收集的数据可能包括其过程能力、测量系统不确定度等相关数据；

(2) 明确由谁在何时何处，通过何种渠道和方法收集数据；

(3) 记录表应便于使用；

(4) 采取有效措施，防止数据丢失和虚假数据对系统的干扰。

3) 收集数据

收集绩效评估数据的渠道是多种多样的，包括：

(1) ACD(分配设备)及应用软件产生的呼叫数据和管理报告数据，如平均应答速度、平均排队时间、平均通话时间、来电遗失率、首次问题解决率等。

(2) 呼叫监听取得的非量化的呼叫分析，如监听分值(质检人员对座席代表的回话质量所做的等级评价)、呼叫质量(通过公司设计模型来监控呼叫的质量和座席代表的能力，评价质量与能力的因素通常包括座席代表的音调、友好性、机敏性、见识性等)。

(3) 通过问卷调查等方式取得的结果，如利用按键测量法、抽样反馈法对客户进行客户满意度调研得到的结果、利用调查问卷的方式对员工进行员工满意度调研得到的结果等。

收集绩效数据还要注意历史数据和竞争对手数据的收集。绩效数据的收集还应包括客户中心历史绩效数据，以及行业及竞争对手的横向对比数据。对比绩效数据的获取应该是经常性的，获取渠道应尽可能多样化。行业及竞争对手的横向对比绩效数据可以通过行业协会、客户调查及业内相关咨询与市场调研机构获取。

收集历史绩效数据的目的是从时间这个纵向的坐标轴上来考察绩效及其发展态势。通过历史绩效数据与实时数据的对比，管理层可以评估客户中心绩效的改进情况，分析和解决绩效障碍，在客户中心内部进行全面持续的改进。同时，通过对历史绩效数据的分析，可以模拟预测未来的绩效趋势。

收集本行业及竞争对手的横向对比数据，作用类似于客户中心基准测试(benchmarking)，即通过持续收集各行各业及竞争对手实际应用的客户中心运营的绩效数据和指标，给出这些参数指标的平均值和最佳值，并将客户中心与之相比较，从而了解自己企业的客户中心运营处于何种状态，以及与同类型企业的最佳水平相比存在的差距，最终制定出在以后的运营中改进和提高绩效的策略和方法。

与历史绩效数据相比，获取行业内特别是竞争对手的横向对比数据会比较困难。通常的获取渠道包括：

- 行业性组织(行业协会、行业联盟)等发布的期刊杂志、年鉴资料等；
- 相关咨询与市场调研机构发布的调研报告，或委托这些机构进行的专项调研；
- 借助兼具权威性和中立性、能提供完整客户中心基准测试服务或数据的机构，如美国普渡大学(Purdue University)、国内的CTI论坛。

4) 处理数据

处理数据，即要对采集后的数据(包括数值的和非数值的)进行整理、分析、计算、编辑等一系列的加工和处理。数据处理的目的是从大量的、可能是难以理解的数据中抽取并推导出对于某些特定人群来说是有价值的、有意义的数据。

数据处理是数据分析的基础。通过数据处理，将收集到的原始数据转换为可以分析的数据形式，并保证数据的一致性和有效性。如果数据本身存在问题，那么即使采用最先进的数据分析方法，得到的结果也是错误的。

5) 分析数据

分析数据，即通过统计分析或者数据挖掘技术对处理过的数据进行分析，从中发现数据的内部关系和规律，为解决问题提供参考。

数据挖掘与数据分析略有不同，数据挖掘就是一种高级的数据分析方法，即从大量的数据中挖掘出有用的信息。其根据用户的特定要求，从浩瀚如烟的数据中找出所需要的数据，以满足用户的需求。数据挖掘主要侧重于解决4类数据分析问题：分类、聚集、关联、预测。数据分析是将收集的数据通过加工、整理和分析，使其转化为信息，常用方法有老七种工具和新七种工具。老七种工具，即排列图、因果图、分层法、调查表、散布图、直方图、控制图。新七种工具，即关联图、系统图、矩阵图、KJ法(亲和图法)、计划评审技术、PDPC法(过程决策程序图法)、矩阵数据图。

数据分析是质量管理体系的基础。组织的管理者应在适当时，通过对以下问题的分析，评估其有效性。

(1) 提供决策的信息是否充分、可信，是否存在因信息不足、失准、滞后而导致决策失误的问题。

(2) 信息对持续改进质量管理体系、过程、产品所发挥的作用是否与期望值一致，是否在产品实现过程中有效运用数据分析。

(3) 收集数据的目的是否明确，收集的数据是否真实和充分，信息渠道是否畅通，包括数据分析方法是否合理，是否将风险控制在可接受的范围；数据分析所需资源是否得到保障。

6) 展现数据

数据是需要通过表格和图形的方式呈现出来的。常用的数据图表包括饼图、柱形图、条形图、折线图、散点图、雷达图等。我们也可以对这些图进行加工，展现出所需要的图，如金字塔图、矩阵图、漏斗图、帕累托图等。

大多数情况下，人们更愿意接受图形这种数据展现方式，因为它能更加有效地、直观地传递出分析师所要表达的观点。一般情况下，能用图说明问题的就不用表格，能用表格说明问题的就不用文字。

7) 撰写数据分析报告

数据分析过程要以“分析报告”的形式呈现出来，数据分析报告其实是对整个数据分析过程的一个总结与呈现，通过报告，把数据分析的起因、过程、结果及建议完整地呈现出来，以供决策者参考。数据分析报告可用于评估企业运营质量，为决策者提供科学、严谨的决策依据，以降低企业运营风险，提高企业的核心竞争力。

一份好的数据分析报告需要符合以下要求。

(1) 有一个好的分析框架，层次明晰，主次分明，可以使阅读者正确理解报告内容。

(2) 图文并茂，可以令数据呈现得更加生动活泼，提高视觉冲击力，有助于阅读者更形象、直观地看清楚问题和结论，从而引发思考。

(3) 有明确的结论，这是数据分析报告的真正意义，因为客户中心最初就是为寻找或者求证一个结论才进行分析的，所以千万不要舍本求末。

(4) 有建议或解决方案，作为决策者，需要的不仅是找出问题，更重要的是提出建议或解决方案，以便他们在决策时作为参考。所以，数据分析师不仅需要掌握数据分析方法，而且还要了解和熟悉业务，这样才能根据发现的业务问题，提出具有可行性的建议或解决方案。

9.3.5 现场巡场

1. 业务指导和疑难问题处理

业务指导是现场管理人员最重要的职责之一，当座席代表在业务上有困难、需要寻求帮助时，现场管理人员应是他们直接的援助者。对座席代表业务问题的解答与指导，是现场管理人员义不容辞的责任。面对座席代表不能解决的疑难问题，现场管理人员应第一时间与客户沟通，及时安抚客户情绪，避免矛盾激化，灵活处理问题，给出客户易于接受的解决方案。

2. 人员管理

客户中心的员工每天要直接面对客户，经常会遇到由于客户投诉等带来的座席代表的情绪变化，如果不能及时地安抚其情绪并解决问题，不仅会影响这一个座席代表，而且会影响其周围的其他座席代表，从而导致整体的工作效率的下降。因此，现场管理人员需要了解座席代表的心理状况及情绪，及时发现座席代表的抱怨和不满，适当让他们休息缓解或做有针对性的心理辅导。

现场管理人员还需要关注员工的工作状态，比如在上班时间、下班时间，用餐的开始、结束时间等交接班关键的时间关注人员的动态，如是否按时登录，是否正常开始工作等。现场管理人员通过现场监控系统和现场巡视，及时纠正发现的问题。

3. 现场秩序维护

现场管理人员应为座席代表创造和维护一个和谐、团结、活泼的职场氛围，营造一个干净、整洁、有序的职场环境。

因此，现场管理人员需要对现场规范要求的内容进行巡视，发现和规避在日常工作中存在的风险隐患，对违反职场规则、破坏职场秩序的座席代表进行提醒、教育和批评。

9.4 知识库管理

9.4.1 知识库概况

1. 什么是知识库

知识库(knowledge base)是知识工程中结构化的、易操作的、易利用的、全面的、有组织的知识集群，是针对某一(或某些)领域问题求解的需要，采用某种(或若干)知识表示方式在计算机存储器中存储、组织、管理和使用的互相联系的知识片集合。

2. 知识库在客户中心的作用

客户中心知识库是客户中心系统的重要组成部分，是日常业务运行的载体。一套健全的知识库系统，不仅可以保证日常业务的正常运行，还可以成为客户中心管理和业务拓展的得力工具。反之，不健全的知识库系统甚至缺少知识库系统，会成为客户中心健康发展的障碍。

客户中心能够以最简单的业务形式(低廉的成本)服务于最广泛的客户，是由于它拥有庞大的信息资源。如果要求座席代表在有限的时间内发现、提取、应用这些信息资源，必须建立并持续维护一套与业务相关的知识库。简单说，客户中心知识库就是对特定信息进行分类收集、合理存储、智能查询并可更新维护的数据库系统。

3. 客户中心知识库应具备的特征

1) 知识范围

客户中心领域知识库的知识范围应该包括对应企业产品、业务、服务的服务周期内可能遇到的所有问题。根据知识的应用对象层、场景特征(咨询方案时的场景信息)、使用方式方法等，知识被构成便于利用的、有结构的、组织化的展现和查询形式。知识的集群化、关联化、模块化和表达方式的一致性、口语化都是客户中心知识库应具备的共同特征。对于员工使用的知识库，知识条目的陈列、检索方式尤为重要；而对于智能支撑系统的知识库，颗粒度细化和比较精确的场景定义尤为重要。

2) 层次性

知识是有层次的，可分为最低层次、中间层次和最高层次。

(1) 最低层次是“事实知识”，它所对应的一般是客户中心中的“咨询”类问题，强调“把事情表达清晰，让人容易理解”。

(2) 中间层次是用来控制“事实”的知识，从而可以解决问题(通常用规则、过程等表示)，它所对应的一般是客户中心中的“办理”类问题，强调“精确性和一致性”，规则是最典型、最常用的一种知识。

(3) 最高层次是“策略”，它以中间层次的知识为控制对象，它所对应的一般是客户中心中的“销售”“客诉”类问题，强调“原则和博弈”，其对应的解决方案可以在“规则”范围内最大限度地体现灵活性。

因此，知识库的基本结构是层次结构，这是由其知识本身的特性所决定的。客户问题各不相同，或是多个问题集合在一起形成一个复杂问题，我们也需要将知识组织起来，在知识库中，知识碎片间必须建立相互依赖的关系，就像是一个四通八达的网，也像是一片树叶的叶脉，客户问题进入这个系统后会形成处理工作流，随着工作的推进逐一被解决。

一个完整健全的知识库不但能快速解决客户的问题，也让员工感觉使用轻松，值得信赖；一个好的知识库也是为数智化服务做好准备。最低层次和中间层次对应的知识库基本可以被员工当作“字典”来使用，可以实现快速查询，快速应对；最高层次的知识难于“看见即理解”，所以这个层次的知识库不同于前两个层次，在该层次建立知识库更像是建立一个平台，或者说逻辑上的优秀员工。在流失率高的客户中心行业需要这样一个逻辑上的标杆员工，来不断地积累好的方案和经验，并快速复制给一批又一批的新员工，来保持客户满意度和解决效率。

3) 可信度

知识库的最重要特征是可信度(或称信任度、可信赖度等)，数据库中不存在不确定性度量，因为在数据库的处理中一切都属于“确定型”的；同时，知识库都是基于类似客户问题或者经验假设客户问题产生的，对于可能的不确定性应有良好的升级解决渠道提供给一线员工，也就是说“灵活”不应该发生在一线，包括一线的座席代表、一线的自助系统和App。

4) 系统联动

知识库应与系统联动，包括向前与销售端的客户消费记录系统联动和向后与业务办理系统的联动。未来，数智化系统会替代几乎所有结果和解决方案确定的咨询和业务办理类工作，包括即使是需要人工介入才能妥善解决的问题(如投诉问题)，其中强调精确度和一致性的部分也可以引入机器来办理。例如银行、保险业务中核实身份的环节，可以利用机器核对身份证号码来实现，这就是一个高效的、高满意度的且有效地保护了客户隐私的解决方案。

9.4.2 知识库的具体设计

1. 知识库使信息和知识有序化

要明确知识库系统的基本功能、建立知识库，就要对原有的信息和知识做一次大规模的收集和整理，按照一定的方法进行采编、审核、分类、整理、加工和保存，并提供相应的检索手段。在有序化过程中，需要注意明确每一个流程的“责任”，具体的流程由哪个部门谁来负责维护；主动迭代和被动迭代都需要有详细的更新记录，这样便于在出现问题时及时追溯。经过这样一番处理，大量隐性知识被编码化和数字化，使原来处于混乱状态的信息和知识有序化。这样就方便了信息和知识的检索，并为其有效使用打下了基础。

1) 知识的收集与积累

知识库应能支持多媒体资料的录入和展示，如文本、图形、文档、声音、动画等。客户中心系统对于收集到的知识内容，要按照一定的规定格式进行存储，如知识的类别、关键字、生成时间、修改时间、发布时间、有效期、适用地区、状态、具体知识内容等。

知识积累的途径主要包括：

(1) 信息的采编及日常工作处理的经验；

(2) 利用采编台录入和维护信息，同时提供相关的知识收集接口，把处理经验等数据通过接口提交到知识库系统中。知识库系统将收集到的知识合并成文件，然后提交审核。审核通过的知识自动存放到知识库系统中，以供查询。

2) 知识展现

知识展现与业务处理界面相结合，在业务咨询、投诉、报障、业务受理等界面上都能链接到业务界面处理所需要的知识点。知识点与各类业务处理紧密结合，以引导座席代表一步一步进行业务处理。

知识展现需要有引导步骤，不仅要将全部内容展现给座席代表，再由其通过检索功能来搜寻知识点，还要求座席代表点击每个操作界面上的知识引导，寻找到本界面处理所对应的业务产品知识，来帮助座席代表与客户进行有效沟通。注意：系统应记录座席代表的点击操作。

知识展现的原则是可以方便、快捷地浏览和查找知识，即以尽量少的点击次数在有限的界面上获取尽可能丰富的、有用的信息；同时，要兼顾座席代表使用电脑的习惯。

2. 建立信息分享和流动体系

知识和信息实现有序化之后，一定要充分建立知识信息分享和流动体系，让客户能够快速地查询和利用这些信息(客户利用知识的方式包括知识学习、知识浏览、知识检索等)，并能够通过客户的反馈信息不断地迭代，这样自然加快了信息的流动。

此外，企业还可以通过新知识学习栏目、知识热点栏目、信息反馈栏目等实现信息分享；内部网还可以开设一些时事、新闻性质的信息传递功能，使企业内外的信息能够迅速传递到整个企业，这就使组织的信息传递能力和新知识的复制速度大大加快。

3. 利用知识库实现组织的协作与沟通

员工在知识库使用过程中发现的问题和建议可以通过知识库的信息反馈功能进行反馈和记录，客户中心建立评估流程和评审小组对员工反馈的内容进行评估和审核。例如，员工在工作中解决了一个难题或者发现了处理某项工作更好的方法，便可以把自己的经验和方法提交到知识库中，由评审小组对这些内容进行审核，最终采纳最佳建议并存入知识库。反馈的意见和建议可以注明建议者的姓名，以保证提交建议的质量，最后将成果量化，与绩效挂钩，给予积极参与知识库微创新的员工奖励，保护员工提交建议的积极性。

4. 根据使用对象对知识库进行分级管理

应先明确知识库的几个使用对象和知识库在这些部门中的称谓。

(1) 客户：客户查询和使用的是“使用帮助”，内容需要容易理解，最好图、文、视频并茂，不需要客户有相关的专业知识。

(2) 客户面对面服务人员：员工使用的一般叫作“作业指导”，知识库的易用程度介于流程图与客户帮助之间，需要有一定的业务知识。

(3) 客户中心远程服务人员：座席使用的一般叫作“操作手册”，知识库的易用程度介于流程图与客户帮助之间，需要有一定的业务知识。

(4) 客户流程管理部门：管理人员的知识库叫作“流程知识库”，对于客户中心一线人员来说，它不易懂，需要对业务了解。

(5) 业务管理部门：业务部门的知识库叫作“业务管理体系”“业务蓝图”“end to end process(端对端流程)”，需要对业务全局精通。

明确知识库的使用对象后，在知识输入知识库的时候根据不同的要求进行整理，并根据使用对象对知识课件设置不同的权限。

5. 知识库帮助客户中心实现知识的有效积累

知识库帮助客户中心实现知识的有效积累，摆脱对“人”的依赖。传统的客户中心都是利用培训或者师傅带徒弟的形式实现知识的复制和传递，强调人的处理技能，这种形式在流失率高的今天效率明显不足，像金融业、电信行业、互联网平台，业务模式越来越多样，物理上的“标杆员工”的形成越来越难，一般老员工拥有宝贵的知识和丰富的经验，但随着他们的流失或工作的调动，这些信息和知识便会损失。因此，知识库的一个重要内容就是建立一个容器将信息处理能力变为“知识”进行保存，形成一个逻辑上不断进步的“优秀员工”，以方便新的业务人员随时直接进行复制。

9.4.3 知识库的数智化连接

1. 业务蓝图中业务系统与知识库的关联

知识库本质上是一个企业所有客户解决方案的标准集合，包括门店、App、客户中心等都是与客户沟通的渠道，也就是说知识库的有效性不在于客户中心的流程能力强弱，而是看企业本身的流程是否能够贯通。一个企业如果想要知识库非常有效，先要通过客户蓝图将各个部门连接起来，并不断地通过数据来洞察客户在哪些环节出现了阻滞，降低整体的服务请求率，所以业务与知识库的连接可以从正向和逆向两个角度分别审视。

从正向看，如果想知识库更有效地解决客户遇到的问题，就将业务系统与知识库结合起来，建立模型，将客户的问题业务点与知识库中的解决方案对应主动相连，增加座席代表的信息量，以便其快速地做出决策。

从逆向看，通过研究、分析、追溯问题的根源，将数据及时地根据业务蓝图反馈给业务部门，促进改进迭代，降低总体服务率。

2. 为知识库中的解决方案建立机器人

对于准确判断客户意图后有固定解决方案的，特别是需要对客户“核实身份”的“查询数据”“宣读条款”类的解决方案，可以建立对话机器人，在客户中心人员确定客户意图后，交给机器人来办理客户的业务。这充分利用了人的倾听、思维、分析能力，也充分利用了机器的“精确”“准确”“高一致性”的特点，以保证智能化后的服务质量提升、效率提升和成本降低。

9.4.4 知识管理流程

1. 知识采编流程

知识采编流程包括以下几步。

(1) 收到需求：收集到公司下发的业务通知、文件、培训过程中产生的及座席代表提出的添加或更新的需求。

(2) 入库判定：由知识库管理人员判断是否需要入库(判断条件：该知识会对服务产生影响，需座席代表知晓)，如不需要入库，则直接通过知识库系统的公告模块进行发布；如需要入库，则进行知识采编。

(3) 知识采编：如为确实需要加载知识库的知识，则需知识库管理人员对知识进行翻译加工，转化成通俗易懂的语言，并按照自行制定的知识库入库模板整理成知识入库文档。

(4) 提交文档：将知识入库文档提交给知识库管理人员的上级人员审核。

(5) 审核入库：由知识库管理人员的上级人员对文字描述的准确度进行审核，若审核通过，则由知识库管理人员进行知识的录入及更新操作；若审核未通过，则需知识库管理人员重新采编此知识入库文档，直至无误通过可进行知识发布为止。

(6) 发布通知：由知识库管理人员采取公告或邮件的形式进行知识库更新的信息发布。

(7) 培训：如果此知识点需要进行培训，由相关人员安排培训事宜，并将培训情况汇总至知识库管理人员；不需要培训，则直接进行业务跟踪。

(8) 业务跟踪：如果对某知识点进行了培训，培训结束2天后对座席代表进行考核；若没有进行培训，但其属于非常重要的知识，知识库公告发布3天后对座席代表进行考核。若知识点考核通过率达到75%，则该知识点覆盖通过，到此结束。若通过率不到75%，则在下一次考核时间继续考核该知识点，直到通过率达标为止。最后，将考核情况汇总至知识库管理人员。

2. 知识审核流程

知识库需要定期审核，周期为至少一年一次，审核范围是知识库的所有知识点。其目的包括以下几点。

(1) 主动发起知识库效率的持续改善，发现知识库使用过程中效率较低的部分(如搜索或不合理的结构)，同时让员工提出自己的想法和建议，保证知识库编排和设计合理。

(2) 发现知识库内容中错误的部分或由于知识库内容更新导致相关知识库条目内容未更新的现象，加以更新或删除。

第 10 章

人力资源管理

人力资源管理是企业的一系列人力资源政策及相应的管理活动。这些活动主要包括企业人力资源战略的制定，员工的招募与选拔，培训与开发，绩效管理，薪酬管理，员工流动管理，员工关系管理，员工安全与健康管理等，即：企业运用现代管理方法，对人力资源的获取(选人)、开发(育人)、保持(留人)和利用(用人)等方面所进行的计划、组织、指挥、控制和协调等一系列活动，最终达到实现企业发展目标的一种管理行为。

人力资源管理的价值主要体现于通过实施人力资源管理工作所输出的结果，是否对客户中心战略发展起到支撑作用，是否提高了客户中心的核心竞争力，是否推动了客户中心人才体系的全面建设。客户中心产业的高速发展及新技术的交替渗透对客户中心业务发展提出了更高的挑战，对客户中心人力资源布局提出了新的需求。

人力资源管理业务主要包括以下内容。

(1) 人力资源战略规划。它是指在客户中心战略发展与经营规划指导下进行客户中心员工的供需平衡，以确保客户中心人员的质量与数量能够满足客户中心不同业务发展时期的人员需求，最终实现客户中心的长远战略目标。

(2) 招聘体系。基于客户中心行业的工作特性，人员的高自然流失率是行业普遍存在的现象，通过招聘体系对人员流失进行补充，同时结合客户中心业务发展需要实施人员的增补计划，以人才优势提高客户中心在行业内的核心竞争力。

(3) 岗位体系。针对客户中心在不同业务发展时期和运营管理的需要，对现有岗位的职责进行认定、修改及对新设定岗位的职责进行描述。岗位体系的设计是提高客户中心各部门职能之间信息高效流转及人员用工配置精简的基础。

(4) 培训与开发。通过组织培训学习，保证了不同层级和不同发展时期的员工能力提升需要，最大限度地激发员工个人能力素质与工作职能要求相匹配。

(5) 绩效管理。通过将客户中心的发展目标逐一分解落实到部门和员工个人，实现组织目标与个人目标的一致性，以员工的个人成长促进客户中心的长远发展。

(6) 薪酬福利。它是对员工绩效考核结果的反馈，对促进员工创造高绩效起到正向激励作用。同时，合理的薪酬福利设计可提高客户中心员工队伍的稳定性，并吸引优秀人才加入。

(7) 职业发展。对员工开展职业发展设计，使得员工明晰个人职业发展目标，以提升个人工作积极性，实现人员的长期稳定发展。

(8) 劳动关系。主要是处理员工与客户中心之间所确立的劳动过程的权利义务关系。

(9) 组织体系。结合客户中心业务发展需要，及时调整客户中心组织体系，以确保客户中心内部组织架构的设计，符合客户中心业务快速变化的需要。

(10) 员工满意度。关注于员工对客户中心的个人感知，及时调整内部存在隐性问题，提高员工对客户中心的满意程度，最终实现员工个人工作业绩的提升，并助力客户中心业务的发展。

10.1 招聘和雇用

客户中心的生存与发展必须有高质量的人力资源，员工招聘就是为组织发展提供所必需的高质量人力资源而进行的一项重要工作，因此人员的招聘管理对客户中心来说意义重大。

10.1.1 招聘策略

客户中心在招聘录用过程中常要面对以下问题：

① 目前的人员配比与业务需求差距有多大？

② 应采用什么样的途径进行人员招聘？

③ 什么样的知识、技能、能力和经历是真正必须的？

④ 客户中心应怎样传递关于职务空缺的信息？

⑤ 招聘工作的力度如何？

⑥ 招聘需要多久完成？

对上述问题的回答从某种程度上构成了客户中心招聘策略的主要内容。当管理者拟定其招聘策略时，应通盘考虑企业整体策略规划的起点状况，并顺势形成企业策略性人力规划和招聘录用策略的总目标。决定招聘录用策略的主要因素有以下几点。

(1) 外部环境状况：如职业复杂性程度、环境变化频率、所属产业的竞争性程度和可聘用的专业性人才数量等。

(2) 内部组织状况：如组织结构、组织规模、组织成长速度，长期雇用政策等。

通常，企业策略性人力规划的程序为：首先，设定组织总体发展目标；其次，设定各部门用人预算，以达成组织目标时所需的用人预算幅度而定；再次，根据劳动力市场供给预测调整其用人需求标准和数量；最后拟订用人计划，包括甄选、任用、调职、升迁和训练等。

10.1.2 胜任力模型

客户中心一般用最低技能列表来表示胜任力模型。

1. 最低技能列表是职位描述的量化度量

一般人力资源部门HR(human resource)在招聘的时候通常会使用JD。

JD(job description，职位描述)，又叫作职位界定，对经过职位分析得到的关于某一特定职位的职责和工作内容进行的一种书面记录。

JD的主要内容包括工作名称、工作职责、任职条件、工作所要求的技能，工作对个性的要求也可以写在JD中。JD描述的对象是工作本身，而与从事这项工作的人无关。

JD主要包含岗位职责和任职要求。

岗位职责反映一个岗位所要求的工作内容及应当承担的责任范围。任职要求指完成该职位工作内容所要求的最低任职资格及在此基础上应具备的理想条件。它由行为能力与素质要求两部分组成。行为能力包括知识、技能和经验等；素质要求包括任职人员的个性、兴趣偏好、价值观、人生观等。

最低技能列表与JD有较大的区别，不要混为一谈。

实际上，广义的工作职位描述包含技能考核标准，但随着具体的工作越来越专业，一方面，招聘部门的人忙于应付越来越复杂的渠道和招聘工作，对于职位实际工作需要越来越陌生，另一方面，企业往往没有时间和费用对运营团队的管理者做专业的招聘技能培养。因此，最低技能列表应运而生。岗位最低技能要求是指一个岗位新员工需要具备的最低要求，包括可以通过培训获得的技能和不可以通过培训获得的技能。其中，可以通过培训获得的技能可以在新员工培训过程中通过培训使员工掌握，而不可以通过培训获得的最低技能则需要在招聘时进行把关。

要想做好最低技能列表，非常强调对业务运营的熟悉，和对员工实际操作的了解，这样才能避免不实测量，获得较为准确的数据，形成准确的最低技能列表。最低技能列表和JD的最主要区别在于，最低技能列表对每一项岗位，结合实际工作所使用的工具和环境做了量化的定义和规定了具体测量的方式。JD一般提供给HR部门用来寻找候选人和进行面试，最低技能列表则贯穿应用于人员面试、入职、上岗的始终。

举个例子，对于知识库的使用，JD中一般描述为：对智能知识库有使用经验，或者熟练查询智能知识库。最低技能列表中则可能为：知识库一般知识查询时间要求为5秒，智能知识库疑难问题查询时间要求为10～15秒。

2. 最低技能列表的主要应用场景

最低技能列表的主要应用场景包括以下内容。

(1) 招聘：为招聘、录用员工提供依据。比如要招聘部门主管，就要先了解这个职位需具备哪些条件，然后填写招聘申请表，由人力资源部来安排，这些职位的要求都可以参照最低技能列表来做。

(2) 培训：作为员工教育与培训的依据。在做培训需求调查或培训课程设计时，便于员工理解这个职位做哪些工作及职位之间的差异。

(3) 人员管理：对员工进行目标管理，便于员工理解职位所要求的能力、工作职责、衡量的标准，让员工有一个可遵循的原则；同时，便于上级对员工进行考核。最低技能列表就是衡量标准。

(4) 薪酬：为企业制定薪酬政策提供依据，技能越复杂，学习成本越高，则薪酬绩效越高。

(5) 绩效考核：它是绩效考核的基本依据。最低技能列表使绩效考核有章可循，避免在没有使用员工工作时效表和最低技能列表将工作量化之前，形成历史数据惯性、人员群体低效率惯性和人员群体高绩效“内卷”。

(6) 历史数据惯性：常见的说法是“以前我们的工作效率是×××，现在你们下降了，你们的管理有问题”。历史上发生了什么很难复盘，没有量化就很难判断目前是效率出了问题，还是哪些因素发生了变化导致了效率的变化。

(7) 人员群体低效率惯性：常见的说法是“我们整组没有一个人能做到……量，所以你的绩效设定有问题……”。没有量化的测量，也没有平台来保留和分析数据，很难将高效率优秀的工作方法留存下来，更没法大规模复制和推广。

(8) 人员群体高绩效内卷：这和人员群体低效率原理是一样的，但结果不同，同样没有量化的测量，也没有平台来保留和分析数据，当使用平均值推进，并用高绩效奖励来不断地刺激，就容易形成绩效普遍提高，但是绩效收入并未增加，变相对员工形成压榨，这样的内卷虽然短时间为企业带来了高盈利，但存在诸多问题，一方面企业盈利没有和创造价值的员工合理地分享，长久下去员工就会流失到更公平的行业企业中，另一方面，过度压榨也会造成员工的不良竞争，造成社会问题，例如外卖行业出现的小哥交通事故高发，以及快递行业的快递扔门口就走的现象。

(9) 人力资源规划：为员工晋升与开发提供依据。人力资源经理和一线经理在进行交流的时候，或在做人力资源规划的时候，也会用到职位说明书。职位说明书是人力资源管理的基石。

3. 最低技能列表的具体制作步骤

最低技能列表的制作步骤具体如下。

1) 厘清员工实际工作流程

推荐使用标准流程图来梳理流程，其中每一个步骤要非常清晰，覆盖所有的工作实际内容。

2) 确认流程中每一步的具体操作方式

由主管、组长、质检、培训、资深员工5个角色的人组成评估小组。

如果是新工作，那么可以由评估小组实操后，根据经验确定第一版操作方式。

如果不是新项目，那么可由质检人员选取优秀员工的效率和质量双优案例作为标杆，由评估小组确认后确定操作方式。

3) 测定操作标准时间

选取在岗6个月以上、18个月以下的绩效合格员工作为样本，可以根据业务性质不同调整样本人群，适应周期短的业务就可以缩短一些，适应周期长的业务就加长一些。因为上岗时间过短的员工操作生疏，会产生较大的误差；上岗时间过长的员工操作非常熟练，但在行业内所占的比例非常低，所以上岗时间太短和太长这两类人都不适合作为测定样本。

由评估人员使用秒表测定每一步的操作时间，一轮测定为两小时连续接续操作，中途不上厕所和小休。测定最好不要选取过于空闲或者过于繁忙的时间段，避免偏差过大。每名员工可分为不同的三个时段测定，如上午、下午、晚上(如果有)，进行三次测定，选取至少3名员工测定，各步骤结果取平均值。

最后根据不同的业务性质选取不同的工作效率，相对压力小、创造力低的工作，如查询、咨询类工作，工作效率取值可相对高一些，按照2020年左右的行业平均值看，平均值可以在75%～80%。相对压力大、创造力强的工作，如电话销售、客户服务类工作，工作效率取值可相对低一些，按照2020年左右的行业平均值看，平均值可以在70%。这个数值在2000年左右的行业平均值是85%，要理解那个时候客户服务请求约90%都是由热线电话的服务形式满足的，而近些年随着智能化、自助平台、App、小程序等多重客户服务手段的使用，到2020年，约93%的客户服务请求已被系统解决，最后打电话或者在线来解决问题的客户除了少部分是出于习惯，其余主要是客户投诉和复杂问题，因此这个数值的降低实属正常，不要被误导，“现在的员工越来越不能吃苦”这种认知会导致管理者和员工之间的关系变差。

4) 提取所有的实测技能

将所有实测的技能提取出来，将有共性的操作合并，最终形成一张操作清单，这就是最低技能列表的操作技能部分，再加上标准素质部分(如口音、客户服务理念、客户投诉意识、电脑基本操作等)，就形成了一份完整的“最低技能列表”。

4. 最低技能列表的技能校准

最低技能列表(见表10-1)呈现了“标杆”员工标准，能做到最低技能代表该员工是“合格的”，是“具备能完成质量和效率指标能力的”员工。

为了保持平台的“标杆”性，应对最低技能列表进行维护。维护工作可分为主动维护和被动维护。主动维护是指要定期进行最低技能列表的校准，也就是重新测定，员工选取规则与初测一致，但这时候可以少选取一些员工，主要是校准偏差，力求维护最低技能列表的准确性。被动维护是指只要有流程上的变化，最低技能列表也要同步随时变化，这个变化强调速度，所以允许有一定的偏差，但不要过大。

表10-1　最低技能列表

岗位要求的最低技能	类别	确认时间点	确认方式	新员工上线前应掌握	组别要求
1.使用电脑/工具的能力	电脑	培训	实操计时	3秒找到电脑及显示屏开机键，打开电脑	招聘部门
		培训	实操计时	10秒电脑开机之后，3秒输入密码进行开机操作	招聘部门
	OMS系统(订单管理系统)	培训	实操计时	20秒打开浏览器，找到OMS书签，单击打开	培训部门
		培训	实操计时	保存MMS账号密码，一键登录，10秒完成登录	培训部门
		培训	实操计时	5秒打开订单查询界面	培训部门
		培训	实操计时	10秒在订单界面复制订单，查询订单详情	培训部门
		培训	实操计时	20秒查看订单的状态，客服判断是否可以自主操作退款	培训部门
		培训	实操考核	若为未发货状态，客服申请退款	培训部门
		培训	实操考核	查看是否成团	培训部门
		培训	实操考核	查看物流信息	培训部门
		培训	实操考核	查看补券信息	培训部门
		培训	实操考核	是否为团长免单商品、秒杀商品、抽奖商品	培训部门

（续表）

岗位要求的最低技能	类别	确认时间点	确认方式	新员工上线前应掌握	组别要求
1. 使用电脑/工具的能力	OMS系统(订单管理系统)	培训	实操考核	查看订单售后信息	培训部门
		培训	实操考核	操作退运费，如为商家问题，客服可直接申请退运费	培训部门
		培训	实操考核	查看退款路径	培训部门
		培训	实操考核	查询优惠券发送情况	培训部门
	工单系统	上线	实操计时	3秒打开工单系统	运营部门
		上线	实操计时	3秒单击创建工单	运营部门
		上线	实操计时	5秒根据客户的需求选择工单问题类型	运营部门
		上线	实操计时	1分钟根据客户问题完成工单创建	运营部门
		上线	实操计时	30秒内创建客服专用的商家工单，完成后单击已解决	运营部门
	MMS系统(会员管理系统)	培训	实操计时	20秒登录MMS账号	运营部门
		培训	实操计时	熟练操作挂起人数，暂不接待，转接，保留会话	运营部门
		培训	实操计时	熟悉建立快捷话术	运营部门
2. 语言沟通、普通话	语言技能	招聘面试	名字，来自哪里(精确到省市)	普通话标准，吐字清晰	招聘部门
		招聘面试		面试测试题，得分高于85分	招聘部门
		招聘面试		语速100～120字/分钟(普通话标准语速)，能灵活随客户紧急程度控制语速	招聘部门
3. 打字速度	打字技巧	招聘面试	软件(地址库)	≥50个/分钟	招聘部门
4. 业务知识	业务知识	培训	培训结业考试	订单退款相关业务	运营部门
		培训	培训结业考试	订单状态和内容解读	运营部门
		培训	培训结业考试	组长通关考核	运营部门
5. 服务理念	客服技巧	招聘面试	接待客户时的服务意识	针对客户问题进行解答，从服务客户的需求角度出发，真切地为客户处理问题	培训部门
6. 顾客服务技巧	客服技巧	招聘面试	接待客户时的服务意识	当客户进线时，若察觉其情绪激动，应给予相应的安抚	培训部门
				礼貌用语，服务禁语，不粗暴对待客户	培训部门

(续表)

岗位要求的最低技能	类别	确认时间点	确认方式	新员工上线前应掌握	组别要求
6. 顾客服务技巧	客服技巧	招聘面试	接待客户时的服务意识	不能随意推诿客户	培训部门
		培训	日常行为	5S[①]制度的落实及职场规范	培训部门

10.1.3　招聘途径和方法

企业经常采用的人员招聘的途径有两种，即内部招聘与外部招聘。由于受到招聘岗位的不同、人力需求数量与人员素质要求的不同、新员工到岗时间和招聘费用等因素的限制，在招聘过程中必须因地制宜地选择恰当的途径，开展人员招聘工作。

1. 内部招聘

1) 内部招聘的优点

内部招聘，也就是当组织中出现了职位空缺时先从组织内部寻找、挑选合适的人员填补空缺。内部招聘有以下几个优点。

(1) 保证企业核心的一贯性。内部招聘保证了企业人员的连续性、核心(理念、价值观、使命、目标、产品、服务、政策、制度等)的一贯性，使企业优秀文化和传统可以顺利地继承和发扬光大。

(2) 为组织内部员工提供了发展机会，增加了组织对内部员工的信任感，这有利于激励内部员工，调动员工的积极性，留住高素质核心人才。

(3) 节省了人力资源事务性工作成本，可为组织节约大量的费用，如广告费用、招聘费用、培训费用等，同时减少因职位空缺而造成的间接损失等。

(4) 简化了招聘的程序，为组织节约了时间，省去了不必要的培训，减少了因职位空缺造成的间接损失。

(5) 由于对内部员工有较充分的了解，使被选择的人员更加可靠，提高了用人决策的成功率，降低了用人决策的风险。

(6) 提高了员工对企业的忠诚度。内部招聘制度可以激发员工对企业的忠诚度与责任感。对被选拔并任命为企业各层主管的管理人员，也会有长远打算，在制定管理决策时，更能树立长远工作观念，避免短期行为，做出长远的、有利于实现企业总体目标的规划与行动。

2) 内部招聘对象的主要来源

企业通过晋升、工作调换、工作轮换等方式进行内部招聘。

(1) 晋升：从内部提拔合适的人选填补职位空缺是一种常用的方法。对于客户中心而言，内部提升不仅为员工的职业生涯发展提供了晋升机会，也增强了员工的稳定性及企业文化的延续性。由于客户中心工作是一种专业性和技术性都较强的工作，客户中心的中层管理人员既需要具备管理方面的专业素质，也需要具备行业内部的专业素质与技能，因此

① 5S是指整理(seiri)、整顿(seiton)、清扫(seiso)、清洁(seiketsu)和素养(shitsuke)等5个项目。

客户中心在选择中层管理人员时更适合采取内部提升的方法。

(2) 工作调换：指职务级别不发生变化，工作的岗位发生变化。这种方式可提供员工从事组织内多种相关工作的机会，为员工今后提升到更高一层职位做好准备。

(3) 工作轮换：适用于一般的员工，它既可以使有潜力的员工在各方面积累经验，为晋升做准备，又可减少员工因长期从事某项工作而带来的枯燥感。

3) 内部招聘的主要方法

内部招聘的主要方法包括布告法、推荐法、档案法。

(1) 布告法：其目的在于使组织中的全体员工了解哪些职务空缺，需要补充人员，使员工感觉到组织在招募人员方面的透明度与公平性。

(2) 推荐法：可用于内部招聘，也可用于外部招聘。它是由本组织员工根据组织的需要推荐其熟悉的合适人员，供用人部门与人力资源部门进行选择和考核。

(3) 档案法：通过了解人力资源部门的员工档案，掌握员工在教育、培训、经验、技能、绩效等方面的信息，筛选合适的员工填补职位空缺。

2. 外部招聘

1) 外部招聘的优点

外部招聘是企业通过一些招聘方法，在外部人才市场中选拔人才，填补职位空缺的招聘途径。外部招聘的优点主要有：

(1) 人才市场是一个丰富的人力资源库，企业可以找到各种类型的特殊人才和高级人才。当企业在某一发展时期需要为一个新的岗位快速补充专业人才时，外部招聘是最好的途径，它可以适应企业快速发展的需要。

(2) 外部人才可以为企业带来很多崭新的思路和工作方法，为企业补充新鲜的知识和经验，带来新的朝气和活力。

(3) 外部人才在进入企业前期，不易受到企业中存在的一些不良文化的束缚，大胆创新，敢于提出问题和挑战，因此企业管理者应该善于聆听外部人才的意见和建议。

(4) 通过外部招聘，人力资源部和管理者可以丰富自己的工作经验，了解优秀公司或竞争对手的人才管理策略，学习其他公司好的管理经验，提升企业的竞争力。

2) 外部招聘的主要来源

企业通过网络招聘、媒体广告、大型招聘会、中小型招聘会、校园招聘、猎头公司、员工推荐、招聘外包等渠道进行外部招聘。

(1) 网络招聘。网络招聘的传播面广，收集到的简历数量较多，筛选简历所花费的时间也较多。客户中心的职位招聘可以借助公司整体的网络媒体广告，根据受聘人员的流失率来判断各网络媒体招聘的质量；同时，可借助自己公司的网站发布职位招聘信息。

(2) 媒体广告。通过报纸杂志、广播电台、电视等媒体进行广告宣传，向公众传达招聘信息，其优势在于覆盖面广、速度快。

(3) 大型招聘会。相比于网络媒体招聘人才的方式，参加招聘会的最大优点在于可以实现供需直接见面，节省了简历筛选和初试的时间。在春季招聘和“金九银十”的秋季招聘时，可以针对性地选择几次大型招聘会，该时段是进行社会人员招聘的黄金时间。

(4) 中小型招聘会。在新成立的客户中心初期可以选择中小型招聘会(特别针对定位行业的专场招聘会)，进行人员储备。

(5) 校园招聘。校园招聘的优势在于节约招聘成本，客户中心对于可塑强的应届生招聘可通过校园招聘来实现，也可与几所大专院校建立合作关系，进行人员储备，实现定制人员的招聘目标。

(6) 猎头公司。每年的招聘淡季，借助专业猎头中介机构强大的资源优势，加快招聘的速度，提高招聘的质量。与猎头公司建立淡季招聘的合作计划是完成人员招聘的一个重要途径。

(7) 员工推荐。内部的员工推荐招聘数量少，招聘成功比例高，稳定性好，是人员招聘的有效补充渠道。但有时容易出现小团队现象，需要在运营管理中进行很好的隔离管理。

(8) 招聘外包。用人单位将全部或部分招聘、甄选委托给第三方的专业人力资源公司，专业的人力资源公司利用自己在人才资源、评价工具和流程管理方面的优势来完成招聘工作。

不同招聘渠道对比如表10-2所示。

表10-2 不同招聘渠道对比

渠道	优点	缺点
网络招聘	费用低廉，自由度高，可以考察一些应聘者的基本技能，如使用电脑、网络的能力，英语阅读能力等	信息真实性不高，不能有面对面的感知，同时部分符合要求的人群会错过网上信息
媒体广告	信息传播范围广、速度快、应聘人员数量大、层次丰富、吸引力大、单位选择余地大	人力资源部门筛选简历耗时长，高端人士很少采用这种求职方式
大型招聘会	可供选择机会大，缩短招聘与应聘时间，容易传播各自的信息，针对性强	较多高级职位、不适合初建的客户中心的人员招聘
中小型招聘会	针对性强、费用低、节约时间，便于了解行业中其他企业的招聘需求	较优秀的基层专业技术人才和管理人才不太愿意参加这种规模的招聘会
校园招聘	节约招聘成本，适合初级水平人员，可招到可塑性较高的人员	有较大的不稳定性，需控制招聘比率，否则容易造成流失而加大招聘成本
猎头公司	招聘速度快、质量高、针对性强、成功率较高	成本高，一般适合高端人才，大批量的人员招聘和基层人士招聘不适合这种方式
员工推荐	成功概率大，稳定性好，具有一定的可靠性，且对企业和相关业务有一定的了解	数量少、容易形成小团体
招聘外包	风险低，专业性强	可控性较低

10.1.4 招聘流程

招聘流程如图10-1所示。

1. 招聘目的的明确

建立完善的人力资源招聘管理系统，以使客户中心能够在中长期内从质量上和数量上为不同的岗位空缺提供合理的补充及必要的储备，要打长期的有准备的战役，而尽最大可能少打“危机战”。

2. 招聘需求的分析

在进行人员选聘录用前应编制出比较详尽的人员选聘录用计划和需求分析，这样就使招聘录用工作有章可循，有序可行，也克服了人员选聘录用过程中的盲目性和随意性。其主要内容包括以下几点。

(1) 录用人数。确定出计划期应录用的员工人数。为确保企业人力资源构成的合理性，各年度的录用人数应大体保持均衡。录用人数的确定，还要兼顾员工的配置、晋升和退休金支付等问题。

(2) 录用基准。确定录用具备什么素质的人才。其主要标准包括年龄、性别、学历、工作经验、工作能力、个性品质等。

(3) 录用人才的来源。确定从哪里录用人才，是录用应届毕业生，还是临时录用往届毕业生；是在本地区录用，还是在全国范围录用。

(4) 录用经费的预算。除了参与录用活动的有关人员的工资，还需要考虑以下费用：广告费，如广告制作费、广告代理费、宣传资料费、录用指南制作费等；考核费，如考试场地租用费、试题印刷费等；差旅费，如录用人员的交通费、住宿费、伙食补助费等；其他费用，如电话费、通信费文具费和杂费等。

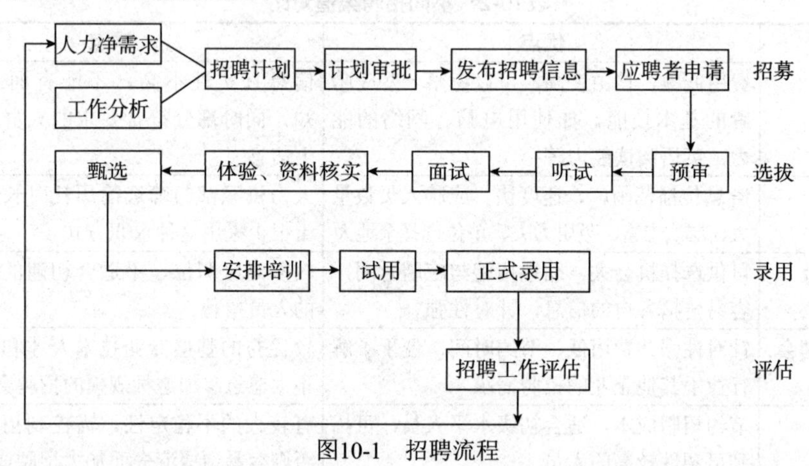

图10-1　招聘流程

客户中心招聘需求分析的核心是确定人员需求、招聘数量和人员结构，具体如表10-3所示。招聘工作年度计划表如表10-4所示。招聘需求申请表如表10-5所示。

表10-3　招聘需求分析表

名称	详情	建议
人员需求	确定招聘岗位的职位描述，即人员的基本知识、经验和技能等	自然条件：包括学历、性别、年龄、性格、语音语调、语言等
		个人技能：包括工作经验、个性特征、体能需求、技能需求等
招聘数量	各岗位确定具体的招聘人数	需将人员流失率及淘汰率计算在内，据经验往往招聘数量应为实际需求人数的120%
人员结构	包括年龄结构、性别结构、学历结构、性格结构、工作经验结构等	年龄结构：招聘时要充分考虑到不同的年龄段，适当拉开年龄层次；不同年龄段的搭配有利于使整个团队既有朝气又不失沉稳
		性别结构：在招聘时，人员要保持恰当的性别比例，可以缓解工作气氛单一、沉闷的问题，从而提高工作效率

表10-4　招聘工作年度计划表

客户中心××××年招聘计划
一、招聘人数及岗位
二、招聘要求及条件
三、招聘时间及方式
四、招聘小组
组长、成员及职责：
五、招聘费用预算及效果分析

表10-5　招聘需求申请表

<table>
<tr><td>申请部门</td><td></td><td>申请时间</td><td></td><td>申请职位</td><td></td></tr>
<tr><td>管理级别</td><td></td><td>直接上级</td><td></td><td>直接下级</td><td></td></tr>
<tr><td>编制数</td><td></td><td>在岗人数</td><td></td><td>空缺数</td><td></td></tr>
<tr><td>空缺原因</td><td colspan="5">□业务发展　　□人员离职　　□临时业务</td></tr>
<tr><td>基本要求</td><td colspan="5">年龄：
性别：
学历：
专业：
其他：</td></tr>
<tr><td>经验技能要求</td><td colspan="5"></td></tr>
<tr><td>职责描述工作内容</td><td colspan="5"></td></tr>
</table>

(续表)

个性要求			
其他要求			
试用薪酬		试用时间	
转正薪酬			
期望到岗时间	□急需(一周左右)□半个月之内 □一个月之内 □人才储备		
申请人		直接主管	

3. 招聘方案确定

招聘方案的内容包括招聘的目的和意义、时间安排和工作进度、招聘活动参与者的职责、信息发布的渠道、广告内容及预期效果等。客户中心提交的招聘方案经领导批准后，在实施过程中要争取其他相关部门的配合与支持。

需要特别强调的是合理安排招聘活动时间；通常一个招聘活动，从正式发布招聘信息到确定被选拔者的时间，最好不要拖得太久(建议不要超过4周)，尽可能保证整个招聘活动安排紧凑，流程顺畅。

4. 人员选拔

客户中心人员选拔的方法是根据不同岗位的特点，按照一定的流程来筛选应聘者；许多客户中心在招聘过程中设计了较有特色的人员选聘工作流程，以便考核应聘者是否具备相应的技能。一般情况下，选拔步骤设计得越仔细，考核要点越明确，人员招聘效果越好。

以一线座席代表为例介绍其选拔流程，员工筛选基本会经过：应聘者简历筛选、听试、心理测试、打字测试、笔试、面试、情景模拟测试、现场体验，最终确定受聘者；以下重点介绍简历筛选、听试及面试。

1) 简历筛选

客户中心现有员工可分为以下几类，即：优秀且稳定的员工、优秀且不稳定的员工、稳定且一般的员工、不稳定且一般的员工、稳定且较差的员工、不稳定且较差的员工6类。可以通过年龄、学历、专业、婚姻状况、工作经历、兴趣爱好等进行分析，在招聘时选择与所在公司优秀且稳定、稳定且一般、稳定且较差的员工相似的人员。

根据求职申请表上的详细要求及岗位描述，对所有应聘人员的简历情况进行初审，合格者方可进行听试。初选的基本条件是在拿到应聘人的履历表时就可以确定的，不符合基本条件者，可以直接过滤、排除。

初选的标准包括以下几点。

(1) 对工作经历的描述(有无频繁跳槽的经历)。

(2) 曾经担任过的工作性质及职责描述(有无相关工作经验，是否适合客户中心的工作)。

(3) 根据性别进行筛选，考虑适当的性别比例。

(4) 工作地点与居住地点之间的距离。

(5) 薪资，如薪资要求过高，可直接放弃。

(6) 具备一年以上工作经验。

(7) 年龄在18岁以上，30岁以下，因为年龄太大，学习意愿会降低；年龄太小，则工作稳定性差。

(8) 根据学历进行筛选，要求应聘者必须达到规定程度以上的学历。

(9) 考察应聘者履历书的书写，如文字、语法及格式(测试文字逻辑表述能力)等。

经过筛选将简历分类(如拒绝类、基本类、重点类)，存档并进行下一步工作。

2) 听试筛选

由于客户中心从业人员大都要通过电话实现服务，所以语言的应用能力应该是座席代表选聘的重要考核指标，通过听试可以考核应聘者的电话沟通、与人交流的能力，从而判断应聘者是否具备良好的可开发、可塑造的特性。把听试作为筛选的重要一关，也避免了面试官受应聘者外貌形象等外在因素的影响，忽略了语音能力考核的重要基准。

目前，客户中心进行听试的方法有系统听试和人工外呼听试两种，需要结合每个客户中心的具体情况进行。听试着重测试应聘者的声音(如语音、语调、语速)，以及通过倾听表现出的理解能力、情绪消化能力、自我认知能力及语言表达方面(如电话礼仪、逻辑性、表达及反应等)的能力。客户中心应结合招聘的岗位设计听试问卷，根据实际的需要赋予以上项目不同的权重。为了有效控制听试的时间，必须对招聘听试呼出人员进行专业的技巧培训，以便标准统一。

【案例】以下是国内某大型航空企业的客户中心设计的听试问题。

请简单描述个人及目前工作情况。(测试表达与组织能力)

你最有成就感的地方在哪里？最挫折的地方在哪里？(测试反应与逻辑分析能力)

你来应聘本职位，你认为自己的优势是什么？(测试自我认知能力)

请你听取以下录音，并按照你的理解对录音内容进行复述。(测试理解归纳和复述能力)

3) 心理测试

对该应聘者的复述给予负面评价，如：“我觉得你完全没有抓住要点”“我觉得你复述得比较糟糕”，关注应聘者的回答和反应(测试情绪消化能力)，问题结束后对应聘者进行解释并致歉和致谢。

4) 打字测试

考核项目及筛选标准：运用打字软件，测试在规定时间内正确的打字数，标准为×××字/分钟以上。避免员工自称描述打字很快，结果现场出现手眼不能协调运用的情况，在一定程度上影响工作效率。

准备工作(硬软件环境)：安装有打字软件的台席或者远程进行。

5) 综合能力笔试环节

综合能力笔试环节主要测试分析能力、逻辑思维能力、认知与计划能力。

6) 面试

面试是指在特定时间、地点所进行的，在主考官面前被测人用口述方式回答问题，通过主考人和求职者双方面对面的观察、交谈等双向沟通形式，来了解被测者的素质特征、能力状况及求职动机等情况的一种人员甄选与测评技术。主考官根据被测人在面试过程中的行为表现，来观察分析被测评人回答问题的正确程度，从而评定成绩。

一般来说，面试可以分为开放式面试、结构化面试和半结构化面试。

a. 开放式面试

开放式面试就是没有既定的模式、框架和程序，招聘者可以“随意”向求职者提出问题，而对求职者来说也无固定答题标准的面试形式。这种方式灵活性很大，对于应聘高层人员比较适合，同时对于主考官的个人素质要求和评价能力要求较高。

b. 结构化面试

结构化面试首先以工作分析为前提，确定面试的测评要素和岗位常模，在每一个测评维度上预先编制好一系列的面试题目，并制定出相应的评分标准，面试过程要遵循一种客观的评价程序。它类似于一种标准化的面试。在劳动密集型的岗位招聘时经常会采用这种方式，它可以帮助考官在短时间内筛选出一部分基本符合岗位素质常模的人选。在客户信息服务员招聘时可以采用这种方法。

结构化面试往往包含九大步骤：准备面试；接待候选人；提出问题；询问候选人工作动机；回答候选人问题；介绍公司和职位；结束面试；笔记整理/打分；评估候选人。

准备面试的时候要做到明确选拔的标准、确定面试对象、准备面试问题和准备面试反馈表；在面试过程中要审阅背景资料，澄清一些在看简历时发现的疑问。随后围绕面试职位所需要的能力展开提问；在结束面试后要给出初步评分，填写面试者的能力项目表格。

c. 半结构化面试

半结构化面试是介于开放式面试和结构化面试之间的一种形式。它结合两者的优点，有效避免了单一方法上的不足。总的说来，面试的方法有很多优势，面试过程中的主动权主要控制在评价者手中，具有双向沟通性，可以获得比申请表中更为丰富、完整和深入的信息，并且面试可以做到内容的结构性和灵活性的结合。

7) 情景模拟测试(或角色扮演)

情景模拟测试是一种非常有效的选择方法，情景模拟是根据被试者可能担任的职位，编制一套与该职位实际情况相似的测试项目，将被试者安排在模拟的、逼真的工作环境中，用多种方法来测试其心理素质、电话处理能力、应变技巧等一系列方法。一方面可以从多角度全面观察、分析、判断、评价应聘者；另一方面由于被测试者被置于其未来任职的模拟工作情境中，且测试重点又在于实际工作能力，这样可节省大量的培训时间及费用。

【工具】招聘的STAR工具

所谓STAR原则，即situation(背景)、task(任务)、action(行动)和result(结果)4个英文单词的首字母组合。

STAR原则是面试过程中涉及实质性内容的谈话程序，任何有效的面试都必须遵循这个程序。在与应聘人员交谈时，先了解应聘人员以前的工作背景，尽可能多地了解他之前供职公司的经营管理状况、所在行业的特点、该行业的市场情况，即所谓的背景调查

(situation)，然后着重了解该员工具体的工作任务(task)都是哪些，每一项工作任务都是怎么做的，都采取了哪些行动(action)，所采取行动的结果如何(result)。通过这样4个步骤，招聘者基本可以控制整个面试的过程，通过策略性的交谈对应聘人员的工作经历与持有的知识和技能做出判断，以招聘到更为合适的人才。

SATR原则是招聘面试的一个很好的工具，里面蕴含着大量的细节性的技巧，HR应该在招聘工作中不断摸索，提高运用能力。

8) 现场体验

可以安排应聘者去现场体验真实工作环境，例如听一个小时电话(只是坐在老员工旁边听)、或者进行简短培训后用半天的时间拨打最容易做的外呼电话，考察员工的耐性和对工作的认知。

5. 招聘工作的评估

这是招聘工作的最后一道工序。评估就是对招聘过程的每个环节进行跟踪，以检查招聘是否在数量、质量及效率方面达到了标准，主要包括以下几点。

(1) 判断招聘效果：主要是看空缺的岗位是否得到了填补，录用率是否符合招聘计划。

(2) 选择最佳招聘广告登载媒体：通过对招聘结果的分析，选择最佳招聘广告登载媒体。

(3) 衡量招聘的质量：短期内，主要根据求职人员的数量和实际录用人数的比例来确定招聘的质量；长期来看，就要根据接受聘人员的流失率来判断招聘的质量。

(4) 衡量效率的费用指标：可以用多种方式对费用进行分析，如较常用的指标是计算每一个人的平均费用。

10.2 学习与成长

10.2.1 培训

培训是人力资源开发的重要手段，也是保证企业管理体系顺利实施的关键；良好的培训体系不仅能够把企业沉淀的经验与技能快速传递给员工，同时使培训投入真正成为企业的投资，尤其在人员密集的客户中心部门，培训无疑成为激励和挽留人员举措的一部分，他所能够为企业带来的益处总结如下：

- 获得更高昂的士气和战斗力；
- 减少员工的流动率和流失率；
- 更有效、容易地督导员工；
- 最大程度地降低成本；
- 塑造更完美的企业文化；
- 强化员工敬业精神；
- 保证顾客的最大满意；
- 更有利于胜过竞争对手；
- 赢得更好的企业形象和经济效益。

建立客户中心的培训机制，主要目的在于：配合企业的目标、策略和业务发展，让员工明了企业的政策、规则和程序；改善员工的工作态度、知识及技巧；同时发展员工的领导、管理、沟通和解决问题的能力，从而达到资源效益的最大化。

1. 有效培训体系的特点

培训体系是否有效的判断标准是该培训体系是否能够提高企业的竞争力，实现企业的战略目标。有效的培训体系应当具备以下特点。

1) 有效的培训体系以企业战略为导向

企业培训体系是根源于企业的发展战略、人力资源战略体系之下的，只有根据企业战略规划，结合人力资源发展战略，才能量身定做出符合自己持续发展的高效培训体系。

2) 有效的培训体系着眼于企业核心需求

有效的培训体系不是头疼医头、脚疼医脚的“救火工程”，而是深入发掘企业的核心需求，根据企业的战略发展目标预测人力资本的需求，提前为企业需求做好人才的培养和储备。

3) 有效的培训体系是多层次全方位的

员工培训说到底是一种成人教育，有效的培训体系应考虑员工教育的特殊性，针对不同的课程采用不同的训练技法，针对具体的条件采用多种培训方式，针对具体个人能力和发展计划制订不同的训练计划。在效益最大化的前提下，多渠道、多层次地构建培训体系，达到全员参与、共同分享培训成果的效果，使得培训方法和内容适合被培训者。

4) 有效的培训体系充分考虑了员工自我发展的需要

按照马斯洛的需求层次理论，人的需要是多方面的，而最高需要是自我发展和自我实现。按照自身的需求接受教育培训，是对自我发展需求的肯定和满足。培训工作的最终目的是为企业的发展战略服务，同时与员工个人职业生涯发展相结合，实现员工素质与企业经营战略的匹配。这个体系将员工个人发展纳入企业发展的轨道，让员工在服务企业推动企业战略目标实现的同时，能按照明确的职业发展目标，通过参加相应层次的培训，实现个人的发展，获取个人成就。另外，激烈的人才市场竞争也使员工认识到，不断提高自己的技能和能力才是其在社会中立足的根本。有效的培训体系应当肯定这一需要的正当性，并给予合理的引导。

2. 客户中心培训体系建设涉及的要素

如何保证培训部门的工作在客户中心运营中，对运营指标的实现与提高形成良性的推动，并保证各个部门的协调与配合有章可循，培训体系的建设就成为运营管理的首要工作。培训体系的建设涉及多个方面，核心的8个方面如下：

- 培训课程体系的建设；
- 培训管理体系的建设；
- 培训讲师团队的建立；
- 培训知识库的建立；
- 内部学习系统的建立；
- 培训考核体系的建立；
- 培训与人员晋升阶梯的建设；
- 课程设计与人员职业生涯规划的建立。

其中，培训课程体系的建设是培训体系建设的基础。

3. 培训分类

按培训的不同阶段，可以将培训分为以下几种。

(1) 岗前培训：主要涵盖专业知识、技能操作、辅助工具培训、基本软技巧培训。

(2) 在岗培训：主要涵盖业务提升培训、技能提升培训、素质提升培训、语言培训。

(3) 转岗及岗位交叉培训：主要涵盖新岗位角色及职责培训、新岗位业务培训、新岗位技能培训。

(4) 晋升培训：主要涵盖管理基础知识培训、管理工具培训、管理能力提升培训、素质提升培训。

4. 培训的组织实施方式

好的课程体系的实施需要相应的培训组织方式与之适应，从而避免员工抱怨浪费了时间而没有收获，课程的精华无法正确传达，演化成培训走形式的恶果。目前，客户中心的培训组织一般有以下13种方式，应该选择哪一种方式，需要根据具体情况具体分析。

(1) 外训及回训：参加完外训的员工返回公司后有义务在培训部的安排下对外训内容在公司内部做一次讲解。客户中心派出的培训师或者管理者参加外训后，有义务将外训内容开发为内训的新课程。

(2) 内部培训师培训：内部培训师根据工作需要及员工的需求分析，在培训部的安排下，开发各种内训课程。

(3) 外请专业培训师内训：暂时未开发的内部培训，当工作需要时，可请外部专业培训师进行培训，培训费用应在部门的预算内。一定要关注是哪位培训师来培训而非哪家公司来培训。

(4) 外请业界同行交流：与业界同行进行员工级、经理级的座谈，或组织本司内部培训师到同行处授课，也请他们的内部培训师到客户中心授课。

(5) 培训光盘：可直接采购成熟课程光盘，也可对内部培训师培训内容进行录制，用于异地及突发性培训。

(6) 班前班后培训：可以以游戏的模式或者角色模拟或者通知的方式进行知识传承和分享；适用于更新频次高的信息分享，行业一般称为“临时信息记忆法”。

(7) 发放资料或者知识库自学习：对于一些基础知识的培训，可对员工发放培训资料或者放到知识库平台上，过一段时间后进行测试，以提升员工的自学能力，培养常态业务知识培训学习模式。

(8) 读书会：推荐优秀书籍让部门员工阅读，然后组织员工座谈，或写读后感，对读后感进行评审，选出优胜者进行奖励。

(9) 知识竞赛：为促进员工的学习积极性，可以以一个班为单位，组织指定知识范围内的知识竞赛。

(10) 委托学校或外部培训机构进行培训：对短期培训不易取得的后备人才，可通过与相关学校或者人才机构联系进行联合培养，为学生提供就业机会、奖学金、考察机会等方式，吸纳优秀毕业生。

(11) 实操培训：理论性弱、现场感强的培训内容可直接到培训现场进行讲授。

(12) 案例讨论与讲解：对于业界或公司内部发生的可吸取经验教训的事件及发生在客服人员身上的案例，可采用此方式进行学习。

(13) 网上培训：对公司规章制度或其他普及性知识，可采用在公司内部网上公开，让员工自主学习的方式进行培训。

5. 培训应遵循的原则

越来越多的企业设立了客户中心，将其作为与客户联系的门户，其重要性越来越得到认同。与此同时，客户中心的成功建立、高效运营亦摆在了管理者们面前，培训成为提高运营效率、创造绩效、增强竞争力必不可少的手段。客户中心的培训需要遵循的原则，如表10-6所示。

表10-6　培训遵循的原则

原则	具体内容
实用性	培训以实用为主，目的是让接受培训者能够掌握和运用、发展和提高岗位专业能力，侧重于基本能力在实际中的运用
标准性	依据客户中心各业务技能部门的工作程序及标准进行培训，专业知识培训课程必须有统一的教材和考核标准
全员性	培训的目的是提高客户中心全体员工的综合素质与工作能力，所有人员都应充分认识培训工作的重要性，从前、中、后台员工到管理层都要积极参加培训、不断学习进步，并参加考核
计划性	培训工作要根据培训需求，制订有目的、有针对性的计划，并按计划严格执行
跟踪性	培训结束后要对培训内容进行考核，考核要有结果与奖惩，要及时定期检验及跟踪培训效果

6. 培训管理流程

培训管理流程为培训及培训考核工作提供参考和依据，以利于工作有序进行。培训管理流程包括培训需求分析、制订培训目标和培训计划、培训实施、培训效果评估、总结和归档几个关键要素，具体如表10-7所示。

表10-7　培训管理流程的关键要素

序号	关键点	相关说明	相关文件
1	培训需求分析	由各组提出培训需求	《培训需求调研表》
2	制订培训目标和培训计划	根据运营需求，制订培训目标和培训计划	《培训计划》
3	培训实施	根据培训计划及培训实施方案，安排培训，填写培训情况记录表	《培训实施记录表》
4	培训效果评估	设计考评表，对培训效果进行评价	《培训信息反馈表》
5	总结和归档	总结培训经验及学员意见，将相关文件、资料存档，以备日后培训改进	《培训总结》

1) 培训需求分析

培训需求分析是培训开始前的准备工作，它通过寻找员工的现实绩效与目标绩效之间的差距，明确整个培训活动的目的，使培训活动更有针对性；通过了解员工培训需求的实际情况，发现实现培训目标最适合的培训方式与手段。

(1) 培训需求分析的启动时间：培训需求分析一般在制订年度/季度培训计划或执行新的培训项目前3周进行。

(2) 培训需求分析解决的核心问题，如：

- 培训要达到什么目的？
- 通过培训要使哪些具体行为和表现得以改进？
- 培训目标和手段如何实现？
- 如何估算投资回报率？

(3) 培训需求分析工作主要包括三个步骤。

第一步：培训需求调查。

针对目前工作中遇到的主要问题、希望开展的培训、希望采取的培训方式这三个方面的问题展开。在将调查结果进行分类汇总后，发现目前客户服务人员最为关注的几个问题，例如投诉电话的处理技巧，如何减缓压力，如何保持积极的工作态度，如何规划自己的职业生涯。由于客户中心大部分人员比较年轻，多偏向活泼开放的培训方式。

第二步：现场调查。

现场调查主要采取在客户中心现场进行电话监听的方式，收集大量现场录音进行电话录音分析，发现目前工作中普遍存在的问题。例如在对电话录音分析之后，总结出以下几个主要问题：客户服务缺乏统一标准；通话时长普遍超过既定的标准；电话引导能力与控制能力不强；处理投诉电话技巧缺乏。通过现场的实地调查，可进一步明确本次培训的重点，明确本次培训需要解决的几个重要问题。

第三步：面谈。

面谈主要是与客户服务人员及主管人员进行面对面的访谈，公布调查的结果并提交培训建议书，就本次培训的目的、需要解决的几个问题、培训内容、培训方式等问题做最终确认。

(4) 培训需求分析的常用方法。在客户中心内部通常采用两种培训需求评估方法，即工作任务分析法与工作绩效分析法。

① 工作任务分析。工作任务分析用以确定从事新工作员工的培训需求。由于客户中心工作的专业性，没有经验的人员上岗前必须接受相关的技能培训和知识开发，以保证其良好的工作绩效，因此通常根据工作任务分析，确定培训内容。对客户中心人员的工作任务分析如下。

- 工作的主要任务：通过电话开展呼入/呼出等客户服务工作。
- 执行任务的频率：每个工作日。
- 各项任务的完成标准：达到规定的服务品质标准。
- 使用计算机、网络及电话系统完成工作任务。
- 每项任务所必需的技能和知识包括：服务产品专业知识、客户服务知识、电话服务技巧、良好的沟通技巧、专业的声音、计算机操作及相关软件使用等。

② 工作绩效分析。工作绩效分析是指检验当前工作绩效与要求的工作绩效之间的差距，并确定是应当通过培训来纠正这种差距，还是应通过其他方式(如工作调动、激励措

施)来改进。工作绩效分析必须先确定希望员工达到的工作绩效标准，然后对员工目前的绩效进行评估，找出存在的差距。在客户中心管理中，工作绩效分析的主要内容有：

- 通过服务品质管理工作，对在岗员工的服务品质进行评估，发现目前工作中在岗员工存在的问题。比如，通过电话监听监控，对目前人员的工作状况进行分析，提出在岗人员培训需求。
- 通过员工工作效率分析发现目前工作中存在的问题，提出培训需求。通常情况下，客户中心通过多种指标，对员工的工作效率进行评估，比如通话时长、事后处理时间、通话量等，在发现员工的工作效率与之前相比有所下降或没有达到标准时，分析问题出现的原因(比如是否增加新的业务信息或公司政策是否发生变化，而员工还不熟悉)，提出相关的培训需求。

培训并不能解决所有的问题，工作绩效分析的核心是要区分开不能做和不愿做的问题，先确定是否为不能做，如果是不能做，就要了解具体原因，包括：员工不知道要做什么或不知道标准；系统中的障碍；需要更多的工作辅助设备；人员选拔失误导致雇用不具备工作所需技能的人或者培训不够。如果是不愿做的问题，就代表若员工想做，就可以把工作做得更好，可以改变奖励制度，或者建立一种激励制度。

2) 制订培训目标和培训计划

在充分了解人员的培训需求的前提下，培训项目实施之前，培训人员就必须有针对性地对培训系统的某些部分进行修订，或者对培训项目进行整体修改，使其更加符合客户中心的需要。例如，培训材料是否体现企业的价值观念，培训师能否完整地将知识和信息传递给受训人员，培训的内容是否与员工的需求很好地结合，等等。主要可以从以下几方面设计：

- 确定培训目标；
- 确定受训员工与目标的差距；
- 确定实施策略。

3) 培训实施

在实施阶段，要严格按照实施过程的管理原则，充分保证培训的效果。培训实施过程中主要涉及的内容如下：

- 下发学员培训实施计划安排表；
- 发放学员培训内容手册；
- 学员填写签到表；
- 课程讲授、交流、研讨；
- 考试。

4) 培训效果评估

(1) 评估对象及评估内容。有效的培训是多方积极参加的结果，评估对象包括企业领导、培训主管、受训员工、培训讲师、培训机构等。培训主管要想充分有效地开展培训评估活动，最好对受训部门和受训员工进行以下几方面的培训前准备。

① 选定评估对象。培训的最终目的就是为企业创造价值。由于培训的需求呈增长的趋势，因而实施培训的直接费用和间接费用也在持续攀升，因此不一定在所有的培训结束后，都要进行评估。评估可以针对下列情况进行。

- 新开发的课程应着重于培训需求、课程设计、应用效果等。
- 新教员的课程应着重于教学方法、质量等综合能力。
- 新的培训方式应着重于课程组织、教材、课程设计、应用效果等。
- 外请培训企业进行的培训应着重于课程设计、成本核算、应用效果等。
- 出现问题和投诉的培训应针对投诉的问题。

② 参加培训后，应该要求受训人提出口头与书面报告，呈交主管，如有可能，最好能与相关同事分享，说明如何将学到的东西应用到实际工作中。

③ 选定评估对象后，针对这些具体的评估对象开发问卷、考试题等，具体内容如下：

- 发放调研问卷，了解培训效果；
- 讲师对培训学员受训情况做出评价；
- 统计分析调查问卷原始资料；
- 提交培训效果综合情况及改进报告书(可要求培训机构提及此报告)；
- 展望后续效果。

(2) 评估手段。评估手段包括课程反馈、结业测试和工作绩效表现等。

① 课程反馈主要是学员对培训的方法、团队或个体互动、课程资料、讲师授课形式、表达和组织能力等方面的感觉进行反馈，通常以问卷的形式来进行。

② 结业测试主要是通过考试测验、模拟环境实习、监听评分等形式了解员工对所学知识和技能的掌握程度，尤其要关注受训员工共性的弱项或缺陷，这往往反映出培训内容或实施中某个环节存在不足。

③ 工作绩效表现是指通过质量监控、绩效考核与分析等手段评测员工在所接受的培训方面学以致用的实际表现，同样要注意区分个性与共性问题。

5) 总结和归档

加强培训档案的管理可以为员工培训、考核、转岗、晋升，以及为其他相关工作提供有力支持与依据。培训档案文件的主要内容包括：培训实施方案、学员签到表、培训信息表、学员考试试卷、考试成绩汇总表、培训总结、培训效果跟踪、培训课件及教材、外聘培训合同等。

7. 岗前培训流程

1) 岗前培训流程制定的目的

岗前培训流程的制定可保证新员工的培训工作更加规范化、制度化，确保岗前培训工作的培训效果。岗前培训的根本目的是让新员工了解客户中心，融入客户中心，并确保新员工达到合格上岗的最低技能要求。岗前培训流程的制定要适用于客户中心所涉及的所有业务(技能)的岗前的培训工作。

2) 岗前培训的示例流程

(1) 明确培训目的。新员工刚到公司，迫切需要了解客户中心现状，客户中心的未来发展方向，自己的晋升机会，自己的职责内容，如何开展工作等。

(2) 制订详细的培训计划。详细的培训计划是培训工作开展的指挥棒。培训计划应包括培训目的、培训科目、讲师、培训教材、培训地点、培训纪律、培训考试、培训效果评估及各自分工。

(3) 分工明确，责任到人。培训主管负责制订培训计划；组织协调，对培训过程进行监控(如审核培训教材、检查培训纪律、管理学员、组织考试、进行效果评估等)；建立培训档案等。内部培训师负责用审核通过的教材授课；准备考试题目，并阅卷评分等。

(4) 合理设置培训内容。岗位培训内容应包括公司简介、客户中心文化、礼仪、员工手册、相关制度与流程、心态、情商、岗位技能等。针对不同的岗位应合理设置培训课程，如有必要，还可聘请外部讲师对新员工进行培训。

(5) 效果评估。在培训实施过程中，培训主管应了解学员的学习情况(能不能听懂、有没有不清楚的地方等)；检查培训纪律；管理好培训档案；每堂课结束后，要让学员对内部培训师进行评价；组织学员考试，检查培训效果，确保学员合格上岗，不合格的要进行补训等。培训结束后，培训主管要组织相关人员进行总结，找到改进的方向，制定改进措施，提出下次培训的改进建议。

(6) 培训档案归档。培训档案包括培训教材、签到表、培训记录、考试试卷、总结报告等。培训档案是员工在本客户中心成长最好的见证。

表10-8是某行业新员工培训的培训课程体系，可供参考。

表10-8　某行业新员工培训的培训课程体系

阶段	课程类型	课程名称/重点任务	培训时长(小时)	阶段目标
了解与融入	知识	公司介绍	2	融入和认同企业
	态度	如何做一个优秀的企业人	6	
	知识	品牌与历史	4	
知识储备和服务意识初养成	知识	产品与竞品	6	系统地了解业务范围、产品知识及服务意识和技巧
		金融与保险	—	
		二手车业务	—	
		业务处理流程	—	
		话术规范	—	
	技能	基础服务礼仪	6	
		邀约与情景应对技巧	6	
		异议处理技巧	6	
系统操作训练	知识	系统操作	—	熟悉系统和标准流程，巩固业务知识，规范系统操作
综合训练和提升	体验	竞品店体验	4	应对日常的电话业务和客户的各类需求
	知识、技能	重点、难点业务专题，各业务的常见问题	6	
初次上线前的过渡	体验	新老员工座谈会	4	要克服初次上线的恐惧心理
	知识、技能	准备员工上线前的实用手册	—	

(续表)

阶段	课程类型	课程名称/重点任务	培训时长(小时)	阶段目标
偏差矫正	知识、技能、态度	现场跟进，包括观察员工的操作习惯，与监听密切配合等	—	发现新员工的主要差错和业务弱项
业务提升	知识、技能、态度	第一次回炉培训	—	有效沟通，精益求精
		第二次回炉培训	—	

8. 在岗培训流程

1) 在岗培训流程制定的目的

在岗培训流程的制定可保证正式上岗员工的培训工作更加规范化、制度化，确保在岗培训工作的培训效果。在岗培训是为了使员工胜任不断发展的业务要求，提高工作效率，加强团队协作，超越客户期望。在岗培训流程的制定要适用于客户中心所涉及的所有业务(技能)的岗位的培训工作。

培训不仅针对新入职员工和业务出现问题的员工，对于客户中心中高层管理者及每一个关键岗位，都应该制订详细的培训计划，进行在岗培训流程管理。客户中心至少每年就员工的最低技能要求进行一次考核。

2) 在岗培训的示例流程

(1) 收集培训需求。其包括：质检员反馈的员工工作中存在的知识薄弱点和共性问题；由于职位所需的技能与知识要求发生变化而引发的业务解答内容的变化；因业务需求而需要进行多技能培训；在岗人员工作一段时间后，可能会产生绩效下降的情况。培训需求调查表如表10-9所示。

表10-9 培训需求调查表

姓名：	职务：
本岗位工作时长：	前一岗位名称及工作时长(如果是学生，直接写即可)：
以往的培训情况	(1)过去一年参加类似培训课程的次数 □1次 □2次 □3次 □4次 □5次 □5次以上
	(2)过去一年类似知识自学或者参加外部培训或研讨会的次数 □1次 □2次 □3次 □4次 □4次以上 □5次 □5次以上
近期最需要的培训	□沟通技能 □压力缓解 □EQ(情商)提升 □投诉技能提升 □时间管理 □目标管理 □绩效管理 □薪酬福利管理 □企业文化建设 □有效授权技巧 □部门经理的管理技巧 □基层主管核心技能 □中层主管核心技能 □高层主管核心技能 □高绩效团队 □项目管理 □非财务人员的财务管理 □其他(请说明)：
对培训方式的要求	(1)培训周期跨度 □ 1～2天 □3～4天 □1周以内 □1周以上
	(2)您认为，对于某一门课程来讲，多长时间比较合适？ □2小时 □4小时 □1天 □14小时(2天) □14小时以上 □其他

(续表)

<table>
<tr><td rowspan="3">对培训方式的要求</td><td>(3)您认为企业培训课程时间安排哪一种更合理？
□每周1次，1次1天　　□ 集中几天脱产培训
□培训时间安排在工作日　　□ 培训时间安排在周末
□其他(请说明)：</td></tr>
<tr><td>(4)您喜欢的培训形式
□公司自身培训师进行内训　　□专家现场指导
□外请专家封闭式培训　　□外出参加行业公开课培训</td></tr>
<tr><td>(5)您喜欢的培训方法
□ 课堂讲授 □ 研讨会 □ 训练营 □ 现场演示 □其他</td></tr>
<tr><td>其他的要求和建议</td><td></td></tr>
<tr><td colspan="2">直接上级对此次培训的建议和意见(此栏由参加培训的直接上级或者必要时越级上级来填写，可以单独进行此项调研)</td></tr>
</table>

(2) 制订培训计划和内容。根据收集的培训需求，制订详细的培训计划及需要培训或巩固的内容。培训计划应包括培训目的、培训科目、讲师、培训教材、培训地点、培训纪律、培训考试、培训效果评估及各自分工等。培训计划表如表10-10所示。

表10-10　培训计划表

序号	课程类别	课程名称	培训对象	培训目标	培训应用	培训讲师	培训方式	培训时间	费用预算(元)	计划培训时长(小时)	计划培训人数
1											
2											
3											
4											
5											
6											

(3) 培训计划审核。培训计划制订完成后，需上报培训时间表和培训内容给客户中心经理或相关部门主管进行审批，审批通过后，正式安排培训工作。

(4) 进行效果评估。培训实施过程中，培训主管要了解学员学习情况(能不能听懂、有没有不清楚的地方等)；检查培训纪律；管理好培训档案；每堂课结束后，要让学员对内部培训师进行评价；组织学员考试，检查培训效果，确保学员合格上岗，不合格的要进行补训等。培训结束后，培训主管要组织相关人员进行总结，找到改进的方向，制定改进措施，以在下次培训时进行改进。培训效果评估表，如表10-11所示。

表10-11 培训效果评估表

培训讲师:		培训课程:					
评估项目			5	4	3	2	1
关于课程	1	讲义设计					
	2	课程目标的明确性					
	3	内容编排的合理性					
	4	课程内容的适用性					
	5	课程的趣味性					
	6	互动性					
关于讲师	7	对课程内容的理解					
	8	突出重点讲解说明					
	9	表达能力					
	10	对学员反应的关注程度					
	11	鼓励学员参与的程度					
	12	对学员兴趣的激发					
	13	对学员提问所做出的指导					
	14	把握课程进度的能力					
会务安排	15	培训场地和环境					
	16	培训时间安排的合理性					
您认为本次培训的哪些内容对您帮助最大?							
您认为本次培训的亮点及需要改进的地方有哪些?							
您认为近期(半年至一年内)还需要哪些培训?							

(5) 培训档案归档。培训档案包括培训教材、签到表、培训记录、考试试卷、总结报告等。培训档案是员工在本客户中心成长最好的见证。员工培训档案登记卡，如表10-12所示。

表10-13是某行业在职员工培训课程体系，可供参考。

表10-12 员工培训档案登记卡

单位盖章: 第 号

姓 名		性 别		出生日期	
毕业学校		最高学历		专业	
参加工作时间		入司时间		现任岗位	
现任岗位起始时间		前任岗位		前任岗位起始时间	

（续表）

若有更多岗位调整，请记录					
1. 培训情况记录					
培训名称		培训时间		培训地点	
培训内容		培训时数		培训结果	
对现场管理的建议					
对质量管理的建议					
其他建议					
填写人		填写日期		员工签字	
2. 培训情况记录					
培训名称		培训时间		培训地点	
培训内容		培训时数		培训结果	
对现场管理的建议					
对质量管理的建议					
其他建议					
填写人		填写日期		员工签字	

温馨提示：

① 培训结果可以是培训成绩、培训评语或者培训积分等内容，最好包括定性和定量内容。

② 培训档案卡每次可以手工填写，之后要进行系统录入以备统计分析和其他部门综合调用。

表10-13 某行业在职员工培训课程体系

课程分类		培训课程/岗位座席代表	前台人员					后台支撑人员								
			座席代表	值班经理	班务管理	培训管理	主管	投诉处理	投诉分析	流程管理	信息采编	系统支撑	统计分析	质检员	主管	人力资源
系统培训：基础课程	理念与知识	公司企业文化、规章制度	√	√	√	√	√	√	√	√	√	√	√	√	√	√
		客户中心战略与规划	√	√	√	√	√	√	√	√	√	√	√	√	√	√
		客户中心基本知识	√	√	√	√	√	√	√	√	√	√	√	√	√	√
		客户中心服务理念	√	√	√	√	√	√	√	√	√	√	√	√	√	√
		业务基本知识	√	√	√	√	√	√	√	√	√	√	√	√	√	√
	系统软件操作	Office办公软件	√	√	√	√	√	√	√	√	√	√	√	√	√	√
		客户中心操作系统	√	√	√	√	√	√	√	√	√	√	√	√	√	√
日常培训：专业课程	服务沟通技能技巧	实践训练	√	√				√	√	√						
		电话营销管理	√	√	√	√	√			√				√	√	
		电话营销技巧	√	√		√	√			√				√	√	
		服务质量提升技巧	√	√		√	√	√		√				√	√	
		服务质量统一检测标准		√		√	√	√	√	√				√	√	
		服务亲和力	√	√		√	√	√		√				√	√	
		投诉处理技巧	√	√		√	√	√		√				√	√	
		压力舒缓和情绪管理	√	√	√	√	√	√		√				√	√	

(续表)

课程分类		培训课程/岗位 座席代表	前台人员					后台支撑人员								
			座席代表	值班经理	班务管理	培训管理	主管	投诉处理	投诉分析	流程管理	信息采编	系统支撑	统计分析	质检员	主管	人力资源
日常培训：专业课程	服务沟通技能技巧	员工辅导技巧		√	√	√	√			√				√	√	
		员工沟通技巧		√	√	√	√			√				√	√	
		专业演示和指导技巧		√	√	√	√		√	√		√		√	√	
		客户关系管理	√	√		√	√	√		√				√	√	
	运营管理能力	团队建设		√	√	√	√			√					√	
		业务知识进阶	√	√	√	√	√	√	√	√	√	√	√	√	√	
		客户中心运营管理		√	√	√	√		√	√		√	√	√	√	√
		客户中心相关服务流程	√	√	√	√	√	√	√	√	√	√	√	√	√	√
		客户中心相关制度规定	√	√	√	√	√	√	√	√	√	√	√	√	√	√
		流程设计和优化管理			√	√	√		√	√		√	√		√	
		数据挖掘与分析					√		√	√			√	√	√	
		质量管理		√	√		√		√	√			√	√	√	
		现场管理和应急管理	√	√	√		√						√		√	
		排班管理与技巧			√								√			
		人力资源测算			√											√
		人力资源管理			√											√
		绩效管理														√
		综合管理														√
	其他	客户中心成本效益管理					√								√	√
		项目成本测算					√								√	√
		时间管理和目标管理		√	√	√	√	√	√	√	√	√	√	√	√	√
		变革管理					√								√	
		其他外部培训	√	√	√	√	√	√	√	√	√	√	√	√	√	√

10.2.2 员工职业发展

客户中心的人员发展方向可分为客户中心员工的内部发展和公司范围的发展。

1. 客户中心员工的内部发展

1) 向客户中心核心方向发展——资深咨询方向

员工向资深咨询方向发展，虽然职务没有晋升，却担负了更多的责任，有更多的机会参加更有挑战性的工作。一个能在咨询岗位上摸爬滚打3～4年而不被末位淘汰的人员是客户中心的宝贵财富。他们善于向各种类型的客户提供服务，在纷繁复杂的产品、系统和流程压力下游刃有余，在效率、质量和客户满意度方面往往保持着比较大的优势，理应得到客户中心的肯定与正确评价。按照咨询人员的客户导向表现、经验积累和服务客户的能力差异，可以分为初级咨询、中级咨询、高级咨询和资深咨询几个级别。级别的设定可因实体大小和业务特点而定，重要的是三点：第一，可以通过客户导向、胜任能力和经验积累等条件进行清晰的划分；第二，不同级别的人员在工作职责或服务范围上应有所区别，高级别的人员应可从事更重要的客户服务，比如大客户服务或同时兼任多个队列的支持等；第三，咨询序列应保持一定的含金量，尤其是高级别的比例应严格控制，资深咨询应体现一种荣誉感和自豪感。

2) 横向发展——专业技能方向

员工横向发展是指在同一层次不同职务之间的调动，如由inbound(呼入型)座席代表转岗至outbound(呼出型)座席代表，由业务管理到品质管理等。此种横向发展可以发现员工的亮点，同时可以使员工积累各方面的经验，为以后在客户中心产业内的发展创造有利的条件。

3) 纵向发展——运营管理方向

员工纵向发展是指客户中心员工职务等级由低级到高级的提升，即从一线成长为组长、运营主管、经理甚至运营总监等管理职位。从基层业务成长起来的运营人员更了解业务和流程，更熟悉不同时期的咨询人员的心理变化，更了解咨询人员的需要和问题，因此很多客户中心都积极地从基层业务人员中挖掘运营管理人才。为了让那些有管理潜力的人员得以成长，可分阶段设定一些虚拟职位，比如班组小组长、新员工指导人、助理工程师等，在不同的阶段给他们提供相应的胜任能力培训和锻炼机会，然后定期举办运营管理人员的公开竞聘，让更多的从业人看到发展的希望。

2. 公司范围的发展

公司内发展的空间很大，包括服务系统、市场系统、供应链系统和其他职能系统等，如财务结算中心、人力资源、人事助理等。图10-2是某通信业客户中心的员工职业生涯发展过程图。

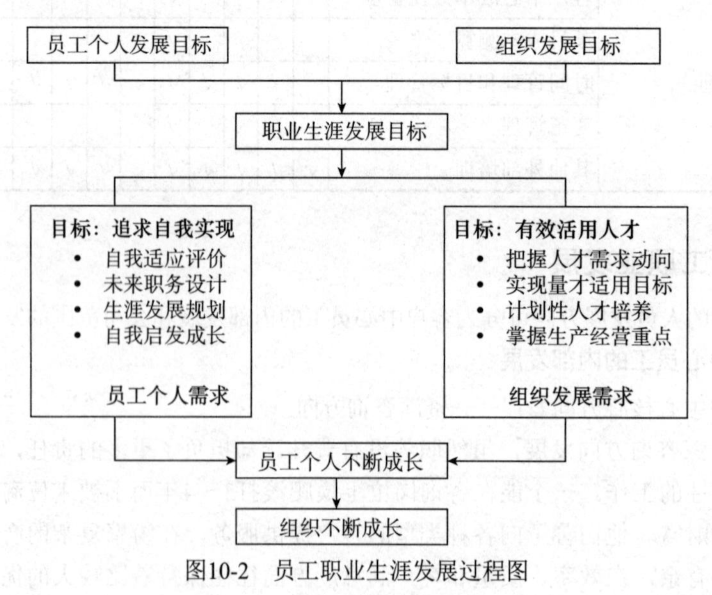

图10-2　员工职业生涯发展过程图

表10-14展示了各阶层管理人员必备的重要资质。

表10-14 各阶层管理人员必备能力表

顺序	初级管理人员	中级管理人员	高级管理人员
1	业务知识/技能	领导统御力	领导统御力
2	统御力	企划力	先见性
3	积极性(行动力)	业务知识/技能	谈判力
4	谈判力	谈判力	领导魅力
5	企划力	先见性	企划力
6	指导培养部属能力	判断力	决断力
7	创造力	创造力	创造力
8	理解、判断力	积极性	管理知识、能力
9	管理实践能力	对外调整力	组织革新力
10	发掘、解决问题能力	领导魅力	判断力

10.2.3 人员选拔和晋升

1. 晋升依据

由于晋升意味着拥有更大的权力和更好的福利待遇，对任何员工来讲都是极具诱惑力的。晋升的标准包括：对员工过去的工作绩效进行界定与衡量；利用一些测试方法对员工的潜力做出评价。

2. 晋升过程的正规化管理

应制定并发布正规的晋升政策和晋升程序。企业应向员工提供正式的晋升政策说明，详细描述晋升的资格和条件，公布空缺的职位及其对从业者的素质要求等信息并传达到每一个员工。这样在出现空缺职位时，所有合格员工都有公平竞聘的机会，并形成晋升与工作绩效之间的紧密关系。

1) 人员晋升路线设计

在具体设计每个职位的晋升路线时，需要遵循以下几点原则：

- 对于每一个职位都需要明确的《职位说明书》，明确该职位的工作职责，所需要的专业知识、技能、经验、工作性质、目的、程序等；
- 明确该职位可能晋升的职位的工作责任、性质、程序及所需的技能、知识、经验，工作环境等；
- 说明该职位人员晋升到新职位是否需要专门培训，是否需要掌握新的技能、知识，以及还需在哪方面予以提高；
- 说明从一个职位晋升到另一个职位所需要的平均时间。

2) 晋升的程序

晋升程序，如图10-3所示。

(1) 部门主管提交晋升申请书。部门主管根据部门发展计划检测需增补的岗位，然后根据本部门职位空缺情况，提出晋升申请。

(2) 人力资源部门审核调整。其主要包括：人力资源部门对部门发展计划的可行性；部门内人员辞退、辞职人数是否属实；晋升人员是否符合晋升政策；本部门的职位空缺状况等。

(3) 提交职位空缺报告。报告中说明组织内空缺职位名称、空缺原因、空缺人员数量及候选人名单和情况介绍。

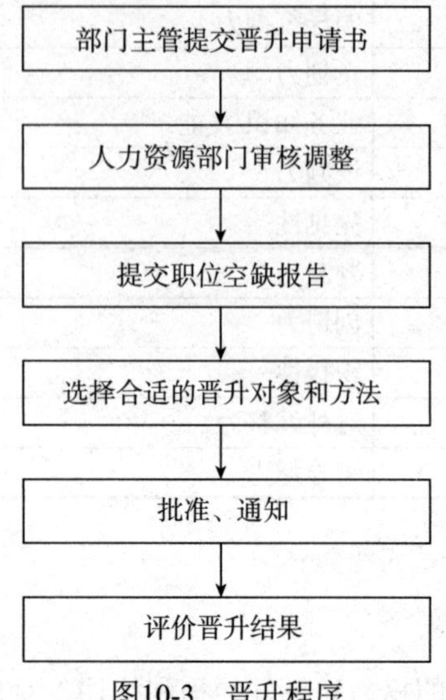

图10-3　晋升程序

(4) 选择合适的晋升对象和方法。在选择合适的晋升对象时，应以一定的选拔标准作为判断的基准，员工晋升的依据和标准通常如下。

- 绩效(工作表现)：从工作完成的质量和数量两个方面进行考察。
- 工作态度：评价候选人工作努力的程度及热情和进取精神。
- 能力：综合考察与工作相关的技能和潜力。
- 适应性：接受并适应新环境的能力。
- 人品：从个人的诚实性、勤勉性、容忍性、合作精神等各个方面进行评价。
- 资历：服务年限和以往的工作经历。
- 领导潜力：对从基层向管理层晋升的人员，需要考察其是否具备领导能力。

不同类别的人员，其考察基点也有所不同，员工晋升的评判基准如表10-15所示。

表10-15　员工晋升的评判基准

	客户服务员	质量专员	管理层
绩　　效	工作的质和量	工作的质和量	各种业务目标的完成状况
工作态度	纪律性，协调性 积极性，责任性	纪律性，协调性 积极性，责任性	协调性，积极性 责任感，企业意识
能　　力	服务的技能技巧、学习和操作能力	技能技巧、判断分析、监督检查	知识及决策、开发、涉外、统筹、协调、组织、计划等方面的能力

(5) 批准、通知。汇总考核结果，经会议讨论后决定最终晋升人选，由对应的核定人审批、签发任命通知。

(6) 评价晋升结果。人力资源部门对整个晋升过程进行评价和总结。

3. 晋升的方法

员工晋升的方法通常有以下几种。

(1) 对比较法：列出考察项目，如工作表现、工作态度、能力、资历等，将员工两两进行对比，评出优秀者，确定为晋升人选。

(2) 主管人评定法：由部门主管根据考察项目对晋升对象进行评定。使用此方法，应首先设计好评定的量表。考察项目视职务要求情况可多可少，一般包括业务知识、管理能力和人际关系。

(3) 评价中心法：主要适用于管理人员，特别是高层的管理人员。其特点是综合利用多种测评技术对候选人的个性、兴趣、职业性向、能力、管理潜力等进行综合的评价，最后通过比较测评结果选拔出适当的晋升人员。

(4) 升等考试法：这是一种经过特殊的考试取得晋升资格的方法。它规定凡是具有晋升资格的人员需参加考试，同时参考工作绩效的得分。一般来讲，工作绩效成绩占30%～40%，而升等考试成绩占60%～70%。两个成绩加权得分为总成绩，得分高者获得晋升。

(5) 综合法：将多种晋升方法综合起来选拔晋升者的一种方法，综合法对晋升者的考察比较客观、全面。

10.2.4 员工沟通与辅导

1. 沟通辅导的目的

(1) 改善绩效。管理者可以通过沟通为员工设定绩效目标并促进其有效达成，亦可以通过沟通解决员工绩效中出现的问题，帮助其不断提升。

(2) 员工关怀。沟通是体现对员工关怀的一种重要方法，既可以体现对员工的关心和关注，也可以给予那些有着明确工作目标和晋升意愿的员工指导和帮助，从而形成客户中心内部良性的工作氛围。

(3) 解决问题。沟通可以解决运营中出现的问题，无论是员工主动反馈的，还是管理者主动发现的。客户中心的运营管理者还需要与公司相关部门或者客户方密切沟通，但其主要的目的仍然是解决问题。

2. 沟通的类别

表10-16清晰地勾勒出作为一名运营管理者，在日常工作中所要完成的沟通工作，可作为管理者的一份沟通地图。根据沟通的对象不同可分为上行沟通、下行沟通、平级沟通。

表10-16 沟通的类别

沟通类别	周期	负责人	参与者	沟通方法	沟通目的	产出物
上行沟通(员工与领导)	1次/月	各组长	一线员工	民主生活会	达到双向沟通	意见反馈
	不定期	管理室	一线员工	“知心信箱”	建立一线员工反馈渠道	意见反馈
	1次/月	主管人	一线员工	满意度调查(定向)	客观评价服务支撑保障	意见反馈
	1次/年	主管人	全体员工	满意度调查(多维)	评估管理中需改进的工作	分析报告

（续表）

沟通类别	周期	负责人	参与者	沟通方法	沟通目的	产出物
上行沟通（员工与领导）	随机	主管	离职人员	面谈	进行挽留	离职面谈表
下行沟通（领导与员工）	每月	各层领导	员工	绩效沟通	绩效改进	绩效面谈表
	每日	班组长	一线员工	班前/后例会	传达业务通知及要求	工作日志
	半年/1年	部门领导	部门员工	部门年中工作会 部门年终工作会	总结部署	年中/年终工作报告
平级沟通（员工与员工）	每周/月	部门领导	各组长、主管	部门周/月例会	沟通推进工作	会议纪要
	1次/月	主管	员工	刊物	创建一线员工交流平台	《心连心》

3. 常见的沟通方式

常见的沟通方式有如下几种。

1) 绩效面谈沟通

绩效面谈沟通分为三个阶段，分别是前期、中期和后期。前期是指准备阶段，此阶段管理者需要查看分析员工的绩效成绩、设计面谈表格、确定面谈思路及流程；中期是指实施阶段，即与员工一对一、面对面地沟通；后期是指跟踪阶段，根据面谈后员工的表现及绩效成绩，给予员工积极的反馈。具体流程为分析绩效成绩、制作绩效面谈表、完成绩效面谈、后续跟进、绩效反馈、结束等。

在绩效面谈沟通中，应注意以下几点：

(1) 绩效面谈中除包括以往成绩的回顾外，还包括未来目标的设定；

(2) 设定的目标一定是可达成的，并且须有与员工沟通达成一致的方法措施。

2) 绩效问题沟通

管理者应熟知绩效体系及规范，从绩效成绩及日常监控中善于发现问题、分析问题和总结问题，如果问题无法发现，沟通及改善也无从谈起。具体流程为分析绩效成绩、制作绩效面谈表、完成绩效沟通、后续跟进、绩效反馈、结束等。

在绩效问题沟通中，应注意：如果分析出的问题属于共性问题，必须通过培训或者案例分享来解决。

3) 人员晋升沟通

所谓“不想当将军的士兵不是好士兵”，但也不是所有的“士兵”都愿意当“将军”，因而在进行人员晋升沟通之前，管理者要先锁定那些真正有晋升意愿的员工，并分析他们的综合情况，然后再进行面谈沟通。具体流程为锁定目标、分析目标员工综合情况、完成面谈沟通、后续跟进、结果反馈、结束等。

4) 人员关怀沟通

一般来讲，多数管理者在关怀沟通这方面一开始会感觉无从着手，也不禁会问，难道需要“没话找话”“无事献殷勤”吗？其实不然，在进行员工关怀沟通前也是需要找切入点的，这个切入点恰恰就是员工的需求点或者不适点。例如：品质得分一向优秀且平稳的A员工某一天突然出现了投诉隐患；B员工突然高烧不能上班；C员工家人突然病逝；D员工突然出现了消极怠工现象，等等。以上这些问题现象的背后一定有着诱发问题的本质原因，或者是这些问题现象本身就是员工的不适点和需求点。此时则需要管理者进行及时的关怀和跟进，通过沟通与员工建立起信任，挖掘部分问题背后的真正原因，帮助员工度过心理或者是生理的不适期，调整好心情及状态，重新投入工作。同时，通过及时、适时的关怀沟通，也能最大程度上挽留那些有离职倾向的员工。具体流程为发现员工需求、调查分析原因、完成面谈沟通、后续跟进、结束等。

5) 员工问题沟通

这里的员工问题沟通，主要是指员工主动反馈的问题沟通，这些问题可以包括意见、建议，也可以包括员工对某些管理者的投诉。员工问题沟通的核心在于沟通后的改善。员工主动向管理者反映了问题，如果看不到任何的反馈和改善，那么不仅是这位员工，其他员工也会对管理者失去信任，很可能不再发出任何声音。具体流程为与员工进行面谈沟通、共同探讨分析问题及改善措施、后续跟进并反馈、结束等。

6) 员工离职面谈

对于那些明确主动提出离职的员工，管理者必须做到一对一面谈沟通，了解员工离职的真正原因，收集相关离职数据，同时尽可能地挽留优秀的员工。

离职前的挽留面谈虽然很重要和必要，但往往当员工明确提出离职时再谈效果并不理想，所以需要管理者在日常工作中做好人员关怀，及时发现有离职倾向的员工并进行沟通，尽可能将风险控制在前期。

10.3　离职管理

离职管理是指对员工离职过程及离职后个人信息的管理。

10.3.1　离职流程管理

客户中心需要规定员工离职的程序，包括：离职单的填写、离职面谈、离职申请的核准、业务交接、办公用品及公司财产的移交、监督移交、人员退保、离职生效、资料存档，整合离职原因，离职员工的后续管理等。

离职管理必须落实到工作的每一个细节中，并讲求技巧与文字、数据记录。必须重视每一个程序，并有一整套方法去应对，主要有以下几点需要注意。

(1) 离职程序管理是为了通过对员工离职的管理，了解客户中心的状况，并对客户中心的管理提供相关的数据与意见。

(2) 每一个程序与环节都必须填写相应的表格，并做好文字记录。

(3) 规范的离职管理包括办公用品管理、资产管理、业务管理、文件资料管理等工作。

(4) 规范的操作员工离职是尽量减少人员流失的损失和规避相关人事纠纷和法律风险的

一种方法。

10.3.2 离职面谈机制

离职面谈发生在有员工提出离职之后。员工从提出离职到正式离开，通常会有一个月的时间。离职面谈机制抓住的就是这最后20多个工作日的时间差，对离职员工做最后的挽留。

(1) 任何员工提出离职，其直属上司都需要在第一时间与其进行面谈，了解员工离职的想法，减少因误解等原因造成的流失。

(2) 对于关键岗位员工或有经验的老员工的离职，除直属上司与之面谈外，还需要更高一级主管与其进行离职面谈，而且面谈最好能在员工提出离职的三个工作日内完成，以体现出管理层对其的重视。

若所有的挽留都无法奏效后，在员工进行离职交接的当天，HR也需要进行最后一次离职面谈。这时候的面谈，主要是听取员工的意见反馈，包括他的不满。

所有的离职面谈都需要填写“离职面谈表”，安排专人进行定期的归类分析。分析的目的除了做流失率统计分析，还可以通过解析离职面谈中的员工反馈信息，找出可以进一步改善现有管理制度、流程、方法的意见或建议，并予以实施。只有这样做，才能避免将来有员工因同样的问题造成新的流失。

10.3.3 离职员工回访跟踪机制

有很多著名企业会称他们的离职员工为“校友”，并且会定期或不定期地组织一些“校友”活动，增进组织与这些离职员工之间的互动。这样做，不仅能够体现企业的人文关怀，更能为企业回聘离职员工中的优秀者埋下伏笔。

为了实现这一目标，组织可以建立一个离职员工数据库，每年由专人负责数据库的信息更新。除此之外，还可以组织一些“回娘家”的活动，邀请部分已离职员工重新回到企业来看看，交流其离开后的经历。或许不经意间，组织正在寻找的某个岗位就有其匹配的人才。

将已离职员工重新召回组织，除了可以节约招聘成本，更重要的是，员工能更快地融入角色，适应组织文化。这些已经走出去的员工，当他们再回来的时候，必定会带着新的知识和经验，让组织得到新的发展，对个人、对组织都可实现双赢。

10.3.4 员工离职预警控制

对于客户中心这类劳动密集型产业，离职率控制至关重要。

1. 预警因素分析

可能触发离职行为的12个预警因素，如表10-17所示。

表10-17 触发离职行为的预警因素

预警因素	轻微	严重
招聘录用	员工进入实际工作后对某些方面感到困惑，但愿意通过商讨合作寻求解决方案	员工觉得据招聘面试所得的信息而产生的期望与实际相差甚远，且难以达成共识
职业发展	员工明确提示渴望未来从事其他职能或其他工作，但并不将其表述为具体问题	员工对角色扩展、职级晋升等途径和机会感到明显忧虑

(续表)

预警因素	轻微	严重
家庭问题	员工表示难以处理但仍致力于谋求家庭事务与工作的平衡调整	员工家庭因交通、轮班或其他原因不支持其从事此工作
薪酬福利	员工对薪酬福利感到不满，但无谈论其他工作机会的意向	员工表达了极度不满，认为做了不匹配的预期，或已有更高工资的工作机会
学历深造	员工提及想学习深造，也在留意组织内部的学习发展项目	员工已打算考学或获得入学资格
培训辅导	员工在培训中表现得与能力不一致，但一定程度上愿意为绩效工作	员工在培训中表现很差，不清楚考核机制，也不做任何改善行动
工作兴趣	员工提出想尝试不同的工作内容，但未明确要做什么	员工频繁表达出对工作内容的顾虑，不希望继续从事服务业
外部机会	员工表示可能会留意一些面试机会，或被发现登录招聘网站	员工表示正在接受面试或被发现已经开始投简历、找工作
意愿态度	员工积极性较低，但能够完成基本的工作要求，对局部工作内容感兴趣	员工完全无积极性，不遵守纪律，且不在意工作规范要求
认可奖励	员工要求更多的奖励和认可，又提出相应建议来为此努力	员工抱怨缺少奖励认可，并鼓动他人一同对此进行抱怨
健康情况	员工存在一些健康不适的问题，但是可以应付	员工请病假的频率过高，已经严重影响正常工作
工作地点	员工认为不方便上下班	员工对上下班花费过多时间或工作地点周边安全表示出明确忧虑

2. 干预行动措施

在圈定了可能需要干预的预警对象之后，可以采取如下跟进措施。

(1) 结合历史记录，对构成其绩效的各项指标分别用最小方差法和趋势控制图进行分析，在回顾其一直以来的综合工作表现的同时，也可了解近期成绩的稳定性情况。

(2) 识别出促使个体产生离职倾向的最关键的预警因素，一方面采集信息做进一步的确证，另一方面考量现实的可干预影响程度。

结合上述两方面，由运营管理人员与班组长确定干预的方向(如极力挽留、有限挽留、任其流失抑或主动劝退)，以及制订相对应的具体行动方案。

3. 预警追踪看板

为了有效跟踪每个团队的离职倾向程度，可以将班组长月度评估打分的数据，按严重程度比例绘制成为“追踪看板”，如图10-4所示。

各级运营管理人员及班组长可以每月进行一次维护，重新讨论和评估团队人员情况及所采取的行动方案效果。在这个过程中，我们不仅能够不断提炼出最具实效的行动方案，作为范例充实到预警案例知识库中，而且通过各级管理团队的复审和讨论，可以更深入、细致地把握员工的需求和心理，逐步落实完善离职管理。

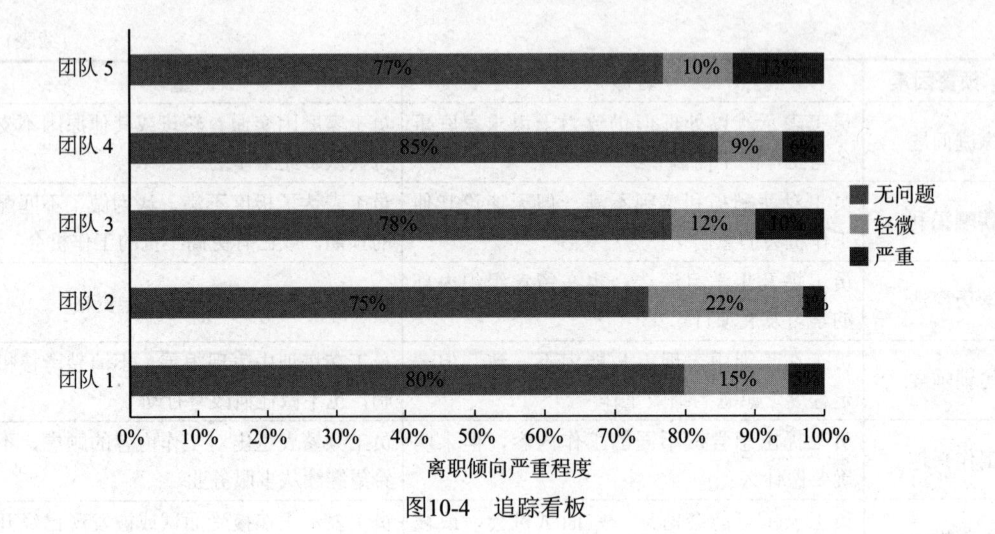
团队 5
77%
10%
13%
团队 4
85%
9%
6%
团队 3
78%
12%
10%
团队 2
75%
22%
3%
团队 1
80%
15%
5%
0%
10%
20%
30%
40%
50%
60%
70%
80%
90%
100%
离职倾向严重程度
无问题
轻微
严重

图10-4　追踪看板

第 11 章

财务管理

客户中心不仅产生成本、收获利润，也需要从投入与产出、过程控管不同的层面进行多维度的管理，成本管理和成本控制不仅是客户中心财务部门必须研究的内容，也是客户中心各个部门协同合作的结果。一个管理良好的客户中心无论是外包还是自建，财务管理已成为一个重要的考核指标，例如通话成本、单呼成本、每单成功销售成本等关键指标，均是成本控制的重要依据。

11.1 预算管理

1. 财务预测计划

清晰的财务预测计划是为客户中心成本管理与控制打好基础。客户中心需根据企业的业务规划与发展，制订三到五年的战略计划；为实现中长期的战略计划，需要制订年度的业务发展计划，预测年度重大的资本性投入与支出。在这个过程中，需要各个部门联合，精准、有效地对业务量进行预测，量化到每月、每日的成本支出与盈利，以此作为客户中心成本管理的依据。同时，日常的运营活动涉及的费用，无论是人员工资，还是运营成本、培训、系统开发与改造等，都需要按照财务预算计划执行。

2. 精细化与分工明确的运营管理

精细化与分工明确的运营管理是客户中心成本管理与控制的关键节点。客户中心不仅需要深入管理和分析自身的关键绩效指标，还需要了解宏观经济数据，尤其是要结合当地GDP数据、通货膨胀率、人员工资和收入水平、人员流失率等发展状况，通过内外部数据对比和分析，找寻财务预测与实际费用发生的差异，做好财务控制。

客户中心运营部门需要对财务数据进行跟踪，以月为单位对财务数据进行分析，以此找到差异所在，及时采取纠正措施，并及时与财务部门对费用的支出与控制情况做定期回顾与调整。财务数据的表现会直接影响客户中心日常的运营管理，因此管理人员心里需要有清晰的“一本账”，在高层管理会议上将财务数据表现及时报告，获得管理层的理解与支持。客户中心新的业务流程与新的项目开展若对成本产生影响，需要从业务流程与新项目评估阶段开始，建立一套跟踪的制度，及时了解费用的发生对成本的影响。

3. 全员财务管理

客户中心需要建立全员成本管理和控制的理念。通过对各级管理人员与员工的教育，让成本管理与控制的理念“武装到牙齿”。可以将客户中心各功能组别与部门分隔成不同的成本中心，以月为单位制定预算与成本控制目标，并在日常运营管理中具体实施。

11.2　成本控制

11.2.1　成本构成

客户中心承担着公司与客户之间沟通平台的重担，亦是成本消耗的主力部门之一，很多以服务支持为主要业务的客户中心基本上都是企业的成本中心。客户中心的建立为客户提供了一个双向、互动的渠道，进而提升了相互的黏性，提升了客户的满意度，而如何在不断提高自身运营水平、提升客户满意度的基础上，对成本进行合理、有效的控制，仍然是价值最大化的必然选择。

客户中心日常运营成本主要包括技术成本和人力资源成本。技术成本包括IT设备(硬件平台成本)、软件平台成本、网络通信成本。人是客户中心的最核心的要素，因此客户中心的各项成本中，人力资源相关的投入依然占有了最高的分量，其比重为60%左右。根据政府有关部门的规定，最低收入限定、劳动合同及社会保险制度的严格施行，各企业的劳动力成本平均增长约为32%，部分地区或城市甚至上升了一倍。

客户中心属劳动密集型行业，其人力资源成本主要由以下几部分构成。

(1) 取得成本。取得成本是指客户中心在招募和录取职工过程中发生的成本。客户中心是一个人员密集的地方，人员流动量很大，在一个7×24小时、365天不停运转的客户中心，人员一定处于不停调整中，座席代表的流失率普遍较高，因此每个客户中心都有专门的招聘人员。发布招聘信息、层层面试等都会构成客户中心的经营成本。

(2) 开发成本。开发成本是指为提高企业员工的素质和劳动技能而发生的各种费用。客户中心会面对新员工的不断涌入，也会遇到各种不同的业务类型，需要对员工进行经常性的培训。同时，客户中心产业是拒绝率很高的行业，需随时面对员工的情绪波动，给以适当的心里安慰。有些员工的流动或流出是因为其在这个岗位上已经不觉得舒适了，对于这些进入瓶颈的员工要及时指点帮助，培训人员不仅要进行技巧培训，还要提供一定的心理辅导。

(3) 使用成本。使用成本是指客户中心为补偿或恢复员工在从事劳动过程中，体力、脑力的消耗而直接或间接地向劳动者支付的费用，即薪酬福利。目前，国内座席代表的平均工资还不高，这主要是由工作性质决定的。以服务为主的客户中心对工作人员的学历要求不是很高，基本都在高中、职高、大专的水平，本科生做座席代表的不多。而在中国市场上学历是衡量工资水平很重要的标准，所以整个行业的工资水平不高，以营销类外呼型为主的客户中心座席代表的薪酬是与成功率相关联的。

(4) 管理成本。客户中心的管理人员人数不多，但他们对客户中心至关重要。他们要懂运营，懂项目，心思细腻，感情入微。他们不仅要负责项目的正常运行，确保或提高呼入或呼出的成功率，还要关心自己员工的感情世界，更要考虑到管理层与员工的配比的合理性。

除了人力资源成本，客户中心的日常运营成本还包括网络通信(电信及网络、PBX用户级交换机、ACD、电话等)、IT设备(各种服务器、PC等)、软件应用(CTI、客户中心应用系统、录音软件、排班软件、PC设置软件等)等技术成本和其他杂项支出(场地出租、办公用品、饮用水、保洁等)，如图11-1所示。

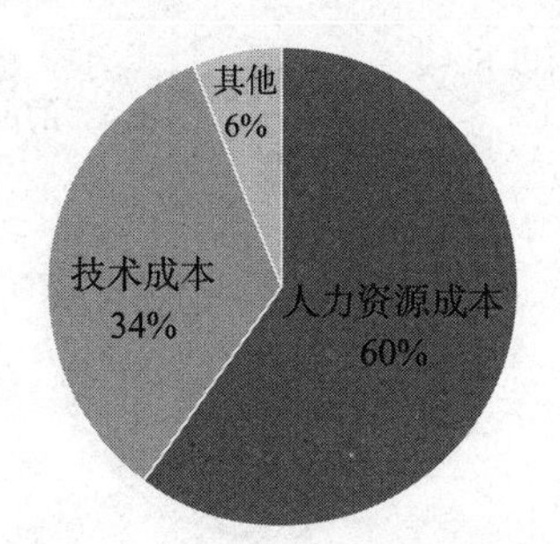

图11-1 日常运营成本的构成

11.2.2 技术成本分析

在技术成本方面，客户中心是一种充分利用现代通信手段和计算机技术的全新现代化服务方式，我们把技术成本分为网络通信成本、IT设备成本及软件应用成本。各项成本在客户中心技术成本中所占的比重，如图11-2所示。

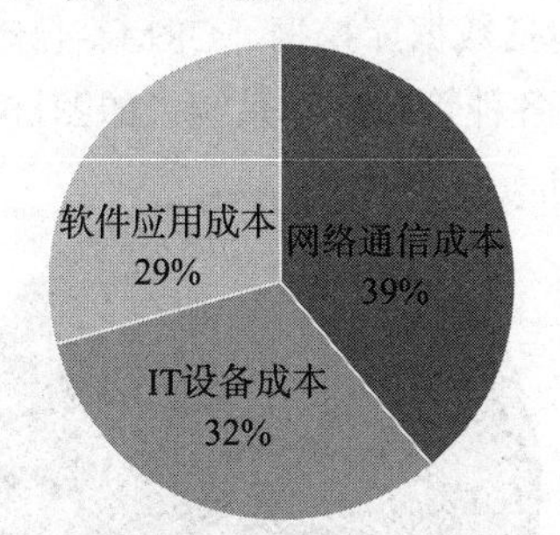

图11-2 客户中心技术成本的比重

1. 网络通信成本

网络通信成本包括电信网络通信、语音通信、PBX(交换机)、IVR(互动式语音应答)、电话机和耳麦设备等，其占技术成本的比例为39%。在各种通信成本中，网络语音建设成本要远高于通信设备的投入，如图11-3所示。

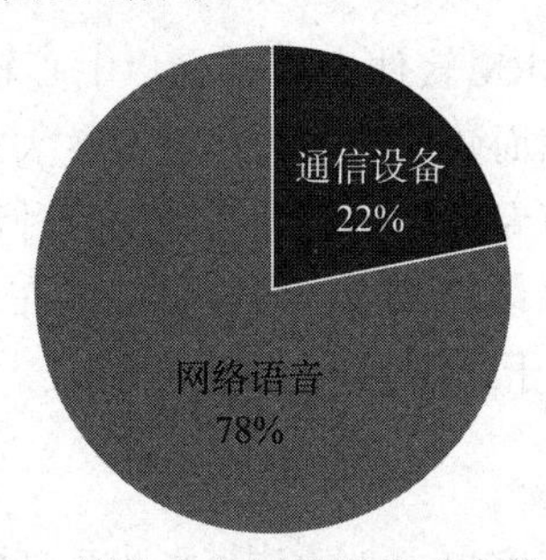

图11-3 客户中心网络通信成本的比重

2. IT设备成本

IT设备包括服务器、计算机、存储设备等，这些设备的投入平均占技术总成本的32%。中国客户中心IT硬件设备投入成本比较，如图11-4所示。

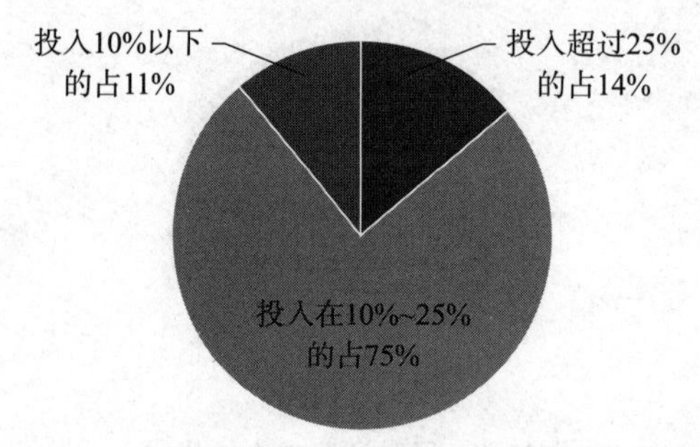

图11-4　中国客户中心IT硬件设备投入成本比较

从图11-4我们可以看到，有75%的客户中心在IT设备上的投入在10%～25%之间，投入超过25%的仅占14%，一些电信和IT外包公司在设备上的投入会比较高，有的客户中心高达50%，一些小的客户中心在设备上投入不足5%，行业个体差距很大。

3. 软件应用成本

客户中心的软件应用成本包括数据库挖掘、CRM、自动报表系统和排班系统，以及适用于内部业务流程的软件开发等各种管理软件系统，如图11-5所示。

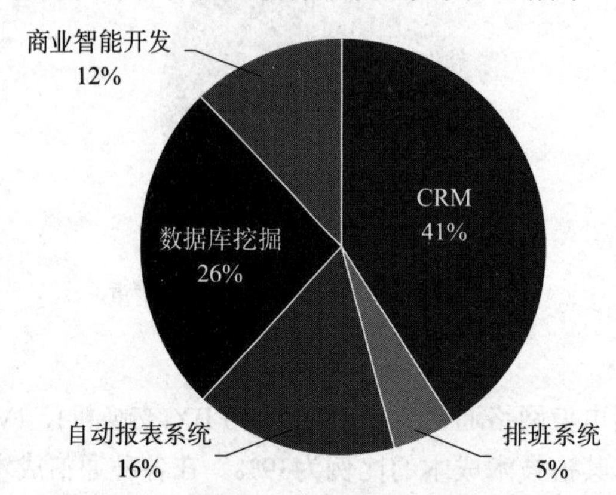

图11-5　中国客户中心软件应用成本的比重

从图11-5我们可以看到，CRM软件占据了客户中心软件技术中最高的比重，其次是数据库挖掘和自动报表系统，然而软件开发的比重在各大客户中心的差异很大，在一些软件和高科技为主导的企业，会有专门的团队为内部的各种新业务和流程及时地开发应用软件，包括排班系统和自动报表系统的二次开发，其投入在软件技术中超过30%，而有些客户中心在软件开发方面的投入低于2%，甚至为零。

11.2.3　成本优化的措施

随着市场竞争越来越激烈，客户中心的信息技术更新得越来越快，服务的差异性及贴心性在逐步完善，各行业越发重视客户中心工作。同时，客户中心面临着成本不断上升的巨大压力，降低运营成本可以从以下几个方面考虑。

1. 控制人员流失率

近几年来，客户中心座席代表的年流失率一直持续维持在较高的水平上，尤其是比较发达的东部地区及各省的省会城市或一二线城市。客户中心人员流失的同时还存在着客户流失的风险，因为客户可能成为新座席代表培训的“道具”，沟通质量会明显降低。客户中心的一线座席代表流失直接导致公司显性和隐性成本的大幅上升。有效的人员管理可以节约客户中心的运营成本，从而帮助企业控制总成本支出。

1) 合理招聘

客户中心在人员招聘中应该选择最合适本行业的人才，而不是学历越高越好。根据行业调查数据显示，学历越高的员工，越容易流失，因为其能相对容易地找到其他工作，不愿承受单调、高强度的工作。招聘时不仅应该关注应聘人员的综合素质，还要关注人员的胜任性，并结合中心的实际情况，以“我们需要什么样特质的人”来制定合理的招聘标准，以招聘到最适合本岗位的人才。只有这样，才能有效地降低后期的人才流失率。有效的人员招聘的目标就是使个人的特点与工作要求相匹配。

只有目标明确的招聘才会留住更多的员工。面试对于客户中心的招聘而言是很关键的环节，面试筛选的过程应该识别那些最能符合工作要求的应聘者，并让应聘者充分了解座席代表具体工作任务的实际情况，感受实际的工作氛围。人力资源在制定招聘信息和面试的时候应尽可能地把工作的利和弊告诉应聘者，很多企业怕招不到人，便给员工很多憧憬和期望，员工入职后发现事情根本不是那个样子，由于心理落差比较大，会有被欺骗的感觉，离职的概率也就提高了。

据统计，有20%～40%的新招人员在公司的最初三个月至半年内会因为各种各样的原因离开公司。其背后的主要原因是错误招聘，它的经济损失相当于该客户中心座席代表年薪的40%～60%。同时，其会连带影响其他员工的士气，进而造成更多的隐性损失。

2) 合理的职业生涯辅导

根据调研，中国客户中心一线员工的年龄在23岁到34岁之间，客户中心庞大的员工基数和有限的管理岗，决定了客户中心从业人员的职业生涯。对多数人来讲，客户中心很难成为其一生的职业归宿。这种情况至少短期内不会有大的改变。因此，不妨加强对客户中心一线工作人员短期职业规划的辅导，告诉员工在客户中心企业里可以得到什么样的锻炼或培训，同时对于优秀的人员，可以作为后备管理人员进行培养，培养结束后根据其对岗位的胜任程度安排不同的岗位。借此机会，激励员工努力学习，自觉提升。即使两三年之后离开这个行业，到新的领域工作，依然有职业素养上的优势。

3) 建立有效的激励体系

主要的激励措施有物质奖励、荣誉称号和岗位晋升。例如：可以每月按照应答电话量、通话时间和质量监控成绩等客观指标对员工进行“星级员工”评比活动，成绩最高的员工可选为星级人员。此外，还可以设立“优秀录音”“优秀员工”“优秀团队”等评比活动，这些评比结果均可以记录到员工的个人档案中，在员工晋职、培养、工资晋档和奖金分配等方面优先考虑。

4) 提供人性化的管理

座席代表不但每天要接续上百个用户的服务请求，还会遇到客户的不理解甚至谩骂。在这样的工作中，人的情绪肯定会受到影响。帮助员工建立良好的心态和工作态度，树立正确的人生观和价值观就显得尤为重要。国外有很多客户中心配备心理减压室，当员工心情不好，遇到不好处理的客户时，需要情绪发泄就可以到减压室。每个人的情感和情绪都是需要调节的，需要有个发泄的途径，如果每天承受着压力而无处发泄，没有疏导的途径，迟早有一天会爆发的。

同时，进行有效的排班。根据话务量变化不定期进行排班调整，以最大化地发挥每个人的职能，充分提高客户中心人员利用率。客户中心的管理者也不必担心出现忙时人力严重不足，而闲时人力大量过剩的现象。

5) 提升员工技能水平

一般情况下，技能水平越高、越有经验的员工处理客户联络请求的用时越短。这也是为什么高流失率对客户中心所造成的损失是巨大的。客户中心要定期全面回顾和审核自己的招聘标准、培训体系，确保向一线岗位输送合格的人才。因此，在培训过程中，要重视员工倾听技巧和对客户需求准确把握能力的培训，并根据客户需求及时帮助客户解决相应的咨询问题能力的培训。同时，不断完善培训体系的搭建，以降低人力资源成本，如果公司拥有丰富的培训课程，完善的培训体系，精干的讲师团队，对于培养新人所需要的时间会大大减少。同时，客户中心要定期审核自己的激励制度、员工满意度情况，确保员工的工作积极性。还要通过质量监控，不断发现每个个体员工的不足，通过辅导与培训促使其改进，缩小整体的技能水平差距，并通过相应的附加培训及针对性地调整培训计划加以弥补。

2. 运营体系的持续优化

1) 运营系统优化

要形成针对系统功能定期优化的机制。不断地发现系统使用中可以提高效率的地方，并在运营层面上考虑系统性的运营优化，比如从节省每个呼入电话的通话处理时长出发。影响通话时长的因素有座席代表的技能水平、座席代表获取专业知识的渠道和速度、电话衔接速度。通常来说，座席代表的能力越强、资历越深，处理时长就越短。而质量监控是识别技能断层和开发矫正方案的最佳方法。座席监控是客户中心运营管理最重视的一项流程。我们还应考虑优化座席代表获取专业知识的渠道，即在第一时间过滤出客户问题中的关键词，并迅速地从已有的知识库中搜索答案。除此之外，还应考虑减少联络量，即最小化误入的联络，从而帮助管理层全面、高效、方便地管理和运营客户中心。

2) 改进联络处理流程

客户中心要形成定期进行流程优化的机制，不断地发现流程中可以提高效率的地方，不断地做出改进，同时，员工处理客户联络请求都要遵循既定的流程。流程的合理与否很大程度上影响着客户联络处理时间的长短。客户中心要及时改进流程执行过程中所暴露出来的问题，并通过定期的流程审核机制，发现进一步改进的余地，不断优化流程，提高流程的执行效率。流程改进中尤其要关注授权与控制的平衡、新技术手段的充分利用、去除冗余环节及官僚体制等方面。流程的审核与改进一定要倾听来自一线座席代表的意见与建议。

3. 合理降低资源投入成本

1) 向低成本沟通联络渠道分流

客户中心在我国发展迅速，有线、无线网络及4G网络的建设、5G技术的应用，以及PC和智能手机的普及，使得“自助优先”成为可能。客户中心可利用各种新兴技术手段，提供多样化的自助服务，如自助语音服务、网站、自动传真服务、手机客户端、微博、微信等；同时，要提高自助服务的优先级和便利性，引导客户使用自助服务。尽管这要涉及引导和改变客户行为习惯、升级系统或业务外包，但这无疑是最有效降低资源成本投入的方式之一。

2) 合理分配员工薪酬支出

员工薪酬一直是一个很值得关注的话题，但又是很敏感和危险的成本管理地带。一方面，因为员工的薪酬福利支出会占到客户中心总体成本的很大比重，另一方面，对员工薪酬福利的调整将会影响员工激励、员工保持及员工满意，并最终影响员工的生产效率和服务质量。客户中心真正要做的是结合服务质量和生产效率及客户满意程度，改善和调整薪酬结构，做到有效激励。

3) 合理降低管理成本

管理成本包括办公场地及设施、设备、薪酬、福利、培训、支持等方面的投入。管理成本往往会占到普通员工成本的几倍甚至十几倍。降低管理层成本支出并非要降低管理层的薪酬、福利及各方面待遇，而是要重点考虑管理架构及岗位设置是否合理，是否还可以精简，是否还可以优化，等等，同时考虑管理层与员工的配比是否合理、高效。

4. 通信成本优化

在总成本中，通信网络、IT设备及软件应用的成本比重为34%，其中，通信网络投入的成本最大。减少通信成本上的开支，可以从以下几个方面入手。

1) 优化路由选项

通过不断优化IVR、语音菜单及路由选项，减少客户的错误理解和选择，使客户能够准确接入相应的队列或技能组。合理清晰的IVR提示及路由分配可以有效提高服务的针对性和准确性，降低转接率及错误率，从而提升处理速度。而运行稳定的桌面系统，内容完备、及时、查询方便的知识库系统也可以帮助员工迅速解决客户的问题，提高一次解决率，缩短平均处理时间。

优化与改善IVR路由选项与策略，目标是把客户与座席代表进行最佳程度的匹配。简单而言，就是通过不同的客户级别对应不同的技能组或座席组，达到批量的匹配；进而言之，就是依靠数据驱动，做到实时个性化最佳可用座席的一对一匹配。这将会很大程度上提升客户的感知、问题解决的概率和营销成功的机会。

2) 根除客户联络的原因

最好的有效降低客户联络总量的方法是根除引起客户联络请求的原因。客户中心应该不断分析客户联络信息数据，发现企业研发、生产、销售、服务等各个方面存在的问题，及时反馈到企业管理层及各相关部门，敦促问题的及时解决，有效避免或减少类似的重复联络请求。

3) 提高解决率，减少重复联络

一次解决率的提高在节约运营成本、提高客户满意度及服务质量上具有重要地位。据统计，行业内客户中心大约有25%～30%的运营成本是花在类似的重复呼叫和升级投诉处理上。重复联络指标在客户满意度、话务预测、员工绩效管理、流程优化、投诉预防等方面具有指针作用。客户中心要减少客户的重复联络，应先提高一次解决率，可以从提高员工处理问题能力、合理设计知识库等方面入手。对于在线解决不了的问题，应给予客户明确的答复或建议，并信守对客户所做的承诺。此外，像电子邮件、语信箱、传真等其他的服务联络渠道，应该有专人负责，按照承诺的时限给予客户回复、确认或解决方案。否则，客户还会尝试不同的联络渠道再次联系。

5. 无效话务管理

客户中心可以通过采取某些措施来引导和控制无效话务量。无效话务的产生是因缺乏科学的管理而导致的，主要包括以下情况。

(1) 由于企业在业务推广时对产品或服务的描述不清楚，导致消费者不能准确理解其内容，而需要致电客户中心做进一步查询，导致话务量增加。

(2) 在业务推广或服务过程中存在由于准备不充分而造成大量的后续工作，以致客户咨询或投诉电话激增。

(3) 每月都不断重复拨打某类咨询电话。

(4) 可以利用自助渠道解决的咨询业务，由于缺乏有效的引导，导致客户致电客户中心来查询。

在目前激烈竞争的市场环境下，各个客户中心都在追求服务水准(SLA)以保持服务质量。在不断增长的话务量面前，为了达到服务水准，客户中心会不断地增加座席代表数量，其直接后果就是成本的大幅度增加。事实上，在这些不断增加的话务量中，有些是可以避免和控制的。无效话务的管理可通过以下几个方面进行。

- 理顺企业内部流程，特别是客户中心与市场部门的沟通流程，客户中心要对市场部门发布的各类促销信息的回馈情况进行监控和关注，并及时向市场部门进行反馈建议。
- 在各类可能对客户造成较大影响的业务推出时，一定要做好内部沟通及制定应急流程。
- 定期对话务情况进行分析，对于有固定拨打习惯的客户应采取措施引导客户去使用自助服务，避免客户反复致电客户中心。

第 12 章 业务安全管理

安全管理是管理科学中一个重要分支，它是为实现安全目标而进行的有关决策、计划、组织和控制等方面的活动。其目的是保护员工在运营过程中的安全与健康，保护财产(物理的和虚拟的)不受损失，促进企业改善管理，提高效益，保障事业的顺利发展。

12.1 人员安全

12.1.1 安全文化的特点

企业安全文化是企业文化的重要组成部分，是企业安全管理的灵魂。优秀的企业安全文化能够大大增强员工的安全意识，形成一定的安全习惯、安全行为、安全信念等，达到预防事故、保护员工健康、提高工作效率的目的。因此，必须将安全文化融入企业文化建设的总体战略之中，制定相应措施，整体推进。企业的安全文化包含如下要点。

1. 高效的安全运营管理

高效的安全运营管理包括以下几点。

(1) 企业安全运营目标明确，并且将目标分解成指标落实到各个岗位。

(2) 安全职责清楚，每个岗位的工作人员都明白自己要做什么样的工作，在工作中会出现哪些不安全的因素和怎样预防。

(3) 安全措施要具体，确保企业为实现安全目标而制定的各项安全措施都能落到实处。

(4) 员工行为标准化，管理体系按程序运作，不因人而发生改变。

(5) 整个企业是一个高效运行的体系，应建立统一的指挥体系，使部门之间相互协调。

2. 和谐的人际关系

和谐的人际关系体现在以下两个方面。

(1) 企业与员工的利益融为一体，员工的需要与企业的安全运营目标一致，每个员工都有归属感，都为能成为本企业的一员而自豪，员工主人翁意识强，关心企业的发展。企业是一个温暖的家，员工只要努力工作就有获得奖励的机会，员工只要工作能力强都有获得提升的机会。

(2) 企业领导与员工只是岗位不同、职责不同，在人格上是平等的。领导应敢为下属承担责任，不仅关心下属的工作，还要关心下属的生活、学习、身体。员工主动为领导分忧，认真完成领导交办的工作，在工作中遵章守纪，兢兢业业。员工之间互相关心、互相学习、共同进步。

3. 优美的工作环境

优美的工作环境是企业安全运营的外在形象，是保障员工生命安全的基本条件，也是加强企业内部管理的必然要求。企业在运营和不断发展的同时，有责任为员工创造优美的工作生活环境。在优美的环境中工作，能提高员工的工作效率，给人以舒畅的感觉，有利于员工的身体健康，激发员工的工作创造性。同时，优美的环境能净化、美化人的心灵，约束人的不良行为。

4.良好的学习氛围

企业员工为了适应科学技术的发展和设备升级改造，需要不断学习。知识是员工实现自我价值的一种资源，主动掌握安全知识与技能已成为企业员工的自觉行为，员工应由"要我安全"变为"我要安全""我会安全"。企业员工通过学习培训，一方面增强了自身工作技能，另一方面促进了企业整体科技实力的进步。学习创新已成为激发员工积极性和创造性的力量源泉。

12.1.2　安全文化的建设

建设企业安全文化，就是要在企业内普遍形成正确的安全心态、规范的安全行为、特有的安全文化景观(包括健全完善的法规制度、强有力的管理体系、丰富多样的宣传手段、切实有效的安全设施等)、高水平的全员安全素质和企业整体安全素质，以及能充分保障员工安全与健康的安全文化体系。建设企业安全文化，应从如下几个方面着手。

1. 广泛宣传，增强员工安全文化意识

在安全运营管理中，为了发挥企业先进安全文化的巨大作用，当确定了企业的安全文化后，就要进行安全文化的宣传教育。要继续完善和扩大原有的安全教育网络，利用安全日活动和各种会议、员工手册、宣传栏、公司刊物、报纸、局域网开展内容丰富、形式多样、生动活泼的企业安全文化宣传教育。定期开展安全文化知识竞赛、安全文化年活动等，向员工灌输"安全是运营的前提""以人为本，安全第一""安全就是运营力，安全就是竞争力""安全就是效益、安全创造效益"等安全观，树立"遵守规章就是珍惜生命"的安全理念，增强员工的安全意识，使员工充分掌握安全运营知识和自我防护知识。

2. 领导带头，积极推进企业安全文化创新

企业安全文化建设顺利推进的关键在于领导，应注意做好以下工作。

(1) 要提高领导干部对企业安全文化的认识，在实践中，领导要积极组织培训，让管理人员掌握企业安全文化的内容、企业安全文化的建立步骤、企业安全文化的激励机制。领导能修正员工的观念，约束员工的行为，领导决定的激励方式能促使员工调整工作思路，进而改变行为方式。

(2) 要制订推行企业安全文化的计划与措施，完善原有的规章制度及激励机制，使之有利于调动员工的工作积极性。同时，要在建立企业安全文化的各阶段，进行检查评比考核。

(3) 企业应将安全文化作为企业文化建设的重要组成部分，纳入工作日程，给予高度重视，尽可能地在人力、物力等方面予以支持。

3.健全制度，坚持安全管理规范化

建立健全一整套安全管理制度和安全管理机制，是搞好企业安全运营的有效途径。安

全文化建设必须以规章制度来强化和规范。要深刻认识到，不断充实完善各项安全规章制度，不折不扣地执行安全规章制度就是创建和推行安全文化的过程，也是企业安全管理价值观逐步具体化的传播过程。要切实落实安全运营责任制，将安全运营责任层层落实，建立起横向到边、纵向到底、高效运作的企业安全管理网络；要完善企业安全管理各项基本法规、规章制度和奖惩制度等，通过制度保障来推进企业安全文化建设。企业安全文化也是一种全新的安全管理思想，建设企业安全文化必须与企业现行安全管理工作和实际情况紧密结合，要随着形势的变化，适时地修改安全文化中不适应的环节和内容。

4. 加强教育，不断提高员工整体素质

人是企业财富的创造者，也是企业发展的动力和源泉。只有拥有高素质的人才，企业才能在激烈的市场竞争中立于不败之地，因此，企业安全文化建设，要在提高人的素质上下功夫。近几年来，企业发生的各类安全事故，大多数是员工出于侥幸、盲目、习惯性违章造成的，这就需要从思想上、心态上去宣传、教育、引导员工，使其树立正确的安全观，这是一个微妙而缓慢的心理过程，需要我们做艰苦细致的教育工作。提高员工安全文化素质的最根本途径就是根据企业的特点，以创造和建立保护员工身心安全的安全文化氛围为目标，进行安全知识和技能的教育，形成人人重视安全、人人为安全尽责的良好氛围。

5. 充实内容，开展丰富多彩的安全文化活动

实践证明，心灵的认可、感情的交融、共同的价值取向对实现安全运营具有重要作用。开展丰富多彩的安全文化活动，是增强员工凝聚力、培养安全意识的一种好形式。因此，要广泛地开展认同性活动、激励性活动、教育活动；张贴安全标语，提出合理化建议；举办安全论文研讨、安全知识竞赛、安全演讲、安全事故展览；建立光荣台、违章人员曝光台；评选最佳班组、先进个人；通过各种活动方式向员工灌输和渗透企业安全观，取得广大员工的认同。要结合实际，制订切实可行的实施方案，扎扎实实地开展“安全运营月”“百日安全无事故”“创建平安企业”等一系列活动。

12.2　物理安全

企业经常会面临外界对计算机网络与计算机系统等物理设备的威胁，主要表现在自然灾害、电磁辐射与恶劣工作环境方面。而相应的防范措施包括抗干扰系统、物理隔离、防辐射系统、隐身系统、加固系统、数据备份和恢复等，在众多技术当中，物理隔离及数据备份和恢复是最为关键和重要的企业物理层安全防护技术。

12.2.1　物理隔离

在互联网高度发达的今天，外部的恶意访问者登录防护措施较差的企业内部局域网并非难事，他们通常可以窥探、非法获取甚至恶意毁坏企业宝贵的数据和资料，从而对企业造成不可挽回的经济损失。当前绝大多数的企业都在物理层面采用了物理隔离的措施将本地局域网和互联网进行隔离，保证两个网络的不可互访，从而达到保护内网数据安全的目的。

目前来看，对安全要求比较高的企业，一般会采用物理隔离网闸来实现企业的网络管理。物理隔离网闸是使用带有多种控制功能的固态开关读写介质连接两个独立主机系统的信息安全设备。由于物理隔离网闸所连接的两个独立主机系统之间不存在通信的物理连接、逻辑连接、信息传输命令、信息传输协议，不会依据协议的信息包转发，只有数据文件的无协议“摆渡”，且对固态存储介质只有“读”和“写”两个命令，所以，物理隔离网闸从物理上隔离，阻断了具有潜在攻击可能的一切连接，使“黑客”无法入侵、攻击和破坏。物理隔离网闸可以解决操作系统漏洞、入侵、基于TCP/IP漏洞的攻击、基于协议漏洞的攻击、木马、基于隧道的攻击、基于文件的攻击等威胁，涵盖了互联网目前存在的绝大部分威胁，物理隔离网闸在理论上完全实现了真正的安全。

随着我国电子政务的快速发展，外部网络连接着广大民众，内部网络连接着政府公务员桌面办公系统，专网连接着各级政府的信息系统，在外网、内网、专网之间交换信息是基本要求。如何在保证内网和专网资源安全的前提下，实现从民众到政府的网络畅通、资源共享、方便快捷是电子政务系统建设中必须解决的技术问题。一般采取的方法是在内网与外网之间实行防火墙的逻辑隔离，在内网与专网之间实行物理隔离。出于对重要信息、文件保护的目的，物理隔离网闸开始被人们接受，成为电子政务信息系统必须配置的设备。

物理隔离网闸主要由内网处理单元、外网处理单元、安全隔离与信息交换处理单元三部分组成。外网处理单元与外网(如Internet)相连，内网处理单元与内网(如军队网)相连；安全隔离与信息交换处理单元通过专用硬件断开内、外网的物理连接，并在任何时刻只与其中一个网络连接，读取等待发送的数据，然后“推送”到另一个网络上。在切换速度非常快的情况下，可以实现信息的实时交换。

12.2.2 数据备份和恢复

备份不仅是对数据的保护，其最终目的是在系统遇到人为或自然灾难时，能够通过备份内容对系统进行有效的灾难恢复。备份不是单纯的复制，管理也是备份的重要组成部分。管理包括备份的可计划性、磁带机的自动化操作、历史记录的保存及日志记录等。对于现代企业来说，在正常运作的过程中难免会遇到如下几种情况，需要针对它们进行数据的备份和恢复工作。

(1) 计算机软硬件故障。这种情况对于企业来说发生的可能性最大，也最频繁，是经常发生的一类故障。

(2) 人为操作故障。在管理较严、人员素质较高的企业，偶尔发生；在管理松懈、人员培训不足的企业，会经常发生。

(3) 资源不足引起的计划性停机。随着业务的快速增长，许多企业平均每年都会发生如软硬件升级、系统资源扩充等事件，业务增长越快的企业，发生越频繁。

(4) 自然灾害。由于火灾、水灾、地震、雷击等自然灾害引起的企业计算资源和数据的毁灭或者丢失。这种情况对于任何企业来说，其都是不可避免和抗拒的，但发生的概率较小。

1. 数据备份

1) 备份模式

(1) 逻辑备份。每个文件都是由不同的逻辑块组成的。每一个文件存储在连续的物理磁盘块上，但组成一个文件的不同逻辑块极有可能存储在分散的磁盘块上。备份软件通常既可以进行文件操作，又可以对磁盘块进行操作。基于文件的备份系统能够识别文件结构，并复制所有的文件和目录到备份资源上。这样的系统跨越了存储在每个客户端上的指针，可顺序地读取每个文件的物理块，然后备份软件将文件连续写入备份媒介。这样的备份使得每个单独文件的恢复变得很快，但连续的存储文件会使得备份速度减慢，因为在对非连续存储磁盘上的文件进行备份时需要额外的查找操作。这些额外的操作增加了磁盘的开销，降低了磁盘的吞吐率。另外，即使文件发生了很小的改变，基于文件的逻辑备份也需将整个文件备份。

(2) 物理备份。系统在复制磁盘块到备份媒介上时忽略文件结构，会提高备份的性能，因为备份软件在执行过程中，花费在搜索操作上的开销很少。但这种方法使得文件的恢复变得复杂且缓慢，因为文件并不是连续地存储在备份媒介上。为了允许文件恢复，基于设备的备份必须收集文件和目录在磁盘上组织的信息，才能使备份媒介上的物理块与特定的文件相关联。因而，基于设备的备份适合指定一个特定的文件系统来实现，并且不易移植。而基于文件的方案则更易移植，因为备份文件包含的是连续文件。另外，基于设备的备份方案可能会导致数据的不一致。

2) 备份策略

(1) 全备份。这种备份方式很直观，容易被人理解。当发生数据丢失时，只要用一盘磁带(即灾难发生前一天的备份磁带)就可以恢复丢失的数据。但这种备份方式也存在不足，第一，每天都对系统进行完全备份，备份数据中会有大量的重复内容，例如操作系统与应用程序。这些重复的数据占用了大量的磁带空间，意味着增加成本。第二，由于需要备份的数据量相当大，备份所需时间也就较长。

(2) 增量备份。该备份的优点是没有重复地备份数据，节省磁带空间，缩短备份时间。缺点在于当发生灾难时，恢复数据比较麻烦。例如，若系统在周四早晨发生故障，那么就需要将系统恢复到周三晚上的状态。管理员需要找出周一的完全备份磁带进行系统恢复，再找出周二的磁带来恢复数据，最后找出周三的磁带来恢复数据。在这种备份下，各磁带间的关系就像链子一样，其中任何一盘磁带出了问题，都会导致整条链子脱节。

(3) 差分备份。管理员先在周一进行一次系统完全备份，然后在接下来的几天里，将当天所有与星期一不同的数据备份到磁带上。差分备份无须每天做系统完全备份，备份所需时间短，节省磁带空间，灾难恢复也很方便。系统管理员只需两盘磁带，即系统全备份的磁带与发生灾难前一天的备份磁带，就可以将系统完全恢复。

3) 备份时接收用户响应和数据更新

(1) 冷备份。冷备份很好地解决了在备份选择进行时并发更新带来的数据不一致性问题，缺点是用户需要等待很长的时间，服务器将不能及时响应用户的需求。目前的新技术有LAN-Free、Server-Free等，这种备份方式的恢复时间比较长，但投资较少。

(2) 热备份。由于是同步备份，热备份占用资源比较多，投资较大，但是它的恢复时间非常短。在热备份中有一个很大的问题就是数据的有效性和完整性，如果备份过程中产生了数据不一致性，会导致数据的不可用。解决此问题的方法是对于一些总是处于打开状态的重要数据文件，备份系统可以采取文件的单独写/修改特权，保证在该文件备份期间其他应用不能对它进行更新。

4) 备份地点

(1) 远程备份。在本地将关键数据备份，然后送到异地保存，以防止企业本地备份的数据在灾难中也遭到破坏。灾难发生后，按预定数据恢复程序恢复系统和数据。这种方案可以采用磁带机、磁盘阵列等存储设备进行本地备份，同样可以选择磁带库、光盘库等存储设备。

(2) 本地备份。在本地将关键数据进行备份，然后进行保存，主要包括本地双机备份、本地局域网备份等。

5) 备份介质

(1) 磁带备份。磁带一开始就是储存恢复备份的主要介质。随着容量和速度的不断提升，磁带可以让用户以较低的成本存储多重备份或版本。当备份数据量非常大时，磁带备份的价格优势十分明显。由于磁带是一种可移动式的介质，因此它也可以用来作为远程灾难恢复备份。磁带备份最大的问题是，它的备份质量并不稳定。在操作过程中，可能数据已经全部备份成功，却很难验证磁带内所有数据是否皆可恢复。质量不良的磁带会令恢复操作失败，而这种错误通常无法被察觉，一定要等到执行恢复操作时才会发现，可那时已经来不及了。

(2) 磁盘备份。磁盘阵列不需要稳定的数据流，即使采用只存储少量数据的增量备份，也没有“摩擦”效应。磁盘阵列允许管理人员进行较不常做的全部数据备份工作，而不用忍受执行速度变慢的后果或增加恢复资料时损坏的风险，可以简化及加快整体备份的速度。除缩短备份时间以外，对于时常进行的完整备份，也可以减少恢复时所需的磁带数量，简化恢复过程。以磁带备份来看，恢复时所需的磁带数量会依增量备份的次数而增加，而磁盘阵列允许管理人员简化这样的备份过程。在制作远程恢复备份时，磁盘也比较容易且更有效。利用“磁盘至磁带”复制数据时，不需要同时在一个磁带内处理多位使用者的恢复备份，它可以针对每位使用者直接复制恢复备份，因此加快了恢复的过程。另外，“磁盘至磁带”也比“磁带至磁带”的复制方式更有弹性。

2. 数据恢复

灾难恢复措施在整个备份制度中占有相当重要的地位，因为它关系到系统在经历灾难后能否迅速恢复。灾难恢复操作通常可以分为两类：第一类是全盘恢复；第二类是个别文件恢复。此外，还有一种值得一提的方式为重定向恢复。

(1) 全盘恢复。全盘恢复一般应用在服务器发生意外灾难导致数据全部丢失、系统崩溃或者有计划地系统升级、系统重组等，也称为系统恢复。

(2) 个别文件恢复。在实际操作过程中，个别文件恢复可能要比全盘恢复常见得多，利用网络备份系统的恢复功能，可以很容易恢复受损的个别文件，只需浏览备份数据库或目录，找到该文件，触动恢复功能，软件将自动驱动存储设备，加载相应的存储媒体，然后恢复指定文件。

(3) 重定向恢复。重定向恢复是将备份的文件恢复到另一个不同的位置或系统上，而不是进行备份操作时它们所在的位置。重定向恢复可以恢复整个系统，也可以恢复个别文件。重定向恢复时需要慎重考虑，要确保系统或文件恢复后的可用性。为了防备数据丢失，我们需要做好详细的灾难恢复计划，还要定期进行灾难演练，每过一段时间，应进行一次灾难演习，可以利用淘汰的机器或多余的硬盘进行灾难模拟，以熟练掌握灾难恢复的操作过程，并检验所生成的灾难恢复软盘和灾难恢复备份是否可靠。

12.3 信息安全

客户中心的服务得到客户的认可，保质保量地完成客户的委托固然重要，但是如何与客户在可靠渠道进行沟通，如何保证客户原始数据的安全，如何保证最终报告的安全也是不可忽略的。

针对客户数据的安全问题，作为项目执行方，主要考虑两个方面：其一是客户原始数据的安全，在项目启动时，客户会提供项目执行过程必要的数据，这些数据对于客户而言，不仅是公司的资产，而且是产生利润的工具；其二是在项目执行完毕后，客户中心提交给客户相关的报告和数据，例如统计分析报告、详细报告、录音文件等。

外包型客户中心在执行客户委托的任务时，要解决好数据安全问题，需要从以下几个方面进行考虑。

1. 规范服务器

由于项目执行的需要，势必要得到网络设备的支持，如数据服务器和业务服务器。无论是局域网络还是公网，设备分布极为广泛，所以要规范项目使用的服务器，对服务设备进行全面的操作监控，以日志文件记录每个操作，防止因对服务器误操作而产生的差错导致项目执行的中断。数据存储的相关介质需要专人看管、专人负责，例如存储数据或语音文件的光盘、存储设备、服务器主机等，同时也可以从制度上规范操作。

2. 对软件进行安全控制

在局域网内，系统安全固然容易把握，但是由于项目的特殊性，项目执行使用或者验证的数据需要和客户信息系统进行数据的交互，即外系统可以对内系统资源进行读写，或者进行远程控制。为了保护系统的安全，固然可以对访问的权限进行控制，但是选择控制技术软件时，需要对软件本身存在的缺陷进行测试，针对被攻击的可能性进行相关的安全防范。有效地控制软件缺陷并不等于数据绝对安全，无论是数据库服务器还是业务数据库系统的安全都要加以重视，因为这些也是存在漏洞的因素所在。当然，在对控制软件和系统软件进行安全控制的同时，要考虑实用性，控制太松，会存在漏洞，控制太严，会影响服务器数据之间的交互，影响业务的进展，所以寻找一个恰当的平衡点才是在技术把关过程中的首选。

3. 项目管理

环境和技术固然重要，但是项目管理在数据安全环节中也是必不可少的。

(1) 项目管理主要是针对项目执行的人员进行规范管理，无论是项目启动的数据，还是提交的项目报告和录音文件，都要有一个严格的监管机制，确保数据安全。

(2) 管理员在对项目人员进行权限分配时，需要做到严格管理，坚决做到权限和角色的明确划分，相关角色避免产生职责交叉，这样可以在出现问题时清楚地查到问题出现的具体环节，使问题的影响和严重程度在可控范围内得到有效、及时地改正，避免因某个细小环节影响整个项目的进程。及早发现问题，无论是客户中心还是客户都会挽回不必要的损失。

(3) 针对项目本身，我们可以做到防止外部恶意的入侵和内部产生问题对项目的影响，在文件传输过程中对文件进行加密处理，只有项目相关人员才具有解密功能。应在项目进行的不同时期设置不同的密码，保证项目文件传输过程的安全。

12.4 客户中心安全管理流程

12.4.1 建立安全保障体系

1. 建立企业安全管理最高组织

通过各客户中心长期的实践，安全管理网络较好的形式之一，是建立安全工作委员会。它是客户中心企业安全管理的最高组织，对安全运营进行统一领导、组织协调、监督检查。在安全工作委员会的领导下，沿着运营管理系统，逐级建立相应的安全运营领导小组和专兼职安全员，构成保障体系。

2. 安全管理中充分发挥技术部门的作用

建立安全评价小组，从技术的角度出发对企业的设备、设施和物品的潜在危险因素和操作技术，以及新建、改建、扩建的项目进行安全性评价、辨识、鉴定，以保障运营的整体安全。

3. 强化安全管理部门的综合管理能力

建立一个技术精、理论通、业务硬、善管理、工作认真负责的具有综合领导能力的安全管理部门，对安全工作进行全过程、全方位的管理，监督检查各职能部门对安全运营责任制的落实，传达安全指令，抓好日常的安全管理工作。

4. 强化基层安全管理

发挥班组第一监督者的作用。班组是客户中心最基础的细胞，班组长是安全管理的中坚力量，是安全管理网的重要组成人员。他们每时每刻都在监控着每个岗位、每个座席，直接担负着运营和安全的指挥和监督任务，班组长对安全运营的监督作用是在客户中心企业中最基础的安全管理手段。

总之，建立一个严格的安全目标管理体系，是贯彻落实“安全第一，预防为主”方针，执行劳动保护法规，强化安全管理的有效手段。安全目标的展开，要沿着安全管理体系，做到网络化。

12.4.2 安全管理体系的运作及考核

1. 安全目标应纳入客户中心企业的整体目标体系

安全目标应纳入客户中心企业的整体目标体系，具体如下。

(1) 纳入企业的指令性计划，做到运营、安全两个指令同时下，两项工作同时抓。

(2) 纳入运营调度会的内容，在企业日常的运营与调度过程中，检查安全运营情况。

(3) 纳入经理任期目标责任制，在签订任期目标的同时要签订全员目标责任书，而且要逐级签订到每个员工。

(4) 纳入企业绩效考核内容，凡超过规定指标的单位，达不到安全运营目标要求的，由安全部门提出警告，进行经济考核，并作为重要内容记入年终评选先进的记录中。如发生责任事故，视情节轻重追究有关领导的责任。

2. 建立有力的信息反馈系统

一个灵敏、准确的安全信息反馈体系，是安全管理是否有效的关键，也是安全管理计划、决策的依据。通过安全信息反馈，可使企业对安全运营计划、目标、措施进行对比，发现偏差，从而通过人或装置及时进行调节和纠正。传统的安全管理忽视信息反馈，主要是静态开放式的管理，侧重于抓执行职能，对安全本身的动态过程的关注不够，这就容易出现安全管理与运营、管理、技术班组人员脱节。为了把安全管理落到实处，必须变静态管理为动态管理，推行反馈原则指导下的封闭式循环管理。因此，安全信息反馈体系是对安全运营动态进行有效控制的工具，它对帮助企业领导者正确判断、预测运营过程的安全状态，保证安全目标的实现，起着重要的作用。

3. 实行重奖重罚

运用经济杠杆，将安全管理引入竞争机制，纳入企业经营管理的内涵，可提高安全管理的后劲。其具体包含如下三种方式。

(1) 安全管理与员工工资挂钩。企业根据安全运营目标实现的情况和管理的优劣，按一定比例对员工的工资进行增提或扣减。扣减的部分由主管部门和企业的安全部门负责保管，用于安全运营的奖励和活动。

(2) 与企业的经营者收入挂钩。视安全运营的情况奖罚企业经营者，如增提或扣减工资、奖金等。

(3) 与企业财产保险挂钩。投保单位完成投资年度的安全目标，可以从无赔偿款优待费中提取一定比例，用于奖励安全运营的有关人员。为了奖惩安全运营而增提或减扣的各种金额，应单提奖项，不能与综合奖金合并发放。

第 13 章

洞察与分析

13.1 客户中心转型

客户中心在国内已经发展了十几年，商业形态也在不断变化，从最初的劳动关系托管，到开始越来越多地承接运营管理、IT开发管理、属地化运营团队……发展到今天，客户中心已经逐渐从幕后走向台前，从被动型、从属型部门逐渐转变为拥有丰富客户契动运营经验、产品和业务服务实战经验、业务项目落地经验、先进系统工具使用经验的客户服务体验的专业性核心部门。

在目前企业资源有限的情况下，企业主要聚焦自身核心能力的建设和升级迭代，客户中心的能力已经成为企业获得持续竞争优势的一种不可替代的方式。随着这种现象的明晰，企业越来越意识到专业客户中心能力的重要性，而客户中心目前也正在发生着巨大的变化，我们可以看到一些资深的、优秀的客户中心正在积极转型，将自己的丰富经验总结并平台化，为客户提供更有价值的服务；同时，我们也看到具有新型的数智型、全媒体、全渠道能力的人机结合的新型客户中心正在迅速发展。相应地，大众群体的消费需求逐步提升，即由以往的便宜就好，变成愿意为了专业和优质的服务付费。

13.2 数智化时代洞察

13.2.1 企业进化

当今社会，技术在不断地发展、变迁、进步，随着科学技术的变革，最终所有的企业都将进化为数字企业。我们正在进入一个数实相生的时代。我们现在生活的时代是一个非凡的时代，四处充斥着大量的传感器，记录、观察、分析着我们的各种行为、思想、好恶。

1. 数实相生

数字孪生(digital twins)和数实相生(phygital)并不是一回事，但很长一段时间内他们之间的界限都很模糊，我们也简单地把智能化、数智化这一类概念的事物归入数字孪生的概念中，实际上，数字孪生和数实相生这两个概念的含义差距很大，今天用“phygital”来描述服务行业“数智化+客户契动”的发展状态应该更加恰当。行业发展到现在已经很难明确区分它是物质的还是数字的，无法找到一个非常合适的词来准确描述线上的、线下的、物质的、数字的相互融合的模式。曾经有人提出过“在线化”这个概念，是指在物质世界中，人们手上一直拿着手机，一直连接到网上，但它也只是能表明一个状态。今天，有人将“phygital”翻译成“物质数字化”，但是我们认为这并不准确，用“数实相生”来对应

“phygital”是比较准确和贴切的。

数字孪生按照网络的定义是这样的：数字孪生是充分利用物理模型、传感器更新、运行历史等数据，集成多学科、多物理量、多尺度、多概率的仿真过程，在虚拟空间中完成映射，从而反映相对应的实体装备的全生命周期过程。数字孪生是一种超越现实的概念，可以被视为一个或多个重要的、彼此依赖的装备系统的数字映射系统。数字孪生是一个普遍适应的理论技术体系，可以在众多领域应用，目前，在产品设计、产品制造、医学分析、工程建设等领域应用较多；在国内应用最深入的是工程建设领域，关注度最高、研究最热的是智能制造领域。

数字孪生本质上说的是“孪生”，实体世界是“baby A”，虚拟世界是“baby B”。他们是共同出现同时存在的，少了哪一个另一个都无法成立。在数智化语境中，物理世界是客观存在的，数字世界中的B体是对A体的日趋完美的完整投射与反映，但没有物理实体的数字对映体是没有存在意义的。

过去，我们讲实体渠道和电子渠道的结合、全渠道这些概念，将其理解为一种物质的形式，物质的(physical)和数字的(digital)结合在一起，创造一个新词“数实相生”(phygital)，它能够很好地诠释正在发生的变化，较好地揭示今天客户中心和客户服务行业目前的发展方向。实际上，每一个场景可能都有物质的和数字的相互连接、结合、渗透，是两者组合的更深度的交叉运用。

比如，你要去一个实体店或商场，可通过手机上的导航软件到达目标柜台；到了柜台，在比较各种商品时，可以通过拍照或扫码获取产品的详细信息，同时在柜台上、货架上看产品，线上和线下不停交互；最后，扫码或出示付款码完成购买，无须步行到收款台。从本质上来讲，这一购买过程巧妙地把客户历程的每一步电子化和物质化融合在一起。在这个场景和过程中，我们无法用数字孪生去准确地对应和描述。

从场景上看，典型的数字孪生场景，更像是我们打游戏，沉浸在游戏空间里，只不过在虚拟空间里面，我做的事情，有些与我在物理空间里做的一样，相当于使用数字仿真了一个现实或超现实的世界。这个空间是数字孪生的空间，主要模拟物理空间，所有的东西都被参数化了，这些数据模型在数字空间里能被更好地反映出来，可以被洞察，可以被感知。

在今天这个时代，我打电话给座席，就可以把它算作一个phygital的节点，跟一个座席代表去交谈，是一种物质世界的交流，虽然严格说起来，其更是一种包含人性、情感的交流，但也是物理世界或是实体世界里发生的事情。因此，要区分座席智能和客户智能这两个概念。

今天，客户在很多场景下，都可以同智能机器人打交道。但是，如果今天客户还是通过电话来联系呢？比如国航，重要客户寻求客户服务时，会通过拨打电话的方式直接接通客服人员，重要客户会询问很多复杂的问题，客服也会很快解答。我相信，只有座席智能才有能力保障其很快找到答案，而无须逐一翻找脚本话术。再看另一个航空公司，只要遇到稍微复杂一些的问题就说“我们再给您回电”。目前，很多新的服务行业都是这样，“这个问题我们48小时之内回电”“我们会在24小时内回电”……实际上，对于很熟悉系统的重点客户的常见问题，客户都比较了解，或者可通过手机App查看。客户拨打电话，一定是询问一些不常见的问题或者新问题，但是企业就是没有办法很好地服务这些客户。以上例子大概也可以说明座席智能和客户智能这两个概念。

近两年，因为机器、智能迅速发展，数智化系统的能力大幅度增强，曾经一度有机器人取代人的呼声。

实际上，从目前的科技能力看，中短期内机器完全替代人走不通，如情感的交流、意识的洞察、谈判中博弈等，这些都是目前机器难以完成的，且很长时间内很难突破的。

现阶段人和机器可以找到新的不断加深紧密结合的方式来实现高质量的服务和更高效的生产力。

在这样一个过程当中，该如何将物质化和数智化有效地结合起来是发展趋势，未来的企业应该多朝这方面去想办法，去做多种的组合。所谓相生，不是说简单地把物质和数字拼凑、叠加在一起，也不是简单地认为用一种取代另外一种，即为了节省人工成本，就全部用机器替代，然后指望机器“越来越聪明”。简单叠加和直接替代这两种做法都是不可取的。机器上云、用数、赋智，用更智慧的方式搜索、比对、分类、筛选有价值的信息；人更关注意识、人性、情绪，做出符合逻辑的决策。机器、数字、人、物质应该越来越充分地相互连接、融合、渗透，实现有机的结合。智能化、自动化、自助化系统(快捷、精确)和人的人性化服务(有温度、灵活)相互交织、连接、融合，共同给客户提供好的体验。

特别澄清一下：数字世界也不能简单地跟传统概念里的机器等同起来。例如，你会使用手机去查很多信息，这是个典型的数字化场景，但不是机器自主去做的。今天很多时候我们所说的机器人，其实是人工智能里面有智能化的因素，线上的不完全是都是一个强大的机器人，也可能是一组机器的问答模板加上资深的处理人员。

2. 数字原生型企业

目前崛起的互联网企业是“数字原生型企业”，“digital native”主要是指千禧年(公元2000年)以后出生的人群。“digital born”一词有时也翻译为“数字原生”，更多的时候被翻译为“天生数字”或者“数字出生”，维基百科给予的解释是以数字形式产生的材料，专门用以区别通过数字手段将模拟材料转换为数字形式的数字资源。

这里就涉及一个概念，即原生数字资源。原生数字资源，是指直接通过计算机等各类数字设备生成，并在计算机系统及相关硬件系统中保存、管理和使用的数字信息资源。这个概念，用来区别“后天的”数智化资源。计算机设备诞生以来，实则在做的只有两件事情：一是不断地生产原生数字资源，如数字音乐、数字电影等；二是不断地以新技术转化数字资源，如将老旧的书籍、图画等转化成数字形式存储到计算机、手机等电子设备上。

能够直接生产数字信息，以及将模拟信息或者实体转化成数字信息的技术或者设备，就是数字化技术与数字化设备，如企业管理软OA、CRM、ERP等。长期以来，计算机是最大的数字化生产工具，基于PC的各种软件每天都在生产和转化海量的数字化信息。

手机、可穿戴设备等智能终端出现以后，数字化大军正式出现。

在互联网体系中，服务器是基本的数字化工具，它是整个互联网的基础设施。毕竟整个互联网都是架设在服务器的基础之上的，没有服务器就没有互联网，也不会有基于互联网的数字原生。同样，没有互联网，也就没有现在的万物互联的生活方式，更不会有如今这么大体量的数字经济。早期的互联网企业都是自建数据中心，后来随着虚拟化、分布式计算、宽带网络等技术的成熟，以及大量企业的按需部署、增效降本需求，2006年以后，企业服务器开始向云服务器过渡，很多企业的数字化业务不需要再自建机房。随着云计算的发展，近年来数字原生更多的时候被一个词代替：它就是云。

现阶段，尤其是新型冠状病毒感染疫情之后，传统企业都在积极进行数智化转型与升级。但是在未来，所有企业都完成了数智化转型，传统企业又会是怎样的存在！本质上，未来是没有传统和数智化之分的，数智化技术流转在每个企业的业务流程与经营战略之中，所有企业都是数智化企业。

在这个趋势上，进一步引申，未来所有企业要么是数智化原生企业，要么成为数智化重生/转型企业。逻辑很简单，数智化、智能化不仅让企业的IT(信息技术)、DT(数据技术)等系统得以升级和改变，还会融入企业的业务创新、运营管理与金融服务等环节，让企业经营变得更加敏捷、轻松、容易。

国际数据公司IDC预测，到2023年几乎每个企业都将成为日益数智化的全球经济中的“数字原生”。随着组织通过扩展的数字覆盖范围、普及的智能、爆炸式增长的应用和服务开发、不断变化的客户期望及环境信任和安全性释放出“倍增的创新”，这一转型已进入更成熟和激烈的阶段。无疑，数字原生将是所有企业的最终归宿。随之而来的问题就是，如何成为数智化企业？

一般而言，数字原生企业有以下几个特点：

- 比传统业务更快地创新和扩展业务；
- 以客户为中心的员工驱动，以创新的名义定期承担风险；
- 建立在技术和数据的基础之上，技术和数据可提高效率，用以提高客户忠诚度并带来新的收入来源；
- 被嵌入更广泛的生态系统中，利用更广泛的模式基础来改善以客户为中心的产品。

显然，传统企业只要能够做到这几点，就能成为一个合格的数字原生企业。事实上，成为数字原生企业的过程，就是数智化转型的过程。

3. 数智化运营

数智化运营是产业形态的必经之路。一旦闭环上的各个节点都是数字化的并且连接在一起的，那么随着大量数据进入系统，预装载的优秀员工的判断逻辑将不断推进系统自动判断组织资源，以解决客户的问题。

越来越多的企业在问：什么是数智化运营？语音机器人是不是数智化运营？智能质检是不是数智化运营？做了个App把考勤、排班、绩效都放上去了是不是数智化运营？

要弄清这些问题，应先回顾一下数据运营里面的几个要素是如何演变的。

先说流程的形成，最早的企业就是以生产产品和销售产品为主，售后基本上停留于经销商，随着产品越来越复杂，开始出现售后服务的概念，有人发现售后服务人员因为在产品使用的过程中有很多和客户契动的机会，就积累了很多对产品改进和服务改进有用的信息，接着厂商开始逐步建立起从售后收集信息的手段，最终形成一个运营上的反馈闭环。

接下来的很长时间，企业都是围绕“生产—销售—售后”服务这个闭环运行的，谁更了解用户、更理解用户，谁就能更快地更新迭代产品和服务，满足客户要求，占领更多的市场。之后，企业将逐渐产生流程的标准化和数据的规范化要求，并根据数据改善流程，通过数据验证流程。大规模客服团队也将应运而生，但此时的数据采集仍以手动为主，流程的执行仍以系统支撑人为主。靠着标准流程的支撑和CRM服务系统的应用，服务标准化、服务一致性得到了极大提升，但也逐渐地遇到了瓶颈。

谈及数智化带来的诸多改变，互联网作为一种交互手段，从2000年左右开始应用，到现在已经20余年了，随着使用互联网人群的增加，多媒体交互逐渐代替面对面或拨电话的沟通方式，更便利的搜索引擎逐渐成为人们解决问题的第一助手，尤其是近几年，随着个人信息化的加速，原有的闭环正在被打破，随着数字化习惯的养成，人们的求助习惯改变了。目前，近90%的客户请求可由自动化系统完成，问题看上去解决了，但丧失了与客户契动的机会，企业难以听到客户的抱怨、不满及其他诉求，即使少量请求被客服代表在电话或在线处理掉了，因成本原因导致的客服人员平均素质的不断下降却越来越难以理解并记录客户真正的需求。另外，信息渠道的多样化也提供了更多途径让客户自己解决问题，而不是必须寻找售后部门。

这就使得企业产品生产之后，对产品迭代、优化、升级所需要的信息越来越匮乏，有些企业逐渐发现了另一条路，那就是用户在数字世界中留下的有关产品和服务的相关信息越来越多，这种信息如果有办法得到，并整理成有序的数据，就会重新让产品改进的闭环转动起来，这类被归纳整理过的结构化信息就叫作客情。

客情，其实是数字双生的我们在数字世界里的那个“我”留下的，并且那个“我”比现实世界中的我更加真实，因此数据的准确度会高于原来收集的手动记录。

有了客情数据，闭环就开始重新运转了，那么这个闭环在数字时代是不是可以做得比以前更好呢？答案是肯定的，客情的收集，机器可以完成，那么客情的分析和处理也同样可以使用机器来完成，一旦闭环上的各个节点都是数字化的并且连接在一起的，就会出现这样一种情景，大量的数据进入系统，随着预装载的优秀员工的判断逻辑不断推进，系统会自动判断组织资源，以解决客户问题。最终，整体运行效率会越来越快，直到数字化工具从客户处一直连接到生产端，最终实现由大数据支撑系统，系统根据预设的流程模式自动地生产产品、自动地组织资源提供服务，快速、准确地满足客户需求，而人从大量重复劳动中解脱出来，转而承担认真研究客户需求、认真了解市场和竞争对手、不断创新服务模式及优化已有的服务模式的工作。

“客情—产品—服务”这个新的闭环将带来更高效、更精确的解决方案，这个闭环将员工从之前死板重复的工作中解脱出来，同时，企业将拥有更多的创造性和更低的成本。

随着客户需求的不断细化，客户的日益多样性要靠这个闭环不断增加新的数据入口，并且随着客户终端的传感器和系统的运行数据越来越多，这个闭环的效率越来越高，最终完全完成生产个性化订单和实现千人千面的个性化服务。

最后明确一点，我们所说的数据运营，一定是先产生大量的、持续的数据，由自动化系统批量处理这些大数据，企业根据系统的分析自动地做出反应，组织各种资源，以满足客户的要求，同时提供改进产品和优化服务的有效信息，最终实现越来越优质高效的运营。

13.2.2 企业数智化如何实现

1. 数智化的不同阶段

对于企业来说，数智化越是普及，工作的规范性就越高，客户中心的业务机会也就越多。因此，我们要先弄清楚，企业到底应该怎样进行数智化。

数智化是一个系统工程。在现代企业中，已有比较成熟的数智化应用。具体实施时，需要思考从哪里切入，什么是与战略和业绩直接相关的，数智化转型的重点在哪里？要注意，零售业和制造业数智化的侧重点完全不同。

在数智化阶段之前可分为三个阶段，即数字化、流程化、在线化(云化)。

在数字化阶段，将任何连续变化的输入(如图画的线条或声音信号)转化为一串分离的单元，在计算机中用0和1表示。我们还可以这样理解，即我们从原有的档案化办公时代进入无纸化办公时代。这一阶段的重点是使用Office类办公软件来处理日常工作，并通过企业内部的邮件系统或即时通信系统与外界联系，更快地分析对比大量的历史数据、传递信息和做出决策。

在流程化阶段，已逐渐将基本固定步骤和阈值的处理决策方式固定下来，以加速企业的决策效率，这个阶段大量使用流程图、甘特图等工具，进行系统化的部署，如果说在数字化阶段一件复杂工作可以有5个主要工作节点，那么进入流程化阶段之后，可以准确地处理15个左右的工作节点。

在线化(云化)阶段，因为云有更大量和更完整的数据处理能力，也就是更强大的算力，可以为充分流程化的企业带来质变，数据处理不再是抽样和估算，而是可以通过准确迅速的精确计算呈现结果，让之前的流程化决策更加准确，企业也就整体实现了更加敏捷的决策。

我们将数智化阶段简单描述为上云、用数、赋智，即在云上用智能化的手段，自动批量处理大数据。

通过以上4个阶段的简述，我们可以看到三条主线，一是数据的产生；二是数据的分析；三是数据的通连。数据越多，数据分析模型越准确，数据通连得更广泛，数智化的价值就发挥得越大，数智化的组织生产资源的能力和效率相比前几个阶段又有一个巨大的增长，同时成本还在不断降低。

2. 传统企业的数智化转型

传统企业如何进行有效的数智化转型？传统企业进行有效的数智化转型，需要想清楚三个问题。

1) 战略问题

战略问题，即为什么要做数智化。数智化一定是与对未来趋势的判断，以及公司的战略转型和业绩增长有关的。

2) 数智化是什么

数智化是一个系统工程，它存在于企业的方方面面，有广度，有深度。具体实施时，需要思考从哪里切入，什么是与战略和业绩直接相关的，数智化转型的重点在哪里？零售业和制造业数智化的侧重点是完全不同的。

3) 怎样确保转型成功

成功的核心是把数智化系统用好。很多企业只关注战略和业务环节，往往忽略组织与团队的问题。再好的科技，没有相应的组织与团队落地相匹配，是绝对不可能成功的。

3. 数智化转型需要的组织能力

能够数智化转型的企业，需要具备什么样的组织能力？

1) 以客户为中心

很多公司都说自己以客户为中心，但事实上，很多都是以领导为中心，以技术为中心，以产品或者交易为中心。数智化科技让企业更能了解客户的行为、喜好和没有被满足的需要。评判企业是否“以客户为中心”的关键是，企业在做产品或做业务决策时，是否能真正以满足客户需求为驱动力？整个企业是否可以迅速收集客户问题，并将分析结果分发到各个业务部门？各个部门是否能迅速地解决根源问题，而不是以解决该客户的个体问题的思路来掩盖问题？什么样的组织结构和信息系统能支持这样的战略思维？等等。

2) 创新

深度了解用户痛点或者未被满足的需求后，如何使用科技创新产品、服务、流程、分销系统、新机遇或创新商业模式，具体操作上还是要拿出流程图来仔细研究整个分析决策过程，本质上这些新工具都是嵌入一个一个流程中，将原来烦琐的过程简化的。

3) 敏捷灵活

数智化科技给企业带来更多直面客户需求的创新机会。如何抓住这些机遇？团队需要更快地迭代和有更多的试错路径，如能快速迭代，则可进一步规模化；不成，也可及时止损，快速调整。

4) 数据

企业需要具备对信息和数据进行获取、分析和运用的能力。这是支撑企业做到以客户为中心、创新、敏捷的底层能力。从企业与客户契动的所有环节抓起，逐一研究每一个场景中的信息要素，分析出具体驱动业务的主要数据是否完整，及时地增加数据节点和分析模型，尽快地建立起以数据驱动的完整自动化流程分析流。

4. 如何打造与数智化相匹配的组织模式

最核心也是最重要的，同时也是数智化转型最滞后的就是组织结构，我们并非组织结构的专家，在这里做一个简单的阐述。

数智化时代需要的是市场化的生态组织：市场化生态组织对应着科层组织，它是一个网络化结构，在这个结构中，客户是核心，客户中心是企业与客户连接的途径，以客户中心为核心建立起这个网络化结构，这个结构包含三个环节。

1) 前端的客户业务团队

客户业务团队就像一支支独立部队，应尽量闭环，有关键的职能，不需要跨部门协作，拥有“责权利”的结合。

- 责，有承担的指标：既然我给你闭环，你就要很清楚指标是由你负责的，不能推诿到其他部门。
- 权，我给你更大的授权，你就能够快速做出决策。
- 利，个人奖金与团队创造的价值直接挂钩。

很多传统企业都是权责匹配、善于分利的。客户业务团队不仅需要有“责权利”的结合，还需要团队中的每个人拥有“自家生意”的经营心态，确保他能足够授权，积极决策，及时应对外部市场的反应。

2) 平台

平台就像特种部队里的后勤生产基地，装载着支持前面所有客户业务团队的共同资源和能力，具备专业化特征和经济规模。它们的角色是赋能前方的客户业务团队迎击外部市场。注意，平台的角色是赋能，不是管控。我们希望组织既要有小企业的灵活敏捷，又有大企业平台的经济规模。这两点本身很矛盾，有点像我们日常购买衣服，定制的周期长、贵，但是最合身；批量生产的速度快、便宜，但是有些地方没有那么合体，所以平台的规模效益还是要找到合适的平衡点，什么是应该允许定制化的界面，成本和效益的平衡点要把握准确。

3) 管理方式

在管理方式上，以前是下达式管控，让员工符合公司规定，照流程执行，更多的是对过程负责。现在更多的是要打造市场化团队，奖金、晋升等用业绩数据说话，而非上层部署。内部的人才流动上也需要给予灵活的市场化机制。某个团队的产品做得好，员工可能愿意继续做；如果做得不好，也可以主动申请调去别的团队。资金投入也一样，对于初创业务，可以像外部创投基金一样，按业绩进度分阶段给予客户业务团队资源和资金投入。有些企业家会问，做数智化转型，是不是整个公司都要改成市场化生态组织呢？不一定。这要看哪种方式更适合驱动业务发展。数智化思维本身就是用数据将整个经营过程变得可追溯、可分析，让企业可以采取更加灵活的管理方式。

13.3 企业管理能力分析

13.3.1 洞察和分析的重要性

在企业内部管理分析中，企业往往会聚焦竞争对手，而忽略公司本身常年已经积累的竞争力。因此，适当地打破企业内部各个项目老死不相往来的状态，在对客户隐私保障数据安全的前提下，将项目资源有效地整合后，本身就非常有价值。

企业内部管理分析，是指企业管理的一种分析手段、方法，企业内部管理按照职能可以分为计划、组织、人事、激励和控制5个领域，通过合理的分析，可以让企业得到更好的发展。

企业内部洞察，可以分为内部资源梳理盘点和内部资源发展规划两个方面。

13.3.2 正确的自我市场定位

随着市场的迅速发展，企业在发展过程中承受着越来越大的竞争压力，为了更好地实现企业活动或项目的发展目标，为企业带来更大的收益，企业越来越重视定位咨询。定位咨询体现在企业发展的方方面面。无论是企业自身发展的定位，还是企业产品品牌的定位，又或者是企业产品的营销定位，都少不了定位咨询的身影。这些定位简单概括就是企业定位的方向。

企业定位的方向之一是竞争定位，即分析目标市场的现状，确认潜在的竞争优势。

根据自身特点，企业应对目标市场的选择有明确的定位，其目标消费者主要是哪个人群或哪些企业，并实现差异化的市场营销策略。

市场定位的关键是企业要设法在自己的产品上找出竞争优势。竞争优势一般有两种基本类型。

(1) 价格竞争优势，就是在同样的条件下比竞争者定出更低的价格。这就要求企业采取一切努力来降低单位成本。

(2) 偏好竞争优势，即能提供确定的特色来满足客户的特定偏好。这就要求企业尽一切努力在产品和服务特色及市场认可资质上下功夫。

企业市场定位的全过程可以通过以下三个步骤来完成。

1. 竞争定位的核心就是差异化定位

这一步骤的中心任务是要回答以下三个问题：

- 竞争对手产品和服务定位如何？
- 目标市场上客户的期望满足程度如何，以及客户确实还需要什么？
- 针对竞争者的市场定位和潜在客户的真正需要的利益，知道企业应该及能够做什么？

要回答这三个问题，企业市场营销人员必须通过一切调研手段，系统地设计、搜索、分析并报告有关上述问题的资料和研究结果。通过回答上述三个问题，企业就可以从中把握和确定自己的潜在竞争优势。只有通过选择企业自身的差异化优势，才能使其在市场上具备强大的竞争力，从而得以生存。

直白来讲，竞争定位就是根据现有市场的调研分析确定产品的定位，根据产品的优势和劣势分析可能存在的市场空间。

2. 准确选择竞争优势，对目标市场初步定位

竞争优势是企业能够胜过竞争对手的能力。这种能力既可以是现有的，也可以是潜在的。选择竞争优势实际上就是一个企业与竞争者各方面实力相比较的过程。比较的指标应是一个完整的体系，只有这样，才能准确地选择相对竞争优势。通常的方法是分析、比较企业与竞争者在经营管理、技术开发、采购、生产、市场营销、财务和产品等7个方面究竟哪些是强项，哪些是弱项。借此选出最适合本企业的优势项目，以初步确定企业在目标市场上所处的位置。

3. 显示独特的竞争优势和重新定位

这一步骤的主要任务是企业要通过一系列的宣传促销活动，将其独特的竞争优势准确传播给潜在客户，并在客户心目中留下深刻的印象。第一，企业应使目标客户了解、知道、熟悉、认同、喜欢本企业的市场定位，在客户心目中建立与该定位相一致的形象。第二，企业通过各种努力加深与目标客户的感情，从而巩固企业与市场相一致的形象。第三，企业应注意目标客户对其市场定位理解出现的偏差或由于企业市场定位宣传上的失误而造成的目标客户模糊、混乱和误会，及时纠正企业与市场定位不一致的形象。

即使企业的产品和服务在市场上的定位很恰当，但在下列情况下，还应考虑重新定位：

- 竞争者推出的新产品定位与本企业产品相近，侵占了本企业产品的部分市场，使本企业产品的市场占有率下降；
- 消费者的需求或偏好发生了变化，使本企业产品销售量骤减。

重新定位是指企业为已在某市场销售的产品重新确定某种形象，以改变消费者原有的认识，争取有利的市场地位的活动。如某大规模客户中心一直以招聘能力和全国广泛分布的分公司网点为主要竞争力。但随着适龄劳动人口总数的下降，利润大幅度减少。为了减少亏损，增加利润，该企业将项目重点重新定位，将丰富的经验平台化融入CRM

系统，凭借多年做运营丰富的经验，打造一站式数智化整合解决方案，提供给没有过建设客户中心经验的发包方，从而增加了解决方案、系统开发和运维的收入，同时提升了工作效率和质量，又因为系统可以有一定的通用性，分摊了成本，对客户而言也降低了成本，让客户更省心。重新定位对于企业适应市场环境、调整市场营销战略是必不可少的，可以视为企业的战略转移。重新定位可能导致产品和服务的方式、价格、流程、结算模式的更改，也可能导致服务模式上的变动，企业必须考虑定位转移的成本和新定位的收益问题。

13.3.3 管理分析能力的分析工具

本节简单介绍5种比较常见的、适合做外包企业管理分析能力的理论方法，这5种方法分别针对企业的不同场景，现在也有很多思维导图工具软件，或是流程图工具软件都预制了这些理论方法的分析模板，使用起来非常方便。

1. PEST分析

PEST分析是指宏观环境的分析，分析内容包括政治(politics)、经济(economic)、社会(society)、技术(technology)等。

(1) 政治环境，是指一个国家或地区的政治制度、体制、方针政策、法律法规等方面。这些因素常常影响着企业的经营行为，尤其是对企业长期的投资行为有着较大影响。

(2) 经济环境，指企业在制定战略过程中需考虑的国内外经济条件、宏观经济政策、经济发展水平等多种因素。

(3) 社会环境，主要指组织所在社会中成员的民族特征、文化传统、价值观念、宗教信仰、教育水平及风俗习惯等因素。

(4) 技术环境，是指企业业务所涉及国家和地区的技术水平、技术政策、新产品开发能力及技术发展的动态等。

PEST适合做商业模式的前期调研，也适合做新职场的选择。

2. 商业画布

商业画布是指一种能够帮助企业催生创意、降低猜测、找对目标用户、合理解决问题的工具，可以将复杂的商业模式进行清晰的可视化操作。我们非常熟悉的SWOT分析就是商业画布分析的一种典型画布。

商业画布主要包含客户细分、价值主张、渠道通路、客户关系、收入来源、核心资源、关键业务、重要合作、成本结构9个模块。

通过分析这9个模块，企业可以搭建自己的商业模式画布，客观审视自己的商业模式，规划未来的商业发展。

商业模式画布的9个模块包括以下内容。

(1) 客户细分(CS，customer segments)：产品的核心用户群体。

(2) 价值主张(VP，value proposition)：产品能为核心用户提供的价值、能解决用户的需求。

(3) 渠道通路(CH，channels)：通过沟通、分销和销售渠道向客户传递价值主张。

(4) 客户关系(CR，customer relationships)：在每一个客户细分市场建立和维护客户关系。

(5) 收入来源(RS，revenue streams)：产品的盈利方式。

(6) 核心资源(KR，key resoures)：资金、人才、技术、渠道。

(7) 关键业务(KA，key activities)：通过执行一些关键业务活动，运转商业模式。

(8) 重要合作(KP，key partnership)：商业链路上的伙伴，如产品方和渠道方。

(9) 成本结构(CS，cost structure)：创造产品的投入资源，如资金、人力等。

商业画布不仅能够提供更多灵活多变的计划，还更容易满足用户的需求。更重要的是，它可以将商业模式中的元素标准化，并强调元素间的相互作用。

商业分析画布使用顺序：

- 了解目标用户(客户细分)；
- 确定用户需求(价值主张)；
- 思考我们如何接触到用户(渠道通路)；
- 制作怎样的产品(关键业务)；
- 怎么使产品盈利(收入来源)；
- 凭借什么实现盈利(核心资源)；
- 投入产出比是怎样的(成本结构)；
- 可以帮助自己的人(重要伙伴)；
- 维护客户关系(客户关系)。

商业画布能够非常全面地对企业整体现状进行整理，有利于企业做出全面的决策。

3. 5W2H分析

5W2H分析法又叫作七问分析法，具有简单、方便、易于理解和使用等特点，富有启发意义，广泛用于企业管理和技术活动，对决策和执行性的活动措施非常有帮助，也有助于弥补考虑问题的疏漏。

发明者用5个以W开头的英语单词和两个以H开头的英语单词进行设问，发现解决问题的线索，寻找发明思路，进行设计构思，从而研发出新的发明项目，这就叫作5W2H法。

(1) WHAT——是什么？目的是什么？做什么工作？

(2) WHY——为什么要做？可不可以不做？有没有替代方案？

(3) WHO——谁？由谁来做？

(4) WHEN——何时？什么时间做？什么时机最适宜？

(5) WHERE——何处？在哪里做？

(6) HOW ——怎么做？如何提高效率？如何实施？方法是什么？

(7) HOW MUCH——多少？做到什么程度？数量如何？质量水平如何？费用产出如何？

提出疑问、发现问题和解决问题是极其重要的。创造力高的人，都具有善于提出问题的能力。众所周知，提出一个好的问题，就意味着问题解决了一半。提问的技巧高，可以发挥人的想象力。相反，有些问题提出来，反而会挫伤我们的想象力。发明者在设计新产品时，常常提出：为什么(why)；做什么(what)；何人做(who)；何时(when)；何地(where)；如何(how)；多少(how much)。这就构成了5W2H法的总框架。

在发明设计中，对问题不敏感，看不出毛病是与平时不善于提问有密切关系的。对一个问题追根刨底，有可能发现新的知识和新的疑问。要学会提问，善于提问。阻碍提问的因素，一是怕提问多，被别人看成是什么都不懂的傻瓜，二是随着年龄和知识的增长，提问欲望渐渐淡薄。如果提问得不到答复和鼓励，反而遭人讥讽，会在人的潜意识中形成了这种看法：好提问、好挑毛病的人是扰乱别人的讨厌鬼，最好紧闭嘴唇，不看、不闻、不问，这恰恰阻碍了人的创造性的发挥。

5W2H方法适合于非常多的场合，特别是遇到比较复杂的问题找不到头绪的时候，使用5W2H的方法往往可以快速找到头绪，同时，工作部署落实也很适合使用5W2H的方式清晰地传达业务目标。

4. SWOT分析

SWOT分析，即基于内外部竞争环境和竞争条件下的态势分析，就是将与研究对象密切相关的内部的优势、劣势及外部的机会、威胁等，通过调查列举出来，并依照矩阵形式排列，然后用系统分析的思想，把各种因素相互匹配起来加以分析，从中得出一系列相应的结论，而结论通常带有一定的决策性。

运用这种方法，可以对研究对象所处的情景进行全面、系统、准确的研究，从而根据研究结果制订相应的发展战略、计划及对策等。

S (strengths)是优势、W (weaknesses)是劣势、O (opportunities)是机会、T (threats)是威胁。按照企业竞争战略的完整概念，战略应是一个企业“能够做的”(即组织的强项和弱项)和“可能做的”(即环境的机会和威胁)之间的有机组合。

5. 五力分析

波特五力模型是由迈克尔·波特(Michael Porter)于20世纪80年代初提出的。企业可以将大量不同的因素汇集在一个简便的五力因素模型中，以此分析一个行业的基本竞争态势。

五力分析包括供应商的议价能力、购买者的议价能力、新进入者的威胁、替代品的威胁、同业竞争者的竞争程度。五力分析实际上非常适合做企业的思考分析，每隔一段时间企业都可以使用五力分析模型来思考市场竞争对手、环境和企业自身的种种变化，提升企业的危机感和敏感度。

13.4 对外部环境和竞争对手的洞察与分析

13.4.1 外部环境分析

洞察企业外部环境时，对同行业内大环境的关注和分析尤其重要，具体包括以下几点。

1. 社会环境分析

社会环境分析包括国家对企业相关法律法规，产业的政策、税收和财政补贴规定，以及行业标准对企业的影响。

2. 经济环境分析

社会环境分析包括国内经济大环境，宏观经济状况，居民可支配收入等。例如新型冠状病毒感染疫情，导致经济发展速度放缓，直接导致了产品售前售后服务量的下降，也就直接导致了客户中心规模的缩小。

3. 技术环境分析

随着客户的要求及个性化需求越来越高，也要求企业的相关技术越来越高。企业相关各个事业部应都有专业的技术人员做技术研发与产品精进，并随时依据消费市场的需要改良已有产品，使其更能适应客户，从而营造更大的市场份额。相对地，如果技术含量偏低，生产成本偏低，则竞争就会较为激烈。

例如，近两年有一部分前身是做智能语音开发的软件厂商开始发展客户中心业务，与传统客户中心比，其具有把人机结合做得更好的优势，具体如下。

(1) 借助银保监会新政策出台，在核保这个业务上就占尽优势(核保业务主要是与客户逐一再确认其一个月内购买的保险，俗称后悔期，该业务主要就是与客户核对保险合同的内容)。

(2) 随着国家对于暴力催收的严打，在催收业务上各个银行和金融机构严格控制催收的脚本和施压用语，机器人就很好地代替了第一轮、第二轮催收的初级员工，话术可控、语气语调可控，效率高、质量好，且成本低。

4. 产业销售环境分析

产业销售需要确定与产品相匹配的销售方式。通常情况下，销售时包括以下几个流程，先给产品做好定位，然后确定产品的价格和销售通路，最后是做市场推广。市场变化日新月异，新产品上市前，要确保它具有独特的产品优势和简单明了的产品概念，最重要的一点是，必须能让客户感知到其产品价值(效率、质量、成本、收入等)。

13.4.2 竞争对手洞察

几乎所有的行业竞争强度都在增加。因此，提升竞争洞察显得尤为重要。竞争洞察是为了更好地理解对手，为企业提供一个独特的视角。那么，我们又该如何去确定竞争对手，获得竞争洞察呢？下面以迈克尔·波特五力模型为例，阐述竞争者洞察的5个步骤。

1. 识别竞争对手

今天我们的竞争对手是谁？明天又会是谁？

由五力模型，我们已经了解了企业的竞争对手的类型及其分布。

为了更好地识别竞争对手的威胁，我们还可以做一个识别竞争对手的框架。

在市场中，竞争格局千变万化，为了更好地理解竞争对手们的变化，我们将识别竞争威胁框架转化为追踪竞争威胁演变的框架。

2. 描述竞争对手

竞争对手的优势和劣势是什么？

描述竞争对手时，需要以下的5个步骤。

1) 收集竞争对手的数据

要有效地描述竞争对手，需要收集有效的数据。我们常从数据层次和数据类型两个方面进行考虑。

(1) 数据层次包括企业、业余单元、市场和细分市场。其中，前两者常由竞争小组通过与行业分析师及咨询公司直接接触来获得数据，后两者由市场经理和产品经理负责。

(2) 数据类型可分为定量数据和定性数据。定量数据包括盈利能力和市场份额；定性数据包括竞争对手管理者的特长及预期的战略行动等。

2) 竞争数据的来源

竞争数据按来源可分为内部数据和外部数据。无论是内部数据还是外部数据，其都有两种类型，即一手数据和二手数据。当公司掌握了这些数据以后，要交给专业的数据分析师处理，以便印证数据的正确性和可靠性。

3) 获取竞争数据的内部流程

许多收集竞争数据的努力因为处理不当而失去意义。因此，收集竞争数据必须要有系统的内部流程。常见的获取数据的渠道包括：竞争情报部门、竞争情报系统、影子系统、回顾业务丢失与业务获得、战略计划的正式开发和多功能团队策略。

4) 描述竞争者的框架

竞争者的框架由组织结构、强弱项、环境中的企业和思维定式组成。

5) 聚集信息

根据收集的数据，做出推断。

3. 评估竞争对手

竞争对手的战略选择是什么？

评估竞争对手是为了制订战略方案。竞争者评估分析能帮助企业回答下列的三个问题：

(1) 竞争对手的哪些策略能使之在市场上获得成功？

(2) 竞争对手会做什么来实现这些策略？

(3) 竞争对手有能力(战略资源)吗？

竞争评估分析包括以下步骤。

- 第一步：根据需求、利益和价值确定客户的要求。
- 第二步：根据重要性进行排序。
- 第三步：确定必要的能力和资源。
- 第四步：识别匹配，也就将第一步和第三步进行匹配。
- 第五步：检查匹配，回答下一个问题是否取决于上个问题的答案。

4. 预测竞争对手

应评估竞争对手在短期、中期和长期内预计分别会做什么，并通过一系列的评估工作确定竞争对手的选择。

5. 管理竞争对手

怎么才能让竞争对手做我们希望他们做的事情？

管理竞争对手实际上是在努力地使竞争对手做出对公司有利的行动。

因此，公司要回答两个问题：公司希望竞争对手采取什么行动？公司希望竞争对手不要采取什么行动？

应及时关注市场动态，了解客户的需求方向，从发包方企业的业务环境和最终客户的需求分析入手，关注怎样的产品和服务能赢得较好的市场，并尽可能发展成为这种能力的提供者，这就是对外部市场洞察的主要目的。

第三篇

外包运营管理师

随着产品、服务、销售的复杂程度越来越高，凭借一个公司的力量，很难完成所有专业的事情。

社会分工的细化和各行业中专业公司对具体业务的逐渐深耕，专业公司具备在专属领域内的产品和服务质量领先，且成本更低等优势。

越来越多的公司，需要将一部分专业的事情，找专业的公司来做，以保证更好的质量和更合理的成本。我们观察到，随着客户需求不断细分，客户对业务运营的变化速度、效率和质量的要求亦不断增加，在双方、三方或多方合作过程中，会不断地出现各种各样的问题。这些问题，需要用一个新的理念来指导合作业务顺利开展，用一套合理的体系方法来重塑系统，避免业务进入瓶颈，避免合作的几方相互抱怨、失去信任，甚至导致整体业务走向失败。

我们将很多企业的成功或失败经验加以总结，结合成功的运营管理学理论，总结出一套理论体系标准——合作伙伴生态标准理念(即EPM)。

这个理论标准，不是单纯教会甲方如何全方位地管理好乙方，也不是单纯地教会乙方如何做好自己的事情，而是强调双方站在整体运营和客户体验的高度，充分合作，释放双方的优势和价值，来应对日益复杂的业务需求，提升整个业务整体效益。

这套标准，从横向来看，可在财务、商务、运营、流程等方面促进双方、三方或多方的合作，运行健康共赢的模式。从纵向上说，希望双方、三方或多方打破原来的刻板操作，重新理解合作关系，实现多方长期稳定的合作支持关系，实现共赢。

第一个层次是生存层次，即通过配合完成工作，基本达成目标。

第二个层次是影响层次，在这个阶段配合的过程中，双方、三方或多方能够将各自的专业价值释放出来，形成“1+1＞2”的合力，共同建立市场竞争力。

第三个层次是引领层次，双方、三方或多方已经通过密切的配合形成一种非常高效的生产力模式，能够在行业中保持长期平稳的领先位置。这个模式是一套在成熟的、可持续的、可闭环的思维方式下形成的能够不断自我迭代的运营模式，帮助企业保持质量和效率领先，始终保持头部企业的位置。

综上，面对未来越来越复杂产品和服务业务、越来越细致的客户个性化需求、日新月异的专业化工具、不断迭代出新的多媒体渠道，让我们重新思考外包行业企业的定位、内涵和能力。

第14章

外包企业的运营管理

14.1 外包企业的运营现状和趋势

外包的专业定义是：外包是指企业动态地配置自身和其他企业的功能和服务，并利用企业外部的资源为企业内部的生产和经营服务。 外包是一个战略管理模型，所谓外包(outsourcing)，在讲究专业分工的20世纪末，企业为维持组织竞争核心能力，且因组织人力不足的困境，可将组织的非核心业务委托给外部的专业公司，以降低营运成本，提高品质，集中人力资源，提高顾客满意度。

外包概念于20世纪80年代中期提出，源于这样一种观点，即企业应该从总成本的角度考察企业的经营效果，而不是片面地追求诸如人事、行政、生产、后勤等事务的优化。外包的目的是通过与企业发展中的各个环节活动的协调，实现最佳业务绩效，从而增强整个公司业务的表现。

对于外包的通俗解释是：外包是指授权一家合作伙伴管理自己的部分业务或服务。通俗地说，就是做你认为最好的，把其他非核心的业务及服务交给更专业的公司去做。

服务外包是指企业为了将有限资源专注于其核心竞争力，以信息技术为依托，利用外部专业服务商的知识劳动力，来完成原来由企业内部完成的工作，从而达到降低成本、提高效率、提升企业对市场环境迅速应变能力并优化企业核心竞争力的一种服务模式。

业务外包被认为是一种企业引进和利用外部技术与人才，帮助企业管理最终用户环境的有效手段。业务外包是一种管理策略，是某一公司(称为发包方)通过与外部其他企业(称承包方)签订契约，将一些传统上由公司内部人员负责的业务外包给专业、高效的服务提供商的经营形式。越来越多的企业选择外包业务方式，在提升自身核心竞争力的同时，实现与合作伙伴的互利共赢。

此前，我们一提到外包，就是“甲方爸爸”，并且甲方(发包方)和乙方(承包方)之间的管理模式我们一般叫作供应商管理(vendor management，简称VM)或者供应商管理办公室(vendor management operation，简称VMO)。如今，这种强调自身单赢的合作模式已经不适应现在越来越复杂的客户要求和环境变化，发包方和承包方都要有意识上的改变，重新审视企业的整体目标、运营需求和资源需求，重新梳理发包方和承包方之间的合作关系，以实现生产力的革新，最终完成转型，适应新的企业竞争格局，重新找到合适的生态位置，建立相互依赖和支持的生态关系，实现共生共赢。

我们先来回顾一下近20年来企业管理的变化。

企业的总体发展到目前为止可概括为标准化、流程化、数字化、数智化4个阶段。

- 2000年，标准化阶段(成熟度100%)：企业基本全部完成。
- 2010年，流程化阶段(成熟度70%)：企业基本业务的流程化完成，仍应全面强化流程化的意识。一方面完全按照流程执行；另一方面，对于流程无法解决的新情况新问题，应迅速做出反应，尽快完成升级迭代流程。
- 2015年，数字化阶段(成熟度70%)：企业基本业务的数字化完成，还需通过进一步增加物理的节点(如传感器)和数字的节点(如某数值更密集的观测频率)来积累更多的可分析的数据，用于分析业务上的显性和隐性问题。
- 2020年，数智化阶段(成熟度10%)：正在逐步应用，通过不断的数据分析，找出业务规律，将人才解放出来进行业务的优化、迭代和创新。

在中国，外包行业从兴起至今已经发展了二十多年时间。目前，在基于智能化客户中心转型的时代背景下，大多数外包公司都在积极学习融合新理念、运用新工具、加强运营深度。其经历了如下几个阶段。

1) 2000—2010年，追求专业管理、专业质量

这个时期是客户中心刚刚兴起的时期，跨国企业带来国内跨区域统一标准、集中管理的模式，这种模式可帮助企业以更低的成本实现更高效和高质量的服务。国内企业纷纷效仿、学习，企业愿意为这种管理能力付费。

2) 2010—2020年，追求价格便宜

追求专业管理、专业质量这个过程还没有完成，大多发包方就开始纷纷采用高效的集中管理模式，追求价格便宜。当时，客服域有两种主要的外包型企业，即人力资源型外包公司和技术资源型外包公司(可扫描右侧二维码了解这两种主要的外包型企业)。这两种外包企业的发展模式已经到了发展的瓶颈，未来应调整模式进入追求“专业运营+专业工具”的模式。

客服域的两种外包型企业

3) 2020年以后，追求“数实相生”的新生产力模式

在经历了外包行业20年的变迁后，我们已经有了一个比较清晰明确的认知，未来高效的企业产品和客户中心服务模式应该是企业的“运营能力闭环+技术能力赋能+数据算法闭环”的模式，即相互依存的“数实相生”的新生产力模式。

这个模式应该完全以客户为核心，对企业提出以下三方面要求。

(1) 企业成为产品专家：企业完成完整的流程化阶段，并尽快进入完整的数智化阶段，专注于产品本身的创新和迭代，例如自动化程度、便携性、易用性增加，价格、故障率、环境要求等。

(2) 客户中心外包商成为客户沟通专家：客户中心外包商专注于客户契动的顺畅，客户状态和问题的“洞察”，客户数据“数据完整性”的构建，对企业数据快速有效的输出等。

(3) 技术服务外包商成为软硬件、算法专家：技术服务外包商专注在客户契动的各种技术和工具，各种传感器的应用，各种先进算法的引入，各种复杂系统的内部逻辑自动化模型的建立等。

14.2 企业外包策略的选择

因为企业的竞争已经不再是单个企业的行为，而是整体资源与整合能力之间的竞争。业务外包正是顺应资源整合环境下的整合竞争模式而产生的，它强调主体企业将主要精力集中于关键业务，即企业核心竞争力上，充分发挥其优势和专长，而将企业中非核心业务交给专业的合作企业完成，而专业企业也可以同时为多个同类型企业提供一类服务，既能靠丰富的经验和能力承担业务，也能通过规模效益进一步降低成本。

因此，我们说企业做好业务外包可以给自己创造新的竞争优势，具体体现在以下几个方面。

(1) 分担风险。企业本身的资源、能力是有限的，通过资源外向配置，与外部合作伙伴分担风险。

(2) 加速业务重构。通过业务外包，既能减少新业务重构所带来的固定资产投入，避免在设备、技术、研发上的大额投资，又能使企业很快地进入新领域，实现低成本快速运作。

(3) 提高生产效率，优化配置资源。企业可以将内部运行效率不高或辅助的业务外包出去，寻找在这些业务方面具有专长的合作伙伴打理。

(4) 适应业务外包的变革。在实行外包过程中，企业上下要树立起全新的经营理念。企业的经营理念要与当今开放、协调发展的潮流相适应。

这就要求发包企业的领导层要有战略眼光、追求变革的决心和相互信任的胸怀。要使业务外包顺利实施，可从以下几个方面入手。

- 树立顾客是经营中心的观念。主动分析市场需求，从用户立场出发，整合多个伙伴企业的资源，为用户提供最理想的解决方案，满足客户个性化、多样化的需要。
- 树立“双赢”的企业合作观念。克服“肥水不流外人田”的传统竞争观念，建立务实的合作观念，和合作伙伴共同营造一种坦诚合作的“虚拟文化”，以求共同发展。
- 树立“快速反应”的竞争理念。现代急剧变化的环境对企业运行的速度提出了更高的要求。现代企业成功的关键因素在于能否建立良好的需求信息网络和合作伙伴关系网及高度柔性的生产机制，以迅速响应市场需求的变化。

在组织结构上，实行“外包”的企业由于业务的精简而具有更大的应变性。对实行“外包”的企业来讲，由于大量的非特长的业务都由合作伙伴来完成，企业可以更加精干，中层经理传统上的监督和协调功能被计算机网络取代，金字塔状的总公司、子公司的组织结构将让位于更加灵活的对信息流有高度应变性的扁平式结构。这种组织结构将随着知识经济的发展越来越具有生命力。

外包后企业在生产方式上可以实行并行的作业分布模式。由于企业把非特长的经营活动交给其他企业完成，这使得传统企业运作方式中时间和流程上处于先后关系的有关职能和环节得以改变。企业的各项活动在空间上是分布的，但在时间上却可以并行。比如企业在研究和开发的同时，合作伙伴可能正积极地研究如何营销该企业产品，更好地为该企业的客户服务。这种并行的作业模式提高了企业的反应速度，有利于企业形成先发优势。同时“外包”需要对企业流程进行重组，确定哪些业务由自己完成，哪些由承包企业完成，要处理好内部流程和外部流程的有效结合问题，把发包企业的核心能力和承包企业的核心能力有效地整合起来。重组时，还要充分利用知识经济条件下的信息工具、信息网络，及时了解用户需求，方便快捷地进行企业间的动态合作，维护和培养核心专长。从许多著名国际公司的外包实践中不难发现，他们之所以能够将大量业务外包给别人，关键是他们都拥有其竞争者无法匹敌的核心专长。在将大量业务外包出去的同时，他们牢牢地保持着核心专长，并且不断发展强化，达到了扬长避短的效果。

我们以阿里巴巴为例。一般而言，公司的主要流程包括物料管理、生产作业、输出产品和服务、后勤、人员管理与销售、服务等。在每家公司大同小异的活动中，公司应该找出自己做得比别人更好的环节，或者能给客户提供特别价值的环节，这便是企业的竞争力。阿里巴巴作为中国较早的电商企业，在中国网民中尽人皆知。但阿里巴巴公司作为中国最大的平台电商，却几乎没有直接生产过一件商品。阿里巴巴提出了“让天下没有难做的生意”这样明确的平台战略，继而将公司的所有人才、物力、财力等资源集中起来，全部投入平台设计和市场营销这两大部门，全力培植公司强大的产品设计和市场营销能力。最终，其衍生出包括支付宝、电子合同等一系列高效的电商工具，让平台成为强有力的竞争武器。实际上，能如此迅速地实现战略落地，与阿里巴巴公司广泛调动社会资源、把很多平台开发任务外包给其他公司是分不开的，这样做充分利用了社会资源和经验，不仅少走了很多弯路，还节约了大量的人工费用、生产基建投资、设备购置费用和管理费用。而阿里巴巴公司也可以将大部分精力投入到集中公司的资源，专攻自己最擅长、附加值最高的环节，然后来往于中国，甚至世界各地，把用户需求精确分析的结果分享给企业，把好的产品发掘出来，通过平台推荐给需要的用户，将电商平台从“在线柜台”升级成为“大数据变为生产力”的转换平台。

在发展核心专长时，应特别注意以下原则。

(1) 要将焦点置于技术知识层面，而非有形的产品或劳务本身。新经济时代，真正创造价值的并非生产活动本身，而是某种创意。公司活动中，研究、产品设计、广告营销、作业流程的设计、完善的客户服务等无形的产出，往往是创造附加价值的主要来源。公司最好掌握这类用脑力创造价值、而非体力所及的活动。因为前者是不容易被抄袭、模仿的部分，如果很容易就被复制，则不能称为专长。许多国际知名公司更多的是靠无形资产来保持其竞争优势。如快餐业龙头麦当劳，其最大的优势便是一套标准的作业流程。依靠严格执行这套流程，建立起清洁、快速、服务亲切的形象，而且保证在全球任何一家分店都能获得这样一致性的服务，从而赢得了顾客的认同。而著名的小米公司的专长则是其给传统产品赋予数字化的能力。该公司总是有办法将传统的空调、电饭锅、加湿器等很多传统产品迅速地变为数字化产品，迅速解决用户的痛点，这是它的许多只懂得盲目“堆料”的同行做不到的。

(2) 在所有活动中，公司所掌握的核心专长数量不宜过多。虽然公司对其许多方面的表现都充满自信，但如果都想囊括，便无法兼顾，反而变得没有核心专长。比如，美国航空公司厂商麦道公司在所有相关业务中只专注于三件最重要的工作：设计、组装和试飞。

(3) 建立公司真正的专长，不能光靠决策高层一两个人的把关和运作，而应内化为公司的企业文化或品牌形象。上述麦当劳的训练体系便是其核心专长，不论管理者是谁，这套体系都会自动运作下去。

企业在进行外包决策时，首先要考虑的是外包的内容，即在原来所选取的价值链段上，进一步调整企业的定位，选取哪一段，放弃哪一段(相对应的就是外包的内容)。企业在确定外包内容时，应注意以下原则。

- 企业不应外包那些与自己核心能力密切相关的业务，如核心部件的生产或营销渠道的管理，否则可能造成企业核心能力的丧失，不利于企业的长期发展。
- 企业不应把那些含有可能形成新竞争能力和竞争优势的学习机会的业务外包出去。作为竞争优势来源的知识在企业开拓新业务方面已变得越来越重要，尤其是那些要进行战略转型的企业，更不要外包那些目前不是特别重要的、但可能会为未来的战略发展提供很好学习机会的业务。
- 企业不应把那些对其整个业务的顺利开展具有决定性影响的业务外包出去，即使从成本上分析，企业在该领域里已没有竞争优势。比如，某零售平台沿着价值链评估其各阶段的竞争优势，决定把大部分物流外包出去，虽然在短期内降低了营运成本，但是这样会失去对物流的控制权，使总成本大幅度上升。正是这项决策，严重影响其长期竞争力，使其在与京东的竞争中节节败退。

下一步的工作是选择优秀的外包商。企业在选择外包商时，不但注重外包商的文化、灵活性和对合作条件的承诺，还要考虑外包商的生产经验、开拓市场能力、创新能力等。在具体操作过程中，应充分考虑外包商的伙伴关系、能力、成本、架构、经验、文化、灵活性、满足时效的实施能力等。同时，企业的创新纪录、对创新的态度、研发人员待遇、创新奖励办法及高水平的技术和知识积累、市场销售的能力、敏捷快速的反应能力，也是企业选择外包商的评价标准。

一般来说，外包商的评价指标体系应至少由以下三个方面的指标构成。

- 投入指标：外包商拥有的固定资产、人力资源、技术资源等生产要素。
- 能力指标：外包商的生产能力、技术创新能力等综合能力。
- 兼容指标：核心企业与外包商在生产、文化等方面的兼容性等。

业务外包实际上是合作双方发挥各自优势的双赢策略，因此，要使业务外包取得成功，需要双方在互利互惠基础上真诚合作，如信息共享、人员培训、技术协作等。

福特汽车公司作为国际领先的轿车和卡车制造商之一，致力于建立一个适用于全球制造的汽车生产环境，零部件的设计、制造、采购及组装都可以在全球范围内进行。在外包中，福特汽车公司与供应商保持紧密合作，并在适当的时候为供应商提供一定的技术培训，这与不同地区及公司的不同需求有关。一般而言，发达地区的供应商需要的技术支持比不发达地区要少。不少国外供应商都与福特汽车公司在工程、设计等方面保持着良好的合作关系，因此，对于很多关键部件，当地供应商都可为其提供有力的技术支持，从而保持了产品质量的稳定。

14.3　外包企业的运营健康

14.3.1　外包企业健康度

衡量外包企业的健康度的主要依据是外包企业的整体运营管理情况，提出健康度概念的目的是为企业提供一个明确的思路，将企业看作一个生命体。

一是及时地发现潜在的问题，避免问题大到不可收拾或是要付出巨大的代价才能修正。

二是要跳出唯数据指标论的桎梏。例如：有的项目看起来各项KPI都不合格，财务指标也不好，但经过调研，发现是一个新项目，有详细的指标分析和规划，各项指标都在控制之下，逐月按计划提升，那么我们可以认为这个项目是可控的、健康的。也有反例，有的项目看上去赚钱，但调研发现项目负责人对于数据指标和运营流程之间的关系梳理不清，财务成本状况也不清楚，这样的“正常”项目实际上是失控的、不健康的。这类项目潜在的问题一旦暴露，可能就是大问题，难以很快挽回。

外包企业有没有一套完善的机制保障各个项目从财务层面、运营层面都处于可控、可优化、可追溯的状态，就是衡量一个外包企业是否健康的核心依据。

我们可从6个方面衡量外包企业健康度，即产品、组织、成本、人力资源、企业文化和企业行为。

1. 优势的业务产品线

产品对于企业犹如水对于人体，产品缺乏竞争力，不能及时更新补充，售前售后服务不足等，均是企业的头等大事。

通过优势产品线原则(即走路原理)，会发现如果在地图上寻找从广州到上海最快到达的道路，往往不是直线道路，而是阻力最小的那条路!事实上，对于发包方来说，哪个供应商的服务方便实用、价格合理、质量持续保障，就有竞争力。

外包服务商应对业务进行分类分析，在一类业务中提供相对先进的业务模式，以抢在前面降低成本提高效率，最终提高利润。

在市场竞争中，那些着力于优势产品投资的企业往往会获得低成本高回报的效益，良性发展的优势和稳步健康的成长，而热衷于“把梳子卖给和尚”的公司将很难持续发展。

2. 扁平化且高效的组织

扁平化且高效的组织具有以下特征：精干、团结、高效、量集思广益、沟通充分、不断创新，没有官僚习气、远离办公室政治、不做表面文章、杜绝浪费和虚肿。组织低效正如人体缺钙，必然疲软。组织唯有高效，才能发挥效果。组织优化的主要方向有以下4点：

- 合理的扁平化；
- 勿使管理人员陷入会议海洋中，要让他们把主要精力用在工作上；
- 只把业绩挂在嘴上，搞形式主义，推卸责任；
- 为了提高业绩而重组沟通型组织。

3. 优异的成本链管理

企业的成本链管理不仅供企业经营正常运作所需，相对于企业健康而言，还需发挥另一个重要的功能：监督成本运用，优化利润力，控制企业的最佳效益状态。这就是成本管理的精髓。

- 怪现象一：时下诸多企业处于微利(而且是微毛利)局面，利润到哪里去了？
- 怪现象二：无视成本管理，拼命挣钱，同时拼命花钱。

这就需要企业建立成本链条，把显性成本和隐性成本纳入成本链体系，并进行分析和控制，或者干脆成立成本链部门专门管理。

4. 持续的人力资源结构

人力资源是维持、推动企业组织运作的基本“营养”，而健康的企业不仅拥有充足的人力资源，而且拥有可持续的人力资源，能够维持企业的正常运作。

健康企业在用好人的基础上，一定会培养人，并具有培养优秀员工的能力。优秀员工的培养需要解决几点安排：培养人才的专项费用预算；培养所用的“种子选手”；供种子选手历练的临时工作岗位或工作项目；适用人才选拔的机制和绩效考核体系。此外，培养人才的工作还必须成为各部门经理的重要职责之一，促使下级员工的成长。

5. 良好企业文化

良好的企业文化能促使企业创新发展。企业文化最核心的目的只有一个：使企业的员工更齐心、更热情、更大潜力地为企业服务，使企业的组织更加良性地运转。

究竟什么是优质的企业文化？它至少应具备以下4个特征：

(1) 它是企业团队中大多数员工所公认的一些价值观念；

(2) 它被企业的大多数员工应用于实际工作，并由此产生优良的效益；

(3) 众多优秀员工之所以留在公司继续服务的主要动力，是公司高效人性的企业文化；

(4) 促使企业管理(或产品)创新的主要动力在于优秀的企业文化。

6. 基于自身能力的企业行为

企业在经历了创业后，创业家往往自我膨胀，意图横扫天下，创建“商业王国”。然而又有多少企业能认清自己的实力，做力所能及的事情，健康快乐地成长！

- 健康行为一：消灭“神童”式老板，消灭企业家崇拜，要尽早建立完整的管理制度。
- 健康行为二：企业需要重新学习“肥大”与“壮大”的本质区别，避免堆砌式发展，大而不强，职能部门比业务一线成本增长还快。
- 健康行为三：把优势做强、做精、做专，各个项目共有的支持职能能否共享与整合，同类业务能否总结出行业的最佳范式。
- 健康行为四：基层人员能否充分理解企业的整体发展战略，并认真地执行。

事实上，大多数并不健康的企业都自我感觉良好。从这6个企业健康角度去观察，你就会知道自己的企业健康程度如何，哪里出了问题，问题有多严重。这个世界并不缺医生，也不缺药品，所缺的是“定期体检”。

14.3.2 外包企业运营健康分析

我们继续分析外包企业运营的健康情况。

我们应该先明确对于甲乙方来说什么样的合作关系是健康的合作关系。

很多企业都有一种传统认知：把成熟的、相对没有灵活性的、相对低价值的业务交给专门的供应商来做，以降低成本。最初确实是这样，但经过二十多年的成长，中国外包产业已经改变了原有格局。举个例子，老牌的电脑OEM厂商广达和仁宝在多年代工电脑的过程中不断积累生产研发能力，最终在电脑生产的整个产业链中占据了主动地位，广达与仁宝的电脑市场份额超过80%，超过任何一家我们熟悉的电脑厂商。广达的网站首页就曾经一度写着“世界上每三台电脑就有一台是广达制造”，类似的企业还有著名的台积电、富士康，它们都是早期的代工厂OEM(original equipment manufacturer，原始设备制造商)，逐渐转为ODM(original design manufacturer，原始设计制造商)。ODM是指某制造商设计出某产品后，在某些情况下可能会被另外一些企业看中，要求配上后者的品牌名称来进行生产，或者稍微修改一下设计来生产。ODM交易关系的主导权更倾向于ODM外包商，ODM外包商不再是供应商的角色定位，而是与企业共生共赢的合作伙伴关系。而这种能力的提升不光在生产制造领域，在客户中心领域也是同样适用的，生产制造加工工艺可以从学习模仿，建立优化闭环，走到精通升华。对于客户服务外包服务商，应该厘清时代的变化，看清事物的规律，外包行业的出路是从提供人力密集型的人力招聘资源服务逐渐转向提供专业的客户服务解决方案。这就要整合整个社会新的客户服务资源，学习并应用先进的客服服务系统及工具，在客户服务专业领域提供完善的解决方案，助力发包方更专注于主营业务领域，实现共赢共生。如果双方一直停留在“雇工”和“打工”思维，不能构建“利益同盟关系”，甚至一方面抱怨发包方要求越来越苛刻，另一方面从内部不断压榨产能，最后只能使双方都走向崩盘，发包方没有得到业务上的支撑，承包方也因为预算太少，产品质量越来越差。

一个外包业务一般可以粗略地分为四大板块：主营业务、商务关系、沟通关系、运营管理。

- 主营业务：甲方负责主营业务，乙方要充分了解甲方的主营业务。
- 商务关系：包括合理的预算、报价、解决方案、结算模式。
- 沟通关系：包括组织结构、上传下达机制、报表和跟踪闭环。
- 运营管理：包括财务管控、人力资源管控、行政支撑、KCRP(key customer relation process，关键客户支持流程)和KSP(key support process，关键支持流程)。

运营健康度是近几年来从实际的发包方和承包方进行外包服务运营管理的实践中提出的一个新的观念，这种观念的核心思想是将发包方和承包方之间的关系从原来的“业务委托+监控监督”升级为“合作共赢+风险共担”的认知。

这种变化从产业狭义的生产力和生产关系看就能够理解，可以看到近20年来，特别是近5年来外包产业的从业者素质不断提升，一些先进的外包企业的运营管理能力非常成熟，并且已经具备系统创新的能力，对各种新的数智化、智能化工具在行业中的应用非常熟悉，而这些成长起来的先进外包企业已经明显受到旧有的“保姆式外包”思维的束缚，难以发挥团队的最大价值，我们也能看到大量有思想有能力的员工在外包企业中得不到施展才能的空间，而纷纷选择转至其他行业。

我们认为，现在还普遍存在于企业外包工作中的“强管控”模式已经不适合现在的社会环境和市场，并且这样的模式不仅导致企业的能力无法发挥，也导致外包进入成本少、要求低、质量差的恶性循环，不利于发包方和承包方的良性发展。

我们用身边熟悉的事物来类比，原有的外包模式就好像我们雇一位保姆，我们的主要要求是“听话+执行”，我们说什么他就做什么，每一项工作都有标准的单价和严格的标准要求，那么问题来了，我们会发现以下几个悖论产生：

- 如果户主本身对收纳整理一窍不通，那么其所传达的要求和标准能让家里变得干净、舒适、整洁吗？

- 如果没有明确的标准，户主仅凭自己感觉来对该保姆进行“考核”，认为保姆打扫得不干净，那么这种合作还会有下一次吗？
- 如果保姆想按照自己的思路进行整理，那么她会不会在工作中因为“没按照要求做”被终止工作并且得不到报酬呢？
- 如果保姆是按照每一项工作来收费，那么保姆是希望你有好的生活习惯还是不好的生活习惯？

将外包问题类比为“保姆”问题的时候，这些问题就明显了起来：专业度、考核机制、结算机制不明确或者不到位的时候，是很难达成一个好的成果的，并且这个不良情况随着时间的积累，不会改善，反而会进入恶性循环：一不合格就罚款，越重罚越觉得工作困难，越觉得工作困难，就越丧失信心，也就越难合格地完成工作。

如果体系是缺失的，或者有些因素没有被关注，并不代表项目马上会出问题，但如果不尽快解决，迟早会出现问题。

从上述例子思考，我们通过生态合作伙伴管理理念图(见图14-1)可以直观地看到实际上发包方业务运营和外包的客户中心是围绕各自的核心，并有紧密联系的两个闭环，发包方(也就是甲方)持续地以业务经营为核心进行闭环管理，可能会不断地更新迭代产品和改善升级服务，不断提升竞争力，也可能会通过闭环不断优化各个中间生产环节，最终有效地控制成本，实现赢利。在企业业务闭环中，客户中心的一些业务在其中有所涉及，如：在销售渠道的一部分营销、售前业务，在服务品质上的一部分客服、投诉处理业务，在市场洞察中的一部分回访和舆情业务。随着全媒体和大数据数智化时代的到来，乙方的闭环中的要素越来越多，与客户交互的渠道越来越多，系统越来越复杂，产品和服务品类越来越丰富，越来越个性化，靠原有的师徒式培训体系已经远远无法满足业务的增长，外包企业要认真思考与甲方客户有更深入的合作，构建共同成长、相互支持的共赢生态体系。

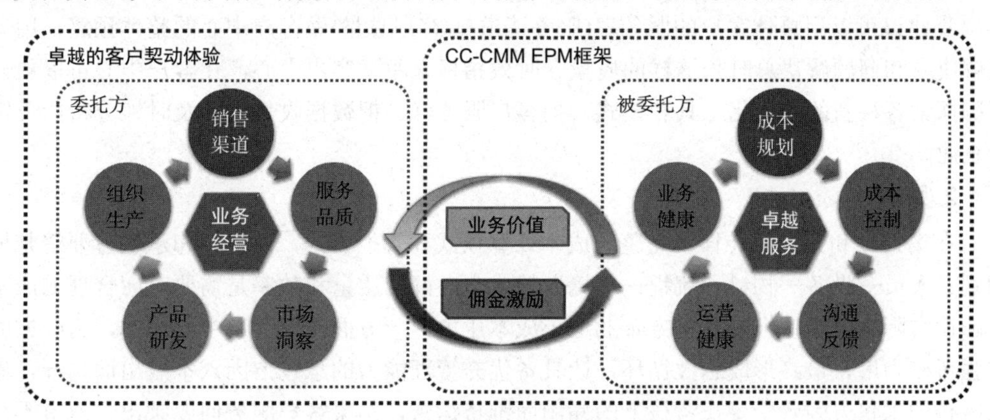

图14-1　生态合作伙伴管理理念图

分析之后，我们从三个方面思考外包业务运营健康的问题。

1. 商务关系

外包业务商业关系的最高境界是什么？发包方和承包方企业共赢，发包方获取完整的数据分析，驱动产品服务的改善创新，从而获得高额利润，承包方得到预期收入和利润。

这两者利益必须相辅相成，任一不平衡，都无法推动企业外包良性发展。

常用的三种单价结算的模式包括：按照话务量计算成本(cost per call，CPC)，按通话时长付费(cost per call minutes，CPCM)，按人头付费(cost per human resource， CPH)。

无论采用何种结算模式，其结算模式和指标必须符合发包方企业的发展战略和目标。通过指标引领，形成一个千斤重担众人挑，人人头上有指标的局面。

目前，大多数发包方考核承包方的结算模式和指标失去了引领作用。一是指标太多太广，不能聚焦；二是预算有限，干得再好也有天花板；三是指标内容太细，侧重各种行为规范，变相弱化了对优秀员工的鼓励和保护。

把发包方企业的愿景使命价值观落实到客户中心及其员工，你就成功了80%，剩下的20%就是打造员工的认同感。很多发包方企业没有想明白这个问题，还认为承包方员工不按方向去努力，不断加重罚则，导致承包方员工不敢给客户做出承诺，客户契动更无从谈起，应该：

- 建立明确的项目方向和文化，引领员工的价值观；
- 进行有效的沟通和建立信任关系；
- 建立价值驱动的考核体系。

付费方式与考核的核心目标之一就是价值驱动，为保证承包方企业朝发包方企业期望的方向走，需要对应同向的带有激励的结算模式，即：

- 把企业的客户核心服务目标分解到客户中心对应的职能部门，落实到付费模式，再逐步落实到各个团队与员工个人，目标与对应指标是考核评价的依据。
- 设计科学合理的付费管理程序，对预算计划审核，对运营过程纠偏，对考核结果反馈。

发包方企业想要什么，就鼓励激发承包方企业什么行为。这种行为的发生需要用需求去引导，用配套环境去保障，用对承包方企业收入和利润有利的结果去强化修正。这是一个系统化工作，单纯做几个操作很难实现。

我建议可以用总体客户的服务率(服务请求量/客户总量)做客户中心的整体预算，用一次解决率和问题解决总时长这样的质量、时效指标来驱动客户中心，让客户中心可以放开手脚探索各种新的数智化工具和模式，把客户服务好，把数据收集好并及时地分析，反馈给企业。

2. 财务

在第15章和第16章会详谈完整的成本计算模式和管控方式，发包方和承包方要清楚地规划“人员—设备—物料—流程—环境”的成本，好的质量和效率是需要对应合理的成本的。在实际运营中，很多发包方企业迫于成本压力，一方面压低客户中心成本，另一方面加强考核力度，最终形成恶性循环，让具备优秀管理能力的承包方因入不敷出而离开，偷工减料的承包方因善于寻找考核上的漏洞而维持运营，结果客户服务问题频出，双方不得不花费大量的精力处理善后工作。这实际上都是不符合发包方的初衷的。

从追求长期稳定合作的角度看问题，我们需要把以下几个问题搞清楚：

- 与项目的收入相关的运营管理是否有完善的体系和报表，其运转是否良好？
- 与项目的主要成本相关的运营管理是否有完善的体系和报表，其运转是否良好？
- 是否所有影响项目收入和成本的明确因素和潜在因素都在被持续关注？

3. 沟通关系

我们发现，外包之后业务做得非常好的企业都有一套特别明确有效的上传反馈、下达执行的信息传递机制，没有外包经验的企业及未重视沟通关系的企业则苦恼于为什么问题总是层出不穷，重罚之后也未见起色。

本质上看，这其实是沟通关系出了问题。客户反馈的“服务很差”，实际上是在业务或产品层面出现问题，并非客户中心的服务代表存在很大的问题，因为没有一起客户服务需求或者投诉是客户代表直接引起的。经过与外包公司管理人员沟通，我们发现，其主要是因为团队没有意识到如下变化。

① 渠道和方法不明：外包团队对企业内部哪些问题该反馈给哪个部门或者如何反馈是不清楚的。

② 企业官僚主义：因为没有流程管控，不管外包团队的问题是否紧迫，信息是否重要，优先级都排在最后，甚至长时间无人处理。

③ 企业考核体系：在没有外包团队的时候，自建的客服团队就是最后一个考核节点，自营团队要努力与前端各个部门交流，为客户解决问题；但在客户中心交给外包团队以后，则演变成所有问题都归结为承包商的能力问题，造成处理问题推诿、拖拉，甚至无人问津。

综合这几点，我们不难看出，解决这一系列问题最好在做整体项目规划时进行考虑和设计。

14.3.3　人力资源的健康度

1. 影响工作稳定性的主要因素

青年从业者找工作的期望是多样的、多方面的，对工作意义和价值的理解也是多方面的。他们普遍认为，工作对自己主要意味着挣钱养活自己，替家人减轻负担，增长见识，存些钱以备将来生活或创业所需。对他们来说，工作只是暂时的，他们不会完全为了钱而去工作，而是有更多的自我追求。他们不仅仅满足于找到工作，还有多方面的考虑，如薪资水平、学习技能的机会、生活环境和工作条件等，往往在经过综合考量后做出自己的选择。但他们目前实际获得的工作待遇与其期望值之间，有着比较明显的错位和反差。这在客观上为他们比较频繁地更换工作和流动提供了外在推力，同时让他们产生强烈的流动工作的内在驱力。这可能是他们中的一部分喜欢“流浪式”工作的主要原因。

1) 调研对象特征

(1) 流动频率较高。调研的对象中青年从业者绝大多数的工作年限低于三年，自找工作以来，更换过1次工作的占20.2%，更换过2次的占33.0%，更换过3次以上的占20.7%，三者合计高达73.9%，仅有26.3%从没有更换过工作。显然，他们的流动频率较高。

(2) 期待获得公平公正的劳动报酬。他们不仅希望获得更高的工资，而且希望有较好的生活，有感兴趣的工作和较舒适的工作环境。在他们看来，薪酬和待遇是否做到公平公正，是否能够让他们总体满意，是他们更换工作和流动的主要原因。

(3) 希望工作本身具有吸引力。他们普遍认为，除工资以外，工作本身的吸引力是他们安心工作、提高工作积极性和效率的关键。

工作的吸引力主要来自以下6个方面：

- 安排的工种是否适合自己；
- 是否可以尝试和学习不同的工序和工种，而非长年累月地重复相同的动作；
- 工作时间上是否有一定的灵活性，只要能按质按量完成工作，就无须加班；
- 是否有友善的管理和工作环境；
- 有亲属或朋友在身边，这是选择工作时大家考虑的重要因素之一；
- 期望成为职业人，获得稳健的职业发展。

2) 工作感受与工作评价

(1) 工作中的消极情绪体验多于积极情绪。青年从业者认为最能描述最近一个星期在工作中的心理感受的词汇是“烦躁”“无聊”“压抑”。在问卷调查中，有这三种负面情绪体验的人分别达到了47.1%，39.5%和37.5%。只有36名参与问卷调查的青年从业者认为自己在工作中感到了“舒服”，占8.6%。在访谈中，青年从业者多次提到在工作中感到“心情不好”和“烦闷”。

(2) 麻木感强烈。绝大部分企业都实行计件工资，从业者的收入与其产量直接相关，很多从业者在晚上愿意多工作几个小时，一般在晚上八点半后才结束工作，如遇到工作比较多时，还可能更晚。由于每天工作时间较长，工作流程机械，内容单调重复，工作时间过长就容易产生烦躁和疲惫。更重要的是，从业者们在工作的绝大多数时间里，都只是机械性地工作，与人的交流自由度非常小。很多从业者反映，工作时间长了以后，就只有“麻木”的感觉了，有位年轻从业者更是直言不讳地说：“我们都成复读机了，我不想做只和像服务机或填表机一样的机器人！”

(3) 不满足于目前的娱乐休闲方式，渴望拥有更丰富和有意义的闲暇时光。短暂的晚上和周末休息时间里，青年从业者多以睡觉、看电视、玩手机、上网等个人休闲娱乐方式打发时间，或者以与朋友逛街、聚餐等小群体互动方式为最主要的娱乐休闲活动。他们普遍认为，自己的业余生活非常无聊和单调，没有意义。

(4) 个人意见在管理中易被忽视。青年从业者们认为在企业职场目前的管理中，其往往处于一种“被管理”的地位，更多的是“听从和服从”，很少有机会参与管理。他们很难有机会参与和表达自己，其想法和意见往往最容易被忽略。

3) 基本生活态度、主要期望与人生抱负

青年从业者认为他们是更加注重自我价值实现的一代，有更加强烈的自尊需求，普遍渴望自立、追求自主、向往自为。这主要体现在，大多数青年从业者希望生活得更加自我，能过上自己想要的生活，体面而有尊严；有属于自己的时间和空间，无须看他人的脸色行事。他们渴望自立，希望自己独立而不依赖家庭；他们希望自己的事情自己做，自己的事情自己做主；他们希望自己能有所作为，过上富有、轻松、安逸而又体面的生活，无须为生计而苦恼。

4) 现实期望

青年从业者的现实期望是多方面的，提高薪资水平和参加专业技能培训是普遍的两项基本需求。增加工资是最他们关心和最想表达的话题。

他们普遍希望通过参加劳动技能培训实现自我发展，希望得到多方面的知识和技能培训，尤其希望得到有助于提升专业技能方面的培训。他们当中大多数人把参加专业技能培训作为自我提升的首要途径。但他们实际接受过专业技术培训的比例并不高，提供给他们的培训机会比较有限。而他们无法承担参加专业技能培训的费用和成本，加之工作时间长、劳动强度大，往往缺乏参加培训的时间和精力。

5) 职业抱负

青年从业者普遍希望将来自己独立创业，比如当老板等，以过上富足而体面的生活，但他们往往缺乏切实可行的规划，也较少有机会获得外部的实际支持和有效引导。

6) 为企业建言

从调研的情况来看，企业普遍感受到了管理年轻从业者有一定难度，并采取了一些措施去改善管理，但这些改善措施往往具有一定程度的滞后性，主要体现在：管理方式仍以“生产管理”为中心，多考虑生产目标和效率是否达成，管理者在意的往往是从业者的劳动结果、产量多少和效率高低，而会有意无意地忽视除工资以外从业者的主观感受和其他需求。加之由于语言、文化、生活习惯等方面的差异，管理者很难真正与青年从业者打成一片。企业管理者认为，人性化管理的体现就是“顺着他们”“不跟他们较劲”，就是“哄着他们”“让他们把活儿干好”。

实际上，企业未能真正听取青年从业者的意见，或者在管理中为他们创造表达个人观点的空间。青年从业者表达意见和参与管理的形式比较单一，多数企业并不鼓励青年从业者直接参与企业日常管理。

如果希望更好地适应新生代青年从业者的特点，进一步融洽企业和青年从业者之间的关系，应充分发挥青年从业者的积极性、主动性和创造性，实现二者的共赢和可持续发展，解决企业“用工之困、管理之难”的问题。

企业可以考虑在以下方面对已有的管理模式进行调整和改善。

(1) 设计一款让青年从业者印象深刻的面试。青年从业者普遍渴望被尊重，也渴望自己主导自己的生活。他们在选择工作时，不再希望“被选择”，而是希望对企业的各方面情况有了基本了解后“自主选择企业”。因此，一个印象良好的面试将成为很多青年从业者职业的起点。

(2) 为新进员工提供“新人待遇”，用关怀赢得青年从业者的信赖。年轻人在离开家乡外出工作时，对于未来通常怀揣着美好的愿望和期待。进入企业后，紧张繁忙的劳动，封闭乏味的生活，都是他们不得不面对的现实情况，这使得很多青年从业者产生了沮丧、挫折和无力的感觉。企业应建立新入职员工的关怀计划，以帮助员工适应工作环境，融入企业生活，顺利度过适应期，培养其对工作的持久兴趣。

(3) 增加一线管理者的亲和力，提升工作环境的快乐元素。青年从业者在企业里接触最多的是一线管理者，最易与之产生矛盾或建立感情的，也是一线管理者。一线管理者不仅是企业和青年从业者之间的连接点，还可能是学习的榜样和心里话的倾听者。对于企业来说，一线管理团队是企业制度和员工关怀的直接执行者，他们的管理方式方法是否符合青年从业者的特点，是否被青年从业者认可和接纳，将直接影响青年从业者的状态。所以企业要改变管理理念，尽可能增加员工参与企业管理的途径和方式，逐步培育一种能调动青年从业者参与积极性的良好氛围。企业应当建立多种途径积极促进青年员工参与日常管理，并且支持和鼓励员工组织开展文化娱乐活动及参与社区活动。企业还应当注重管理模式的转变，从原来“用严格的制度管起来”的权威管理模式，转变为视青年从业者为“有活力、有创造力的”团队管理模式；营造出平等、尊重的工作环境，为青年从业者表达心声营造友好氛围。

(4) 建立良好的企业与社区之间的关系，促进青年从业者的社会融入，提升青年从业者的生活质量和幸福感。企业应在帮助青年从业者融入城市社区方面承担起相应的责任，通过青年从业者走出去和请社会专业组织进企业等形式，融洽青年从业者与社区的关系。通过社区活动、志愿者行动等方式，增加企业员工与当地社区的互动，为当地的社区公益服务注入新鲜力量，以改善当地人对外来从业者的印象，使本地人以更理解和开放的态度接纳新生代从业者。

2. 稳定员工队伍的要素

企业归属感是指员工经过一段时间的工作，从思想上、心理上、情感上对企业产生的认同感、公正感、安全感、价值感、工作使命感和成就感，并最终内化为员工的归属感。

使员工对公司产生归属感，是每一个企业都在摸索和追求的目标。那么怎样让员工有归属感？根据马斯洛的需求层次理论，需求被划分为生理需要、安全需要、社交需要、尊重需要和自我实现需要，要想更好地留住员工或使员工有归属感，我们必须提高员工的“需求”。

1) 生理需要和安全需要

要满足现代人的需要，就必须做到以下两点。

(1) 给员工提供合理的工资待遇。有一句名言说得对，“员工辞职，要么钱给少了，要么心有不甘”，合理的薪酬待遇是保护和提升员工工作积极性的有效激励手段。

(2) 让员工对公司的发展充满期待。只有有前途的公司才有资格谈论归属感，没有人愿意待在一个随时可能倒闭的公司里，或者一辈子呆在一个岗位上。对人力资源经理来说，应该建立有效的晋升渠道，让员工有希望；对公司领导或者老板来说，应该定期公布公司运营情况。只有这样，才会使员工有工作激情、愿意为公司发展效力。

2) 社会需要

好的团队文化，能促进员工之间的交流，培养员工之间的情感。管理者需要注意以下两件事。

(1) 和谐的团队合作非常重要。80%的员工离职与他们的直接上级有关。领导者应该是友善的，不要一成不变地大喊或者声调来训斥员工，没有人愿意被别人训斥，但没有人不愿意被重视和尊重。人力资源部门平时可以多组织团队活动，加强同事间的沟通。

(2) 注重对员工的人文关怀。比如：提供免费班车、带薪休假、旅游等，这些都是人文关怀的体现。

3) 尊重需求

每一个人都需要被尊重，尤其是现代年轻人。为了给员工更多的尊重，我们可以做以下工作：

- 使工作标签化；
- 多关注并询问员工的工作状况；
- 分享自己的经验，并鼓励更多员工表达自己；
- 实现员工的自我价值。

应针对不同层次的员工，采用不同的沟通方式与技巧，充分发挥每个人在岗位上的作用，充分做到人尽其才。

14.3.4 运营支撑部门的健康度

我们可以建立一个共享式平台来承载不同的项目。在数智化时代，一个好的平台体系可以保障70%的项目能力被顺利地保留和平移，保证外包企业的各个项目都能保持一定的一致性和规范性，而剩余的30%与人才和文化相关的项目能力需要公司去培养和建设。我们把管理平台中的流程分为KCRP(key customer relation process，关键客户支持流程)和KSP(key support process，关键支持流程)。

1. 关键客户支持流程

顾名思义，关键客户支持流程就是所有与最终客户有关的流程。这部分流程一般是甲方的业务机密，基本形式为"规范性管理+经验总结"。

第一步：规范性、一致性(项目内部)。

如何做到不同渠道不同员工就同一问题给客户的解决方案是正确且一致的？我们应该抓住几个要点，做好规范性和一致性。抓住规范性主要是要建立一套规范的流程来控制业务流程的接收、传达、执行、反馈、优化、再传达。

第二步：找业务要点。

业务流程本身都有保密性，但行业经验是可以总结的，知识库结构查询方式和内容是可以总结借鉴的。

业务流程和知识库，要与发包方的客服部门和业务部门形成大闭环来优化。客户中心在自己的中心范围内优化业务流程往往收效甚微，所以一定要建立对客户服务请求数据的分析机制和将这些分析结果向发包方反馈的机制，通过不断的优化流程，提升一次性解决率，提高利润提升，打造客户产品服务及时优化改进、提升竞争力的双赢局面。

第三步：总结独特的解决方案。

通过内部总结和外部赋能，最终形成独特的行业业务解决方案：

"结合业务需求，技术能力、独特的基础能力、资源能力……"

(1) 内部提炼。组织同类型业务的负责人交流总结现状，分析最优的项目模式。外包公司对比和分析同类项目，总结这一类型业务的最佳实践，并能在最佳实践基础上进行创新，适当扩大业务范围，提出独特的解决方案，帮助发包方更好地实现业务目标。

(2) 外部赋能。外包公司是最具有职业敏感度的，可以从专业角度及时了解同行业国内外同类型业务的先进方法和工具，从运营理念上进行创新和提升。

2. 关键支持流程

关键支持流程中有很多通用型流程，适合用作外包企业建设平台化系统，实现统一管理和规模效益。

第一步：平台化、系统化、自助化、易用化(内部)。

公司一套有明确的关键支持流程(KSP)系统，员工无须付出学习成本，就可自助学习，以保证服务的及时性、正确性、一致性。

第二步：平台建设初期和中期一定要迅速建立闭环，保持系统的执行质量和执行高效。

为了做好平台化管理，迅速建立闭环，应做好以下工作：

(1) 统一下发项目标准，让项目具体落地，如添加具体项目组成员负责的内容、角色、联系方式等。

(2) 若客户要求对某项目提出小修改，应在公司系统内进行标注和管理。

(3) 文件管理系统功能的关键点为建立、发布、废止、有效期、负责人和负责部门。

(4) 明确文件系统的功能，即按部门、按项目、按类型检索和归集的能力。

(5) 建立升级优化流程，让总部与各个项目形成闭环。

(6) 所有“负责人”需要有“运营思维”，除了对“合规”负责，还要对“执行效率”持续优化。

3. 客服知识库管理

按照知识管理中心的研究和咨询实践，知识库建设必须遵循以下5个步骤。

(1) 确定要管理的知识。在知识库建设的初期必须明确要管理的知识类型、价值点，这样才不会导致核心知识和外围知识都不好管理的状况出现。

(2) 确定知识的来源和动力。在知识库建设中，必须明确知识的来源，即谁应该产生何种知识，它为什么要产生。

(3) 知识的组织。如何将产生出来的知识进行整理，系统、合理地分类和提供检索工具，才能方便人们自如地获取？在工作中产生出来的知识我们经常称作“知识碎片”，大都是不系统的、零散的，在知识的组织阶段也需要做“知识碎片”的系统化工作。

(4) 知识的利用。在案例中导致知识不能被充分利用的原因，除了知识本身是“知识碎片”，还有一个重要的原因是这些知识跟具体的业务是无关的、分离的，要解决这个问题需要在第二步做知识产出分析的同时做知识的利用分析，从知识使用者的角度去分析他们的具体需求：为完成某个工作，需要哪些知识，这些知识该如何表达和传递。

(5) 知识的创新。创新并不神秘，只有创新才能赢得持续的竞争优势，而所有的业务、管理、技术创新第一步都是先要有知识创新。在知识原料的基础上，根据需求做知识分析和推理，侧重于分析，侧重于进一步深化整合我们资源拓展功能。

实际上，KCRP(key customer relation process，关键客户支持流程)和KSP(key support process，关键支持流程)流程化的闭环与流程同样重要，甚至更加重要，我们形容流程的闭环就是流程的“灵魂”。如果没有强有力的保障来保证不断地“执行—反馈—优化”，那么流程平台体系本身很快就会失去正确性和权威性，员工弃用。在数智化的今天，其不仅仅支撑员工，还要支撑大量的自助服务，并连接业务系统和服务系统，对闭环快速和有效的要求越来越高。

第 15 章

项目决策精确核算

通过成本预算这个过程可以系统地对项目的投资和成本进行衡量和管理，争取将项目运行中可能遇到的问题弄清楚，以便问题发生时及时采取措施。项目承接后的运行阶段也要通过实际运行成本与预算成本的对比分析，再结合业务成本和业务收益之间的数据，准确地掌握整个项目运行的实际财务状况，发现各个业务或运营节点问题。另外，一些来自外部的社会、环境因素的影响也会体现在成本上。好的成本预算管理不仅能够帮助企业尽快地查找漏洞、控制成本，还能通过厘清成本构成，帮助企业从财务角度精确地计算未来的投入产出，找到运营管理上的新方法、支撑运营的新工具，做出正确的投资决策。

15.1 人力成本核算

目前，人力成本至少占整个外包成本的80%，多的能达到85%。因此，我们先来讨论人力成本如何核算。搞清楚人力成本的核算数据和原理方法之后，就可以实现人力成本的精确控制。

15.1.1 合理招聘成本规划

企业一般通过两种方式进行招聘。一种是自建招聘团队，需要寻找线下资源，与一些有相关专业的学校签订实习协议和就业协议，定期参加劳务市场或社会上的招聘会，在线上渠道(58同城、Boss直聘等网站、招聘App等)发布招聘信息。近两年，企业还可通过短视频、软文、社群等新传播途径发布工作职位和招聘信息。另一种是通过人力资源公司、培训机构、人力资源公司等社会劳务资源渠道签订合同，由这些渠道公司代为招聘。

两大类方式并没有优劣之分，最终采取哪种方式要具体情况具体分析。

1. 自建招聘渠道的招聘成本

员工从候选人到成为一名合格的员工要经过4个阶段，其成本具体如下。

1) 招聘团队人员薪资绩效的成本

地推类招聘人员的主要工作内容是吸引眼球，扩大企业影响力，工作性质类似于高级推销员。电话类招聘工作人员主要通过简历上提供的电话联系候选人，薪资低一些。一个近千人的客户中心，每月需要招聘100人左右，大约需要1～2名地推人员，5～7名左右电话招聘专员，1名招聘主管。

2) 候选人的数据获取成本

候选人的数据获取成本就是发布、宣传和获得候选人信息的成本，如地推人员的现场宣传材料制作和活动费用，在网站上发布信息、持续置顶、主动定向推送的成本。

3) 候选人的联络成本

候选人的联络成本是与候选人沟通联络、传递信息的成本，传递信息的手段现在非常多，出于真实性和安全的角度考虑，最好的联系途径是移动电话，因为手机号码是实名制的，相对可靠。企业可视具体情况，确定是采取较高成本的电话沟通方式，还是成本较低的群发短信或微信的方式。

4) 候选人的面试成本

这部分成本指新员工面试所需要投入的人员场地的成本，包括面试官和招聘人员的人工成本，以及面试场地等环境、后勤成本。

【案例】

[现状]某客户中心团队共约1000人，月流失率10%左右。

[招聘目标]每月入职100人左右。

只有30%的面试者可以正式入职，若要实现每月100人左右的招聘目标，需要面试的人数为300人，按照工作日计算，每个工作日应面试15～20人。

假定历史简历筛选率为10%，每日筛选200份左右的简历，并联络邀约，则大约需要5个招聘人力，员工人力全成本约9000元/人。

依次建立渠道满足简历需求，具体步骤如下。

(1) 招聘网站：通过一段时间的数据积累，筛选出比较稳定的3个网站，每个网站置顶信息费用为2000元/月。

(2) 其他信息渠道：4～5个，宣传费用为4000～5000元/月。

(3) 人事管理系统：建立人事管理系统花费约20万元，使用年限约5年，算上维护成本，折合3000元/月左右。

总招聘费用为9000×5＋2000×3＋5000＋3000＝59000元/月。

粗略计算可知，入职每人的平均招聘费用为59000/100＝590元/人。

招聘团队人员的绩效要求设置为每人每工作日入职1人。

我们可以将以上成本看作招聘培训环节的总成本，这些成本实际上是员工在正式成为合格员工前就要付出的成本。从成本角度看，我们的目标是：尽量招聘适合的员工。员工入职后，企业应尽快教会员工应付工作的能力，以减少从招聘到上线的流失率。这些具体做法都会在后面的章节中细说。但在这里我们要明白，这些模块的优化都是要以招聘和培训的成本数据可量化为依据的。

在招聘成本数据上，在自建招聘团队内，企业应该考虑以下三个管理方向。

- 团队内闭环：根据整体成本和输出质量，回溯整个招聘中各个环节是否达到最优，不断地迭代优化。
- 团队外闭环：将招聘数据或初步分析结果反馈给团队外的运营部门、商务部门，从而支撑更高层的决策，从而完善经营分析数据。
- 将招聘步骤落实成为标准的招聘流程，作为推进招聘工作进一步精细化和优化的平台。

2. 社会招聘渠道的招聘成本

社会渠道招聘一般叫作招聘代理，本质上可以看成是一种招聘业务的外包。利用社会招聘渠道进行招聘时，一定要有一定的招聘能力，很清楚招聘的各个环节和成本，只有这样，才能开展好工作。如果自身缺乏能力，难免面临渠道商坐地要价、蚕食项目利润的风险。社会招聘渠道的招聘成本高于自建招聘团队的成本，其优势在于招聘速度快。

在建立起招聘渠道以后，要制定各项报表，来记录招聘效果，衡量每一个招聘渠道和每一种招聘方法，以形成持续改进的闭环，提升渠道商送人的准确性，筛选出优质渠道后要加强合作，发现不良渠道后要及时清理。可分成几个节点来进行管控。一般来说，渠道招聘效率不高都是下面的其中一个或几个节点出了问题。

(1) 薪资：确定招聘岗位的薪资待遇设计是否合理，一方面与市场上同层次的招聘做比较；另一方面与企业内的组织结构做比较。薪资太高，则企业成本太高；薪资太低，则无人肯来。

(2) 发布：确定招聘要求和展现形式是否清晰、易理解。不同渠道的内容和展现形式应该有所区别，例如在视频内容和视频形式上，通过抖音发布小视频进行招聘，肯定与通过公众号发布招聘视频是不同的，应该多多尝试，通过浏览量或点击率进行分析，并不断优化方案。

(3) 入职：应统计好从不同渠道招聘来的人在技能素质方面的数据和上线率数据(×个月仍在岗员工数量/批次招聘的面试数量)，并填写月度报表进行分析，好的渠道可以加强合作，有问题的渠道可以及时发现、及时管控。

(4) 反馈：员工入职后，可以通过了解员工在整个招聘、培训过程中的感受，分析哪个招聘渠道更优。

15.1.2　最优人力成本规划

薪资成本的规划决定企业能否招聘到合适的员工及入职后员工能否留存。合理的薪资设计与合理的工作要求是项目健康稳定的前提。

随着智能化系统和工具的应用广度和深度不断增加，外包企业的人才构成将发生变化，这将直接导致人员薪资构成发生变化，外包企业的总薪资成本会逐渐降低。一方面，随着对重要职能职位员工的要求的提升，其薪资有所提升；另一方面，对于只是从事简单工作的查询信息类、打标签类、念脚本类的一线员工，将越来越多地受到智能化系统的影响，薪资进一步降低，直至被成本更低的机器取代。总体而言，未来对高技能(分析、沟通、创新)人才的需求变大，其薪资较高；对低技能(咨询、查询)人才的需求变小，其薪资较低。企业可以对人才进行引导和培养，让原来的客服人员成长为机器人训练师、多媒体运营师等高级人才，如果这些人才提升管理得当，则可以省去一大笔一线人员的遣散费和高级人员的招聘费用。

1. 最低技能列表的技能校准(针对KPI)

最低技能列表是一份工作岗位的最低胜任力量化后的清单，是控制员工培训期成本的最重要的核心文件，也是做报价和做绩效考核的重要参考依据。

在这里，我们先梳理员工的培训成本。

培训成本就是企业在员工整个培训阶段所投入的成本，这包括员工薪资，培训师的薪资成本，培训环境成本，租用、修建维护培训教室的成本分摊，以及管理成本分摊等。管理成本分摊是指企业内部经营管理的各种成本分摊到每一名员工身上的成本。

最低技能列表中所列的技能，就是将复杂工作按照流程分解以后，每一个工作节点下员工要达成平均产能值应该拥有的技能。

制定最低技能列表的目的有以下两个。

- 不浪费资源。对于商业培训来说，多余的培训既浪费企业和员工双方的宝贵时间，也挤占提高员工技能所需的训练时间。
- 得到单位报价，即通过最低技能核算出每位员工单位时间内的工作量，再用对应的员工成本除以该工作量，从而得到了单位报价。这个过程也可以反过来算，也就是可以通过报价反过来核算人力成本是否符合市场平均工资。这样的反复计算有利于根据业务变化及早洞察到可能的财务上的盈亏变化，便于及时做出调整。

我们可以通过以下三步来制作一份详尽的最低技能列表。

(1) 梳理工作目标。先梳理项目的总体KPI目标，然后明确影响KPI的主要工作内容。这里要尤其注意，不同企业对业务的KPI评价标准是不一样的，就算是同一个行业内的企业，也可能因为经营管理策略或管理理念不同，采取不同的KPI标准。

(2) 分解工作内容。当工作目标KPI清晰明确之后，就要收集所有涉及所有工作内容的工作流程，结合工作目标，将工作流程中具体操作步骤进行量化整理。在这个过程中，重点是量化和步骤明确。对于这个环节，如果发包方是以产品质量优质服务为目的，那么外包方的目的就是在保证产品质量、提供优质服务的前提下提高工作效率，并不断创新优化、寻找更高效的方式，所以在这个节点，很多客户中心都在发包方交付的流程和规范基础上建立和维护更加落地的支撑平台，如“知识库”“操作手册”等。有了这些支撑工具，最低技能能较好地落实到快速查询、熟悉业务上。

(3) 核算最低技能。将工作内容分解成“知识库”或“操作手册”以后，就可以进入建立最低技能列表(见表15-1)最后的核算步骤了。

表15-1 最低技能列表(列举部分条目)

岗位要求的最低技能	确认时间点	确认方式	新员工上线前应掌握	组别要求
操作系统/电脑的能力	培训	实操计时	根据呼入电话能够准确查找到之前的来电记录，1分钟内操作完成	全部部门
	培训	实操计时	新增客户和重新定位客户，15秒内操作完成	揽收部门
	培训	实操计时	新增客户的地址信息，5秒内操作完成	揽收部门
	培训	实操计时	订单后续事项操作，20秒内操作完成	揽收部门
	培训	实操计时	收到客户信息后能够正确下派工单，5分钟内操作完成	投诉查询

(续表)

岗位要求的最低技能	确认时间点	确认方式	新员工上线前应掌握	组别要求
语言能力	招聘面试	面试者陈述个人信息，包括姓名、来自哪里(精确到省、市、门牌编号、邮政编码等)，与面试官手中的录音范本做比对	普通话标准，数字、英文等吐字清晰	全部部门
	招聘面试		语速100~120字/每分钟(普通话标准语速)，其中处理投诉时能随客户紧急程度控制语速	全部部门
	招聘面试	自我介绍	可进行简单的英语对话(英语座席的必备要求)	英语座席
打字速度	招聘面试	打字软件 (输入业务相关资料)	• 看打简体中文的速度为40字以上/分钟 • 听打简体中文的速度为30字以上/分钟	全部部门
服务理念	招聘面试	案例分析	找出案例中的服务亮点和服务中存在的问题，能找到80%以上者视为测试合格	全部部门

如果我们没有知识库和操作手册，那么我们在最低技能列表中看到的可能不是“查询知识库××秒”这个技能，而可能是“×××××条知识的背记”技能。显然，对于员工来说，后者比前者难得多，也就意味着拥有这项技能的人很“贵”，掌握这项技能所需要的培训成本很高。

为了降低成本，我们就需要在系统、技术等方面想办法，如用知识库和操作手册来代替人来记忆复杂的知识。现阶段“知识库”或制定“操作手册”，会逐渐地过渡到以智能化系统作为载体，并且能通过联通大数据来给予更多系统协同，为座席提供更强的座席智能辅助，而企业对人的最低技能要求也随着这些变化不断地发生改变。

最低技能列表就是对当前业务和工作工具的使用提出的招聘和训练要求。最低技能的要求是可衡量的，可考核的，无法转换为量化指标的，如“吃苦耐劳”“诚实守信”“抗压能力强”等，不可以放在最低技能列表里。

在为企业做咨询的过程中，很多人会将最低技能列表和岗位工作描述混淆，这里明确一下这两种工具的不同职能，帮助大家理解。

- 最低技能列表由实际运营需求逆推而来，不考虑员工冗余能力或发展潜力，是招聘培训的量化衡量标准(即胜任一项工作的必备技能)。达到最低技能，不代表该员工可胜任此项工作，不说明该员工是一个好的员工，员工的职业生涯发展在项目内由人才发展规划类相关流程(如竞聘要求)来承担。
- 工作职位描述是尽可能清楚地描述员工工作内容、对职业操守职业能力的要求，以及未来的发展方向等，主要用于与候选人清楚地沟通工作意向。

2. 建立员工时效表

员工时效表是对员工日常运营管理、绩效核算的核心文件，也是人力资源规划、业务成本优化的重要支持文件。

在建立员工时效表之前，我们先明确如下概念。

- 工作时长：每个工作日的工作时长为480分钟(这里不考虑法定工作日之外的工时计算)。
- 工时利用率：随着自助服务和App等数字服务的广泛运用，员工处理的客户问题的平均难度在增大，在2000年、2010年、2020年，行业平均工时利用率分别为80%、75%、70%。经过研究，这个数字降低的原因是：随着CRM系统越来越强，数智化系统解决问题的能力越来越强，简单的问题已基本被系统解决了。例如：现在查询话费余额，大家一般通过App自助查询。
- AHT(avge holding time，平均处理时长)：它是员工处理一个事件(或服务、产品等)所需要的平均时长。

只有建立时效表(见图15-1)，才能从大局上看到员工技能与员工效率的关系，从而发现成本、收入、KPI、人力资源之间的关联，这些将对决策管理起着至关重要的作用。

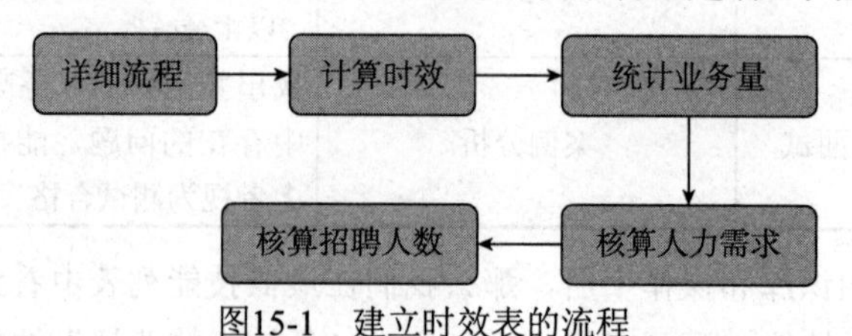

图15-1　建立时效表的流程

下面，我们将分模块进行讲解。

1) 设计流程

时效表中的流程部分，如图15-2所示。

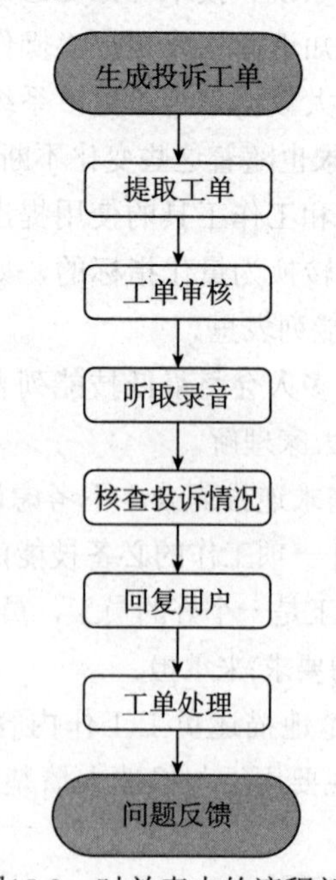

图15-2　时效表中的流程部分

要想做到精确运营，就需要整理出更详细的、更明确的流程。因此，对于一些前期的、模糊的节点，就要积极与发包方反复确认，保证这里不再有模糊不清的节点。

以上过程可能都需要反复沟通三四轮才能全部确认清楚，这个步骤是绝对不能缺省的。

2) 统计业务量

时效表中的业务量统计部分，如表15-2所示。

表15-2 时效表中的业务量统计

工作量日均量	实际自处理月均(个)	实际自处理日均(个)	结算数据	差异产生原因
2016年11月	31	1.03		
2016年12月	28	0.90		
2017年1月	25	0.81		
三个月平均	28	0.91		

该处要回溯三个月，取平均业务量作为计算基础，如果业务量稳定，可以多取几个月。

3) 计算时效

时效表中的时效计算部分，如表15-3所示。

表15-3 时效表中的时效计算

工作内容	单件所需时长(秒)	占总量的比例(%)	每天工作时间(分钟)	工时利用率(%)	每天所需要的座席数(个)	操作方式	备注
提取工单	15	100	480	85	0.001	通过工作流系统提取相关类别工单	
工单审核	30	100	480	85	0.001	查看工单准确性，如类别是否正确、内容是否完整等，如有问题，对工单进行补充修改，确认无误后进行工单处理；对于错单，应按要求填写错单模版，做错单汇总	
听取录音	1080	100	480	85	0.040	根据用户投诉情况听取客户代表录音	
核查投诉情况	600	100	480	85	0.022	结合工作流BSS、ESS系统及相关知识库核实客户代表在受理用户过程中是否存在问题	

(续表)

工作内容	单件所需时长(秒)	占总量的比例(%)	每天工作时间(分钟)	工时利用率(%)	每天所需要的座席数(个)	操作方式	备注
回复用户	1320	100	480	85	0.049	利用前期查到的相关情况，针对用户问题回复用户，为用户做详细说明，并提供解决方案	
工单处理	30	100	480	85	0.001	回复用户后填写工单处理意见、用户满意度、问题定性等，点选完毕进入结单审核	
问题反馈	300	100	480	85	0.011	填写工单内容及录音受理情况并上报，如涉及赔付，可联系相关领导与前台商量赔付情况，同时在处理过程中如发现知识库或前台存在问题，可及时向采编或前台反馈	
工作项目合计	3375	—	480	85	0.125		

该部分是时效表的核心部分，自左往右依次如下。

(1) 工作内容：对应业务流程的各个环节，流程中有几个环节，表格中就有几行来对应。

(2) 单件所需时长：完成该步骤平均所需要的时长。

(3) 占总量的比例：如果没有流程分支，那么该项都是100%，如果有分支，那么两个分支比例之和必须是100%。

(4) 每天工作时间：每天工作时间为8小时(8小时×60分钟=480分钟)。

(5) 工时利用率：如前所述，目前大致在70%～85%。

(6) 每天所需要的座席数：按照历史数据根据AHT核算出来的人力需求。

(7) 操作方式：该方法在不断更新和迭代。

(8) 备注：补充额外信息。

其中，单件所需时长的核算需要遵循一定的统计学方法，选择对象是3～4名一贯质量合格的员工，且入司年限均为1～3年，半年以下的员工无须参与，会影响整体数据的准确性。

每次测试为连续两个小时，如其中有休息和如厕时间，需要扣除。

测试时要覆盖不同的业务时段、客户群体和业务内容，覆盖越全，数据越准确。

在业务流程发生变化的时候，要充分考虑节点的变化，或重新测试，保障衡量标准与实际业务同步。

4) 核算需求人数

时效表中的需求人数核算部分，如表15-4所示。表格计算出的是人数(即表15-4中的最后两行)，不足一人的工作意味着做这项工作的人还有剩余产能可以安排其他工作。

表15-4　时效表中的需求人数核算

休假情况	数量
法定节假日	11天
公司年假	8天
培训	1天
正常双休日休息	104天
出勤率	98.0%
员工全年实际上班天数×出勤率/全年总天数	64.7%
实际所需人力	0.19人
现有实际人员	2人

该案例是按照365天24小时服务型客户中心计算的。人力需求量和最终招聘人数是不同的。要充分考虑事假、病假、工休、法定节假日等，算清楚人力需求和招聘人数之间的关系。

采用时效表中列出的标准操作，即可计算出正常员工的标准产能，比较明确地规划出员工的薪资、绩效考核的标准。

3. 制定合适的薪资校准机制

我们先谈谈员工流失成本如何计算。

1) 计算显性成本

显性成本是可计算的成本，一般包括以下部分。

(1) 招聘成本：详见15.1.1小节。

(2) 培训成本：其包含以下三部分。

- 培训期付给员工的薪资、该部分薪资没有产生收入，属于纯成本。
- 培训期付给培训师的薪资。
- 培训期结束后员工在成为成熟员工之前付出的成本：该部分薪资产生一定的收入，但一般无法覆盖成本。

(3) 管理成本分摊：管理团队付出的薪资。

(4) 环境成本分摊：工位环境所付出的行政成本分摊。

我们可以把这部分成本简单理解为培训成本，相当于员工达到100%产能用一个月可赚取的金额。

2) 计算潜在成本

潜在成本是不可见的成本，包含以下部分：

- 老员工流失、新员工上线带来的质量下降成本；
- 老员工流失、新员工上线带来的效率下降成本；

- 老员工流失、新员工上线带来的管理、质检、岗中培训成本；
- 标杆员工流失后带来的潜在负面效应成本。

潜在成本一般不易察觉，但如果不加注意，在积累到一定程度之后，会让项目的质量、效率停滞不前，甚至发生恶性循环。

综上所述，需综合考量服务质量、流失率与待遇成本，制定最终的薪资结构，其中重点考虑三个平衡点：

- 同样工作难度工作的社会平均工资与薪资的差异对应流失成本和招聘培训成本。
- 老员工流失成本对应工龄补贴成本。
- 高绩效员工流失成本对应星级补贴成本。

当这三点通过微调无法平衡的时候，就要回溯整体运营哪里出现了问题。

15.1.3 最佳产能效率规划

前文谈到了时效表的制作方法，产能时效的核算和优化，是时效表这个平台工具的一个重要应用场景。

时效表明确了具体的标准操作方式；明确了标准产能，这将成为后续计算成本和制定绩效方案的基础标准数据。其作为连接运营枢纽的作用越发明显。

1. 计算员工工时利用率和设计员工绩效

通过时效表可以计算出单个员工基准产能，准确地评估团队整体的状态，并确定合理的绩效方案。

1) 上升型团队绩效要点

上升型团队一般出现在新项目上线或是新业务上线的时期，这个时期不能单纯用项目建立的时间长短来衡量团队的绩效。例如：有些项目运行了一年，只要不闭环，还是处于初级阶段；有些项目运营了6个月就已进入稳定期。我们可以从如下几点先判断团队处于哪个时期。

(1) KPI中的扣分项是否已100%落实，且执行到位，如业务不发生异常变化，KPI基本上都达标。

(2) 员工的绩效与KPI相关度密切，每一项KPI均可以在员工绩效中找到对应的驱动力。

(3) 知识库或操作手册完整度高，人性化程度高，同一个问题，随机抽取任意员工都可以获得基本相同的处理。

(4) 拥有30%以上从项目建立至今一直没有离职的员工，且这些员工基本属于绩优员工。

(5) 升级制度完善，员工端发现的问题如各层级都无法解决，当天即可将该问题推给项目负责人。

如果以上判断标准大多是“否”，那么基本可以判断该团队处于上升期，还需要尽快成长。

此时期的团队的主要特点是大部分员工处于不熟练的业务爬坡期，团队整体还未达到合理的产能效率，要迅速建立起时效表平台，以尽快测定标准产能，及时划定员工的绩效锚点，不断收集更高效的方案。

前期准备做完之后，可以开始考虑以下两点。

- 鼓励创新。例如：以CPC(cost per call)结算的项目，在可以保证质量的前提下，以缩短AHT为目标。对于新团队在流程上的优化和创新，可按照3～6个月节省的AHT折算成人力成本，将其中一部分作为奖金，从既往经验上看，奖金比例不超过节约成本的30%。
- 鼓励竞争。对于一些新团队或者面临新项目，当整体处于爬坡期的时候，尤其是新项目初期，时效表、知识库等支撑工具刚刚形成框架，还不成熟，不能发挥最大效能。

员工可能会质疑绩效、质疑目标、质疑管理。要解决这三个问题，若简单粗暴地给员工增加压力，只能让员工更加不满，甚至发生小群体罢工等严重事件。因此，应先由管理层主动从数据和流程开始梳理，并且请部分员工参与其中，并将整个过程宣传和公示，以打破不实的谣言和固有的错误认知。记住，消灭谣言的不是强权或者个别沟通，而是公开公示、广而告之。

我就曾遇到过一个新的客户中心，员工日均电话70个，整个团队都认为接到90个就很多了。经过梳理时效表、核算AHT，我发现员工日接120个电话是没有问题的。于是，我帮助该客户中心明确了绩效标准，启动了绩效排名奖金，给效率排行榜前列的同学实施重奖。同时，为了保证质量，采取多接电话多质检的措施，并适当加强了质检标准。6个月以后，团队达成了员工日均180个电话处理量的目标。当然，这里面也有系统更新、数据积累的功劳，但去除这些因素，我们确实激励了员工，改变了整体绩效锚点，推进了效率提升。

2) 稳定型团队绩效要点

稳定型团队一定是系统支撑完善、管理有序、KPI稳定、效率稳定、绩优员工满意度稳定性好的团队。以下是稳定型团队的绩效要点。

(1) 长期贡献度。目前，大多数家庭的物质条件较好，员工的工作目的大多为提升能力，更多地考虑工作是否舒心，制度是否公平，企业文化是否有意义。面对这种情况，绩效薪资的驱动力是在下降的，而绩效设计中体现“公平”“合理”的驱动力是在上升的。对于这个类型的员工，绩效设计中就要充分考虑将驱动因素做得比较细致，另外质检部门和管理部门在绩效落实的流程上，也要充分地宣传和沟通，做到大问题不出，小问题出了尽快通过沟通及时纠正。

另外，由于家庭分工的不同，也要理解在客户中心中有相当一部分员工只是希望从事一份稳定的工作，因此我们也不应排斥那些求稳定的能够打理好自己的日常工作的“不求上进”的员工，这类员工可能会占很大一部分比例。从项目管理角度讲，这部分员工能够完成与自己成本相对应的收入目标，并能为公司带来合理收益，并且因为没有强烈的晋升要求，反而是非常稳定的好员工，虽然这些员工也存在不关心创新、保守等问题，但在今天的客户中心团队构成中，仍是客户服务的中坚力量。对于这个类型的员工，绩效设计上要相对照顾长期稳定型的员工，设计一定的工龄工资，体现稳定型高员工的“不同”。

(2) 晋升因素。有些员工非常关注自己的职业生涯发展和晋升速度，这部分员工往往表现为非常积极地参与团队的工作，非常关注公司的各种培训、竞聘，也特别关心组织内更高阶工作的锻炼机会，这类非常有晋升意愿、有积极性的员工，一般是客户中心实现创新的主要力量，此类员工比较宝贵，一方面可以引导他们将精力投入到项目创新上；另一方面，通过合理的晋升制度给这些积极员工以“回报”和“激励”。注意：一定要把握好节奏和标准，太快容易让年轻员工膨胀，最终失去学习能力；太慢又会引起员工失望，导致离职。从行业经验看，可以通过以下方式划分贡献度。

- 重大贡献：影响10%以上的项目收入/利润，奖励方式为“奖金+破格晋升”。
- 重要贡献：影响5%以上的项目收入/利润，奖励方式为“奖金+晋升加分高(有空缺即可提升)”。
- 主要贡献：影响1%～5%以上的项目收入/利润，奖励方式为“奖金+晋升加分中(竞聘中有较大优势)”。

有了比较完善的晋升体系和奖金分配制度，这类员工就可以在客户中心发挥出最大的价值。

2. AHT、ATT、ACW、SL等指标与成本的关系

客户中心关键业绩指标(KPI)有10个以上，为什么单拿出这几个来说呢？这几个指标一直是客户中心呼叫业务最常用的指标，比较容易造成发包方误会，进而浪费成本。下面我将详细讲解这几个指标之间的关系，以及在数智化的今天如何将这几个指标做好。

1) 按照话务量计算成本(CPC)

按照话务量计算成本(cost per call，CPC)这种节费模式源自最早的以接听电话为主要模式的呼叫型中心，随着与客户沟通的方式和渠道越来越丰富，其主要指按业务量付费，如在线团队按照交互量计算成本，后台团队按照工单处理量计算成本。

2) 按通话时长付费(CPCM)

按通话时长付费(cost per call minutes，CPCM)就是按照系统中统计的工作长度付费，如话务按照通话总时长付费。

3) 按人头付费(CPH)

按人头付费(cost per human resource，CPH)适用于一些工作效率、单个工作时间跳动比较大、不容易衡量的工作，例如：二线负责协调升级投诉的工作，就按照人头付费。从结算模式我们不难看出，不管采用哪种模式结算，核心问题都是效率问题，质量上的改进属于达标型的指标，达到要求即可，但效率指标却与收入、成本、利润息息相关。管理好这几个重要指标，也就抓住了项目的命脉。

4) 呼叫放弃率(AR)

客户中心往往通过衡量呼叫放弃率(abandon rate，AR)来判断排班的合理性，服务水平所处的状况及系统的稳定性。呼叫放弃率高则表明客户中心在那个时间段没有安排适量的座席代表在线，同时服务水平也受到一定的影响。这是呼入型客户中心客户最关注的指标。

5) 平均处理时长(AHT)

平均处理时长(average handle time，AHT)用于记录一个事务的平均处理时长，包括通话时间和通话结束后的工作时间。这一数据可从ACD中获取，但需要注意的是，不同的ACD对其统计标准也不同，有的ACD将事后处理时长算作该项指标的一部分，有的则不包含事后处理时长。平均处理时长的计算公式为

$$\text{平均处理时长(AHT)}=\text{平均通话时长(ATT)}+\text{平均呼叫后工作时长(ACW)}$$

AHT越短越好吗

从成本角度看，AHT是外包商最重视的指标，相当于用薪资买员工的工作时间。但是，对于目前的发包方来说，其是用薪资买员工输出的服务产品，并且多采取“按单价核算(CPC)+若干质量指标”的方式进行管控。AHT变短，则盈利；AHT变长，则亏损。

AHT并不适合直接作为绩效考核指标

AHT本身并不适合作为一个绩效考核指标来使用，因为平均处理时长(AHT) = 平均通话时长(ATT) + 平均呼叫后工作时长(ACW)。从公式上看，ACW是不受控的，员工真的在处理话后工作吗？其实，我们是不知道员工实际的工作状态的。因此，从绩效考核角度看，对AHT的考核一般使用如下公式来衡量员工的工作总量。

话务量×(ATT＋ACW平均值)/工作时长＝工作效率

一些中心将工作效率的公式简化为“工作效率＝ATT×电话量/480分钟”，直接定义出以直观的绩效考核指标来考核员工。这都是可以的，考核手段本质上都是控制AHT，只是AHT并不适合直接作为绩效指标。

AHT是外包运营管理的核心指标

从运营指标的角度来看，应将AHT作为分析对象。AHT越长，意味着单个问题解决成本越高，如果单价是一定的，就要仔细分析流程和操作，借助时效表平台不断地进行优化，从而把握AHT。这里关注通话时长可直接关注知识库操作手册中话术的易读易懂性，而关注ACW就更复杂一些。目前，真正影响ACW的主要因素是系统，对于话务来说，系统的复杂程度决定了ACW的长度。另外，派发工单的系统的复杂性也对ACW有影响，某些流程的话后统计也会影响ACW。只有综合以上观察点，并加以收集、分析、优化，才能让AHT保持长期稳定，也就能保证项目成本的健康。

6) 平均通话时长(ATT)

平均通话时长(average talk time，ATT)是指座席代表与来电者在线交谈的平均时长，通常指电话被座席代表接起直到电话被座席代表挂断的平均时长。因为有录音可以追溯，所以一些中心直接将ATT长短作为分析指标来分析客户服务。

7) 话后处理时长(ACW)

话后处理时长(after call work，ACW)是指座席代表在接听完一个呼入电话后需要跟进完成交易所花的时间。工作通常包括录入数据、填表、电话呼出等。座席代表在该状态下无法接听其他呼入电话。这个指标理论上是合理的工作时间，但由于涵盖内容较多，且很难实际地看到置于这个状态的员工到底在干什么，不知道是否在做非工作的事情，因此很多技术支持型中心采取测量平均ACW之后，按照平均值计算员工的工作效率。也有很多非技术支持型的中心认为，不应将ACW算进工作效率。当然，这应该根据实际业务情况进行决策。

(8) 服务水平(SL)

服务水平(service level，SL)也称为及时率，指在特定的阀值下已响应的呼入电话数量的百分比，即“X%的电话在Y秒内响应”。例如，85/15的服务水平指85%的电话在15秒内响应。

服务水平越高，就是服务越好吗

这个问题比较复杂，行业不同，要求也不同，其可大致按照以下方式进行分类。

- 要求服务水平越高越好的呼入话务类型：营销类、急救类、消防灾害类。
- 要求服务水平合理的呼入话务类型：客服类、投诉类、已有用户咨询类。

第一个分类方式很好理解，即随时拨打，随时接起。

第二个分类方式中的“合理”，则需要进行综合的考虑。

第一，服务水平(SL)是一个综合指标，如果要提高客户服务中心的服务水平，就需要简单增加员工数量，而且要求的服务水平越高，人员冗余就越多。在这种情况下，空闲度会增加，这会造成每个人的输出减少，综合来看，每个人的人力成本其实是不变的。

第二，客服接待的来电客户是已经消费的用户，产品本身被客户喜欢还是厌恶的事实已经发生，客服电话本身并不会改变客户对产品的印象。如果是咨询类来电，正确解答即可；如果是投诉类来电，那么我们很可能已经失去这个客户，应避免过度使用成本进行客户挽回。

传统客服理念强调，客服要有比较强的客户挽回能力，客服人员一定要进行“服务补救”，并且将能否挽回一个已经流失的客户作为优秀客服的标志。在这一点上，我不是很认同。首先，能否成功挽回客户，很大程度上源自客户的产品更换成本，而不是客服人员的能力。其次，一个投诉问题被完美解决，并不代表客户一定会再次购买同一品牌的产品。客服行业曾经做过调研，从数据上能看到，即使比较完美地做出补救了，投诉用户的再购率也不会高于20%，而且产品价值越低，客户更换成本就越低，再购率也会越低。

我们应该从企业经营和客服成本的角度综合考量，找到一个合适的平衡点。产品价值高且属于耐用品属性的产品，服务本身就是产品的一部分，客户服务则更有价值，更需要在服务中表现得完美，因为产品本身价格高且服

> 务周期漫长，当客户体验到一系列好的服务的时候，“靠谱”的感觉渐渐建立，这会不断增加客户的更换成本，使客户再购时多采取安稳的保守策略，不愿意轻易尝试新产品，因为新产品的好、坏概率又回到了50%。而越是低价值的快消品，更换成本越低，不管客服能否提供好的服务，客户都乐于试试看。
>
> 综上所述，对于某些客户中心来说，当然是服务水平越高越好，而客服类、投诉类中心，除服务VIP大客户之外，最好是根据成本和价值综合考虑。一般来说，行业的经验是：售前电话一定要“一打就通”，售后电话做到“不要太难打”“等一会儿就通”就可以了。

要注意，指标的考量永远不是千篇一律的，要充分考虑产品的、性质、类别、价格，客户的消费、习惯、身份，服务的方式、成本，考虑的信息越多越全面，越能计算出合适的服务成本，找到客户体验的最佳平衡点。

15.2 运营成本控制

15.2.1 用驼峰图解决排班成本损耗

我国实行8小时工作制，员工的基本工作时间是固定的。从客户中心的数据看，客户的咨询时间是不固定的，不会与客户中心员工的上下班时间吻合。以常规的客户中心来说，从早到晚的来电量曲线就像两个山包，上午一个，下午一个，业内把这个电话量曲线叫作驼峰图。实际上，很多客户服务中心的运营时间早已超过8个小时，甚至出现24小时客户服务中心，其客户中心电话量将不是驼峰，而是三个山包和一个长尾。我们一方面去努力寻找成本最低的平衡点，另一方面被行业裹挟，通过牺牲成本来满足客户需求。

24小时提供服务的客户中心和8小时提供服务的客户中心成本上有以下异同。

(1) 员工薪资成本更高。夜班员工或倒班员工自然比正常班员工更辛苦，薪资也更高。

(2) 夜间时段的产能冗余度高。一方面，夜班不符合人正常的生理活动时间，人更容易疲劳，无法像白天那样高效率工作，所以一般需要多排一些人；另一方面，寻求夜间客户服务的用户往往事情比较紧急，咨询的问题比较复杂，人员被占用的时间长。

综上，如果都用人力解决问题，24小时的客户中心成本会比8小时的中心成本高得多。因此，在数智化时代，人们达成了以下共识：

- 人开始回归正常工作时间，解决复杂问题和需要创造性的问题。
- 非常规工作时间的咨询类问题由机器通过多种渠道帮助客户解答。

对于非常规工作时间的紧急问题，一般由机器确认核实身份后做安全预处理，第二天由人员跟进。我们在近两年看到一些企业在完善的流程规划基础上，将整个流程重新梳理，将其中紧急流程单独分离出去，放在夜间的自助系统上，例如：银行卡和手机卡的临时紧急挂失，既满足了客户要求，也节约了夜间人力成本，是一个很好的解决方案。

当然，对于VIP客户专属客服，不要一刀切，视情况确定。

15.2.2 正确使用历史数据来核算成本

下面来具体介绍为什么对客户中心来说一整年的数据最合适。

1. 半年的数据陷阱

什么是半年的数据陷阱，用三个月或半年的数据来估算成本是一种运营典型场景，但对于人力成本来说，上半年数据和下半年数据会有很大的不同。从经验上看，如果是365天全年无休的客户中心，成本差异至少是所有人员一个月的工资；如果是假期经济型的业务(如旅游业的和交通运输业的客户中心)，就会有更巨大的差异产生，这主要是因为上半年的法定节假日多于下半年的法定节假日，且大月都在下半年。因此，客户中心做预算取成本时应注意，年度估算要用一整年的数据，月度估算不要取平均值。例如，2月和12月存在工作日差异，如果没有搞清楚，就很容易分不清项目到底是亏损，还是客观时间性季节性原因。

2. 三年的数据陷阱

另一个比较容易产生误区的数据就是三年的数据陷阱，这是个泛指，主要指采用了“过长”“过期”“过气”的历史数据。用好历史数据的前提是做好数据完整性的规划和记录。

将所有“非常规影响因素”作为干扰项记录在列，并通过复盘搞清楚这些影响因素产生了怎样的影响。新型冠状病毒感染疫情的影响就是一个典型，其影响的范围是所有人，只是对不同的产品有不同的影响。比如打印机产品的客户中心，疫情严重的时候，居家办公增加，家用小型打印机的客户服务请求就大幅上升，而办公场所用的大型打印机的服务请求就下降。再比如餐馆定位服务需求几乎没有了，但外卖订餐需求大幅增长。这些都是难以用历史数据来参考衡量的，但是这些“意外”都应详细记录，再有类似情况发生，就可以按相应的比例较准确地做出估算。

去掉这些非常规影响因素后的数据，就可以和企业的业务变化数据进行对比，设计业务变化、客户数量、客户请求需求量之间的关系模型，并通过一段时间的数据来看规律。尽量不使用超过三年的数据，因为从主流思维的更替速度看，社会人群的总体价值观会在一定时间内发生较大差异，这段时间不一定是整整三年的时间线，只要是社会上与自己产品相关的主流价值观甚至法律法规发生变化，就一定要第一时间做出反应和调整。

15.2.3 用动态的思考方式建立计算模型实现持续控制

在操作中，大家不要进入一种“模板”思维，希望找到一个好例子、好表格、好系统来套用，而是要以“业务是变化的”和“业务是独特的”两个概念去定制思维模型。

1. 业务是变化的

企业一般是指以盈利为目的，运用各种生产要素(土地、劳动力、资本、技术和企业家才能等)，向市场提供商品或服务，实行自主经营、自负盈亏、独立核算的法人或其他社会经济组织。现代经济学理论认为，企业本质上是“一种资源配置的机制”，其能够实现整个社会经济资源的优化配置，降低整个社会的“交易成本”。

从以上定义我们都不难看出，企业的业务本身一定会受到很多外界因素的影响，如土地、劳动力、资本、技术和企业家、投资人、客户、员工、社会大众的利益等。企业为了生存，就要不断地进行业务调整。这里所说的业务调整，并非频繁地调整企业的业务战略，而是要调整业务细节。同时，运营也应随着业务的变化，做出及时的调整，唯有如此，企业的客户中心才能与客户契动起来。没有一个企业会坐视客户的问题不解决，只是当时数据、信息的传递太慢了，它不知道存在问题。如今，企业应该积极建立动态的运营资源成本分析调度体系，迅速解决问题。

2. 业务是独特的

从客户中心自身的角度来看，每个项目的业务都具有独特性，即业务、管理团队、地理环境、社会环境等均不相同，我们应根据自己的业务独特性、结合相关理论，来定制自己的运营体系和流程。

理论是什么？理论就像一块砖、一个梯子、一个板凳，当你明白其原理后，要把它踩在脚下，充分地加以利用，整体的运营高度是站在理论体系上的人所能达成的高度决定的。

15.3　项目现场成本控制

本节的目的是帮助大家从运营思维了解环境成本、环境维护标准及成本分摊规则。

对于一个客户中心项目来说，可以从以下几个方向来考量环境成本。

1. 达成基本工作要求的成本

达成基本工作要求的成本是指物理工作场地的场租、装修、维护、水电成本。其中的成本细项还需要考虑实际运营的需求，参考但不限于下面的例子。

- 电力资源：客户中心一般有很多电脑显示器，应保证充足的电力和合理的布线。同时，不间断中心要了解园区是否为双路供电，如果不是，就要了解历史断电情况，分析能否通过其他方式解决，如UPS集群；如果无法解决，这将是一个致命问题。
- 网络资源：场地要有足够的带宽资源，不间断项目要有两家以上运营商的单独线路储备。
- 场地和工位设计：要平衡考虑容量和舒适性。

除此以外，还要考虑厕所的距离和数量设计、饮水机的位置、空调的位置等。

2. 达成业务要求的成本

达成业务要求的成本是指根据发包方开展业务的要求增加的建设成本等，参考但不限于下面的例子。

- 安全类要求，如摄像头、安检系统等。
- 业务特性要求，如银行业务对于门禁的管理系统。
- 软件系统开发、升级、维护成本。
- 业务软件：话务系统目前多为云呼叫系统、业务系统，其可能是发包方的，也可能是自己的系统与发包方系统对接的。
- 管理软件：入离职、人事档案、行政、财务、考勤等系统。

3. 生产工具

生产工具指根据业务需求需要采购的各种设备等，参考但不限于下面的例子。

- 基础办公设备：如电脑、客户机、扫描仪、打印机。
- 专业输入设备：如在线客服人员所用的定制版键盘、语音输入鼠标等。
- 专业耳机：考虑保护耳朵。
- 人机工程学设备：如显示器支架、鼠标键盘托、人机工程学座椅等。
- 劳动保护设施：如医务室、娱乐室等。

15.4 商务报价核算和优化

了解并掌握了整体的成本构成原理之后，根据既往的成熟项目经验，我们就可以在投标等决策中提供有力的数据，来估算出新项目的成本收入和盈利，最终做出正确的决策。

15.4.1 明确项目全业务成本的观念

全成本的意思就是要将项目上所有花费涉及的成本全部计算进来，其主要涉及以下几个项目。

- 人员成本：包括薪资、奖金、福利、社保、公积金等。
- 运营成本：项目各种生产设备、设施等保持正常运转和维护的成本。
- 环境成本：场地租赁费、物业费、空调费等。
- 商务成本：项目前期参与招投标、往返客户所在地差旅、聘请第三方顾问等一系列活动产生的与项目有关的商务类费用。
- 公司管理成本分摊：总公司管理费、品牌运营费、研发经费等非项目中产生的成本，需要按照一定比例分摊。

从行业均值来看，非项目内直接产生的成本，包括商务成本和公司管理成本分摊两部分，占项目全成本的比例为8%～12%，这部分成本比例没有一个确定值，若项目不同，或项目所处的时期不同，这个比例会有所差异。

例如：一个谋求数智化转型的公司在转型中的一两年内，因为要提升数智化应用能力，所以大量人员要掌握新的数智化技能，必须经过相应的专业培训，这样一来用于培训的经费可能就会增多。

通过观察，我们看到不同公司如果处于同一行业、主营业务类似、规模相当，那么非项目内产生的成本分摊给项目的成本占全成本的比例几乎是差不多的，因为企业在竞争中都不甘落后，也不敢随意投资冒进。

但是，我们也看到，组织结构和管理系统做得好的公司确实和做得不好的公司非项目内产生的成本分摊占比差异可以达到5%，这个比例足以在商务阶段影响投标的成败，也会在运营阶段影响项目是盈利还是亏损。所以我们一定要意识到，不管处于哪个时期，大家都是同场竞技的，对于全成本计算和控制，要尽量全面和细致。

15.4.2 计提成本必须分摊到全成本中

计提成本包括两部分内容：一是指在权责发生制前提下，预先计入某些一定会发生但还未实际支付的费用，如项目中五节(指春节、端午、中秋、五一、国庆)员工福利费用、节日庆祝费用和加班成本准备。二是指根据制度规定，计算、提取有关生产环境和生产工具的损耗、减值，如桌椅地面维修维护费用、电脑的折旧费用等。

计提成本的意义在于将一定或大概率发生的成本提前列在运营账目上，这样可以在项目开始就着手进行管理，而不是等到问题出现之后到了难以处理的程度才引起重视，一切管理措施都无法挽回已经发生的损失。

在以往的管理实践中某企业就曾发生过，企业没有一个好的计提成本计算管理机制，就会让不良的项目负责人有了可乘之机。比如，项目负责人在前几个月没有计算计提成本，同时将一些年度付款项目推后，拿够一定薪金后就悄悄离职。这使得项目在最后几个月要承担项目全周期的计提成本，直接导致项目财务报表产生巨大的亏损。这种做法会隐藏运营问题，导致项目崩盘，值得每家企业引以为鉴。

15.4.3　商务报价材料的收集类目(举例)

下面是一个典型的客户中心做报价的时候采集的全成本信息案例。由于各类费用成本条目众多，以下我们通过表格来表述这部分内容，让大家对商务报价成本收集阶段有一个直观的认知。实际上，如此复杂的计算最好通过一个系统平台来实现，一方面方便使用，另一方面更有利于保护数据安全。

1. 人力费用成本条目

人力费用成本相关内容请参见表15-5～表15-7。

表15-5　报价表中的人力费用部分

费用类别	数额
一线员工工薪	
一线员工绩效工资	
全勤奖	
夜班补贴	
住房公积金	
社保价格	
餐补	
住宿费	
节日费	
活动费	
班车费	
国定假期加班费	
年营业月份	

表15-6　报价表中的人力成本构成(管理人员)部分

费用类别	计算比例	月人均薪资	话费补贴	住房公积金	社保价格
经理	1				
质培主管	1				
中控主管	1				

（续表）

费用类别	计算比例	月人均薪资	话费补贴	住房公积金	社保价格
运营主管	1/80				
中控与数据专员	1/100				
内务专员	1/100				
培训专员	1/150				
质检专员	1/20				
组长	1/15				

表15-7　报价表中的出勤和排班部分

员工相关参数		数量
需要上班的法定节假日(天)		
节假日值班人员比例(%)		
月工作日(天)		
每年月份(月)		
节假日薪资倍率		
培训期日薪资(元)		
招聘费(元)		
平均留存时长(天)		
培训期(天)		
月流失率(%)		
排班	中1(天)	
	中2(天)	
	小夜(天)	
	天地班(天)	
××××年每月工作日天数(天)	1月	
	2月	
	3月	
	4月	
	5月	
	6月	
	7月	
	8月	
	9月	
	10月	
	11月	
	12月	
合计		

2. 环境及技术设施设备成本条目

目前，整个客户中心的支撑系统正在逐渐转化为云化、数智化，因此设备和服务器一类的成本类目会转化为云服务费用和数智化系统使用费用，服务器部分就不列出了。

环境及技术设施设备成本相关内容请参见表15-8、表15-9。

表15-8　报价表中的固定成本(基础设施)部分

序号	类目	数额
1	办公室会议室房租(元/平米/月)	
2	座席工位房租(元/平米/月)	
3	物业费(元/平米/月)	
4	呼叫中心 硬件服务器平台/云服务(元/座席/月)	
5	报表数据库 硬件服务器平台/云服务(元/月)	
6	录音服务 硬件服务器平台/云服务(元/座席/月)	
7	座席软件许可(元/座席/月)	
8	管理软件许可(元/座席/月)	
9	防火墙(元/座席/月)	
10	座席终端(元/套)	
11	月传真扫描复印费(元/台)	
12	投影仪(元/台)	
13	办公室PC(元/台)	
14	键盘鼠标(套)(元/套)	
15	话机+耳机(元/套)	

表15-9　报价表中的其他费用部分

项目		金额
软件费用	技术支持-IT	
	技术支持-软件	
通信费用	专线网费	
	办公电话费	
	办公网费	
办公用品与水电费	办公用品(含绿植)	
	保洁费用	
	办公室水电费含中央空调	

3. 根据全成本数据估算报价的计算条目

在收集了各项数据之后，就可以着手进行成本的详细计算和报价的估算了，表15-10展示了从成本到最后报价估算的步骤，供大家参考。

制作这张表格时，要尽可能地将运营中可能发生的影响因素和计算逻辑考虑进去，并尽可能地了解实际情况，可以在公司内了解相近类型、类似环境的其他项目，也可以了解目标地区其他企业类似项目的运行情况。

本案例所使用的表格只是为了让大家清楚整个成本报价计算的数据、思维的过程和步骤。在实际工作中，可在系统初期使用表格作为载体进行分析，形成模型并固化下来后，一定要固化到ERP、OA一类的系统中来实现落地计算，以保证系统的易用性和正确性。未来的业务将会越来越复杂，要计算的项目也需要不断增加，核算方式也需要不断升级改版，承载更多的计算数据和计算需求，支撑管理人员做出正确的决策。

报价的考虑因素和报价的计算条目请参见表15-10。

表15-10　报价表中的报价考虑因素和报价计算条目

类目	数值	类目	数值
成熟员工人均产能(通/人/天)		KPI(%)	
成熟员工KPI(%)		岗中流失率(%)	
上线3个月人均产能(通/人/天)		培训期员工(通/人/天)	
上线3个月员工人数(人数)		培训期员工人数(人数)	
上线3个月员工KPI(%)		培训期员工KPI(%)	
上线2个月员工产能(通/人/天)		岗前流失率(%)	
上线2个月员工人数(人数)		当月培训期员工总成本(元)	
上线2个月员工KPI(%)		当月培训期员工成本(元)	
上线1个月员工产能(通/人/天)		出勤率(%)	
上线1个月员工人数(人数)		每月工作天数(天)	
上线1个月员工KPI(%)		法定每月工作天数(天)	
上线员工总人数(人数)		排班人员比(%)	
中心人均产能(通/人/天)		月承接能力预估(通数/每月)	
日承接能力预估(通数/每日)		总收入(预估)(元)	
总成本(预估)(元)		总收入(实际)(元)	
总成本(实际)(元)		盈亏金额(元)	
高峰低谷期排班折损率(%)		毛利率GP(%)	
实际成本(单通)(元)		人均创收(元)	
报价(单通)(元)		人均创利(元)	
核算KPI后收入单价(元)			

15.5　对外包项目的商务考核

项目开始之后，可直接将预估好的各项商务报价金额表格转换为年度成本计算表格(见表15-11)。运用该表格，可以进行全年甚至更长时间的成本监控，同时可以将其作为每月财务分析报告。在没有发生真实费用前，可以填入预算值；在发生真实费用后，用真实值替换预算值，通过颜色来区分预算值和后续填写的真实值。然后，对比真实值和预算值的差异，如果某一项真实值和预算值有较大的差异或者从连续几个月的发展趋势看与预算的偏差呈越来越大的趋势，那么这一项有可能存在我们之前没有发现的问题。

该表格与报价预估表格类似，不同之处在于，该表是按照项目实际的支出项目来列出的。在表格中逐月填入每月的预算，从而形成对比表。当发现实际成本与预算成本不符时，可及时发现，并尽早检审核查是哪里发生了变化和异常，及时采取措施。有关更细致的成本管理，我们将在后面进行详述。

表15-11　报价表中的年度成本计算表

项目		数值
(收入)不含税结算金额(人民币)		
盈利/亏损(人民币)		
总成本(人民币)		
总人数(发薪人数)		
折合成可接电话人数(workforce)		
人工成本1	人员薪资支付成本	
	人员绩效支付成本	
	各项社会保险(公司部分)	
	住房公积金(公司部分)	
	年终奖预提	
	提效提质创新专项奖金	
人工成本2	残保金(有发生风险)	
	离职补偿金(有发生风险)	
	员工转签杂费(一次性支出)	
	人员招聘费	
	五节福利	
	劳动保护费	
	培训费用	
	人事档案费	
	劳务费	
	劳动竞赛	
	文体活动	
	其他人力资源费用	
	核心团队费用	
管理费(不含利润)	公司管理层费用分摊	

(续表)

项目		数值
管理费(不含利润)	投标佣金支出(一次性支出)	
	BST办公室租金	
	低值易耗品摊销(会逐渐增多)	
	办公用品	
	快递费	
	市内交通费	
	差旅费	
	会议费	
	工作餐费	
	审计费	
	印刷费	
	其他办公费用	
	办公环境维护	
	运营资料费	
	办公室供应	

至此，我们介绍了有关成本规划的类目、原理、材料收集、表格制作、主要工具等，下一章将讲述如何无缝衔接这些“兵器”，发现运营中的问题，以及控制项目成本等。

第 16 章

项目成本控制

本章讲述在项目正式运营之后，企业如何以财务分析为基础，做好项目的成本控制工作。外包公司的项目成本控制应做到以下几点：一是要熟悉业务，面对各种变化时可以及时与发包方沟通，制定应对措施；二是要调动所有与业务质量、效率相关的各种资源，来提高生产力、降低成本；三是要对环境、政策的变化有一定的敏感度，及时洞察并做出调整；四是了解新的工具应用技术，做到慎重选择、谨慎验证。

16.1 KPI与成本的均衡

目前，客户需求的变化越来越快，与之对应的业务种类和业务流程的变化也越来越快，因此外包企业希望KPI长期稳定几乎越来越不现实。从业务商务谈判阶段对KPI的规划就已经影响整个项目的成本、收入、组织结构、运营体系和运营效果。从市场现状上看，大部分发包方企业只掌握从业务到KPI设计的基本原理，习惯遵循继承最初外包所制定的KPI，基本上仅能做到从部门的考核指标来做分解式的KPI落实，很难深入了解业务外在和内在需求，结合企业业务战略找到最适合的外包模式，更不了解外包企业行业快速的变化，因此，KPI和以KPI成绩为基础的考核与结算与实际业务需求不能紧密联系起来。在新的市场竞争阶段，企业应具备从企业战略意图出发向下落实的能力，还要具有以整体客户体验为核心，不断优化或重构运营体系的能力。这需要企业在贯穿客户发现、转化、维系、再购的整个客户历程中进行思考，综合这些因素来确定客户中心的运营方向，最终得到最优的业务结构。

举个例子：十年前，我们在考核客户满意度时，直接设置一个指标，即在通话后请客户选择满意或不满意，满意度回访的数据与解决率数据正相关。如今，约90%的客户问题已在系统中被自助解决，而另外联系到客服代表的那10%的客户能够区分问题是出在客服代表身上还是企业内部，或者能够体谅客服人员。我们发现，单纯地从数据来看，满意度都是90%以上，但实际的客户体验则越来越差，如果无法及时洞察实际客户体验和考核数据之间存在的巨大差异，没有做出及时的调整，仅凭负面信息就加大罚款金额，客户体验并不能得到有效的改善。到底考核和业务目标之间的良好关系应该是什么样的？要怎样思考和规划最合理？我们将在本章探讨这些问题。

16.1.1 KPI、质量、价值与收入、成本形成平衡的闭环

第15章提到，外包企业发展到现阶段，出现过多种结算模式，其中有5种常见模式。以下我们从发包方的角度，谈谈这5种结算模式。

1. 按照话务量计算成本

发包方普遍认为，按照话务量计算成本(cost per call，CPC)是一种比较“省心”的模式，也是目前客服类客户中心采用最多的结算模式。在该模式下，发包方要做的是：定好质量方面的KPI，并监控质量。只要保证质量不出问题(因为单价固定)，调动起了承包方的自驱力，就会使承包方在达成质量目标后自觉地想办法提高生产效率，从而兼顾质量和效率。实际上，这种模式运行到今天反而成了客户契动体验提升的掣肘。

我们看到的实际现状是：遇到质量问题，相当一部分发包方采取加重扣罚力度的“一刀切”模式，忽视了对业务整体的数据收集分析、追溯和流程优化。同时，呼叫中心的CRM系统比较封闭，体系和数据很难及时反馈到业务部门，对一线员工毫无帮助，导致一线员工无法为客户快速、直接地解决问题，客服管理只能在客户服务中心小闭环内进行优化，这在早期(单价较高的时候)是没有问题的。经过了十多年的外包，根据单价核算的总体收入已经非常接近客户中心成本，外包公司盈利逐年被压缩，与新的互联网型企业相比，外包公司的业务模式比较落后，客服人员在接到电话时，大多会被客户骂，且往往得不到有力的支持，也无法帮助客户解决问题，最后导致高素质人才流向其他职业，客户中心外包从业人员素质不断下降，而高额罚款也导致外包商不得不通过“其他方式”来和客户私下商量达成协议，用较少的成本解决客户问题。十年前，CPC这种结算模式体现了外包模式的高效和专业；如今，CPC这种模式让发包方和承包方玩起了“猫捉老鼠”的游戏，双方为了各自的利益，相互隐瞒问题，互不信任，一些本该通过信息传递，及时做出的决策迟迟不能推进，整体客户中心乃至整个企业与客户之间的契动出现了断层。

2. 按通话时长付费

发包方普遍认为，与CPC的计算模式追求效率相比，按通话时长付费(cost per call minutes，CPCM/cost per call hour，CPH)的结算模式在一定程度上消除了承包方对效率的担心和焦虑，只要让员工安心地在岗位上工作足够的时长，质量上不出问题就可以了，所以CPCM一直被认为是追求客户体验、追求满意度更高的结算模式，也就是员工不必急于结束电话，而是以“把客户照顾好”为主要目标。在相当长的一段时间内，CPCM的模式一度不被大范围使用，就是因为这种模式导致客户中心的成本比较不好控制，多用在一些复杂工作的座席或者VIP客户的座席上。

现阶段，一些互联网公司重启的CPCM付费模式与早期的CPCM模式有相似的地方，但又不太一样，相似的是，确实强调“以客户满意为导向”，甚至比当年做得更彻底，员工可以自由发挥的空间更大，只要客户满意，甚至不用受限于已经定好的流程和框架，仅须遵守基本的客户服务准则就好，这样的“现象”其实是因为现在的互联网公司的客服体系额已经充分数字化，大部分客户请求已经被机器承担了。之前十年，我们追求客户中心员工像“机器”一样准确、均一、一致，并且为了这个目标，甚至牺牲一些优秀员工的能力保持“一致性”。现在正好相反，因为准确、均一、一致等标准化工作基本由机器来承担，并能够很好地完成工作。比如腾讯、美团等数字原生型业务的公司，其大部分业务和服务是在线上和App上完成的，具有流程完整、细致且流畅等优点，在系统服务能力强大到一定程度之后，简单问题基本上由机器解决，到人工客服的问题占整体服务的比例较小，需要投入“人情、安抚、人性、商量”，通过人和人之间充分沟通来解决。如果企业没有达到流程完整流畅、业务部门无法快速解决问题，则不建议采取CPCM的结算模式。

3. 按全时员工付费

按全时员工付费(full time employee，FTE)是一种常常被误解的结算模式，一般用于一些需要“保底”的工作，也就是工作量不是特别确定，但又无法做出优化的工作。比如：24小时客户中心中上大夜班的员工，因为夜间的话务量和KPI要求并不会降低太多，所以导致基本工作是不饱和的；培训部门的员工，因为企业的业务变化快，且难有规律可循，只能按照需求上限来预估需求的人力。之所以常常被误解，是因为发包方总认为FTE结算的员工不够饱和，而承包方觉得虽然这是一种看起来保底的付费方式，但也是一种封顶的付费方式，缺乏管理提升的积极性。因此，这种付费方式一般局限夜班、培训部门、投诉处理部门等。具体哪一类的工作采用FTE来定价，可根据商务阶段双方沟通的情况而定。

4. 按每次订单/每次交易付费

按每次订单/每次交易付费(cost per order，CPO)是电销发包方比较喜欢采用的结算模式，因为这种模式看起来是按结果付费的。该模式实际上是交易完成的时候按照约定好的提成比例进行付费。该模式常用在流量和户外广告上，该模式对承包方来说有较大的风险，有大量的固定成本投入，如果发包方在实际运作中，不认真考虑成本，而由承包方承担所有风险，那么这样的合作难以长久。这样的例子并不少见。

有一种发展趋势值得关注，法律法规会进一步规范、限制外呼营销这种业务模式，外呼联系客户的标准要求越来越规范和统一，无须较高的销售技巧，成本低的机器即可全部实现，这样既可以降低成本，又可以降低人员不规范带来的合规风险。

5. 按某项任务完成率付费

按某项任务完成率付费(cost per action，CPA)是一种相对公平的电销付费模式，是一种来自互联网的计费模式，一些电销、邀约、回访类型的业务会采用这种模式。该模式以员工完整完成一通脚本进行计费，这样做有一定的合理性，即结算的费用是与付出的劳动成本相对应的，承包方不承担数据不良的风险，数据质量仍在发包方闭环，这相对比较合理。结合多个不同类型业务的预计单价的组合，可以最终比较合理地进行结算。但有一点要注意，就是在这种模式下针对提升成功率要做的脚本方面的优化，可能会被忽略。

通过以上介绍，我们发现，似乎哪种方式都不完美。这就是目前我们所面临的窘境，随着数智化、智能化工具的使用，人才素质的提高，客户对企业的需求已经发生了很大的变化，目前的结算方式无法很好地满足双方业务发展的需求，释放双方乃至三方企业的全部能力和价值。

目前的结算模式比较适合短期的、简单的业务，但随着竞争愈加激烈，市场对企业提出了业务敏捷度和快速迭代的要求，需要发包方和承包方构建更紧密和稳固的合作模式来应对。

16.1.2 要站在企业的业务角度思考客户运营

现代经济学理论认为，企业本质上是“一种资源配置的机制”，其能够实现整个社会经济资源的优化配置，降低整个社会的“交易成本”。

所以我们需要追本溯源，弄清楚我们到底应该如何看待客户契动，目的是什么？

从非常宏观的角度去看，企业是靠专业的规模化生产、快速的迭代产品和服务来解决问题，形成企业产生竞争力的，而客户中心则肩负接收、解决问题和收集分析信息两重任务，即提高“客户满意度”，降低“问题发生率”。再进一步解释就是：客户中心要帮助遇到问题的客户快速解决问题，这是服务小闭环；同时，要收集数据及时反馈到业务部门改进产品、优化服务，这是业务大闭环。只有让两个闭环都通畅有效，才能够实现快速迭代，充分体现服务的价值。

16.1.3 管理客户从理解客户满意度开始

本节探讨现阶段用哪种结算模式才能正确地驱动客户体验、客户满意度。

当客户的正常使用被中断后，失败的产品体验就已经形成。例如：一台热水器一年坏了三次，每次售后都积极上门维修，但上门服务会耽误客户的时间，在客户听到某产品用了两年都不出现故障的时候，即使贵一些，客户也会更换产品。

提高客户满意度的最好方式是，出现问题以后，尽快解决，同时随着问题的解决，同步做细致的复盘分析，迅速找到根源问题，与前端部门协同解决源头问题，即要么尽快升级产品，要么主动提供服务。现在的产品，大多基于可以升级的智能化系统，可以在客户还没遇到问题的时候就将其解决了，或者在客户的正式使用周期内减少寻求服务的次数，以提升使用体验。我们可以用服务率(总的客户请求量和总的客户数量的比值)衡量产品和服务的状况，用客户请求的解决速度来衡量组织的运营能力，而满意度、接起率等指标保持不变，但其不再作为最重要的业务指标，而仅作为客服团队指标来看。如果以固定的服务请求率来做客户中心的预算(预算＝客户总数量×客户服务率×单个服务平均成本)，则能有效驱动客户中心通过信息的迅速分析和反馈，让问题被迅速推进，从根本上解决问题，减少问题的出现，由此产生的未用完的预算可作为承包方额外利润，奖励给承包方。

如果用这种方式来驱动外包的客户中心，或者第三方，则可以促使承包方更全面地考量数据分析价值。不会出现按业务量结算模式导致的后果：承包方希望发包方的问题越多越好，发包方的问题解决得越慢越好，问题越多，收入越多。这样可以有效改善承包方业绩目标和发包方业务目标发生背离的情况，从根本上改善产品质量和服务质量，不断提升整体业务能力。目前，有些企业已经开始思考和尝试，希望大家由此拓展思路，在数智化时代，借助数智化工具，沿着上述解决思路和方法，找出更有效的整体合作方案。

16.1.4 控制运营成本

对于外包企业来说，控制运营成本是核心工作。

1. 商务阶段

在该阶段最重要的工作内容包括三个方面。

(1) 了解项目的详细背景和外包的动因。无论是新项目还是老项目，发包方总有一些明确的目的，这决定了发包方对项目管理预期、KPI设定和一系列外包有关决策的侧重点，即哪些要求是必须坚持的，哪些要求是可以适当调整的，哪些要求是需要提升的，这都需要尽可能地了解清楚。例如：为了消减成本而进行的外包，总体预算基本是没有谈判空间的，要从优化成本提升效率方向去推进改善；为了质量提升行业经验而进行的外包，就可能愿意为了改善质量而调整预算，就可以从创新引入管理和培训等方向去推进改善。除了与客户直接沟通了解，还可以采取查找公司背景信息，试用公司产品，拨测服务电话问一问售前和售后问题，使用企业App、网站、公众号体验营销和服务等方法了解企业的相关信息。

在这一阶段基于对客户一定的了解，最好将双方对于KPI讨论的重点聚焦于“KPI是否可以驱动发包方的整体目标”。在了解客户的企业愿景和业务模式后，可以从专业的角度去探讨，KPI的驱动力与客户中心及客服系统的整体输出是否符合发包方企业发展产品服务的整体诉求。

在这个阶段，讨论越充分，越能够以发展的眼光去考虑，不纠结于价格、短期效益，要让发包方与承包方将双方作为一个整体来考虑，双方有清晰的共同目标和认知，不仅有利于双方设计出更好的合作模式，对承接后的运营阶段对接设计也会有非常好的推进作用。简单来说，这类似于我们日常购物的思维逻辑，因为我们大都有“便宜没好货”的经历，也有很多上“智商税”的经历。经验让我们变得谨慎，在我们不清楚一个产品的功能特色及优点时，无法理解这个产品为什么贵，也就不会掏钱购买。通常，客户只会为自己认知范围内的价值付费，当不能肯定更高价值的时候，不会认同更贵的单价。举个例子，我涉足户外运动的时候，由于运动强度较小、路途较短，会选择市场上比较便宜的户外鞋。过了一段时间，随着户外强度增加，脚上磨出了泡，踝关节和膝关节都有不同程度的不适，会咨询专业资深户外领队，详细了解了户外登山鞋的材质及针对不同环境的鞋型设计，根据自己的情况选择更专业的户外鞋。同时，我注意到，对我来说舒服的鞋子，不一定别人穿着舒服，最适合我的鞋子不一定是市场上最贵的鞋子。设计“合理”的KPI流程亦如此。不能盲目选择，更不要削足适履，应找到合理的、合适的共同目标，整合双方优势资源，发挥最大的价值。

(2) 掌握正确的历史数据，做好分析。这是商务上计算报价和预估运营成本的基础，第15章已做详述，在此不再赘述。

(3) 根据各项数据做好整体预算，同时根据合同周期，预估业务变化和人员变化，并且预留一定的缓冲，规划好问题的升级路径。也就是说，KPI如果有重大的变化，或者新的业务需要重构新的KPI，都需要一个完整的协商定价流程，包括完整的闭环的流程路径、数据分析、每个环节的对接人、争议的处理方式等，以避免出现问题时争议不断。

2. 运营阶段

从控制成本角度来看，最重要的工作是及时掌握各项与KPI和结算直接或间接相关的数据和指标的变化。在这个阶段，客户中心可通过分析数据指标，详细了解业务端和客户端正在发生的变化，并分析这些变化都是什么原因造成的，从而快速采取措施。

我们先假设明显不合理的KPI在商务阶段得到了合理的修正。我们已拥有一套双方认可的，至少从计算逻辑、计算方式、目标阈值都合理的KPI指标。我们将KPI指标作为试运营阶段的核心目标，让常规的运营得到保障。

除这一套KPI指标之外，在运营阶段所关注的指标还包括一系列明确的、与发包方目标一致的数据观测收集点。我们要根据这些关键节点，建立适当的阈值，及时感知问题。当发现哪里的数据发生异常时，要马上分析出业务和服务在哪里出现了问题，即通过通畅完善的流程提升发包方总体业务敏捷度，只要发现一处错误，就从根源上进行改正，这应该是发包方和承包方的共同追求。

从趋势上看，大部分简单的、不用复杂交互的客户请求将交由机器来完成，客户中心通过越来越多的数据来满足内部分析和决策的工作需求，随着自动化的程度越来越高，系统会更加准确和敏捷。

因此，此阶段的重点是：方向保持正确，颗粒度不断变小，工作不断精细化，效率持续提升，实现客户感受和工作效率的提升，这看上去都是发包方的业务目标，但实际上这些工作如果采取了适当的科学的方法，建立起好的模型并结合数智化工具实现，就能满足发包方的业务诉求和承包方的盈利诉求。随着长期磨合，这种良好的状态还会不断提升双方的运营水准，实现承包方和发包方“双赢”。

3. 中期议价阶段

若在实际运营过程中发现不符合业务变化的需求，需要在中期议价机制中协调解决。

应明确中期议价不是中期涨价或中期砍价，而是快速应对内外变化的一种机制，它的主要目的是让从历史数据算出来的合同中的各项KPI及以该KPI为基准测定的单价，在不能适应快速变化的时候有一个窗口做调整，从而避免结算成本无法支撑变化，以及运营无法适应新要求的情形，以维持整体业务运营体系健康发展。

中期议价机制的频率、范围和大小都是值得继续研究和探讨的。到目前为止，已经见到的中期议价机制一般仅针对单价，调整的原则是根据数据、政策等计算出调整值。

中期议价的基础是一套完整的运营数据和分析结论。其包括内部的较长期的变化，例如大规模自助系统将大部分简单查询、咨询问题分流后带来的业务难度的变化，如业务处理时长AHT上升和接通率下降的变化趋势分析；外部的人力成本等的变化，如社保基数的变化和分析、最新同行业同职位社会平均薪资的变化和分析等。

随着客户中心的全面数智化，我们可以通过更多的、更细致的数据全面分析业务成本、业务收入，也会深入分析业务、产品的销售服务模式的优劣。

承接发包方新的业务时，实际上不清楚哪种付费模式适合推进发包方的业务需求。一般都会先采取保守的参考历史上出现过的类似业务的结算模式。

目前，某些企业基于客户提升的敏捷度高要求提出OKR[①]，也就是企业的业务更迭不一定以“年”为单位，而是以更加敏捷的“月”“周”，甚至“日”“小时”为单位，阶段和目标(object)不同，KR(key results，关键成果)也就不同。例如：通过历史数据的分析和计算系统预先设置好的阈值，得出忙时和闲时的不同单价，实现员工弹性的工作节奏，就是一种很好的管理尝试。但对于员工考核，特别是一线员工，相对稳定的KPI[②]考核较好，因为KPI从实用主义考虑，比较符合社会共识。从公司总体看，市场部门更适合OKR；从项目看，项目开拓的管理人员更适合用OKR。要综合考虑OKR和KPI，从驱动力考虑适合哪种模式。

---

① OKR(objectives and key results)，即目标与关键成果法，是一套明确和跟踪目标及其完成情况的管理工具和方法，由英特尔公司创始人安迪·葛洛夫(Andy Grove)发明。

② KPI(key performance indicator)，即关键绩效指标，是通过对组织内部流程的输入端、输出端的关键参数进行设置、取样、计算、分析，衡量流程绩效的一种目标式量化管理指标，是把企业的战略目标分解为可操作的工作目标的工具，是企业绩效管理的基础。

16.2 年度预算与月度考核

从运营管理上看，合理的商务报价是以预估实际运营管理成本为基础的逆推，综合考虑合理利润、市场发展等多因素而得出的，所以在项目进入实际运营阶段、对项目进行全面管理时，先要建立从预算、实际成本落实到具体运营管控的闭环，记清楚账目，之后通过日、周、月的财务成本数据和运营管理数据，持续监测与对比分析，找出实际运营中与预算的不同点，弄清原因，最终通过汇总数据和观察分析，发掘业务上的问题。一旦问题被确定下来，就可以从以下三个方向着手解决。

(1) 商务方向：对于因业务上的问题或变化导致的成本变化，要有清楚的财务数据和运营数据来支撑，以支持未来商务上的谈判议价。

(2) 运营方向：对于因团队不熟悉业务导致的效率、质量KPI问题导致的成本收入问题，要有计划、有时效地进行修补和改善。

(3) 技术方向：对于运营团队和运营支撑团队，应引入一些提升效率、降低成本的智能化工具和系统，同时借助财务数据和运营数据分析总体的投入产出，做出是否值得投资的决策。

16.2.1 建立运营账管理

外包公司运营账的管理能力主要是指外包公司要在业务层面通过持续监控财务管理及时发现商务层面或者运营层面的问题。这种能力也是现在外包公司普遍缺失的能力。通常，商务部门和市场部门在项目承接阶段有非常高的参与度，项目承接后，其全权交给运营部门进行管理。项目在运营期间会出现各种各样的调整和变化，若出现对承包方收入和成本有较大影响的变化，应及时发现、及时反馈、及时对接、及时调整，以保证项目的良好运营。

要做好月运营账目，不能任由运营部门自己算成本，项目所有的收入和支出都需要经过公司级财务部门，从财务部门账目中看到的盈亏才是真实的。但是，仅从财务记账去看项目的运营情况是存在漏洞的。财务部门通常的记账方式是一套专业的方式，我们暂不展开。仅从原理上看，财务的原始账目是按照财务的收入和支出时间顺序记录的流水式账目，也就是所有的账目都是在付款或收款实际发生以后体现的，这就导致一些需要后期付费的项目无法体现在前面的财务账目中，所以不适合用作分析运营情况。最典型的例子就是年底的过节福利费，金额一般较大，如果没有将这笔费用分摊到全年，很可能出现前面11个月财务上都是盈利的，12月亏损，结果全算下来，项目全年总体是亏损的。如果在最初就将这笔钱计提分摊到之前的每一个月，结合财务部门的账目和运营的实际情况，将财务账目数据包括年度已经支出的成本分摊到每月，就能合理地规划全年的收入和成本，这也是制作运营账的关键。如果一个客户中心有多种业务，每种业务有不同的结算单价和计算方式，那么至少按照每种结算单价和业务来分析盈亏，如果还想看得更细，可以再细分到部门。应看每个月的数据观察变化趋势，及早发现异常，及早提出解决方案。下面我们详细讲解一下重点，帮助大家进一步理解，设计好财务管理账目，做好运营管理的这个基础工作。

1. 分摊账目

分摊成本是指在考虑项目自负盈亏的基础之上，还需要有一部分资金支撑公司的运作和项目发展，如果没有合理地考虑和设置分摊账目，会导致预算金额偏小，影响项目的健康发展。分摊账目一般包括以下成本费用。

(1) 商务成本：包括项目销售、客户维系、项目招投标等成本。

(2) 管理成本：即公司总部按照比例分摊的公用管理成本，如品牌宣传、市场活动费用等。

(3) 研发成本：即新的探索性管理模式、管理工具、新的流程在运营上试错的成本。

2. 计提账目

一些现在还没发生，已经确定的、未来一定会发生的成本，应落实到逐月的成本中，形成全成本的财务规划。只有这样做，才能够正确评估每月项目收入支出是否健康。计提账目一般包括以下典型类目。

(1) 基础成本类的类目，如房租(年付)、水电费用(季度付)。

(2) 员工福利类的类目，指企业为职工提供的除职工工资、奖金、津贴、纳入工资总额管理的补贴、职工教育经费、社会保险费和补充养老保险费(年金)、补充医疗保险费及住房公积金以外的福利待遇支出，包括发放给职工或为职工支付的各项现金补贴和非货币性集体福利，如五节福利费、过节费，以及其他跟随地区性公序良俗所需要的费用。

(3) 业务活动类的类目，如双十一等重要业务活动的加班、劳动竞赛等费用。

3. 细化账目细节

运营账目最好细化到每位计时付薪或计件付薪的员工身上。事实上，在没有强大的系统工具支撑的情况下，若做到如此，分析成本肯定过高。从经验上看，应该按照业务单元来进行统计和监控，分清每一个业务单元的亏损和盈利情况。

在实际的运营中，尤其是大企业，在项目开始时通常使用历史数据来计算项目的工作效率，得出结算单价，随着业务、环境、工具的变化，工作效率会发生变化，这些变化可能会让某些业务盈利更多，也可能让某些业务盈利更少，如果没有一个细分清晰的账目，就很难了解具体的变化情况。发包方比较关注效率提升、盈利增加的业务，而承包方比较关注效率降低、盈利减少的业务，矛盾由此产生。从生态健康的角度来看，我们建议在清楚账目的情况下，要先将各种变化综合起来，与合同签署的历史数据进行对比评估，然后再从总体上建立互相信任、数据清除、合理调整的良性生态循环。

16.2.2 建立成本中心

外包公司发展到一定规模后，一方面，很多项目同时进行，会涉及公司场地、设备的流动和共享；另一方面，已经形成独立的后勤行政部门、人事招聘部门、IT开发部门等。要管理好整体运营账目，推荐的方法就是在完善运营账目的基础上尽早建立成本中心，呈现清楚的独立核算、自负盈亏的机制，扫清管理死角，建立起“不养闲人”的管理体系。

要建立成本中心(cost center)，应该先与财务部门对接，拿到每一个项目的全成本账目，如果项目较多，应逐级建立“成本中心”的管理体系。

成本中心是指只对成本或费用负责的部门。只要有成本费用发生的地方，都可以建立成本中心。

在每个成熟的会计系统中，成本中心的设置非常重要，尤其是有多个实体、多个业务单元的集团。

例如：以下为一个外资企业成本中心系统的基本要素。

- 成本中心代码和名称，代码要有统一的规则，如8位字母或数字，前面2位，中间2位和后面几位各代表什么，要有统一的规则。
- 成本中心所属的法律实体(entity)。
- 区域(region)和业务单元(business unit)。
- 会计系统平台号码，以便在多个系统进行合并时准确识别。
- 成本中心的费用属性，例如销售部门的费用属性是销售费用，市场部门的费用属性是市场费用。
- 成本中心经理，即直接负责人。
- 监控经理(controller)。
- 是否有人员(headcount)，以及人员数量。
- 此成本中心的费用是否要做分摊到其他成本中心。例如：一个20人的小部门自己不设置招聘人员，而承担0.5个招聘人员的费用，请一个500人的部门帮自己招聘。

做外包企业的项目管理时，可以参考成本中心的管理理念，并根据实际情况做适当的简化。

实际案例中，我们应用过的包含地区因素的管理模式示例如下。

成本中心编码：KFBJ001

其中，

KF：客服

BJ：位于北京职场

001：北京职场1号项目

成本中心的管理理念是，通过为项目建立单独的账号，从而剥离出该项目明确的收入和成本，了解项目真实的运营状况，及时发现最初合作合同上和业务运营上的各种问题，进行管理、调整和优化。

简言之，成本中心不仅仅是一种管理方式，也体现一种管理观念。成本中心的原理就是：先明确成本单元应该产生的合理生产输出及对应合理的收入；然后，实现逐级管控，让每一个层级都细化到下面两个层级，例如经理要看到部门和小组两级的成本和对应的收入，进行独立核算；最后，了解每个成本单元成本和收入的对应关系，再结合项目的目标和KPI，组合每一个小的生产单元，成为成本、质量、效率平衡和创新的新单元。

例如，从公司管理的层级上看，要通过分析运营账目，了解每一个项目的总体盈亏，以及下一级项目内哪个板块盈利，哪个板块亏损。

建立成本管理制度后，我们可能会发现很多问题。此时，我们还不能直接进入解决阶段，因为财务上我们只看到是盈利还是亏损，要解决问题还需要进一步结合运营数据来进行分析和比对，深入一线看具体的流程和方法，确定到底发生了什么，才能了解问题的根本原因，从而寻找运营的解决方案。

一般来说，KPI和业务变化这两大方面的问题对项目财务的影响比较值得注意，因为这两方面问题往往很难通过优化运营或者一些调整工作进行解决。提供输出的可能是人、系统或者机器，虽然新的数智化系统成本确实会降低，也确实会替代一部分人力的使用，但是，系统成本是相对固定的成本，而人力成本逐年上升，如果一味地用组织优化来缓解KPI和业务变化带来的压力，可能因成本的增加而造成盈利的减少，如果执着地保持盈利，那么成本降低势必带来运营质量的降低。

遇到这种情况，就需要双方和三方通过数据了解目前的问题，但一定要站在更高的格局上去讨论、思考和解决这类问题，需要发包方与承包方通盘考虑产品的长期收益和成本投入情况，最后找到最合理的实现路径。

16.2.3　控制业务的变化对项目财务的影响

与内部原因和外界原因影响KPI不同，根据市场的变化，发包方的整体业务模式本身的调整和变化对财务也会产生较大的影响，并且业务的调整是无法使用历史数据进行比较精确的计算的，这种情况比较考验发包方和承包方的沟通能力和协调能力，也特别考验双方的商业信任程度。对于业务创新和重大变化，从客户中心的角度看，不同的企业对于这种变化的承受能力和规则是很不一样的。一般来说，越是单价较贵、科技含量较多的产品(产品研发周期和资本运作周期较长，进入门槛较高)，越要行动得慢一些，有条不紊地运营；越是单价低的消费类产品或者依靠流量和平台的互联网初级业务(产品简单，资本需求较小，进入门槛较低)，越需要争分夺秒，快速形成通畅的销售、服务流程闭环，依靠数据的积累和产品快速迭代尽快建立领先优势。随着数字技术的发展，即使是高价格产品(如汽车、家用电器等产品)，也会随着数智化的进程，迭代速度开始变快。那么，承包方应该随着发包方的业务变化，迅速做出决策调整，这需要其在财务层面稳定有序，在运营层面快速适应。

这就需要在商务阶段为业务快速变化的模式留有“缓冲”，做充分的探讨和准备。

1) 根据业务拓展需要预装“多种”单价来应对变化

这种方法很适合一些流程严谨的大型企业，这类企业内部专业部门多、流程比较复杂，一份商务合同涉及部门众多，审批过程长、周期长，而且每一项成本的支出都要有严格的预算、审批、结算过程。因此，可以在项目之初，根据业务的战略规划，预先设计一些可能的单价与结算模式来应对可能发生的业务。例如：对于电话售前咨询型的团队，虽然不知道公司未来的产品是什么，但可以知道公司产品的大致类别，在市场上根据产品类型来估算单价，写进合同，如果新业务没有来，双方没有损失；如果新业务来了，就算单价无法精确匹配，但通过将单价搭配组合多种单价高低搭配，可以保障双方的业务顺畅运营。

2) 备有预留成本以支持团队“尝试”和“试错”

这种模式比较适合对业务灵活性要求高，又没有复杂的组织结构的互联网型公司或者中小型公司。对于这个类型的公司，“速度”是至关重要的，做规划的时候，要留有一定的资金来支撑团队的新管理方式、新组织结构、新人才引进、新工具试用。下放财务运营权力也是有两面性的，一方面会加快试错速度；另一方面会带来更大的亏损风险，这种模式一定要充分考虑执行人的“诚信”和“忠诚”程度。

3) 通过特殊的结算模式来支持特殊业务

这是一种折中的模式(即先进行业务，后通过评估确定单价再进行结算)，这种模式采用的是“按部就班”与“快速响应”并重的方式，是目前头部互联网企业逐渐采取的管理模式，可以看成是一种不断强调通畅性、速度和合理性的模式，也是目前比较公认的合理的管理理念。这种模式下，一方面流程让大家各司其职，无人可以凌驾于流程之上；另一方面，流程接受任何人任何事情发起的挑战和质疑，并迅速做出决策和反应。我们看到，世界500强企业流程的改进速度已经快到以分钟计时，一些客户节点已经使用BI(business intelligence，商业智能)类软件，并且借助大数据，时时做出相应的决策。这也要求发包方和承包方更紧密地思考和构建整体流程体系，并落实快速响应的模式，确保成本的及时到位，保障业务的顺利进行。

4) 有前置的流程，能应对业务的变化

流程中应该有明确的业务激活机制，各个部门有接口的负责人，每个部门有明确的岗位职责和流程运行时限，遇到问题时的升级决策方式，双方认可的价格成本测量机制。

16.3　资本利用率管理

16.3.1　启动资金和占用资金

启动资金就是从接触发包方开始计算直到项目上线开始盈利之前所需要投入的成本。如果项目成功了，整体盈利就会分摊到整个项目周期内；如果项目失败了，没有盈利，或者项目进行得不顺利被叫停，就部分或者全部变为沉没成本。

占用资金是指项目正常上线并获得收入之后，收入和支出之间不一定同时进行，这之间的时间差就需要占用承包方一定的资金来“垫付”，这两部分资金的多少和使用周期的计算，影响着整个公司的业务发展的总体决策，也影响着公司的资本效率。

16.3.2　结算周期与启动资金和占用周期的计算

如果是比较稳定的常规项目，可以按照时间顺序分为4个周期。

1. 商务期

商务期，即从开始投入到合同签订之前的时间。该周期主要涉及的投资成本有以下几种。

- 销售团队成本：销售团队运营分摊成本。
- 商务成本：采购标书、获得资质、找代理公司等商务活动成本。

2. 启动期

启动期，即从合同签订之后到项目正式上线之间的时间。该周期涉及的投资成本因发包方和承包方的企业战略和发展策略的不同而有所不同，但有一点很明确，项目一旦失败，很可能沦为沉没成本。

该周期主要涉及的投资成本有以下几种。

(1) 场租成本：包括房租、装修、水电、网络费用，这类费用很多并不能与结算周期一样月结，一般是季度或者年度结算，即使现有的场地可以采取灵活办公的形式月结，例如一些创业孵化型的办公区，那么均价也会比半年付或年付费用高一些，这一点需要综合考虑项目所在行业业务的稳定性和发展空间，发包方业务的承受程度，是选择稳定些的模式来降低些成本，还是选择更灵活的方式来降低些风险。

(2) 环境成本：需要注意空调费用和取暖费用及其时间，以及场地条件是否符合SLA(service level agreement，服务级别协议)[①]的要求。

(3) 装修成本：如考虑厕所数量是否够用，通风设备是否能保证场地空气新鲜。

(4) 水电成本：可以向附近老商户了解水电的保障情况是否符合SLA的要求，是否是双路供电的园区，楼层电力是否容量符合要求。

(5) 网络成本：是否能保证网络畅通。

综上，根据业务性质的不同，整体场地一次性费用和长期使用的费用都会有很大的不同，这一点一定要注意。

(6) 系统成本：主要指公司管理或是项目管理的系统建设费用，这部分费用较高，这部分成本会随着企业规模扩大而摊薄。

常用的进行业务管理、人员管理和资源管理的系统大致分为三种，其中，OA是办公自动化(office automation)的简称，CRM是客户关系管理(customer relationship management)的简称，ERP是企业资源计划(enterprise resource planning)的简称。

OA、CRM和ERP有什么区别和联系？

从总体上说，三者都是一种管理方式，既有交叉又有区别。

OA是将现代化办公和计算机网络功能结合起来的一种新型的办公方式，它可以使单位内部人员高效地协同工作，方便快捷地共享信息，改变传统办公中复杂和低效的手工模式，统一单位的内部管理和规范、提升执行力。OA是面向和解决单位内部管理的，具有一定规模的单位可以使用OA软件，它已经逐渐成为企事业单位信息化办公的中枢系统。OA(办公自动化)的产生主要是为了帮助企业内部员工提升工作效率，可以简单粗暴地将其理解为办公软件。通过使用OA系统，可以更好地做到单位内部的沟通与协作，实现多人、多部门、跨地域的协同办公模式，使日常许多通过手工完成的事情，被计算机和网络提供的功能所代替，提高单位内部的整体协作能力、相关业务的处理效率和执行力。

CRM即客户关系管理，是指企业为提高核心竞争力，利用相应的信息技术及互联网技术协调企业与顾客间在销售、营销和服务上的交互，从而提升其管理方式，向客户提供创新式的个性化的客户交互和服务的过程。CRM可以挖掘出对企业有价值的信息，将其反馈到营销活动和企业的生产制造系统中，要求调动企业的一切资源，为客户服务，以提升客户满意度和忠诚度，增加企业效益。CRM侧重对外部客户关系的管理，主要包括对客户基本信息的管理、客户动态信息的管理，其最重要的任务就是帮助销售人员梳理自己的线索，进行数据分析，提醒销售人员做好客户关系的维护，从而更好地开发和维护客户，增加销售额，提升企业的业绩。

ERP即企业资源计划，最早是一种供应链的管理思想，也是一种主要面向制造行业进行物质资源、资金资源和信息资源集成一体化管理的企业信息管理系统。ERP的核心理念

① SLA(service level agreement，服务级别协议)是指提供服务的企业与客户之间就服务的品质、水准、性能等方面所达成的双方共同认可的协议或契约。

是提高企业内部资源计划和控制能力，它强调准确记录企业人、财、物各项资源的运行轨迹，无缝集成企业的生产、物流、财务等管理模块，追求的是满足客户需求、及时交货的同时最大限度地降低各种成本。ERP的主要功能就是优化资源配置，主要面向企业流程管理。企业通过ERP可以管理从生产到销售的各个环节的数据，如生产环节的数据包括原材料的价格、运费、包装费用、采购单、税费、物流信息等；销售环节的数据包括库存信息、销售订单、财务信息等。

企业应该先考虑自己想要满足的功能，并结合企业自身的特点和所处的行业选择合适的系统。

如果自己只需要办公管理，可以选择OA办公系统，比较适合企事业单位；如果只是需要供应链管理系统(进销存)系统，可以选择ERP，它可以帮助企业实现对生产、采购、销售、供应链、财务等整个流程的监控和跟进；如果企业是以销售产品或者服务为主的，可以选择CRM系统。CRM系统以销售管理为核心，包括客户管理、产品管理、进销存、办公管理、产品管理、财务管理、合同订单管理等一系列功能，可以说，CRM包含企业管理所涉及的方方面面。

企业在选择系统之前，一定要充分考虑自己的需求，根据所处的行业和企业自身的情况进行选择，先确定自己想要满足的是什么功能，然后选择合适的系统。不管是ERP、CRM，还是OA，其最终的目的是给企业的经营带去便利。

其所面临的挑战是现在的运营敏捷度要求整合这几个系统，例如：业务系统要和财务系统关联计算员工的绩效，办公系统要和人事系统关联计算综合成本等。

好消息是，最近几年云化服务平台的发展非常迅速：一方面，云化让这类系统进一步集成化、整合化，不用重复投资或需要投入大量资源来协调对接；另一方面，可以按需、按量采购，避免浪费。

(7) 管理成本：包括公司管理分摊和项目内管理人员成本。管理分摊成本是公司生存的社会性成本，因公司定位、战略不同而有所不同，我们这里不展开讨论。

(8) 管理人员成本：在外包项目内，其定义为所有不直接参与生产，产生项目收入的人的成本总和，如项目经理、项目主管、质检人员、培训人员等。

一般来说，外包公司的管理人员可分为两条线。一条线是由各个拥有不同技能或专长的人组成的专业小组，如培训团队、质检团队、流程管理团队等，主要职能是分析、反馈、对接、协调、创新，他们主要提供生产支撑。另一条线是一线生产团队，由组长主管管理大量一线员工，主要职能是落实执行各项运营要求，真正向客户做交付。

3. 爬坡期

爬坡期是指项目正式上线到整体正常盈利，也就是80%以上的员工基本可以达成产能的时间。举例来说：大致粗略分类项目爬坡期从长到短依次是：客服、电销、施压提醒、通知回访。细看之下，爬坡期随业务复杂程度增加而增加，例如：票务客户服务只有买退改签4个场景，而电信运营商的套餐则多达400多个场景。显然，电信运营商客户中心的爬坡期会较长。

一般来说，项目需要有一个爬坡期，客户中心要根据业务类型和业务难度，仔细计算爬坡期成本，避免资金链出现问题。

4. 盈利期

盈利期，即从项目持续稳定后直到项目结束的时间。

在这一时期，如果结算周期确定得恰当(如月结)，项目的运营状况良好，无须公司再垫付大量的资金。

那么，如何计算和管控合理的启动资金呢？可以收集和确认计算启动资金所需要的重要数据，具体如下所示。

(1) 一次性投资总成本：包括客户关系维护成本、商务成本、招投标成本、销售团队成本、公司公关及品牌维护成本、职场装修成本、系统开发(对接)成本等。

(2) 日常运营总成本：包括场地日常成本、日常行政成本、系统运营维护成本、新产品服务研发成本、工薪成本、福利成本、培训成本、爬坡期成本、管理人员成本、支撑人员成本等。

我们可以根据以上成本，计算一次性投资的总成本数据和日常运营成本数据，再根据合同结合爬坡期产能估算出收入数据，得到两条曲线，一条是成本曲线，一条是收入曲线，这样就可以清楚地计算出收入和成本持平前启动资金的数额。

此后，一次性投资的总成本数据按照合同期逐月分摊，结合日常月总成本和月总收入预估，就能得到十分清楚的成本收入预算运营表格。这个数据就是之后项目运营成本和收入的管理标杆，之后每月的实际成本、收入和预算与之做对比，来评估项目的哪个节点出现问题，及时发现问题，及时做出后续的商务调整和运营调整，形成一个从财务发起的项目管理闭环。

16.4　结算规则和流程

结算过程涉及大量的数据和数额巨大的钱款，因此双方或三方要有一套标准的明确的流程来保证这一工作的顺利进行。

在结算工作前期，准备工作步骤具体如下。

步骤1：明确数据源。应明确以下信息。

- 弄清楚数据来源，获取准确的KPI基础数据；
- 明确各项数据计算KPI的规则；
- 解读主观性数据；
- 更正不正确的基础数据。

步骤2：流程设计。建立明确的申诉和升级及更正流程，确保更正后不再发生类似问题。

步骤3：明确对接人。双方确定流程各个步骤的负责人，根据KPI规则核算准确的结算量和结算系数，双方就量和系数进行复核，存在争议的KPI做数据复核与澄清说明，一些特殊事件、特殊情况免责或扣罚都在这个环节确定。

完整的结算过程需要经过7个环节：

- 获取KPI和业务量数据；
- KPI和业务量初步核算；
- KPI扣罚免责申诉；
- 复核KPI和业务量数据；

- 结算金额核算；
- 结算金额无误后，双方签字确认；
- 按照财务流程付款，财务划拨。

至此算是按照合同完成了一次结算工作。

16.5　成本的宏观调控

在建立完整的结算流程、结算数据，以及做好一套结算相关报表后，接下来要从更宏观的社会环境、行业政策、技术发展等角度重点关注。

16.5.1　就业市场成本变化的调控

从宏观面来看，我国正进入一个生产要素成本周期性上升的阶段，成本推动的压力趋于加大，主要体现在以下几个方面。

1. 劳动力价格逐渐提高

除了由供求关系导致的低成本，我国还存在着体制和政策上人为压低劳动力成本的现象。随着科学发展观、构建和谐社会理念的逐步落实，调整或改革不可避免，中国廉价劳动力时代即将成为过去。

2. 生产要素价格逐渐提高

我国人均GDP达到2000美元以后，多种生产要素价格走势已出现拐点。价格的提升是一个自然的过程。我国低价劳动力无限供给的格局已经发生变化，这种变化是历史性的，是中国社会经济发展到了一定阶段(人均GDP提高了)的必然结果。此时。就算没有新法的推出，劳动力成本也同样会上升，其他生产要素成本也存在同样的趋势。

3. 社会保险要求发生变化

社会保险是企业除了薪资成本之外比较大的一项长期固定支出，不仅要做到严格遵守国家的相关政策，还要关注整个社会对社会保险、公积金等员工待遇的看法的变化。

4. 社会平均工资发生变化

关于社会平均工资与员工素质有着紧密的联系。2000年左右，在以电话呼叫为主要解决问题途径的客户中心时代，客户中心的员工工资属于中等收入，每天坐在办公室，接听电话，夏天有空调，冬天有暖气，员工也都是高素质、全能型人才。而2010年到2020年，随着企业的服务模式发生变化，大量的自助系统应用，“机器替代人”的思潮大盛，客户中心一线人员收入大幅度降低，甚至一度低于从事快递、外卖的人员收入。目前，客户中心又逐渐转向“人机结合”、人和机器高度协同的阶段，该阶段大量的咨询、简单问答的工作由机器负责；复杂的情感沟通、协调工作由人来完成，对人的素质要求又有了非常大的变化。

5. 季节性的人才供需发生变化

人力资源的输出是有季节性变化的。从我国学校的学制周期看，7月是毕业季，企业招聘往往在7～9月相对容易，工作一段时间后不适应的员工往往会选择在春节前后更换工作。对于薪资和发展前景比较好的企业，春节后可能会有一个小的招聘高潮，而对于外包企业，就常常是离职小高潮。接下来一直到第二年7月前都是一个相对稳定的时期。

例如：一个常规的客户中心，会在7～9月大量招聘，9月是一年招聘的高峰，以应对11月到春节的人员流失。

16.5.2 业务政策变化的应对和调控

1. 业务量变大的典型调控措施

若业务量超出预期，紧急启动招聘一般都是来不及的，渠道方面的工作做得再好，也无法快速地完成从招聘、入职、培训到上线的整个流程。面对突增的业务量，应做好以下4件事。

(1) 业务应急预案：是指在紧急情况下尽量协调可用资源进行应急处理，调动分层级的临时性的人员(包括支撑部门人员、管理人员，甚至后勤人员)，并快速启动自动话务应答、自动在线应答和线上自助系统等的预案。业务应急预案需要定期预演，也要经常通过演练来校准更新自动应答等系统。

(2) 智能化系统应急预案：这可以看成是将第一种业务应急预案中非常成熟的一部分变成自动化决策，将一些经过多次验证可靠的阈值设置好，并将对应的应急方案预设在系统中，连接大数据后，一旦数据超过阈值，系统将自动触发，快速启动一系列机制和措施，启动、调整或关闭一系列系统的解决方案，由于采取智能化系统之后从数据异常到决策再到同步，所有措施启动几乎是实时的，各部门衔接得非常紧密且同步，因此其效率和速度都比纯人工决策要快。

(3) 招聘应急预案：虽然系统能在一定范围内缓解紧急业务量变大，但一旦确定业务量增长的持续性，就要启动招聘应急预案。招聘应急预案在应对业务增量的解决方案中优先级排在第三位，是最慢的解决方案，但其是非常有必要预先考虑的解决方案。启动招聘预案之前，要有尽量准确的业务量波动预估，例如，企业3•15晚会舆情发生的时候，投诉电话量激增，大量客户打电话核实，此时因为没有那么多座席接听电话，客户就会反复拨打，招聘人数应采用“未接起电话量除以平均拨打次数”来估算。

(4) 应急协调小组机制：除了上述预制的应急预案，还应在管理团队组建一个应急协调小组，小组中至少包含公司级财务部门决策人、运营部门决策人、项目商务负责人等，能快速与发包方对接，快速决策，快速配合。

2. 业务量减少的典型调控措施

业务量减少是一个需要发包方和承包方双方来共同面对的问题。当然，我们希望可以比较准确地预估业务量减少的幅度，如果无法预测减少幅度，企业可以通过以下措施来应对业务量的减少。

(1) 培训转岗：这是比较大型的外包公司特有的能力，特别是拥有数千员工的外包公司，转岗消化能力比较强，简单培训后，可以尽快分流安置，这也是相对成本最低的业务量减少的解决方案。

(2) 培训转型：随着数智化系统的逐步应用，对一线员工最好的安置方式就是培训提升后转型为人工智能训练师、全媒体运营师等新兴职业高级员工。这种方式需要企业花费一定的费用，非常适合业务规模正在扩大、正在转型的发包方企业。

(3) 裁员补偿：对于无法提升也无处安置的员工，要依法依规给予补偿，与员工协商离职，对于做得不错的员工，公司可以借助自身资源给予推荐和介绍，尽量让员工平稳过渡，避免对员工的生活造成影响。这种口碑效应能给企业形象大大加分，有利于企业日后招揽人才和发展壮大。

16.5.3　智能化新生产工具的投资估算

企业纷纷进行数字化转型，应用智能化新生产工具是大势所趋，伴随趋势也经常可以听到一些企业抱怨数智化生产工具投资回报率低，效果不好，以下从宏观角度简单阐述一下。

数智化系统的最佳方案绝不是仅仅在客户中心的范围内使用，而是要将企业内部的各个数据孤岛打通，通过系统更有效地把各个业务部门联动起来，通过系统建立起一个个“模型”，当不同的数据进入系统后能够迅速地识别、判断客户的问题，协调和调动人、财、物等企业资源，快速有效地解决问题。对于发包方来说，要重点考虑产品或业务本身的根源问题，想方设法地将问题从根源解决在早期，尽量控制在较小的影响范围内。

1. 智能化工具带来的变化是什么

智能化工具可以带来如下变化。

(1) 系统分流：对于一些比较简单的问题，可以通过系统自动解决。

(2) 人员变化：整体员工人数减少，初级员工比例减少，高级员工比例增加，拥有高级沟通能力的员工、人工智能训练师、全媒体运营师、运营管理师、系统开发和维护人员、公关人员和律师。

2. 智能化生产工具的综合成本计算

增加的成本包括系统的一次性投资成本、维护升级成本、高级人才的薪资成本。

减少的成本包括总体人数减少带来的薪资成本、招聘培训成本的下降，以及场地、环境、后勤等运营成本的下降。

3. 如何做出智能化工具投资决策

智能化工具应用要围绕投入产出比来考虑，抛开一些行业、政策的客观要求不谈，发包方和承包方仍要回到投入产出比的思路上考量是否值得投资智能化工具，并结合整个企业的业务投入来综合衡量。

1) 发包方投资的思路

发包方一般认为客户中心成本要产生以下两方面的价值。

(1) 及时收集的数据可以让企业洞察到业务产品的变化，同时提供产品业务迭代和优化的价值。

(2) 对客户出现的问题快速、合理、有效地处理，将负面影响降到最低。

如果整体流程在系统支持下能顺利进行，根源问题得以快速解决，那么客诉会明显减少，企业可以有较大的操作空间来制定更加有效的解决策略。

2) 承包方投资的思路

承包方一般考虑投资要产生以下两方面的价值。

(1) 投资周期的回报率。例如：对于一个200人的营销业务团队，在接通率持续降低的情况下，我们观察到，员工的总通话时长越来越短。经过简单计算，我们发现，等电话的时间已经占到工作时长的20%，也就是说每月有大约30～40个人力被浪费了。按照当地平均成本计算，这些人力总成本为30万元左右一个月。一般来说，投资一套智能外呼系统大约需要50万元，开发周期为一个月，磨合期为一个月，而项目距离本合同周期结束还有18个月，这么算下来，系统磨合之后可以得到16个月的成本节约回报，节约成本达480(=30×16)万元，减去开发费用50万元，到合同期结束还有430万元的成本节约，如果单价不变，这是一笔非常划算的投资。

(2) 复制成功案例。例如：某外呼系统开发成功后，可以在其他客户中心项目营销业务上推广，进一步摊薄这笔投资，提升这笔投资的收益。而这节约出来的成本或产生的盈利，承包方可以分4种用途使用：

其一，可以适当提升员工薪资，以提升人员素质；

其二，拿出一部分额度以提升项目的利润；

其三，拿出一部分奖励发给参与数智化项目的人员；

其四，计提一部分投资额，作为下一轮合同周期的降价空间，以达到项目双方共赢。

第17章

项目合作沟通机制

外包型客户中心发包方和承包方的沟通会比自营型客户中心面临更大的挑战，原因和原理简单分以下三点阐述。

(1) 发包方掌握财务和KPI的主动权，整体导向偏重向下落实执行，提出的需求会考虑业务优先，而实际上对于执行上的细节，还需要更多承包方的数据和分析不断完善闭环才能实现更精细化的产品服务迭代，才能反哺企业使其在业务上持续保持竞争力。

(2) 承包方离客户更近，掌握更多客户服务数据，更了解真实客户体验，能够更准确地分析业务情况，但往往承包方在数据分析、客户体验方面不重视，简单地认为，按照发包方说的做就万事大吉，没有业务思维，不善于通过总结、分析将客户服务中的信息转化为结构化的有价值的信息，只是停留在日常单一投诉升级处理的对接式沟通，缺乏总体的大数据的分析，因此有效果的反馈也很少。

(3) 双方缺乏对业务目标的充分校准，也缺乏对整体方案的充分沟通，发包方和承包方的目标不一致，利益驱动不一致，沟通不到位，最终常常导致问题解决出现沟通瓶颈，甚至最终因低效、拖延导致问题恶化。

这一章我们重点就各环节项目合作沟通机制梳理原理并解决问题。

17.1 建立良好的组织结构

发包方和承包方只有建立稳定有序的组织结构，才能进一步建立起稳定有序的对应沟通模式。

17.1.1 怎样设计组织结构

组织结构是表明组织各部分排列顺序、空间位置、聚散状态、联系方式及各要素之间相互关系的一种模式，是整个管理系统的“框架”。

组织结构是组织的全体成员为实现组织目标，在管理工作中进行分工协作，在职务范围、责任、权利方面所形成的结构体系。

组织结构是组织在职、责、权方面的动态结构体系，其本质是为实现组织战略目标而采取的一种分工协作体系，组织结构必须随着组织的重大战略调整而调整。

在进行组织结构设计时，必须正确考虑6个关键因素：工作专门化、部门化、命令链、控制跨度、集权与分权、正规化。

1. 工作专门化

工作专门化的实质不是由一个人完成一项工作的全部，而是将工作分解成若干步骤，每一个步骤由一个人独立去做。

工业化国家的大多数生产领域的工作都是通过工作专门化来完成的。管理人员认为，这是一种最有效地利用员工技能的方式。在大多数组织中，有些工作需要技能很高的员工来完成，有些则不经过训练就可以做好。如果所有的员工都参与组织制造过程的每一个步骤，那么，就要求所有的人不仅具备完成最复杂的任务所需要的技能，而且具备完成最简单的任务所需要的技能。这样一来，除从事需要较高的技能或较复杂的任务以外，员工有部分时间花费在完成低技能的工作上。由于高技能员工的报酬比低技能员工的高，而工资一般是反映一个人最高的技能水平的，因此，付给高技能员工高薪，却让他们做简单的工作，这无疑是对组织资源的浪费。

通过实行工作专门化，管理层还可寻求提高组织在其他方面的运行效率的方法。通过重复性的工作，员工的技能会有所提高，在改变工作任务或在工作过程中安装、拆卸工具及设备所用的时间会减少。同样重要的是，从组织角度来看，实行工作专门化，有利于提高组织的培训效率。挑选并训练从事具体的、重复性工作的员工比较容易，成本也较低。对于高度精细和复杂的操作工作尤其如此。

2. 部门化

一旦通过工作专门化完成任务细分，就需要按照类别对它们进行分组。对工作活动进行分类主要有以下几种方式，适合不同层级的管理。

(1) 根据活动的职能划分部门的方式，适合单体项目。当然，如果条件允许(如两个项目的规模都不大，且管理目标类似，办公地点在同一栋楼或同一个园区)，可以共用同一个支撑部门，以节约成本，提高效率。

根据职能进行部门的划分适用于所有的组织。项目各个职能划分和变化同时体现出组织的目标和活动。例如：一个医院的主要职能部门可能有研究部、护理部、财会部等；一个职业足球队的主要职能部门则可能有球员人事部、售票部门、旅行及后勤部门等。

这种职能分组法的主要优点在于，把同类专家集中在一起，能够提高工作效率。职能性部门化通过把专业技术、研究方向接近的人分配到同一个部门中，来实现规模经济。

(2) 根据组织生产的产品类型划分部门的方式，对专业度和管理能力要求都比较高的项目。

例如，在××外包公司中，其服务的主要领域(制造业、金融业、IT电子行业、新兴互联网行业)各置于一位VP(vice president，副总裁)统辖之下，这位VP是本领域的专家，对与其生产线有关的一切问题负责，每一位VP都有自己的运营部门和营销部门。

这种分组方法的主要优点在于，提高产品绩效的稳定性，因为公司中与某一特定产品有关的所有活动都由同一主管指挥。如果一个组织的活动是与服务而不是产品有关，每一种服务活动就可以自然地进行分工。

(3) 根据地域划分部门的方式，非常适合于销售团队和实施本地化服务的项目。例如，就营销工作来说，在国内根据地域，可分为东北、华北、华中、华南、西北、西南几个区域，分片负责。实际上，每个地域是围绕这个地区而形成的一个部门。如果一个公司的顾客分布地域较宽，这种区域部门化方法就有其独特的价值。

(4) 过程部门化方法适用于比较复杂的产品和服务，由专业的人来处理专业的事，以提高服务效率。例如，如果你的车出现故障之后到一家4S店去修理，你必须接触许多部门，每个部门负责其中一项工作。

(5) 根据顾客的类型划分部门的方式，最常见的应用就是划分消费类用户和商业用户。

例如，常见的销售产品和服务的公司可下设3个部门：针对个人用户的零售服务部、针对企业采购的批发服务部、针对政府机构采购的政府部门服务部。同样地，某综合客户中心可根据其服务对象是公司还是个人来分设部门。

大型组织进行部门化时，可综合利用上述各种方法，以取得较好的效果。

例如，一家大型的外包公司在进行部门化时，根据职能类型来组织其各分部；根据产业划分运营部门；把销售部门分为7个地区的工作单位；又在每个地区根据其顾客类型分为4个顾客小组。

除了典型的组织结构形式，目前还出现了两个新的组织结构形式。

(1) 以顾客为基础进行部门化分工。为了更好地掌握顾客的需要，并有效地对顾客需要的变化做出反应，许多组织更多地强调以顾客为基础划分部门的方法。例如，施乐公司已取消了公司市场部，把市场研究的专家排除在这个领域之外。这样使得公司能更好地了解谁是它的顾客，并更快地满足他们的需要。如今，本行业中的部分服务先导型企业逐步以客户契动为核心思维，确立了CCO(chief customer officer，首席客户官)为核心管理者的新运营管理团队。

(2) 职能性部门被跨越传统部门界限的工作团队所替代。一些互联网企业为了实现更敏捷、更快速的响应机制，从原来的部门流程化，变为产品经理负责制，产品经理既担当主导某个产品的研发的产品经理的角色，也担当产品运营负责人的角色，对某产品线全面负责，而开发人员和运营人员并不永远隶属于某一产品或某一固定团队，每一个员工都作为某资源节点被调配使用，这种组织结构下的资源调配模式可以更充分地发挥出每一名员工的价值。

3. 命令链

命令链是一种不间断的权力路线，从组织最高层扩展到最基层，澄清谁向谁报告工作。它能够回答员工提出以下这类问题：“我有问题时，去找谁？”“我对谁负责？”

在讨论命令链之前，应先讨论两个辅助性概念：权威和命令统一性。权威是指管理职位所固有的发布命令并期望命令被执行的权力。为了促进协作，每个管理职位在命令链中都有自己的位置，每位管理者为完成自己的职责任务，都要被授予一定的权威。命令统一性原则有助于保持权威链条的连续性。它意味着，一个人应该对一个主管，且只对一个主管直接负责。如果命令链的统一性遭到破坏，一个下属可能就不得不穷于应付多个主管不同命令之间的冲突或做出优先次序的选择。

时代在变化，组织设计的基本原则也在变化。随着电脑技术的发展和给下属充分授权的潮流的冲击，命令链、权威、命令统一性等概念的重要性大大降低了。

4. 控制跨度

一个主管可以有效地带领多少位下属？这种有关控制跨度的问题非常重要，因为在很大程度上，它决定着组织要设置多少层次，配备多少管理人员。在其他条件相同时，控制跨度越宽，组织效率越高，这一点可以举例证明。

假设有两个组织，基层操作员工都是4 096名，如果一个组织控制跨度为4，另一个为8，那么控制跨度宽的组织比控制跨度窄的组织在管理层次上少两层，可以少配备800人左右的管理人员。如果每名管理人员年均薪水为100 000元，则控制跨度宽的组织每年在管理人员薪水上就可节省8 000万元。显然，在成本方面，控制跨度宽的组织效率更高。但是，在某些方面宽跨度可能会降低组织的有效性，也就是说，如果控制跨度过宽，由于主管人员没有足够的时间为下属提供必要的领导和支持，员工的绩效会受到影响。

控制跨度窄也有其好处，把控制跨度保持在5～6人，管理者就可以对员工实行严密的控制。

但控制跨度窄主要有以下三个缺点。

(1) 管理层次会因此而增多，管理成本会大大增加。

(2) 组织的垂直沟通更加复杂。管理层次增多也会减慢决策速度，并使高层管理人员趋于孤立。

(3) 控制跨度过窄易造成对下属监督过严，妨碍下属的自主性。

近几年的趋势是加宽控制跨度，管理更加数智化和扁平化。例如，在目前的外包公司中，普遍的控制跨度已达10～12人，目前的一名大组长，直接管辖20～30人，如果是在20年前，处于这种职位的人，通常只有12名下属。

加宽控制跨度，与各个公司努力降低成本、削减企业一般管理费用、加速决策过程、增加灵活性、缩短与顾客的距离、授权给下属等的努力方向是一致的。但是，为了避免因控制跨度加宽而使员工绩效降低，各公司都大大加强了员工培训的力度和投入。管理人员已认识到，自己的下属充分了解了工作之后，或者有问题能够从同事那里得到帮助时，他们就可以驾驭宽跨度的控制问题。同时，座席智能和CRM系统中的信息流的扩展也功不可没，实际上，有些先进的企业已经将大部分可预见的管理工作做好模型、设置好阈值，让系统快速自动化地通过检测大数据来执行，而管理人员则专注于在系统流程的基础上创新、处理异常和高级沟通等工作。

5. 集权与分权

在有些组织中，高层管理者制定所有的决策，低层管理人员只负责执行高层管理者的指示。另一种极端情况是，组织把决策权下放到最基层管理人员手中。前者是高度集权式的组织，而后者则是高度分权式的组织。

集权化是指组织中的决策权集中于一点的程度。这个概念只包括正式权威，也就是说，某个位置固有的权力。一般来讲，如果组织的高层管理者不考虑或很少考虑基层人员的意见就决定组织的主要事宜，则这个组织的集权化程度较高。相反，基层人员参与程度越高，或他们能够自主地做出决策，组织的分权化程度就越高。

集权式与分权式组织在本质上是不同的。

在分权式组织中，采取行动、解决问题的速度较快，更多的人为决策提供建议，所以，员工与那些能够影响他们的工作、生活的决策者隔膜较少，或几乎没有。

企业必须制定的主要战略决策与其结构的集权或分权程度有关。这通常取决于企业所处的特殊行业、环境和采用的技术。

集权式组织的优点主要有以下几个方面：

- 易于协调各职能间的决策；
- 对汇报关系线的形式进行了规范，比如利用管理账户进行总体设计和统一管理；
- 能与企业的目标达成一致；
- 危急情况下能进行快速决策；
- 有助于实现规模经济。

这种结构比较适用于由外部机构(比如专业的非营利性企业)实施密切监控的企业，因为所有的决策都能得以协调。

与此同时，集权式组织的缺点亦是比较突出的，主要体现在以下几个方面：

- 高级管理层可能不会重视个别部门的不同要求；
- 由于决策时需要通过集权职能的所有层级向上汇报，因此决策时间过长；
- 对级别较低的管理者而言，其职业发展有限。

分权式决策的趋势比较突出，这与使组织更加灵活和主动地做出反应的管理思想是一致的。

实际上有关集权和分权的争论在管理领域一直没有停歇，但作者认为，实质上高效的企业需要将集权和分权复合使用。我们在第7章已经谈及，威权指数45～55分的企业是效率比较高的，简单地说就是在企业内既保障员工有说话的机会并且敢于说出自己的想法，又能够做到在企业做出决策之后认认真真地将决策目标执行到位。说起来简单，能做到这一点的团队是需要比较长的时间来磨合的，这是思维方式和观念层面的校准，是需要建立起一定程度的相互信任才可以达到的团队形态。在达到这种形态之前，建议先采取倾向于集权的管理模式，以保证项目各项工作的落实和开展。

6. 正规化

正规化是指组织中的工作实行标准化的程度。如果一种工作的正规化程度较高，就意味着做这项工作的人对工作内容、工作时间、工作手段没有多大自主权。人们总是期望员工以同样的方式投入工作，能够保证稳定一致的产出结果。

组织之间或组织内部不同工作之间正规化程度差别很大。一种极端情况是某些工作正规化程度很低，如销售人员工作自由许可权就比较大，他们的推销用语不要求标准划一。在行为约束上，不过就是每周交一次推销报告，并对项目运营提出建议。另一种极端情况是那些处于同一公司的一线职员位置的人。他们上午8点要准时上班，否则会被扣掉半小时工资，而且，他们必须遵守管理人员制定的一系列详尽的规章制度。由于个人许可权与组织对员工行为的规定成反比，因此工作标准化程度越高，员工决定自己工作方式的权力就越小。工作标准化不仅减少了员工选择工作行为的可能性，而且使员工无须考虑选择其他行为。

组织结构一般分为职能结构、层次结构、部门结构、职权结构4个方面。

(1) 职能结构：是指实现组织目标所需的各项业务工作及其比例和关系。其考量维度包括职能交叉(重叠)、职能冗余、职能缺失、职能割裂(或衔接不足)、职能分散、职能分工过细、职能错位、职能弱化等方面。

(2) 层次结构：是指管理层次的构成及管理者所管理的人数(纵向结构)。其考量维度包括管理人员分管职能的相似性、管理幅度、授权范围、决策复杂性、指导与控制的工作量、下属专业分工的相近性。

(3) 部门结构：是指各管理部门的构成(横向结构)。其考量维度主要是一些关键部门是否缺失或优化。

(4) 职权结构：是指各层次、各部门在权力和责任方面的分工及相互关系，主要考量部门、岗位之间的权责关系是否对等。

17.1.2 组织结构的优化方法

在对企业进行组织结构优化时，我们通常会分为三大部分开展。通过企业组织结构建设的优化，最终达到企业科学系统化的管理思维模式。

第一，要以组织机构的稳定性过渡或稳定性存在为前提，包括：稳定现今的经营生产管理活动；设置的组织机构具有一定时期的稳定性；能将旧的机构平稳过渡到新的机构；人员的岗位调整能顺利、平稳地过渡到新的部门和岗位；不适应原有岗位的人员能平稳地离职，不会因为个别人员的离职而给企业带来负面影响，不会因为个别人的离职带走人员，导致员工对企业没有信心。是否具备稳定性取决于部门优化调整时的设立是否做到了“三适”。

(1) 适应：是否适应企业发展需要和管理科学的基本要求。企业的规模、企业产品的市场占有率是否产生了内在的调整需求，一般的表现标志是：尽管企业规模扩大、人员增加，但是企业的效率与提升的速度不匹配；企业内部不协调、推诿的事情经常发生；原有部门、岗位不能适应企业的发展和生存的需求，部门经理、岗位人员明显感到工作不知为何为、不知为谁为、视而不见麻木无为、消极或积极乱为。

(2) 适时：企业是否到了不调整就不能取得更好效果的时候；是否在恰当的时机里进行调整或优化；是否在适当的提前量(相对于企业管理水准、人员心态、人员素质等)下进行；是否会因为机构调整长时间打乱企业原本正常的经营生产秩序；是否能有助于企业在今后的发展中踏上新的起跑线；是否能促进快速提升经营业绩、管理水准；是否具有“ 退半步，进一步或进两步”的效果，等等。

(3) 适才：是否能最大限度合理地使用人力资源，包括是否由合适的人员或机构来优化调整；是否能广泛发现能为公司所用的人才；是否能最大限度发挥现有人才的作用；是否能发掘现有人才的潜力；是否能引进企业急需的人才，等等。

第二，要分工清晰，有利于考核与协调。在现有基础上改进不协调的组织关系，预防和避免今后可能存在的摩擦关系，优化的结果表现为部门职能清晰、权责到位，能够进行评价和考核，部门间的管理联系、工作程序协调，公司的管理制度能有效地实施。

第三，部门、岗位的设置要与培养人才、提供良好发展空间相结合。优化调整部门和岗位时，既要考虑现有人员，又要综合考虑培养人员；不能为了照顾人情关系，设立人情部门或岗位；同时，要综合考虑现有人员的品行、企业发展所需要的能力和潜力等，在对品行有保证，具有风险小的培养价值的前提下，有意识地将部门、岗位和人才培养相结合，“企业是个人的发展平台”的理念通过具体的员工在部门或岗位的就职得到体现。

在具体进行组织结构调整时，应优先考虑业务发展、客户导向、资源利用率和管理运营效率等关键点。

1) 扁平化组织理论

扁平化组织(flat organization)，也被称为横向组织(horizontal organization)或者减层(delayering)，是一种在员工和执行者之间很少存在或不存在中间管理层的组织。一个组织的结构指的是组织内部工作单位和职位的分配和关系。直式组织和扁平化组织的差异在于组织中管理层的层级数量和管理者被赋予的控制权程度。

扁平化组织结构所隐含的人性假设是“自我实现人”。该假设认为，人除了有社会需求，还有一种想充分表现自己能力、发挥自己潜力的欲望。基于这样的人性假设，建立决策参与制度，选择具有挑战性的工作，满足自我实现的需要。但是，其理论基础不能够完全成立。

扁平化思想的产生受学习型组织的启发。学习型组织是扁平的，即从最高的决策层到最低的操作层中间相隔的管理层级很少，让最下层单位拥有充分的自主权，并对生产的结果负责，从而形成以“地方为主”的扁平化组织结构。

信息技术的迅速发展是扁平化组织产生的直接原因。面对市场环境的瞬息万变，企业组织必须做出快速反应和迅速决策，以保持企业的竞争优势。因此，组织结构的扁平化无疑增强了组织快速反应的能力。

其主要优点是：有利于缩短上下级距离，密切上下级关系，信息纵向流通快，管理费用低。而且由于管理幅度较大，被管理者有较大的自主性、积极性和满足感。

其主要缺点是：由于管理幅度较宽，权力分散，不易实施严密控制，加重了对下属组织及人员进行协调的负担。

2) 正确地理解扁平化组织

传统意义上的层级结构的组织形式源于经典管理理论中的“管理幅度”理论。管理幅度理论认为，一个管理者，由于其精力、知识、能力、经验的限制，所能管理的下属人数是有限的。

随着下属人数的增加，可能存在的相互人际关系数将呈指数增加，信息量和管理难度也是如此，当下属人数增加到一定程度时，就超越了管理者所能有效管理的范围。而且越往高层，一个管理者所能有效管理的下属越少。一般地，基层管理者能有效管理的下属不超过15～20人，中层管理者能有效管理的下属不超过10人，高层管理者能有效管理的下属不超过7人。

当企业或组织的人数确定以后，由于有效管理幅度的限制，就必须增加管理层次，管理层次与管理幅度呈反比。在传统管理模式之下，当组织规模扩大而管理幅度又有其限制时，管理层次就会逐步增加。那些大型跨国公司的员工人数可达几十万人，管理层次就更多了。

传统管理理论大多是围绕层级结构的组织特点提出的，例如，有“经营管理理论之父”之称的法约尔所提出的“管理十四条原则”就是如此。按照法约尔的理论，上级不能越级指挥，下级不能越级请示汇报。这在传统理论中被奉为经典。但层级结构的组织形式和与之相适应的经典管理理论遇到了前所未有的挑战。倘若按照法约尔的理论，IBM最高决策者的指令要通过18个管理层才能最终传递到最基层的执行者，不仅浪费时间，而且传递过程中信息的失真、扭曲就更不可避免了。

在相对稳定的市场环境中，层级结构的组织形式是效率较高的一种组织形式。但这种组织形式却越来越不能适应市场的发展变化，具体表现为：

- 企业组织规模越来越庞大，产生了一大批被称为“恐龙”的超级公司，企业管理层次已经多得难以使其有效运作；
- 外部环境迅速变化，美国英特尔公司董事长葛洛夫用一句经典的话来概括这种变化：“现代社会，唯一不变的就是变化。”葛洛夫为此提出了“十倍速变化理论”。外部环境的快速变化要求企业快速应变，具备极强的适应性，而管理层次众多的层级结构所缺少的恰恰是一种对变化的快速响应能力和适应性。

那么，我们该如何解决层级结构的组织形式在现代环境下所遇到的难题呢？经研究发现，扁平化是最有效的办法。当企业规模扩大时，原来认为的有效办法是增加管理层次，而现在认为的有效办法是增加管理幅度。当管理层次减少而管理幅度增加时，金字塔状的组织形式就被“压缩”成扁平状的组织形式。

分权管理的趋势和外部环境的影响使扁平化组织结构在世界范围内大行其道。然而，在组织结构的扁平化改造过程中，有一些企业忽视了本质性的东西，那就是对人和企业文化的再造。

自杰克•韦尔奇成功再造通用电气之后，扁平化组织结构逐渐成为一种管理时尚，并西风东渐，被我国不少企业所接受和践行。然而，像很多时髦的管理概念(如精益生产、六西格玛)一样，组织结构扁平化改造的结果也是几家欢乐几家愁。一些企业的业绩非但没有上升，反而出现了明显的下滑趋势。问题究竟是出在扁平化本身还是别的什么地方？

扁平化组织结构跟传统组织结构相比，其优点在于灵活、民主，能减少官僚主义，加强内部沟通，并且有利于调动员工的创造性，能够更加迅速地对包括消费者需求在内的环境变化做出反应。

但是，为什么扁平化在通用电气公司就成了灵丹妙药，而在另一些企业里的效用却很低呢？原因是多方面的。但最为重要的一点是，模仿者忽视了本质性的东西，即对人和企业文化的再造。

在实行组织扁平化之后，企业的管理层级减少，随之而来的是管理幅度的增大和管理难度的增加。在这种情况下，成功与否主要取决于以下三个因素。

(1) 决策权的分散程度。企业必须重新分配决策权，即重新划分权力边界。企业管理者要回答一个问题：应保留哪方面的决策权，哪方面的权力应该下放，下放到哪个层级。倘若这个问题得不到解决，就可能造成某些层组的管理人员乃至最高管理者权限过于集中，甚至导致混乱。

(2) 中下层管理者的管理能力。权力向下转移后，中下层级的管理者不仅会遇到更多的决策问题，而且需要其指导和监督的员工可能也会增加。此时，倘若这些中层管理者的管理能力没有相应提高，就有可能出现强力控的倾向或者失控，这两种情况最终都会将企业引向无序。

(3) 员工的素质。在实行扁平化组织结构之后，企业会更多地依靠员工的自觉与能动性，一些企业会赋予普通员工特定的决定权。这一方面可以减轻中、下层管理者的压力，另一方面也有利于发挥员工的积极性和创造性。

企业希望通过组织的扁平化解决信息传递缓慢乃至失真的问题，从而提高企业对外界环境变化的敏感度。但令人失望的是，信息传递通道顺畅与否与组织结构的扁平程度并无直接关系。扁平化并不一定意味着信息传递效率的提高。也就是说，最高管理者并不会因为企业实行了扁平化组织结构就能够更加透彻地了解他所掌控的企业。

事实上，信息传递效率除了取决于渠道节点的多少，还取决于内部沟通的有效性，因为除某些信息可以通过一定渠道进行传递之外，很多人在传递其所掌握的信息时是有选择性和目的性的。换言之，他可以在规章制度允许的条件下决定是否和如何传递自己所掌握的信息。

一个三口之家可以说是一个最为典型的扁平的组织，但是夫妻之间，以及父母与孩子之间的信息传递却并不总是顺畅的。对于能进行有效沟通的家庭而言，信息的传递相对会更加快捷和真实。

不光家庭是这样，企业也不例外。一般来说，企业内的每个人都要考虑自身的利益，倘若他们觉得他们提供的信息会给自己带来麻烦，毫无疑问绝大多数人都会选择缄口——只要他们觉得这种沉默并不违反企业的相关规定。例如，比尔•盖茨在其《未来时速》一书中写道：“有时我认为，作为首席执行官，我最重要的职责就是倾听坏消息。如果你不采取适当行动，你的下属最终会停止向你提供坏消息。这将是末日的开始。”不仅员工会有意无意地报喜不报忧，就连某些咨询公司的咨询员也是这样。《诤言咨询》一书的作者埃里克•德•哈恩教授就指出，咨询顾问通常更容易提供一些讨人欢心且非常富有挑战性的建议。

“三个臭皮匠，赛过诸葛亮”的前提条件是这三个“臭皮匠”能够有效沟通和协作，而扁平化组织并不能百分百保证“臭皮匠”之间的沟通和协作是完全顺畅的。在一些实行扁平结构的企业，由于层级减少导致升迁机会减少，使员工之间及各级管理人员之间的竞争加剧，从而增加了协调与合作的难度。此时，沟通显得尤为重要。

由此我们可以了解到，企业内部沟通的顺畅与否，直接关系到扁平化改造的结果。不仅如此，有管理学者还提出，沟通效率的高低决定着企业能否获得持续的成功。咨询公司的研究就表明，企业持续的优异表现与内部沟通是否良好有关。该公司认为，企业要想获得持续的成功，就必须在企业内形成一种开诚布公讨论的氛围，哪怕所讨论的是最为困难甚至会令领导者难堪的问题。

除此之外，一种强大而健康的企业文化也是必不可少的。这并不是说扁平化结构的企业排斥文化建设，只是说我们不应幻想扁平化能够取代企业对文化的培植。在21世纪，以前的“公司人”已演化为“网络人”。“网络人”的特点之一是流动性高。

我们以戴尔公司为例。今天，戴尔公司大约50%的员工在该公司工作的时间不超过5年，40%的员工是“移动的”，即他们不再需要每天都到某个戴尔公司办公地点签到。“网络人”的另一特点是人与人之间的联系虚化和复杂化。这不仅带来了沟通方面的问题，而且意味着企业对员工向心力的弱化。

早在战国时期孟子就提出了“天时不如地利，地利不如人和”的观点。《孙子兵法》亦有云：“道者，令民于上同意，故可与之死，可与之生，而不危也。”企业不可能苛求员工与之共生死，但缺乏强大而富有活力的文化，即便是扁平化的组织，也有可能是僵化的组织、难以持久的组织。

17.1.3 组织结构的设计规范及最新趋势

1. 组织结构的设计规范

前面已经分析了组织架构的标准及要规范组织架构必须运用的方法——目标功能树系统分析模型。究竟如何实施组织架构的规范化，以下略做分析。

(1) 选择确定组织架构的基础模式。这一步工作要求根据以下企业的实际情况，选择确定一个典型的组织模式，作为企业的组织架构的基础模式。在当代企业的实践中，选择直线职能式和矩阵式结构的企业较多并有越来越多的企业选择增加弹性模式的相应特征以补充其基本模式的局限。

(2) 分析确定担负各子系统目标功能作用的工作量。这一步工作要求根据目标功能树系统分析模型，确定自己企业内部各个子系统目标功能作用的担负工作量。要考虑的变数有两点：一是企业的规模；二是企业的行业性质。

(3) 确定职能部门。这一步工作要求根据自己企业内部各个子系统的工作量大小和不同子系统之间的关系，来确定企业职能管理部门，即把存在关联关系和独立关系，并且合并工作量不大的子系统，由一个职能管理部门作为主承担单位，负责协调所合并的子系统的工作的协调。

(4) 平衡工作量。这一步工作要求对所拟定的各个单位、部门的工作量进行大体的平衡。因为工作量过大的单位、部门往往会造成管理跨度过大，工作量过小的单位、部门，往往会造成管理跨度过小。要注意：存在制衡关系的子系统，要避免将其工作划归为同一单位承担。

(5) 确立下级对口单位、部门或岗位的设置。如果企业下属的子公司、独立公司、分公司规模仍然比较大，上级职能管理部门无法完全承担其相应子系统工作的协调和汇总，就有必要在这个层次上设置对口的职能部门或者专员岗位。

(6) 绘制组织架构图。这一步工作要求直观地构画出整个企业的单位、部门和岗位之间的关系，以及所承担的子系统的相应工作。

(7) 拟订企业系统分析文件。这一步工作是为企业组织架构确立规范。企业系统分析文件具体描绘企业内部各个子系统的工作，该由哪些单位、部门或者岗位来具体承担，以及所承担的内容，并对职责和权力进行界定。

(8) 根据企业系统分析文件撰写组织说明书。这一步工作是在组织构图的基础上，分析界定各个单位、部门组织和岗位的具体工作职责、所享有的权力、信息传递路线、资源流转路线等。

(9) 制定单位、部门和岗位工作标准。明确界定各个单位、部门和岗位的工作职责、工作目标、工作要求。

(10) 根据企业系统分析文件、组织说明书及单位、部门和岗位工作标准进行工作分析，并撰写最低技能列表。除了界定前述内容外，还要明确界定任职的条件和资格。

(11) 就上述文件进行汇总讨论，通过后正式颁布，组织架构调整改造工作完成。

2. 组织结构的发展趋势和新型组织结构形态

从企业组织发展的历史来看，企业组织结构的演变过程本身就是一个不断创新、不断发展的过程，先后出现了直线制、矩阵制、事业部制等组织结构形式。当前，金字塔式的层级结构已不能适应现代社会，特别是知识经济时代的要求。企业发展已经呈现出竞争全球化、顾客主导化和员工知识化等特点。故而，企业组织形式必须是弹性的和分权化的。因此，现代企业十分推崇流程再造、组织重构，以客户的需求和满意度为目标，对企业现有的业务流程进行根本性的再思考和彻底重建，利用先进的制造技术、信息技术及现代化的管理手段，最大限度地实现技术上的功能集成和管理上的职能集成，以打破传统的职能型组织结构，建立全新的过程型组织结构，从而实现企业经营成本、质量、服务和效率的巨大改善，以更好地适应以顾客、竞争、变化为特征的现代企业经营环境。

从实际情况来看，企业组织结构发展呈现出新的趋势，其特点是重心两极化、外形扁平化、运作柔性化、结构动态化。

团队组织、动态联盟、虚拟企业等新型的组织结构形式相继涌现，具体来说，具有这些特点的新型组织结构形态有以下几个。

(1) 横向型组织。横向型的组织结构弱化了纵向的层级，打破刻板的部门边界，注重横向的合作与协调。其特点是：①组织结构是围绕工作流程而不是围绕部门职能建立起来的，传统的部门界限被打破；②减少了纵向的组织层级，使组织结构扁平化；③管理者更多的是授权给较低层次的员工，重视运用自我管理的团队形式；④体现顾客和市场导向，围绕顾客和市场的需求，组织工作流程，建立相应的横向联系。

(2) 无边界组织。这种组织结构寻求的是削减命令链，将成员的等级秩序降到最低点，拥有无限的控制跨度，取消各种职能部门，取而代之的是授权的工作团队。无边界的概念，是指打破企业内部和外部边界：打破企业内部边界，主要是在企业内部形成多功能团队，代替传统上割裂开来的职能部门；打破企业外部边界，则是与外部的供应商、客户，包括竞争对手，进行战略合作，建立合作联盟。

(3) 虚拟组织。无边界组织和虚拟组织是组织网络化和虚拟化的具体形式。组织的虚拟化，既可以是虚拟经营，也可以是虚拟的办公空间。

17.2 建立行之有效的沟通机制

17.2.1 一个好的沟通机制的特征

一个高效运营的外包客户中心，一定有一套标准的、清晰的、明确的沟通机制。

从作用上看，好的沟通机制其内部能够保障出现的问题都要及时地反馈、升级、跟进、解决；其外部又能及时地通过预设流程将问题输出到甲方的“正确部门”解决问题；还能将对业务进行有效的分析，源源不断地输送到业务部门，支撑产品和服务的改进；最后，还要建立行之有效的解决运营中双方分歧的良性沟通路径。

从形式上直观地看，好的沟通机制有以下三个特征。

(1) 标准：落实到文档，经正式发布，版本及时更新，有固定地点存放，便于查询。

(2) 清晰：有清楚的流程图、部门职责、阈值和处理时限。

(3) 明确：责任到部门、到人，出现问题与双方绩效等奖惩制度挂钩。

17.2.2 建立有效的内部沟通机制的方法

1. 建立有效的内部沟通机制的方法之一：用“机制”解决问题

让专业的人有充分的空间做专业的事，明确职责分工，同时尽可能精简所有流程的各个环节。应尽早在项目中形成明确的沟通约定及较稳定的决策流程。

哪怕是一个已经在一起工作已久的团队，如果开始一个新的项目，仍应该召开一个简短明确的“启动会”。

新项目的目标、重点、分工、沟通方式都是这个启动会需要我们明确的内容。启动会上所确定的基本升级流程、沟通方式和分工，是之后高效沟通的基本前提。

约定各个主要产出物的决策审批流程，也是个很不错的方法。虽然团队会议可以充分交流意见并让大家都知晓方案，但我们依然需要一个“拍了板”的版本作为之后各环节的基准。只有决策机制清晰，职责分工明确，方案评审才会有好的闭环效果。

OARP是一套决策机制，OARP是owner、approver、reviewer、participant的缩写，分别对应4个关键角色。

(1) 负责人(owner)：负责给出方案，组织各方讨论并推进做出最终的决定。

(2) 批准者(approver)：最终批准者。

(3) 审核者(reviewer)：负责人和批准者挑选出的审核人。审核者有责任对文档进行讨论分析，并提出反馈意见，负责人必须重视并给予回复。

(4) 参与者(participant)：其他提供意见的人。参与者会收到文档的相关信息，可以对相关问题做出反馈。

图17-1清晰地展示了一个典型的方案评审流程。

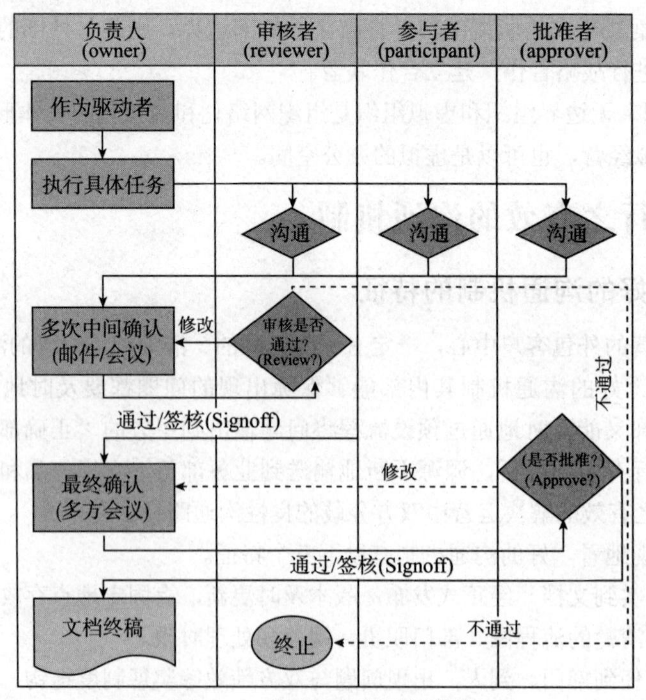

图17-1 典型的方案评审流程

2. 建立有效的内部沟通机制的方法之二：用“透明”解决问题

“透明”就是让项目进展及时、公开地展现在团队面前，这有着惊人的威力，其效果包括但不限于：及时发现进度偏差并纠正；及时预知项目风险；调动团队对全局把控的主观能动性；促进互动……

“透明”有很多不同的方式，“周会、周报+电子化进度报表+仪表盘”是最普遍的方式，每日站会和物理白板又可以向我们开启一扇新的沟通之门。也可以确定一些常用的邮件模板，帮助大家统一重要信息的沟通方式，如沟通样例。

同时，如何有效地通过周报、日报的形式进行状态汇报，又是一门不浅的学问，在本书17.3节中有比较详细的阐述，这里不再展开。

当各种项目信息被定期地展示时，信息就变得随时随需可知，各个部门不再会有“上哪儿了解想知道的信息”的问题，沟通效率会明显提升。

3. 建立有效的内部沟通机制的方法之三：随需改进，保持活力

对于沟通机制，“清晰”和“高效”缺一不可，所以尤其需要把握好“流程”和“灵活”之间的平衡。过于死板地强调流程，会导致墨守陈规，甚至“流程外拒绝沟通”；而过于灵活的沟通导致信息传播失控，没有一致的目标和标准，反而形成大量返工和扯皮。无论从哪个方面着手做沟通机制改进，都需要密切留意团队的氛围和活力状态。可以从最基本的OARP和周会、周报开始，根据团队接受情况及实际感受做持续改进。

1) 为什么企业的管理者听不到员工的心里话

原因之一，说真话对自己没有任何好处，却往往要承受极大的心理负担和付出极大的代价。说话得罪人和因言获罪的个例屡见不鲜，而提出意见得到奖赏和重用的却凤毛麟角。

原因之二，沟通渠道的闭塞和缺失往往会导致员工不愿意说真话和提建议。在企业经营者看来，沟通就是找下属员工谈话和开会，这种单向、被动、不平等的沟通方式在企业经营中往往用得最多，造成的后果往往是领导的权威树立了，而员工的嘴巴更加沉默了。

2) 为什么企业的管理者必须听到下属的心声

员工不愿意打开心门、袒露心声，从某个角度而言是对企业缺乏信任和怀有戒备。一个满怀疑虑和戒备的员工，怎么能放开手脚、全心全力地工作呢？打不开心门，得不到人心，员工处于不稳定的思想状态而流走是迟早的事。

员工不愿意说真话，因为必须遵守“上级都是正确的”这个职场铁律。其实管理者也是人，也有做错事的时候，但是员工碍于“领导都是正确的”的信条而不敢说话。从管理者的角度来看，得不到有效的反馈和及时的改正往往会造成更大的损失，而这一切损失的承担者绝不是员工。员工跟管理者和企业没有直接、明显的利益关联，这也是导致员工不愿意说话的原因之一。听不到员工的心声，只会让管理者在越来越相信自己的状态下将错误进行到底，最终自食苦果。

3) 怎样才能让员工打开心门畅言心声

(1) 从制度上入手。要在制度上保证言者无罪，保证说话的人不会受到任何的打击和惩处；对员工所提的建议一定要认真考虑和回复，一定要着眼于维护建言献策的积极性；对员工的建议和心声建立合理评价、及时反馈和分级激励的机制，对其建议根据其合理性、重要性进行必要的奖励。

(2) 建立各式沟通平台。沟通平台包括如互联网沟通平台、员工委员会、内刊、建议信箱，以及设置专门的员工思想工作者等，这些都是沟通的有效平台。倾听员工心声，必须多方面、多角度、多渠道进行，唯有如此，经营者才能更全面、更清晰地了解员工的思想和企业的经营。

(3) 转变管理者的观念。改变管理者常用的话语霸权，改变“我说，你执行”的管理思维，改变高高在上不可接近的领导姿态。只有这样，员工才敢对管理者表露心声。

让人能说话，让人敢说话，让人不再因言获罪，建立长效的沟通平台和机制，让建言献策的人得到应有的奖励，这样企业才能在正确的路上越走越远，才能在困难面前万众一心共度难关。

17.2.3　项目管理如何建立有效的外部沟通机制

项目团队涉及的人员较多，而且跨专业、跨部门，因此让团队成员进行有效的沟通就非常重要，一个有序且高效沟通的团队必然是一个高效率的团队，相反一个项目组成员整天都在无序地、低效率地沟通，那应是一个低效、无凝聚力的团队。很多人往往关注片面的问题，然后去解决，并不是很关注根本问题，这就是因为我们常常忽略沟通。

团队中一般会有以下问题。

(1) 人和人之间有一定差别，即使听到的是同样的指令，每个人也会有不同的理解。因此，在项目管理中有效的沟通显得尤为重要。

(2) 一项任务由于受制于组织结构和参与人员，其复杂度会被放大，而且放大的程度常常超出我们的想象。项目管理的使命就是要尽可能地抑制这种放大趋势。

(3) 中间层不仅要完全理解领导层的目标，而且要准确、及时地传达给下级人员理解和执行。

(4) 双向的沟通是最快的沟通，但不是最有效的。沟通不在于次数多少，速度有多快，关键在于沟通的效果，沟通的效率。

(5) 参与项目的人数和规模、团队结构、角色定位，以及相互之间的关系、熟悉和默契程度，会严重影响沟通质量和项目的实施效率。

我们平时工作大多都是在沟通，如果我们的团队的沟通都是有效的，我们的工作也会变得很简单，因为你需要的信息可以很快速、很准确地得到。假如团队中每个人都尽量做好自己的事情，去方便别人，追求有效的沟通，那么这个团队的工作能力跟效率也会很高。

那么，保持团队有效沟通的方法是什么呢？

- 建立非常明确的沟通机制，包括沟通工具、方式方法、统一且易于理解的语言描述等。
- 明确目标、指定责任，每次沟通必须有明确的目标，由某个团队成员负责。
- 团队所有成员要明确知道哪些事情是自己负责的、自己要做什么。在项目管理工具进度表中，通过甘特图我们可以将任务明确分配到个人，每个人都能清楚地看到自己要做什么。
- 在重要问题上尽量直接，寻找负责人直接沟通，而不是下发指令传递，项目管理的理论告诉我们，人越多，沟通成本越高。

如何让团队成员有效沟通呢，让项目经理主控，其他项目成员围绕项目经理进行单向沟通或者参加会议，项目经理及时收集、反馈大家的信息，让沟通更加有序、可控。

一个经过长期磨合、相互信任、达成默契的团队，可以省掉很多不必要的沟通。

相反，初次合作的团队因为团队成员各自的背景和风格不同、成员间相互信任度不高等原因，要考虑沟通消耗。

软件企业人员流动率高，导致团队凝聚力和默契度很难提高。凝聚力和默契度需要长期的、大量的内部沟通和交流才能逐步形成，由此不难理解持续良好的沟通和交流是一个团队的无形资产，稳定、默契的开发团队是一个软件企业的核心竞争力。

在上下级之间，如果只有命令，没有交流，必然导致领导者的独裁和团队成员积极性的丧失。糟糕的团队沟通就像宇宙的“黑洞”一样，会将团队成员的能量和热情吞噬殆尽。与之相反，顺畅的团队沟通则有如温暖人心的艳阳，为团队成员提供源源不断的能量，帮助他们高效地完成工作。

17.2.4　外包项目如何建立企业之间良好的沟通机制

有许多管理者并不是不知道沟通的重要性，而是不懂得沟通。或者可以这样说，其没有在企业之间形成合理的沟通机制，缺乏健全的沟通体系。

那么，如何才能建立企业之间的沟通机制呢？主要有以下几种途径和方法。

1. 要形成制度化、规范化的沟通机制和体系

企业之间需要制定沟通规范，也可以这样说，使用什么样的方式、运用什么样的格式、采用什么样的语言风格等都要有一个规范，这样就不会产生由于沟通方式不同而使信息产生差别这种事情了。对合理化的建议，我们应该形成一种制度，让其逐渐成为制度化、规范化的企业之间的沟通管理渠道，让广大员工能够直接参与企业管理，通过下情上达和管理者保持实质性的沟通，让企业之间的各种意见以公开、公正、肯定的形式表达或宣泄出来，从而体现出“保险阀”的功能，以提高企业之间信息沟通的管理水平。此外，如果员工对企业有任何建议可以通过写邮件或者拨打电话的方式进行反馈。如果能将合理化建议等活动规范化，并形成完善的制度，则有利于该公司企业文化的建设。

2. 沟通要具有信息化的特点

如今的企业都已逐渐实现信息化。企业的信息化不断要求企业之间沟通的信息化。信息化能够加强企业之间的沟通和交流，能够让企业的办事效率得以提高，有利于创造富有活力的企业文化。通过企业之间的网络办公，能够加强企业不同部门员工之间、部门和部门之间、决策管理者和基层员工之间的沟通，促使工作效率提高。与此同时，这也为员工积极参与公司管理开辟了畅通渠道，还能节约办公成本，提高劳动生产效率和整体运营效率。这种虚拟沟通平台的延伸，也使互联网时代的组织文化更加具备真实性和有效性，更能体现企业文化的价值。

3. 要实行双向沟通

企业的沟通必须双向进行，即每一个信号的传递都是自上而下之后自下而上的或者自左而右之后自右而左的渐进过程，这样才能够保证企业沟通的准确性。但是，很多企业往往只注重自上而下的沟通，却忽视自下而上的沟通。自上而下的沟通只是一种单向的

沟通，类似发包方向承包方传达命令。单向沟通会让企业之间的沟通信号被误读，进而造成沟通障碍。所以，企业的沟通必须具备双向性原则，特别是要重视自下而上的沟通。沟通就是要尽量消除员工之间的疑虑，设身处地从集体及个人的角度出发，寻求二者共同利益的平衡点，营造取得双赢的氛围。如果以此为目的，在思想上重视自上而下的沟通，就能够共同营造出一种民主、合作、进取的健康氛围。

企业无论大小，只要进行充分的沟通和交流，不仅能够清除企业管理过程中的各种阻碍，还能进一步推动企业管理的变革。企业应该建立并组织多渠道的双向沟通机制，通过建立多种渠道和开展各种活动持续向员工传达企业所倡导的企业文化内容、经营理念和发展方向等，从而增强企业凝聚力，共同塑造新的价值观，推动企业文化建设。

4. 沟通的方式一定要多样化

书面报告和口头表达是大多数企业最常采用的沟通方式，但是书面报告容易掉入文山会海之中，且效率不高；口头表达则容易被个人主观意识所左右，难以客观地传达沟通内容。所以，企业之间的沟通方式一定要多样化，这样才能达到有效沟通的目的。

(1) 让企业领导和员工直接进行沟通。企业领导要定期或不定期地前往基层调查研究及检查工作，同基层员工进行交流，从而了解员工的思想状况；通过和员工代表进行座谈，认真听取员工对企业的意见及建议，听取一线员工的呼声。

(2) 和员工之间的沟通可以通过企业各部门的例会、交谈及布置工作等方式来实现。

(3) 要积极开展形式多样的文体活动，丰富企业员工的业余文化活动。通过举办一些能够体现整个企业团队精神的活动，如“企业是我家”文艺晚会、拔河比赛、篮球和足球比赛等，为领导与员工之间构建交流沟通的渠道。

(4) 可以根据企业的实际情况开展诸如“沟通面对面”等性质的企业文化论坛活动。

(5) 要积极办好企业的内部刊物。通过企业自办的报纸或者简报，对基层的业务发展情况或者员工的思想动态及时予以刊登，并且及时将企业内部的重大决策或重要活动等上情及时下达给员工，让员工的思想与行动与企业的发展同步。

17.3 沟通层级列表和对接流程

17.3.1 设计“客户沟通层级列表”

根据上述原理，我们推荐使用层级沟通的模式，具体来说就是根据双方的职能组织结构图建立直接关联的网状结构列表，并把每一对对应节点落实到具体的个人，建立“客户沟通层级列表”。

应该依据级别、职责等因素清晰定义与发包方之间的沟通联络关系。

在这里要注意一定要建立双方对等的对话关系，这非常重要，例如：委托方是一个比较大的传统企业，那么常规来说有决策层、评估层、执行层三个大的管理层次，那么外包项目上对接就要有相应的不同级别的管理者与客户建立起对应的沟通关系。

日常运营过程中遇到的常规问题，可根据流程由组长或主管在执行层对接客户的相应接口负责人处理。对于流程中没有涉及的新问题，或者月度高级的分析汇报，或者常规结算，一般由运营经理与客户评估层来协商，当出现比较重大的调整或变化，或者项目在重要阶段时，就需要由公司高层与客户的决策层进行高层的沟通。有这样的层级沟通机制，才能保证项目上出现任何问题，双方都可以迅速传递信息和协商解决，不会因为某一方内部出现沟通问题，而积累无法弥合的问题隐患。双方确定对接人之后，承包方需要与发包方对项目组织架构达成共识，并明确所有职位的工作职责。

当承包方组织架构中某些职位的人员发生变化时，需主动与发包方沟通，并使发包方对调整后的组织架构达成共识。良好的沟通结构应具备以下特征：有明确的书面说明；书面说明与实际情况相符；得到发包方认可。

17.3.2 建立报表管理和控制流程

沟通层级列表建立起来之后，通道有了，那么如何保证准确有效的传递信息，这就涉及建立良好的报表管理体系(reporting management)。它涉及以下几个方面。

1) 报表定义和设计

报表的定义需由发包方的要求和所签订的合同条款与条件的要求而决定，包括内容、信息来源、谁来制作、谁来审核、呈现方式等。

2) 报表准确性管理

为配合发包方需求和确保报表的准确性，报表需要与相对应的系统报告一致，发包方可通过相关系统报告的访问渠道，来复核和监督。

3) 数据的管理原则

运营团队必须收集、分析和使用绩效数据，从而使运营团队的绩效能够达成顾客满意度、服务、质量、成本和员工满意度等目标。运营团队必须确保数据符合以下要求。

(1) 数据可收集。需要按照不同指标的特点，按不同时间段进行收集，且所有指标均须收集。

(2) 数据可用性。要明确定义目标，目标必须根据适当的高绩效基准而设定。

(3) 数据完整性。所有数据必须是：

- 相关的：符合测量规范的要求；
- 准确的：数据正确，不误导；
- 有代表性：反映整个母本；
- 客观的：用于收集数据的方法不带偏见。

(4) 数据为适当人员所了解。这包括：要求适当的人员必须充分理解数据的定义、数据的来源、数据的特质及与其他数据之间的相关性；要求适当的人员理解他们所使用的抽样指标的统计有效性(例如：关键错误准确率和发包方及最终用户满意度)。该理解必须包括对抽样绩效结果的精确度(置信区间)的认识。

(5) 如果数据未达标，必须采取行动。运营团队必须对所采取的行动进行明确的记录，并能够证明行动的结果带来了绩效的改善。

17.3.3 建立通畅的问题升级机制

1. 沟通会议管理

承包方与发包方双方应定期举行总结会议，可由任意一方主动发起，会议频率不得小于1次/季度，规定双方共同参与的会议类型、内容、频次、时间、参加人员，包括年度回顾会议、月度/周度例会、专项会议等。

必须对每次会议的内容进行记录，并对各项会议约定进行跟踪记录。会议记录需包括但不限于会议主题/目的、会议主导人/参加人、时间、地点、内容、跟进事项/追踪记录等，追踪记录包含但不限于起始时间、进度状态、截至时间、实际完成时间、负责人、原因分析等。

2. 发包方投诉管理

发包方投诉：包括任何负面的评论或关于服务中心产品、服务、员工或话务员任何方面的投诉。

必须制定清晰的发包方投诉管理流程，包括响应时间、方式、升级程序等。

可以利用“客户沟通层级列表”中涉及的升级渠道进行投诉的升级管理。

持续收集投诉信息，按原因或症状来追踪记录，每季度都要对发包方投诉进行分析、总结并制定改善措施，且实际执行与措施一致。

3. 客户满意度管理

每年至少对每个发包方进行一次客户满意度调查，以保持项目的执行目标与委托方设定目标的一致性。

调查的内容应覆盖服务的整个环节，至少要包含以下要素：

- 总体客户满意度；
- 对需求响应速度的满意度；
- 对运营水平的满意度；
- 对提交报告的及时性和准确性的满意度；
- 对账单结算的及时性和准确性的满意度。

17.3.4 持续跟进、追踪解决是沟通机制的核心目标

综上，要建立一套明确的层级沟通机制，应先规划出清晰的组织结构，明晰部门责任、明确目标和各项指标，以及制订年度计划，再建立规范，将落实到专人专项的数据记录、分析、报表等明确信息进行汇总、分析、传递。

上述工作是为了形成一套快速有效的信息传递机制，对于已经出现的问题和可能会出现的潜在问题，每一个都落实到明确的责任部门和具体的负责人应及时地关注、推进、分析、研究、解决，这就是建立这套机制的核心。

第 18 章

长效机制与稳定运营

18.1 健康长期关系的阐述

在稳定运营阶段，我们要继续思考和探讨，甲乙双方在更长期的合作中，尤其是在数智化时代到底应该保持一种什么样的关系。现在的合作关系绝不是单纯地谈某甲方如何管理好乙方做好项目，也不是某一家外包公司行业业务经验丰富就能把项目承接得特别好。我们要上升到更高的视角，站在全局的立场，充分思考项目的定位、资源的互动，构建长期稳定合作、多赢最大收益的合作模式。

这个问题也是CC-CMM EPM(客户中心能力成熟度模型生态合作伙伴管理标准)的精髓。双方合作的成功，并不是单纯地做项目管理，也不是单纯地做甲方对乙方的管理，而是基于双方业务定位的差异和能力的互补性建立长期稳定的合作关系。

从战略合作的角度讲，外包合作有一个完整的发展过程：

(1) 双方积累的资源和独特的禀赋能力是合作的物质基础；

(2) 合作使业务的业绩长期稳定增长，保持企业竞争力；

(3) 对于文化的理解和认同，对运营规则的磨合和遵守是双方能够共同运营好一个项目的最高境界。

18.1.1 项目方向声明管理

在传统的外包生产关系中，在甲方眼中乙方是“二等公民”，是“外人”，是“临时工”，在乙方眼里自己是“打工人”“复读机”，这样的关系显然让外包企业和团队的实际价值大打折扣，只用了外包人员的眼、耳、嘴，外包团队的最大资源“脑”“经验”完全被忽略了。可以想象一下，一支前线部队完全没有洞察和思考能力，完全等待司令部的命令才行动，胜利的概率一定大大降低。

在项目进入稳定期后，文化的融合就成为一个主要的问题。其通常分为以下4步。

(1) 文化收集：收集双方的企业文化，并发给双方的核心团队成员。

(2) 头脑风暴：每个参与者都要综合企业文化做出落地的“项目文化”，即承袭企业文化，取其涉及的部分量化落地。

(3) 明确项目的核心价值和方向，了解应该怎么做，不能做什么。

(4) 确定方向后，要确保项目的所有成员学习并遵守项目的相关原则。

在快速转型中，有了明确的文化，遇到任何新问题，都能从容应对，快速解决问题，让业务长期保持活力。

18.1.2 外包项目健康度的概念

对发包方和承包方企业来说，业务健康度的关注方向是基本一致的，但是关注重点是不同的，虽然如第17章所讲，我们尽量让双方的目标保持一致，但从原理上讲承包方企业的所有收入来源都是发包方的结算付款，而所有成本都是基于达成发包方的要求所产生的。

发包方重点关注质量如何改善，承包方重点关注在提高效率的基础上节约成本，以达成更高的企业利润。因此，外包业务发包方和承包方之间要先就管理方向问题达成一致，找到平衡点，确定合理的考核方案。

业务健康是发包方和承包方应该共同高度关注的问题，它包括：

(1) 对业务市场和利润的关注和管理；

(2) 对员工满意度的关注和管理；

(3) 对业务稳定性的关注和管理；

(4) 对发包方和承包方商务稳定性的关注和管理；

(5) 对社会舆情的关注和管理。

为了确保外包业务的健康度，一方面，发包方和承包方要就各种环境的、政策的变化商讨合理的应对措施；另一方面，双方要围绕客户需求，寻求质量和效率的平衡点，确保发包方的客户获得优质高效的服务，承包方有合理的利润且员工有合理稳定的收入。

18.2 业务市场和利润管理

18.2.1 盈利空间控制

外包产业在中国已经发展了二十多年，早已不是只能提供人力资源和一些简单业务或者后勤行政托管的企业。但是，人们对外包企业的认识存在很大的认知偏差，具体如下。

1) 偏差一：外包企业与资源企业的盈利模式混淆

早期观点认为，外包企业是靠“规模效益+管理费”的模式盈利的；发包方企业要外包的事情是自身较成熟的业务，只是通过外包来解决人员招聘、场地等问题，或者为了满足上市融资等需求，提高人均利润率等。

这种观念只适合最早的外包项目，外包公司并不参与外包团队的直接管理，只是将一部分资源的管理委托给外包企业管理，外包企业付出的管理成本也不高。

这种仅起到组织和管理资源作用，而不参与客户中心外包项目管理的外包模式，很像是一种资源租赁模式，赚取的利润只是提供租赁所得到的报酬。

这种陈旧的外包模式依然存在，这种模式下的外包企业基本上不具备全面的业务管理和业务数据分析能力，对一些希望借力完善自己客户中心能力的发包方企业来说，这类外包企业无法帮助其完成业务闭环。这类外包企业如果不意识到这一点，在数智转型的今天也很难在业务上有进一步的发展。

2) 偏差二：否定管理价值

很多发包方企业往往简单地认为，外包企业只要盈利，就一定是“价格高了”或者“偷工减料”，甚至认为人力成本、场地成本之外的钱都是被外包企业赚走的。实际上，我们不能忽视外包企业拥有丰富的管理资源、管理经验和管理能力，这些能帮助发包方企业做好客户中心体系，而这些能力是需要成本的。

大量成熟的外包公司，在十几年的外包过程中积累了大量的管理经验，也非常了解各个行业中的优秀企业的先进管理模式，并且对全国人力资源、职场资源、政府政策都有充分的了解，可以依靠优秀的管理能力和资源统筹能力，以与发包方企业相同或者更低的成本输出比发包方企业更高的质量。

因此，从盈利的角度看，发包方企业先要想清楚自己的企业要外包的项目处于什么阶段，要通过外包实现哪些目标，再基于第14章所讲的成本预算，双方一起规划出合理的成本预算，最后根据第15章提到的运营健康，构建合理的付费及考核方式，共建良性、共赢的业务模式。

18.2.2 人力成本控制

在前面章节我们已经详细讨论怎样通过收集数据来制订人力成本规划。这个规划不是一直稳定不变的，是在多种因素下不断发生变化的。下面我们归纳梳理一下这些变化和人力成本的关系，以及双方对这些变化因素的理解程度。

1. 双方容易达成一致的人力成本变化

1) 直接的人力成本变化

(1) 社会保险的基数调整和项目调整。近年来，社会保险的管控越来越严格，不给员工缴纳社会保险的行为逐渐减少，并且已从三险一金逐渐过渡为五险一金，社会保险管理日趋完善。

(2) 社会最低薪资的调整。目前，国内各省社会最低薪资标准的差异已经不大，但每个省都分为一类、二类、三类地区，这三级之间的差异较为明显，社会最低薪资的要求虽然与成本没有直接的联系，但在实际运营中，底薪低一些，激励绩效的比例高一些，更有利于团队中人和人之间的竞争，提高产能。底薪和绩效的比例有单独的标准，这里不再重复。

2) 非直接的人力成本变化

随着智能化、自助化系统的大规模使用，一方面电话客户的问题越来越复杂，另一方面支撑座席的系统越来越强大，这些会引起人力成本的关键因素AHT(平均处理时间)发生变化。

这个因素的变化适用于给承包方提价，具体表现为系统要求人员具备较高的素质，因而人员单价提高了。其还适用于给承包方降价，具体表现为系统自助服务解决的问题越来越多了，需要的员工数量逐渐减少，预算随之减少。

新的产品或者业务类型越来越多，自助系统不断解决简单的问题，这就导致人工服务的投诉量增加，AHT也会增加，如果承包方没有业务敏感度，没有系统化反馈，发包方也不能快速地在系统上解决客户问题，此时仍然采用单价结算模式，不提价，承包方就很容易陷入亏损。

如果发包方不断地改善业务，或者一线员工的支撑系统(业务系统和知识系统)能力越来越强，在业务没有大的调整变化的前提下，承包方员工的AHT会缩短，有些企业的数智化系统上线后对AHT的影响甚至可达20%以上，这就是明确的降价因素，只是此时这种红利的回收要注意平稳地调整，避免员工产生误会。

不管涨价或降价，都需要比较详细的人工服务内容分析来支撑论点，并需要详细数据来支撑具体的调整幅度，这种计算统计方法在第14、15章已讲述。

随着生活条件越来越好，员工对于工作环境的要求和承受压力的能力都在发生变化。这些变化也会引起一些成本的变化。例如，随着手机App、智能语音机器人将简单问题分流，员工面对的投诉比例就会增加，企业可设置减压休息室，以及安排心理梳导老师进行梳导。

2. 双方不容易达成一致的人力成本变化

社会平均工资会对项目成本产生影响。按照1990年1月1日国家统计局发布的《关于工资总额组成的规定》计算，工资总额由计时工资、计件工资、奖金、津贴和补贴、加班加点工资、特殊情况下支付的工资等组成。职工上年度月平均工资无法计算的，以全市职工上年度月平均工资为缴费基数。表18-1为2020年度全国社会平均工资标准。

表18-1　2020年度全国社会平均工资标准

省/市/自治区/直辖市	平均工资(元/月)	省/市/自治区/直辖市	平均工资(元/月)
北京市	9227	河南省	4382
天津市	5729	湖北省	4486
河北省	4511	湖南省	4025
山西省	3299	广东省	4670
内蒙古自治区	4538	广西壮族自治区	3826
辽宁省	4654	重庆市	6181
吉林省	4930	四川省	5150
黑龙江省	4981	贵州省	4041
上海市	8664	云南省	4962
江苏省	4862	西藏自治区	5550
浙江省	5306	陕西省	5034
安徽省	4294	甘肃省	5312
福建省	4664	青海省	5290
江西省	3787	宁夏回族自治区	5264
山东省	4880	新疆维吾尔自治区	5524

我们发现，不同省份的社会平均工资差异极大。对于这点，我们不能仅仅用这个数字来衡量，应先全面理解什么影响了平均工资。对于工资低的城市，一般各方面的发展都欠发达，如果在这些城镇开设外包业务，那么培训成本可能会高于一线城市，甚至一些先进的互联网业务、软件开发业务或者技术服务类业务在一些三四线城市发展得较为缓慢，人

才较少，那么这类业务即使付出高额的培训成本，可能仍然无法落地。

另外，随着CPI(consumer price index，居民消费价格指数)逐年上升，高质量人才也会趋于向高技能要求高收入的工作迁移。这导致一些低收入城市员工成本确实低了，但从业人员素质也较低，付出的管理成本就会增加。应注意根据业务需求计算综合成本，再进行决策。

社会平均工资很少在发包方和承包方之间谈及，但我们认为，在以后的外包业务中，由于对管理技术方面的要求逐渐提升，承包方必须考虑核心人才的稳定性问题，一些人才的社会平均工资必定会进入成本和报价预算的考虑范围。

18.2.3 物料机器成本控制

近几年，建设客户中心的物料机器成本发生了较大的变化，具体变化如下。

1. 数智化基础设施成本一直下降

IP电话(网络电话)全面普及，与云呼叫平台整合在一起，不仅替代了原来复杂昂贵的电话系统，还整合了全媒体交互能力。基础客户中心系统由机房向云端转化，成本进一步降低，建设和维护成本均有所下降。企业可以按需租用，具备更高的灵活性，成本也更可控。

2. 智能化基础设施成本上升较大

智能化基础设施总让人联想到IT设备、服务器设备等硬件，实际上现阶段的智能化设备的最大成本在于开发和运维。

因此，运营团队原有的运营能力和对智能工具的理解程度决定了今天的运营成果。如果说开发团队的好坏是决定系统好不好用的关键因素，那么运营团队就直接决定了智能系统的成败。从实际案例的汇总来看，运营团队人员的转型教育成本是目前数智化转型期需要支出的最大成本，如果不进行培训，企业将无法提高自身的运营能力，并且逐渐在竞争中变为高成本、低效率的企业。

3. 智能化系统研发和运维团队成本高昂

目前，很多基础算法都是开源算法，例如Bert算法，它是在机器学习语义理解方面用到的热门软件之一。但是，将开源算法应用于机器学习程序中还需要大量的开发工作。

4. 智能化系统运营团队的数智化转型成本高昂

这不仅仅涉及数智化培训，很多企业还面临十几年以来积累的流程化不完善的问题。我们可以通过以下两个考量点来考查运营团队是否具备应用智能化系统的能力。

(1) 流程一致性：是不是团队内所有人的所有工作行为都有流程可以依据，即使是需要“灵活处理”的事情，也有明确的流程、原则和范围。

(2) 升级闭环：对于流程处理不良或是没有考虑到的新问题，整个团队是否有完善的、可追溯的、快速有效的反馈闭环，也就是“新问题—升级—解决问题—落实到新流程”的闭环。例如，某国企一直存在很多问题，如底层客户问题多、抱怨多，领导层没抓手，不知重点在哪里，最后形成“下面抓狂，上面瞎忙”的状况。2018年，该企业为了解决该问题，特别是工单系统，给所有工单都加上了按时监督、逐级升级的机制，也就是说如果有一张工单在规定时间内没被处理，就会自动升级到上一级领导那里去，最高可以上升到集团的最高领导。这个系统运行了一年多，服务口碑有了大幅度的改观，很多员工口中的“老大难”问题也得到了解决。

以上提到的两个考量点，如果此前都已经做得不错，那么恭喜你，你的企业数智化转型已经具备了很好的基础；如果没有，那么就一定要意识到问题所在，将这些运营上的问题一并考虑进去，否则数智化转型成功率将大大降低。

18.2.4 法律法规变化控制

国家颁布的法律法规会影响企业的成本，企业应该严格遵守国家法律法规，快速适应，做好规划。

对于法律法规层面的要求，发包方和承包方都要有清醒的认识，随着我国法制化和网络化、数智化的加强，无视法律或偷机取巧无疑是将企业置于极大的风险之中，正确的做法是仔细研究法律法规的具体规定，找专业的法律顾问帮助厘清具体的细节要求，本着公平合理的原则制定企业相应的防风险策略和流程，在管理过程中出现争议问题的时候，企业能做到有效举证，保证企业的合法权益。以下列举一些涉及外包企业的法律法规及企业相关责任和义务。

(1) 根据《中华人民共和国劳动合同法》的规定，用人单位应当依法建立和完善劳动规章制度，保障劳动者享有劳动权利、履行劳动义务。企业与员工在劳动合同中不仅可以约定工作内容和工作地点、工作时间和休息休假、劳动报酬、社会保险、劳动保护、劳动条件和职业危害防护等必备条款，还可以约定试用期、培训、保守秘密、补充保险和福利待遇等其他事项，以避免劳务纠纷给企业造成不必要的损失。

(2) 根据《中华人民共和国劳动法》的规定，用人单位应当保证劳动者每周至少休息一日，并且在元旦、春节、国际劳动节、国庆节及法律、法规规定的其他休假节日依法安排劳动者休假。用人单位由于生产经营需要，经与工会和劳动者协商后可以延长工作时间，一般每日不得超过一小时；因特殊原因需要延长工作时间的，在保障劳动者身体健康的条件下延长工作时间每日不得超过三小时，但是每月不得超过三十六小时。

企业要对工作时间有清楚的认知，加班未必是最好的提升效率和成果的方法。

(3) 根据《中华人民共和国妇女儿童权益保障法》的规定，国家保障妇女享有与男子平等的劳动权利和社会保障权利。实行男女同工同酬。妇女在享受福利待遇方面享有与男子平等的权利。

作为一个有责任的企业，应该依法依规，给女职工提供一个安稳的工作环境，男女在处理各种问题上都有各自的思维优势，一个男女比例合适的工作环境会给工作者带来良好稳定的氛围感。

(4) 根据《中华人民共和国企业所得税法》的规定，在中华人民共和国境内，企业和其他取得收入的组织为企业所得税的纳税人，依照本法的规定缴纳企业所得税。

18.2.5 竞争引发变化控制

企业竞争力是指在竞争性市场条件下一个企业所具有的、能够比其他企业更有效地向市场提供产品和服务并获得盈利和声望的能力。企业间的竞争就是体现在谁是反应最快的，谁最善于了解和分析客户的需求，谁更能帮助客户找到最优的策略并改进最快。

性价比在外包业务中是发包方和承包方都应该关注但又常常忽略的问题。

18.3　业务稳定性管理

对于企业运行来说，永远不变的就是变化。面对业务的各种突发状况，庞大的数智化系统的各种故障，企业需要制订应急预案，通常分为以下三类。

18.3.1　业务变化应急预案

业务上线后，企业自身的业务情况是不断变化的。我们欣喜地看到，一些公司不仅有完善的流程，还将流程变成数智化的平台，通过预设的模型，早期预测业务变化，及时自动启动一系列全面的应急预案，在面临重大业务变化时仍能保持客户问题解决的速度和满意度。

【案例】

请求接入量异常增长的应急预案(节选)

对于呼入量异常增长持续10分钟以上的情况，可通过不同级别的应急预案予以缓解。

一级应急预案

人员：中心所有服务实体的客服代表应在统一指挥下受理工作(包括运营主管)。

系统：根据情况，及时启动IVR(互动式语音应答)和在线应答机器人。

二级应急预案

人员：在一级支持提供后，情况仍未得到有效控制并持续30分钟或更长时，现场运营负责人应联络外呼人员及质控、培训人员协助处理话务量。

系统：尽快在自助系统端装载自助服务工具(例如IVR语音机器人、手机App自助业务服务端、网站自助业务页面等)将客户尽快分流，确保客户的问题得到解决。

18.3.2　职场故障突发应急预案

1. 一般设备故障处理

若电脑设备发生故障，客服代表应立即上报，并听从运营主管的分配，切换至其他座席。客服代表在换至别的座席后，应在5分钟内重新登录系统。运营主管应及时做好记录，并按报修流程进行报修。

若电脑设备出现大范围故障，运营主管应立刻通知IT维护紧急联系人进行处理，同时，应立即以电话方式上报项目经理，并安排员工至指定区域工作。

2. 应用程序/网络/系统故障处理

客服代表若发现系统出现问题，应及时上报运营主管，等待IT部门处理。在系统被修复期间，应通过有关产品的文件资料尽量解决客户的问题，不可以在未经许可的情况下私自退出系统。

如需进行手工操作，客服代表应详细记下有关电话的信息，并在系统恢复后补录相关客户信息。

如需在系统修复后与客户联系，客服代表应记下客户的联系方式，并在系统恢复后予以跟踪。

【案例】

如故障在20分钟内仍未解决，运营主管应立即以电话方式上报项目经理。同时，业务组应采取以下紧急对应措施：

销售订单，查询、投诉等工单，均以手工工单形式(原查询投诉工单记录表)，转交第二业务中心处理。在转交前，需要电话通知项目第二业务中心驻场人员，由驻场人员提前通知第二业务中心准备启动应急预案，并告知转交方式(QQ、传真)。

系统恢复后，需要把先前手工转办的单子在系统里进行补录，补录时务必注明该工/订单已于××时间通知××部门，此为补单。这种补录痕迹的工作，应尽量由系统对接直接完成，避免员工手动处理。

3. 断电处理

若有断电情况发生，运营主管应立即电话通知物业紧急联系人，告知具体断电情况。UPS(不间断电源)需供应客户中心一部分电力，空调和照明灯会受到影响。如断电情况持续5分钟以上或更长，运营主管应立即以电话方式上报项目经理，同时协助维护人员一起进行修复工作，并负责控制员工情绪直到电力全部恢复。可将断电区域员工安排至指定区域进行工作。

4. 空调故障处理

若出现空调故障，运营主管应立即联系物业紧急联系人，任何情况下，客户中心都应根据中心规模大小配备风扇以确保空气的流通。

18.3.3 人身安全应急预案

1. 警报及火灾

客户中心管理人员应保持高度的警觉性，以确保所有警报地区的正常状态。

若有火警发生，应检查行政、管理办公室，以确认是否是警报出错或系统测试，如不是，应遵照火警疏散流程行动。火灾演习应最少每年演练一次。

2. 办公场地灾害损毁处理

若发现办公场地出现倒塌或其他严重威胁人员人身安全的情况，应立刻逐级上报处理(主管、物业经理、项目经理)，管理人员应组织人员有序疏散至安全区域。

3. 紧急联系人目录

客户中心必须建立并维护紧急联系人清单，且清单应持续维护，电话打得通，职责任务明确清楚。

18.3.4 疫情应急预案

以下是实际应用中总结出的一个比较完善的案例，内容全面，这里仅列出目录供大家参考，具体内容可以通过询问所在地区的防疫部门获得详细资料。

新型冠状病毒感染疫情应急手册

一、工作区域防护知识

1. 上下班途中如何做？

2. 入楼工作如何做？

3. 入室办公如何做？

4. 参加会议如何做？

5. 食堂进餐如何做？

6. 公务采购如何做？

7. 工间运动如何做？

8. 公共区域如何做？

9. 公务出行如何做？

10. 后勤人员如何做？

11. 公务来访如何做？

12. 传阅文件如何做？

13. 电话消毒如何做？

14. 空调消毒如何做？

15. 废弃口罩如何处理？

二、个人防护知识

(一) 洗手篇

1. 如何保护自己远离新型冠状病毒？

2. 洗手在预防呼吸道传播疾病中的作用？

3. 正确洗手须掌握六步洗手法。

4. 哪些时刻需要洗手？

5. 旅途在外没有清水，不方便洗手怎么办？

(二) 口罩篇

1. 口罩应该怎么选？

2. 如何正确使用口罩？

3. 特殊人群如何佩戴口罩？

三、居家防护知识

1. 在家中怎样预防新型冠状病毒传染？

2. 新型冠状病毒感染疫情流行时，我们在饮食方面应注意什么？

3. 前往公共场所怎样预防新型冠状病毒感染？

4. 到生鲜市场采购，怎样预防新型冠状病毒传染？

5. 轻症发热病例的居家隔离建议。

四、新型冠状病毒感染知识

1. 什么是新型冠状病毒？

2. 哪些人容易感染新型冠状病毒？

3. 新型冠状病毒的传播途径有哪些？

4. 什么是飞沫传播？

5. 什么是接触传播？

6. 什么是密切接触者？

7. 密切接触者应注意哪些事项？

8. 密切接触者监控建议。

9. 新型冠状病毒感染患者有什么临床表现？

10. 在临床上怎样识别观察新型冠状病毒感染病例？

11. 新型冠状病毒感染的防控措施。

五、就医流程

1. 何时就医

2. 就医时的注意事项

18.4　社会舆情管理

随着信息技术的不断发展和互联网新媒体的崛起，信息传播的速度得到了极大提升，信息风暴正时刻改变我们的生活、工作和思维方式。面对新的网络传播环境，舆情管理工作面临来自各方面的挑战。舆情管理得当，有助于企业快速发展，反之则给企业带来负面影响，声誉受损，甚至造成重大经济损失。加强舆情管理已成为企业势在必行的一项重要工作。

发包方和承包方都应格外重视舆情的情况。对于天天和客户打交道的被委托外包方，更了解客户的感受和产品的问题，对舆情早期有着天然的洞察优势，应与发包方紧密配合，做好舆情的监控。而发包方对于舆情一定要提升敏感度和处理速度，随着信息化越来越发达，舆情的洞察和控制将是企业的必备能力。

18.4.1 当前社会舆情环境

1. 内忧外患

当下许多大中型企业都处在改革发展、转型升级的关键时期，也是内外部舆情高发期。内部员工对深化改革、经营管理、安全生产、廉政建设、福利分配等有不同的意见和看法，有的甚至对企业重大决策存在误解误读；社会公众和各类媒体对于企业的社会形象，以及经营活动中暴露出来的产品质量、售后服务等问题存在不同程度的评价和舆论倾向。这些评价和舆论倾向，长期不断聚积，极易引发负面舆情。一旦爆发，后果可能会难以预计和控制。

2. 放大效应

互联网传播的便捷性和放大效应增大了舆情危机爆发的可能性。在过去舆论传播相对较慢、渠道较少的情况下，企业出现的部分舆情往往被掩盖或被其他各种信息所稀释，不容易形成大规模的舆情危机。但在如今的互联网新媒体时代，即使一些微不足道的资讯，也可能被快速传播，且在网络上被放大，发酵成舆情危机。

3. 非理性化

网络媒体传播具有一定程度的非理性化，使负面舆情更易传播。网络传播具有匿名性的特点，传播的参与者可能带有情绪化，甚至把互联网当作发泄情绪的场所。正面舆情常被忽视，而负面舆情极易得到快速传播。

4. 传统媒体的影响力降低

相比新媒体，传统媒体的传播速度慢、效率低、渠道单一，往往在面临舆情危机时无法占据舆论引导的主动权，进而无法控制舆情的发展。

18.4.2 舆情管理的问题及难点

1. 全面收集和分析舆情难度大

企业舆情的传播早已从口口相传发展为互联网与移动互联网的传播，传统的舆情监测已难以适应大数据时代舆情传播的特点。在新媒体环境下，可使用舆情监测工具，针对全网各大平台实时采集信息，做到全方位监测，极大地提升数据采集与信息监测效率。在舆情发生前，做到预防；在舆情发生后，及时预警。

2. 数据不准确易引发舆情反弹

充分掌握与舆情相关的各方信息，了解事件起因，追溯传播源头，查询真相，掌握主流媒体评论与网民的主要关注点。但实际难点在于，舆情来源的相关各方由于信息不对称、网民诉求不一致等，无法为后续舆情研判处理提供有效数据支持。信息不准确导致研判不精准，不仅是无效的舆情处理，甚至可能引起强烈的舆论反弹或次生舆情。

3. 面对舆情反应迟钝

目前，企业面对舆情时，往往这样做：在舆情形成初期，没能及时发现；在发酵中，没能及时应对；等到舆情爆发后，心存侥幸，拖延不回应；等发酵成舆情危机时，已错过处理公众舆论的最佳时机，造成不可逆的局面。

18.4.3　舆情管理的对策及方法

1. 健全企业自身舆情管理体系

企业需将网络舆情管理作为一项日常性工作，重视并抓好企业新闻宣传和舆论引导，加强企业形象口碑监测。应建设企业舆情管理团队，结合自身特点，建立舆情响应机制和舆情处置预案，使舆情管理标准化、制度化。

2. 掌握主动权，以真诚化解危机

舆情事件具有突发性、破坏性和紧迫性的特点，须第一时间应对，掌握舆情的主动权，有利于将损失降到最低。另外，追求信息真实性，勇于承认错误，直击网民的关注点，用真诚的态度解决实际问题，才能有效地控制负面舆情。

3. 使用媒体大数据监测工具有助于企业及时掌握品牌口碑

24小时实时监测互联网企业口碑，如有负面信息，系统会第一时间发送预警信息。不仅节省人力成本，企业还能在最快的时间内掌握全网品牌舆情，赶在舆情发酵前，加以有效控制。

18.5　企业危机管理

在企业危机出现的时候，发包方和承包方之间的业务会面临什么问题？企业应该如何做好危机事前、事中、事后的应对和善后处置工作？下面我们做具体介绍。

18.5.1　企业危机的主要问题

企业危机主要包括以下问题。

(1) 业务量大：有大量的客户请求。

(2) 知识库不完备：客户投诉维权。

(3) 员工激励不足：员工劳动强度增加，工作满意度急剧下降。

(4) 承包方与发包方沟通不畅：承包方对发包方业务的长期稳定性产生担心。此时，发包方应向承包方说明情况，以便双方及时做出决策，应尽量避免任何一方陷于风险。

18.5.2　危机管理的具体解读

危机管理是企业管理的重要一环，包括对危机事前、事中、事后所有事物的管理。如同在战场上没有常胜将军一样，在现代商场中也没有永远一帆风顺的企业，任何一个企业都有遭遇挫折和危机的可能性。从某种程度上讲，企业在经营与发展过程中遇到挫折和危机是正常和难免的，危机是企业生存和发展中的一种普遍现象。那么，如何建立一个有效的危机管理体系，从而成功地预防危机，处理危机，甚至反败为胜，在危机中恢复并得到发展呢？最好的办法就是准确预见危机，即建立危机预警系统。作为企业的管理者，应未雨绸缪，树立强烈的危机意识，并且在企业中营造一个“危机”氛围，加强员工培训，使企业所有员工在激烈的市场竞争中时时充满危机感。同时，遵循危机管理的基本原则，为企业排忧解难，在危机中寻求更好的发展。

危机总是出人意料地爆发，危机管理的目标不仅仅是使公司免遭损失，还是在危机中不断发展。很多企业将危机管理与业务发展看成是一对相互对立的矛盾，认为危机管理必然阻碍业务发展，业务发展必定排斥危机管理，从而导致危机管理与业务发展被割裂开来，形成“两张皮”。危机管理机构在制定规章制度时往往不考虑其对业务发展的可能影响；而业务部门在开拓业务时则盲目地扩张，根本不顾及危机问题。

危机管理要从全面化出发。所谓全面化，可归纳为三个“确保”，首先应确保企业危机管理目标与业务发展目标相一致；其次是确保企业危机管理能够涵盖所有业务和所有环节中的一切危机，即所有危机都有专门的、对应的岗位来负责；最后是确保危机管理能够识别企业面临的一切危机。

危机管理有“道”亦有“术”。危机管理的“道”是根植于企业的价值观与社会责任感，是企业得到社会尊敬的根基。危机管理的“术”是危机管理的操作技术与方法，是需要通过学习和训练来掌握的。危机管理之“道”是企业危机管理之“术”的纲。

从根本上讲，危机就其本质而言，是无法预知的，也是不可以准备的。大多数企业对于危机往往是亡羊补牢，但其实预防与控制才是成本最低、最简单的方法。应将如何处理危机根植在企业的价值体系中，训练各级员工在危机来临之后的反应能力及事件处理能力。

有效的危机管理体系是一个由不同的子系统组成的有机体系，如信息系统、沟通系统、决策系统、指挥系统、后勤保障系统、财务支持系统等。

因而，企业危机管理的有效与否，除了取决于危机管理体系本身，在很大程度上还取决于它所包含的各个子系统是否健全和有效运作。任何一个子系统的失灵都有可能导致整个危机管理体系的失效。

应在企业内部建立一个职责清晰、权责明确的危机管理机构，因为清晰的职责划分是确保危机管理体系有效运作的前提。同时，企业应确保危机管理机构具有高度权威性，并尽可能不受外部因素的干扰，以保持其客观性和公正性。

危机的集权管理有利于从整体上把握企业面临的全部危机，从而将危机策略与经营策略统一起来，决不能各自为政！危机发生的时候，需要有人站出来领导，做出指示，告诉我们发生了什么，应该怎么做。

但值得注意的是，为了提高危机管理的效率和水平，不同领域的危机应由不同的部门来负责，即危机的分散管理。危机的分散管理有利于各相关部门集中力量将各类危机控制好。但不同的危机管理部门最终都应直接向高层的首席风险官负责，即实现危机的集中管理。

从某种意义上讲，危机战略的出台在很大程度上依赖于其所能获得的信息是否充分。而危机战略能否被正确执行则受制于企业内部是否有一个充分的信息沟通渠道。如果信息传达渠道不畅通，执行部门很可能会曲解上面的意图，进而做出与危机战略背道而驰的行为。

有效的信息沟通可以确保所有的工作人员都能充分理解其工作职责，并保证相关信息能够传递给适当的工作人员，从而使危机管理的各个环节正常运行。企业内部信息的顺畅流通在很大程度上取决于企业信息系统是否完善。因此，企业应加强危机管理的信息化建设，以任何理由瞒报、迟报，甚至不报的行为都是致命的。

综上所述，危机管理既要充分借鉴成功的经验，也要根据危机的实际情况，尤其要借助新技术、新信息和新思维，进行大胆创新。切不可墨守成规，固步自封。有效的危机管理必须做到：移转或缩减危机的来源、范围和影响；提高危机事前管理的地位；改进危机的事中管理；完善修复管理，从而能迅速有效地减轻危机造成的长期损害。

18.5.3　应对企业危机的主要思路

危机处理的前提是尊重公众的权益。在危机调查中，要实事求是地弄清楚企业危机到底给公众带来了多大的不便及利益损害，企业应采取什么样的措施对公众进行补偿，等等，这是企业必须考虑的。同时，关键还在于必须承担一定的社会责任。生产型企业不仅要关注企业的效益，还必须对社区的环境承担责任，以实现企业和经济社会的可持续发展。

应对企业危机，企业负责人或高层领导对危机的重视和直接参与是极其重要的。高层的直接参与，可以最大限度地利用各种资源减少内部的混乱，更关键的是让公众看到企业的诚意，给公众和员工以信心，可以起到掌控局面的作用，为顺利解决危机打下良好的基础。

在应对企业危机过程中，还可借助外力，甚至借助专家的力量。危机爆发后，企业单方面的声明往往不足以消除公众心中的顾虑，为增强公众对企业及产品的信任感，必要时可以借助外力，适当运用第三方权威机构发布正面信息，比企业自己的声明更具有说服力，也可以防止负面信息的进一步扩散。

同时，企业发生危机时，必须重视媒体报道。媒体是公众利益的代言人，公众的知情权赋予了媒体报道权，每个媒体都有一群忠诚的阅读群和追随者。不同立场的说辞会让公众产生不一样的认识。要正确地统一对外口径，确保企业发布的信息客观、严谨，不让公众留下企业“欲盖弥彰”的印象，避免造成信息口径不一致给企业带来的更大的损害。有时，媒体就某一问题提出猜测，企业要及时回复。有时，媒体提出了批评，企业要认真思考媒体的批评是否正确，然后调整自己的行为。

最后，企业危机发生后，企业应该查找危机的根源，到底是什么原因导致危机的发生。在这之前，企业应该实事求是，不可吹嘘，不可一口否认。消费者宁可信其有，不可信其无。根据所查找到的危机根源，及时制定切实可行的整改措施，避免企业危机的再度发生，取信于民。

18.5.4　危机管理中的常见错误

以下几种危机管理中的常见错误处理将会给企业带来危害。

(1) 侥幸心理的危害。侥幸心理通常是指同行或竞争对手发生了危机事件，但由于时间或区域的原因，并非本企业的危机，此时企业会认为危机与自己无关，从而任由事态的发展。

(2) 躲避政策的危害。一些企业在危机来临的时刻总是想着如何躲避媒体的采访或曝光，不敢面对事实，也不配合媒体进行舆论的疏导，这样的做法显然无助于危机的解决。

面对危机，企业切不可采取逃避政策，因为即使回避了一时的问题，却可能为更大的危害播下了种子。企业单方面的逃避并不能避免公众对危机了解的渴望，在信息反馈不足的情况下，公众会愤怒地对企业的这种行为进行抨击。

(3) 推卸责任的危害。在企业认为媒体及公众都不知晓事件原委的情况下，一些企业会抱着推卸责任的态度。这种心态是错误的，推卸责任也许对短期经营有效，长远来看，事情终究会被曝光，而企业不但失信于消费者，还失信于媒体。

18.6 员工满意度管理

18.6.1 怎样控制员工满意度

员工满意，是相对用户满意而言的，员工满意是指一个员工通过对企业所感知的效果与他的期望值相比较后所形成的感觉状态，是员工对其需要已被满足程度的感受。员工满意是员工的一种主观的价值判断，是员工的一种心理感知活动，是员工期望与员工实际感知相比较的结果。近年来，中国家庭的生活水平不断提升，越来越多的年轻从业者从事一份工作决定去留的因素中，收入的成分在降低，很多年轻人离职常常表达“不是钱的事儿”，新型的社会价值观也让传统的“军队型”上下级关系转变为新兴的“契约型”“合作伙伴型”上下级关系，从业者对于一份工作的要求不再是简单地挣一份工资养家糊口，而更加关注个人的持续发展。

员工满意度指数是指员工接受企业的实际感受与其期望值比较的程度。员工满意度=实际感受/期望值。

该定义既体现了员工满意的程度，又反映出企业在达成员工需求方面的实际结果。满意是一个相对的概念：超出期望值为满意；达到期望值为基本满意；低于期望值为不满意。员工在特定的工作环境中，通过其对工作特征的自我认识，确定实际所获得之价值与其预期所获得的价值之间的差距。差距大，满意度低；反之，差距小，满意度高。

满意感有正向和负向之分，满意和不满意代表截然相反的两个方向，却不是同一线段的首尾两端。20世纪50年代后期，美国心理学家赫兹伯格调查发现，人们对诸如本组织的政策与管理、工作条件、人际关系、薪酬等，如果得到满足，就没有不满意，得不到满足，就会不满意，赫兹伯格称之为“保健”因素；而对于成就、赏识和责任等，如果得到满足，就会满意，如果得不到满足，就不会产生满意感，但也不会不满意，赫兹伯格称之为“激励”因素。赢得人才，赢得发展，全力打造“员工最满意企业”才是取胜之道。

员工满意度是员工对其工作中所包含的各项因素进行评估的一种态度的反映。据权威机构的研究表明，员工满意度每提高3个百分点，企业的顾客满意度将提高5个百分点；员工满意度达到80%的公司，平均利润率增长要高出同行业其他公司20%左右。对于员工满意度，主要从5个方面进行分析。

1. 社会平均工资和福利

员工对社会平均工资和福利方面的满意度涉及薪资、福利、医疗和保险、假期、休假等。

2. 工作难易度和工作性质匹配度

工作难易度即员工对工作难易的认知和容忍度。工作难易度因人而异，一方面要衡量是否能够满足个人提高职业技能的需要，另一方面要衡量是否超出个人的能力范围。工作性质匹配度涉及工作内容与性格、兴趣相吻合，是否能最大限度地发挥个人的能力，从自己的工作中获得快乐，等等。

3. 工作环境

员工对工作环境的满意度主要涉及工作空间质量、工作作息制度和工作资源配备齐全等方面。

(1) 工作空间质量：即对工作场所的物理条件、企业所处地区环境的满意程度。

(2) 工作作息制度：即对合理的上、下班时间、加班制度等的满意程度。

(3) 工作资源配备齐全度：包括工作所需的设备及其他资源是否配备齐全、够用。

4. 企业文化

员工对企业文化认同感参与感越强，越有利于企业管理。员工对企业文化的满意度可从员工对企业的了解程度、组织参与感、企业前景、合作和谐度、信息开放度等方面进行分析。

(1) 员工对企业的了解程度：即员工对企业的历史、企业文化、战略政策的理解和认同程度。

(2) 组织参与感：包括意见和建议得到重视，参加决策，企业发展与个人发展得到统一，有成就感和归属感等。

(3) 企业前景：即员工对企业发展前景看好、充满信心。

(4) 合作和谐度：包括上级的信任、支持、指导，同事的相互了解和理解，以及下属领会上级意图、完成任务的情况，下属是否得到尊重等。

(5) 信息开放度：包括信息渠道畅通，信息的传播准确、高效等。

5. 个人发展需求

在规划员工个人发展的过程中，要注意正确引导和改善容易引起员工不合理的不满意的个人观念，具体如下。

(1) 理想主义和完美主义：对企业各方面情况的理想化期望和完美主义要求，易走极端，一旦遇到困难，就会变得愤世嫉俗，产生不满情绪。

(2) 消极心态：将人际关系方面的问题和对工作中的困难挫折全部归因于客观原因或他人(外归因)，难于沟通，人际关系不和谐。

(3) 狭隘主义：过于重视个人利益，一旦与个人利益有冲突，就易产生不满情绪；或者目光短浅，自以为是。

18.6.2　员工满意度调查的实施

企业进行员工满意度调查，应先明确以下调研要点。

(1) 员工满意度就是企业与员工之间的信用度，是员工对于工作的期望，最可怕的不是员工的抱怨和建议，而是问题再次发生，但员工再也没有抱怨和建议。

(2) 人最怕的从来不是失望，而是看不到希望。

- 消极路径：抱怨—没解决—失望—失去信任—没有希望—逃走。
- 积极路径：抱怨—解决和回应—希望—信任—建议—改善—解决和回应。

(3) 随着人民生活水平的提升，绩效收入的驱动力在逐年下降，所以绩效结果除体现在薪资之外，还要多多关注企业文化、尊重、荣誉等。

(4) 员工满意度调查是提升员工满意度的工具和手段，要以提升员工满意度为目标设计，而不是以体察民情或收集情报为目标进行设计。关于员工满意度的调研，一般有4类有目的性的问题。

- 关于日常管理的建议，例如哪些部门、哪些节点、哪些人存在问题，想要做哪些环节的调整，等等。
- 关于已经计划做的一些事情，例如：为组织团队活动而了解员工的需求。
- 用于辅助宣传，例如：对于保健措施是否满意？对公司组织的文体活动是否满意？
- 用于打破一些不良的传言，例如：对公司量化考核公开选拔的竞聘晋升制度是否满意？

调查完成后，应认真分析调查结果，并组织管理团队进行认真的讨论，制订合理的应对方案。

(5) 对于员工的需求和建议必须采取措施并公开回应，对于因客观条件所限而无法回应的问题不应出现在满意度调查中。

1. 员工满意度调查的必要性

企业如何对待员工，员工就如何对待企业的客户。员工满意与否，直接关系到企业客户满意度如何。调查员工满意度的直接目标就是提升员工的满意度，以此提高员工对企业的忠诚度。满意度主要是指对现有的一切是否满意，包括报酬、学习、晋升、环境、地位、公司的承诺等。了解员工满意度，才能有效地改变。调查员工满意度的间接目标就是提升客户的满意度，保持企业长期、稳定地发展。

员工满意度调查是十分必要的，也是十分需要的，原因如下。

(1) 员工的满意度是对企业管理工作的一种真实评价，其反馈的信息对以后开展员工管理工作有很大的帮助。

(2) 员工的满意度也体现了企业的团队精神。普遍来说，员工满意度高，企业中团队更有合作精神，企业文化氛围更浓。

(3) 就像我们生活中的选举一样，对员工满意度的测评，是企业给予员工的一种权利，体现企业的民主和人性化管理。

(4) 满意度调查是一种有效且应用广泛的绩效工具。通过满意度调查，可以帮助公司采集许多有价值的绩效信息(注意：满意度不仅可以调动员工的工作热情，还可以帮助管理层了解绩效问题在员工层面上的症结)。

(5) 对行政、总务、后勤、人资等部门，采用满意度作为绩效考评指标能够有效地督促和引导这些部门的管理行为。

(6) 了解公司人力资源策略的有效性。公司根据发展阶段和竞争环境有意识地通过管理手段来促使某些类别员工的稳定、提升或流动，通过满意度工具可以了解这些策略性的管理措施是否已“精确定位”。

当然，任何管理工具都有其适用范围，对那些尚未越过“规范管理”门槛的公司，满意度要慎重使用。满意度调查实施后，往往提升了员工对管理提升的期望值，如果公司管理层没有能力落实，满意度也就容易逐渐沦为废纸。

“员工满意度调查”是很多企业人力资源管理工作的重要组成部分，也是很多的企业用来衡量人力资源部工作成绩的重要绩效指标。通过对员工满意度的年度调查，企业期望找到以下问题的答案：

- 企业中的员工对他们所服务的公司与从事的工作是否感到满意？
- 员工最满意的是什么？最不满意的是什么？
- 与往年相比较，员工的满意度是提升了还是下降了？主要的变化在哪里？
- 与其他的同类企业相比，员工对该公司的满意度相对较高还是较低？

在获得了这样的信息以后，那些负责任的公司就会据此列出公司在人力资源管理方面需要改进的方面，放到公司的行动计划当中，希望通过来年的工作，诸如提高工资、改善福利、提供更多的培训等，来提升员工的满意度。这些企业为什么会这样做呢？究其根本，是管理者认为员工的满意程度对企业的发展是至关重要的，只要员工的满意度不断提高，他们就会更加努力地工作，并最终为企业的持续发展做出更多的贡献——这也就是我们通常所说的通过满意度的提升提高员工的生产效率。

然而，这却是一个错误的假设，因为提升员工满意度并不一定能够提高员工的生产效率。

1) 满意度与工作效率

员工的满意程度与员工的工作效率是没有直接联系的。为什么会这样说呢？因为员工的满意程度总是与工作环境、学习机会、发展机会、福利薪酬待遇等联系起来的，而所有这些内容与工作效率的联系是非常弱的，甚至有些内容是没有什么联系的。举例来说：一个在舒适办公环境中工作的员工并不一定就比在相对环境较差的员工更加积极努力地工作，因为舒适的环境可能会让人更加倾向于享乐而不是拼命。工作效率应该与工作流程、考核与淘汰机制、技术与设备的先进程度、员工的自身基本素质等挂钩。所以，如果企业期望的只是工作效率提升的话，那么一个好的淘汰机制可能会比一个好的工资方案发挥更大的作用。

2) 两种不好的结果

员工的满意度都是相对的，是随着员工心理状态的变化而变化的。员工的满意度普遍不高，公司做了很多的努力来提升员工的满意度，但到了下一年，大家的满意度反而下降了，为什么呢？因为标准变了。在我们的工资是2000元的时候，会觉得涨了1000元工资很令人激动，但是当工资为3000元后，大家会觉得工资为5000元才会令人满意，这是因为基础变了。

所以，如果企业错误地运用员工满意度调查的话，可能会带来两种不好的结果：

- 如果企业在调查后做了一些努力来提升员工的满意度，可能不会带来所期望的生产效率的提升；
- 如果企业在做了满意度调查后没有采取任何行动的话，会导致其信誉度下降。

那么，企业的员工满意度调查是否必要呢？如果是必要的话，我们应该怎么运用呢？

3) 两个重要的推论

员工满意度调查是必要的，但它的作用应该是用来预防我们期望保留的员工流失。基于这个目的，我们可以得到两个重要的推论：

- 如果企业的员工没有流失的风险，我们不需要进行满意度的调查或进行任何与提升满意度有关的活动。这听上去好像有些残酷，但是事实上真的如此。

- 如果这个员工是我们不想保留的员工，那么他/她满意与否并不重要。

基于这样两个推论，我们应该这样做。

首先，明确哪些员工是我们想保留的员工。几乎所有的企业都是在人力资源高度流动的竞争环境中，但并不是所有的人都是我们希望保留的员工。通常来说，需要高度关注的员工包括：

- 那些在核心部门与核心岗位工作的员工；
- 表现相对出色的员工；
- 具备人力资源市场上稀缺能力的员工。

这些员工是企业应该密切关注和花费精力去挽留的。

其次，在进行员工满意度调查的时候，企业不仅仅按照传统的分部门或者分级别进行统计，同时可以按照企业员工被保留的价值进行分类统计和分析，了解那些我们期望保留的员工的需求和不满意的地方是什么，然后尽力去满足他们的要求，确保他们不会转投竞争对手的怀抱。

最后，对于广大的普通员工来说，满意度调查至少可以让管理层了解员工的普遍心理是什么，但调查结果不应该成为公司决策的唯一依据。其实更加重要的是企业需要真正想清楚我的满意度调查是出于什么目的，如果是为了通过提升满意度来提高工作积极性和效率的话，那么这个调查结果用处不大。当然，如果企业进行满意度调查的目的是让所有的员工更加快乐地工作，那么这个调查的结果有一定的参考依据。

2. 员工满意度调查的频率和注意事项

员工满意度调查最好每年进行一次，在调查时应注意以下几点：

- 不要因为某些特定事件下才进行。
- 管理阶层能根据员工满意度调查结果采取行动。
- 有开展调查的条件：如人员、时间及成本。
- 最好不要仅以某一阶层(部门、年资、职位、学历)为调查对象，以免引起无谓猜疑。
- 由独立的专业施测人员执行测试。如果由公司内部人员施测，施测人员不能是被测部门的直接利益相关者。要给予员工安全、可信赖、客观的感受，调查问卷严格保密，提高员工回答问卷的意愿和态度。如有条件，可由系统完成，保证保密性和统计的准确度。
- 须有专人监督，请员工独立完成，以确保获得员工的真实想法。
- 专时专用，统一进行，以避免员工揣测，或因答题环境不同而影响答题的态度，更应避免让员工带回家或带出公司进行。
- 避免答题干扰，如电话、访客、桌面凌乱等，可在会议室、教室内或在办公区域内进行。

3. 员工满意度调查流程

如果你从来没有做过员工满意度调查，可能不了解如何实施这项调查。这里我们将介绍整个调查的流程及每个步骤的关键点。

第一步：决定是否有必要进行员工满意度调查。

你可以问自己两个问题：

- 你有员工吗？
- 你了解你的员工对工作及工作环境的感受吗？

如果第一个问题的答案是有，第二个问题的答案是你不了解，那么你需要做一个员工满意度的调查，就算你仅有几个员工(在这种情况下，你可以采取非正规的沟通渠道达到调查的目的)。

但当你面临下面的情况时，调查就变得非常迫切和重要了。

(1) 公司正迅速扩张。当一个组织快速发展的时候，了解和掌握员工对他们的工作、对公司的发展前途及个人的成长等各方面的看法是十分重要的。

(2) 公司员工流动率逐渐上升。当你的公司的员工流动率超过该行业的平均流动率的时候，对你的公司来说可能存在内部的问题，可通过员工满意度调查找出问题的症结。

(3) 公司有突发的事件。组织内部的突发事件是公司不可预测的问题，这类事件可能导致公司内部沟通不畅、诚信危机、员工的恐惧，等等。通过员工调查可直接了解事件的影响程度。

(4) 公司机构或管理层有重大变更。变更对于组织内部的很多人来说都是困难的，如果决策者处理得不好，公司的生产力和利润都可能下降。

(5) 公司处在高度竞争的行业。在一个竞争非常激烈的行业内，降低人员流动率，提高企业的生产力都是企业制胜的关键因素。与员工保持紧密的联系是维持企业可持续竞争力的有效手段。

(6) 制定薪资时，既要保证公司的最大投资回报率，也要使员工满意。

第二步：向管理层说明调查意向和计划，确定调查问题。

主要的问题应包括主管公正、组织沟通和工作环境等，如：

- 对团队的整体满意度；
- 对公司制度的满意度；
- 对公司文化的满意度；
- 对部门直接领导的满意度；
- 对团队各个部门的满意度；
- 对招聘团队的满意度；
- 对后勤团队的满意度；
- 对质量管理团队的满意度；
- 对培训团队的满意度；
- 对工作环境的满意度；
- 对休息环境的满意度；
- 对周边环境的满意度；
- 公司内部对团队建设的意见征集；
- 公司内部产生了什么样的谣言。

注意：员工的薪资和福利是比较敏感的话题，没有员工会在调查问卷中对薪资和福利表示完全满意，即使他们是满意的。

要明确，员工满意度调研就一种工具，对于高层管理者而言，我们用它了解员工的心声，了解各个部门的问题，加强层级间的透明度，缩短高层管理意识和员工想法的差距，同时，员工满意度调查也可以当作舆论工具使用，起到宣传、公示的作用。

第三步：选择调查方法。

目前使用互联网问卷是最普遍和高效的方式。优点是方便、易用和可信。尤其是在外包业务中，当一个企业有上千名的员工并且员工分布在不同地方的时候，互联网调查的成本优势就显而易见了。

第四步：在员工满意度调查中应注意的问题。

有很多原因导致员工不愿意回答某些特定的问题，具体如下。

(1) 他们感到没有资格回答。如果员工感到他们没有资格回答，他们的答案可能是错误的。这样的答案可能会影响调查结果，无法做出有价值的分析。

(2) 他们害怕回答，一是害怕公司的某个人发现他们的反馈；二是担心自己的身份被调查者识别。

(3) 他们对涉及的问题漠不关心。如果员工对涉及的问题漠不关心，敷衍回答，这也会导致数据的混乱状况。

(4) 漏答，这种情况经常发生。

我们通常不要求员工一定要回答背景资料问题，了解员工所属的部门比了解他们的性别、年龄、收入等变量更有意义。

第五步：确认最终问卷并进行测试。

除了确定调查问卷，斟酌问卷的措辞还要通过专业的调查设计系统来生成Web问卷(目前很多软件都可以实现，问卷只需要简单的步骤就能完成)，并做内部测试来确保问卷能够正常进行并且可以生成正确的数据文件。

第六步：向公司内部宣传员工满意度调查。

企业有必要让员工了解调查的原因，同时，经理也应了解满意度调查的目的和必要性。他们的支持是保证员工满意度调查项目实施的必要保证。经理可以提高或者降低他所负责员工的回复率。

因此，在调查邀请发出前的2到3周内，应当让员工意识到调查的意义，具体做法如下。

- 与高级经理进行沟通，强调调查的重要意义、调查的保密性。
- 高级经理与公司的中层管理人员再进行沟通。
- 通过最有效率的沟通途径向员工传播调查的信息。

所有的经理都应当立即召开所属员工会议向他们通报调查的流程，应强调以下要点：

- 回复的重要性，即“我们不能解决员工没能告诉我们的事情”。
- 调查过程和数据要保密。
- 调查结果将如何分发给所有的员工。
- 调查的信息将如何使用。

第七步：邀请员工参加调查。

邀请员工参与调查要进行全面的宣传，具体做法如下。

- 向每一位员工发出邀请可以通过E-mail(电子邮件)或者在业务通知系统统一发出到桌面的通知形式。
- 在员工每天的必经之路放置宣传易拉宝，在员工就餐休息区域的大屏上反复播放宣传参与号召视频，在公司公众号进行宣传，通过短视频等新媒体形式传播等。

无论采取哪种方式，下面的关键信息一定要传递给员工。

- 要发生什么。例如，“我们将要实施一个员工满意度的调查”。
- 为什么要发生。例如，“……由于我们的变更可能带来的新的挑战，评估员工满意度的水平已经变得迫切重要”。
- 调查是匿名和保密的。使员工确信他们的反馈将会严格保密。如果使用外部的咨询公司，向员工说明只有外部的咨询公司才能看到完整的答案信息。
- 调查结果怎样使用。任何你希望与员工分析的结果都最有可能得到较高的回复率。
- 调查需要花多少时间来完成。大多数这种类型的调查，如果设计得比较合理，将需要15～20分钟的时间来完成。
- 明确截止日期。
- 感谢员工花费时间来参与。

其他信息也可以考虑包含在邀请中，例如：

- 告诉员工调查可以在工作时间中完成；
- 参加调查的人员可能得到抽奖的机会。

为了能提高问卷回复率，邀请信应该以公司的最高管理层的名义发出，并且最好能有职场最高负责人亲自代言。

第八步：解释调查的结果。

调查可以产生多少数据是令人惊奇的。每个矩阵的问题都可能有多个答案，每个答案都会与平均分数去比较，我们还需要根据不同的人群进行细分，为每个群体生成独立的报告。这些数据首先需要转换成信息(通过正确的图表和统计分析方法)。然后，数据必须被正确地解释。不同的分析人员可能会做出不同的分析结果。

(1) 强项和弱项分析。在这一步骤中，我们查看问卷内的强项和弱项，例如，每个问题选项和一组内其他问题的比较；不同问卷之间的强弱比较，例如，这个调查结果与行业内其他相同公司调查结果的比较。这种比较既可以基于每个独立问题进行，也可以基于一组问题平均的基础上进行。

(2) 查找显著点。一般情况下明显不同的方面将会在简单分析中出现。例如，当我们发现团队合作的分数很低时，通常可以发现是内部沟通的问题做得不好。这些显著点可以给我们提供发现公司内部存在问题的线索。

(3) 相关性分析(leverage analysis)。有限的公司资源要求公司能够快速地确认哪些领域对员工是最重要的。公司可通过对每个领域满意度与总体满意度所做的相关性分析，选择出重要性领域。

(4) 员工评论分析。简单地阅读员工的反馈意见可以让你轻松了解员工的思想。然而，正确的理解不是那么容易的，有以下两个情况：

- 读者对评论有潜在的自己的观点，并且倾向于用自己的观点来衡量员工的评论；
- 有少部分的员工的评论文字量可能是非常惊人的，几十页甚至几百页的评论内容也是可能存在的。

解决的方法是对评论的内容进行编码，根据不同的关键字或句子对所有的评论进行分类，这样我们就可以针对不同的关键字做出频数及其他的量化的分析。

(5) 细分群体比较。在一些情况下，大多数或全部的细分群体对一件事情的看法是相同的。但在另一些情况下，不同的群体的看法是迥然不同的。如果不进行细分群体的分析和比较，我们就很难发现存在的差异，也就不能采取有效的改进措施。

(6) 归纳主要发现。在该阶段，工作的主要内容是归纳整个调查的结果，并且对发现的关键问题提出初步改进方向。

(7) 建议与措施。根据发现的问题，讨论出具体的可供操作的改善建议，并且采取有针对性的措施。

第九步：公示调查结果。

在第一时间分享调查结果是非常重要的，原因有两个方面：

- 如果你想通过员工满意度的调查来全面改善公司的生产力，你必须让每个人知道公司的总体情况和他们个人对组织机构的影响力；
- 员工应该知道他们花费在填写问卷的时间是非常有价值的。

每个组织机构都有它自己的信息发布渠道。在一些情况下，特别是在调查结果显示公司内部沟通存在问题的时候，原来的发布渠道可能需要一定的调整，以使调查的结果能够畅通地传递到每个员工的手上。

员工满意度调查结果的基本原则具体如下。

(1) 诚实性原则。一个组织必须公正的发布调查的结果，既要包括调查结果有利的方面，也要公布调查中发现的不利问题。员工将能看到那些隐藏在背后的潜在问题，并且思考如何来改进当前的状况。

(2) 时效性原则。你越早公布调查结果，公司就能越快提出改进计划并且实施。

(3) 区别性原则。向公司不同层次的员工公布不同的调查报告。高级管理层需要从公司整体了解和掌握调查的信息，部门经理则需要了解不同部门之间的比较，以及部门内部的详细信息。

(4) 保密性原则。不要公布可能引起员工感到自己的个人信息泄露的内容。例如，让组织中的任何人看到与他自己不相关的某些报告内容是不合适的。

公布结果，应该考虑以下问题。

- 在调查完成之前就开始制订信息发布的计划。
- 项目实施经理应当向总经理简要介绍调查项目。
- 总经理应当把调查结果与部门负责人分享。总体结果在高层会议上分享，个人结果通过一对一的沟通分享。
- 部门负责人与部门的主管分享部门内部的调查结果。
- 应当在每次演示会上强调调查的主要发现。详细的调查结果也应该被展示。然而，不要让人陷入到数字的迷宫中，在演示调查结果的时候要多用图表来说明问题，这样更有利于调查结果的沟通。

- 尽可能用最好的沟通媒介给员工展示总的调查结果；可以通过多媒体会议，E-mail、Intranet 或者新闻组等多种形式。
- 在所有的沟通会上，确保沟通是双向的，鼓励员工随时提出问题。

第十步：根据调查结果采取改进行动。

公司已经花费人力和财力实施了员工满意度的调查，员工也非常有热情参与。调查结果已经在你的手上。你对调查数据会做什么呢？下一步提高员工满意度的改进措施是什么？怎样发布调查结果？怎样确认调查中发现的重要问题？一旦重要问题被确认，最有效的改进方法是什么？

从一开始，高层的执行人员就应该决定什么层次的员工将得到什么样的报告。一旦调查结果被分发，必须制订一个跟进计划来决定哪些领域需要首先解决，以及该如何来解决这些问题，并向你的员工沟通调查结果和行动计划。

公司在员工满意度调查中犯的最大错误是没有把调查的结果传递给公司的每个员工而且没有制订改进的计划。我们并不是建议要求完整地把报告发布给每个员工，但我们建议在可能的情况下，公司用开诚布公的态度揭示调查中发现的问题和不足，并且能够及时提出改善计划。

制订行动计划来改善员工满意程度，一旦发布了调查结果并且确定了需要解决的首要问题，公司必须决定采取何种有效的手段来改进这些方面。

提高员工满意度是一项系统工程，同时也是组织企业的中心任务和关键目标之一，企业者只有综合运用多种企业措施和手段才能全面提升员工满意度。

第十一步：什么时候需要重复员工满意度调查。

我们经常听到这样的提问，“员工满意度调查多长时间实施一次？”我们的建议是对大多数的公司而言，一年做一次是比较合适的。

根据使用的调查方法和公司规模的不同，通常需要3到4周来完成整个调查项目的实施。

一般来讲，倡导一种尊重人性、以人为本、注重团队合作的组织文化能有效地提高员工工作效率，并能提高员工满意度。

4. 员工满意度的简易调查方式

除了员工满意度问卷调查以外，还可以采取访谈的方式进行调查。

访谈调查最好由高管直接进行，应注意保密性和处理方式。例如，当员工反馈自己的主管领导有某些问题时，如果直接对该高管启动调查，很可能引起该主管对该员工进行报复。最好不动声色地做侧面调查，如果真的有比较确定的证据，再启动其他调查手段。

附录 A

外包运营管理师初/中级考试

一、单项选择题(每题2.5分，共45分)

1. 2020年中国客户中心外包和自建比例中哪种类型外包比例低于自建比例？(　　)

A. 客户服务　　B. 外呼营销　　C. 技术支持　　D. 数据收集

2. 怎样理解外包生态合作关系？(　　)

A. 发包方对承包方的全面质量管理

B. 承包方的工作目标是完成发包方KPI

C. 发包方寻找承包方降低成本减少风险

D. 发包方找最专业的承包方进行合作实现共赢

3. 对于CPC、CPM、CPO、FTE这几种外包报价方式，其正确的中文描述是(　　)。

A. 按单价、按人头、按时长、按订单

B. 按订单、按单价、按时长、按人头

C. 按单价、按时长、按订单、按人头

D. 按单价、按订单、按时长、按人头

4. 评估员工胜任力的量化表格叫作(　　)。

A. 能力评估表　　B. 最低技能列表　　C. 上线考核表　　D. 技能评估表

5. 有关EPM价值观结构描述错误的是(　　)。

A. 发包方企业是以业务良好经营为核心的

B. 外包企业是以提供卓越服务并获得佣金为核心的

C. 对发包方企业来说，获得有分析价值的客户反馈数据很重要

D. 严格执行发包方制定的各种流程，是外包的最重要准则

6. PDCA是一种常见的管理方法论，助力质量的持续改善，其中A代表(　　)。

A. 计划　　B. 执行　　C. 处理　　D. 检查

7. 企业战略评估的SWOT分析四象限的含义是(　　)。

A. 短板、长版、机会、挑战　　B. 优势、劣势、订单、挑战

C. 优势、劣势、机会、挑战　　D. 优势、劣势、机会、成本

8. 随着流程细化，保障双方沟通顺畅的工具是(　　)。

A. 沟通对接通讯录　　B. 沟通层级列表

C. 沟通组织结构列表　　D. 沟通联系人列表

9. KPI铁三角包括(　　)。

A. 高技术、高KPI、低成本　　B. 高技术、优质、高利润

C. 高技术、优质、低成本　　D. 高水准、优质、低成本

10. BPO公司对项目做平台化管理描述不正确的是(　　)。

A. 关键客户支持流程在项目中具有保密性，很难系统化

B. 关键客户支持流程中的业务设计理念和经验是可以总结的

C. 关键支持流程最好通过系统平台化实现一致性和规模效益

D. 关键支持流程应在新员工培训中通过专项课程落实

11. 全面质量管理改善经营管理的缩写是(　　)。

A. PDAC　　B. 6Sigma　　C. TQC　　D. TQM

12. 未来客户中心能力=(　　)。

A. 员工能力+系统支撑　　B. 员工水平+系统支撑

C. 员工胜任力+系统能力　　D. 员工胜任力+系统支撑

13. 精准优质服务是通过什么实现的？(　　)

A. 客户需求分析+员工能力　　B. 客户数据+员工数据

C. 客情画像+员工画像　　D. 客户策略+员工画像

14. 有关员工满意度调查描述错误的是(　　)。

A. 员工满意度调研最好不要调研确定无法改善的问题

B. 员工满意度调研之后一定要进行详细的分析，分析结果要落实到行动方案

C. 员工满意度调研可以针对已经准备做的改善计划设置问题，用以宣传和确认细节

D. 员工满意度调研问卷是收集员工建议和意见的唯一途径

15. 哪一种模式是以座席人员单价进行结算的模式？(　　)

A. CPC　　B. CPM　　C. CPO　　D. FTE

16. 人力成本核算步骤叙述错误的是(　　)。

A. 流程图充分的流程化，包括详细的分流百分比

B. 寻找最优操作方式，且核算到秒

C. 需求人数是根据每天生产力需求与休假出勤状况综合计算而来

D. 经过准确计算的人力需求一般在合同周期内不需要调整。

17. 客户声音VOC的4个目的是(　　)。

A. 客户需求、客户立体轨迹、痛点识别、爽点识别

B. 客户画像、客户蓝图、痛点识别、爽点识别

C. 客户画像、客户立体轨迹、客户需求、客户投诉

D. 客户画像、客户立体轨迹、痛点识别、爽点识别

18. 互联网时代企业舆情监测服务体系包括三个步骤是(　　)。

A. 信息系统、危机预警、分析报告

B. 监测系统、危机处理、分析报告

C. 监测系统、危机预警、分析报告

D. 监测系统、危机预警、危机处理

二、多项选择题(每题5分，共10分)

1. EPM关键策略蓝图包括(　　)。

A. 成本平衡思维　　B. 客服体系化
C. 创造客户满意　　D. 人力资源体系化
E. 全智能化替代人工　　F. 拓展核心竞争力

2. 以下指标中，客户中心的KPI中体现质量的主要指标是(　　)。

A. 关键错误率　　B. 平均处理时长
C. 非关键错误率　　D. 员工利用率
E. 首次解决率　　F. 录入准确率

三、简述题(每题15分，共45分)

1. 结合项目，简述项目闭环PDCA理念，问题追踪表的主要作用，使用对象、使用使用方法？

____

2. 简述岗位最低技能列表的制作要求、主要用途？

____

3. 简述你理解的未来数智化客户中心员工的主要工作内容和工作模式。

____

附录 B

客户中心管理师初/中级考试

一、选择题(不定项选择题，每题3分，共30分)

1. 一个高绩效的客户中心运营管理关注(　　)。
A. 客户满意度提升　　B. 服务质量提升
C. 成本下降　　D. 销售/利润提升

2. 以下哪些是客户中心运营管理的驱动因素？(　　)
A. 质量管理　　B. 绩效管理
C. 人员管理　　D. 文化和战略

3. 在CC-CMM管理体系中，客户中心的运营管理包括哪些内容？(　　)
A. 战略　　B. 流程　　C. 人员　　D. 技术

4. 智能语音类产品主要包括(　　)。
A. 智能语音IVR　　B. 智能外呼
C. 质检机器人　　D. 语音助手

5. 在客户体验设计中，对客户哪方面需求的满足将会带来最高的客户体验？(　　)
A. 懒惰　　B. 成就　　C. 贪婪　　D. 虚荣

6. 以下指标哪些是效率指标？(　　)
A. 平均处理时长速度　　B. 首次解决率
C. 员工利用率　　D. 放弃率

7. 流程的构成要素中，属于约束条件的是(　　)。
A. 输入、输出　　B. 资源
C. 业务规则　　D. 客户

8. 以下哪些流程是业务流程？(　　)
A. 咨询呼入流程　　B. 满意度回访流程
C. 质量监控流程　　D. 投诉处理流程

9. 哪种话务预测用于人力资源和系统资源规划？(　　)
A. 长期预测　　B. 中期预测
C. 短期预测　　D. 以上全部

10. 关于风险的说法，哪些描述是错误的？(　　)
A. 风险是可以完全避免的
B. 风险是可以评估和控制的

C. 风险包括风险潜在阶段、风险发生阶段、造成后果阶段三个阶段。

D. 对风险的应急需要定期演练或测试。

二、填空题(每题4分，共40分)

1. 在客户体验指标目标设定中，我们是用________、________、________来确定对我们的期望；用________、________、________来定义我们的绩效水平。

2. 目标值设定的依据包括：______、______、______、______、______。

3. 诠释80/60的服务水平含义：________________________。

4. 常用的4个成本、效率指标是：______、______、______、______。

5. 优秀流程的特点：______、______、______、______。

6. 客户中心的流程主要类别分为：______、______。

7. 质量管理的原则：______、______、______。

8. 业务监控的重点先后顺序依次是：________________。

9. 排班准确率的计算公式：________________________。

10. 排班需要考虑的因素包括：______、______、______、______。

11. 某月某业务期初人数为100人，当月主动离职人数为5人，因员工业绩不佳，业务辞退人数为5人，该业务的年度流失率为____________。

三、简答题(第一题10分，第二题20分，共30分)

1. 根据表B-1的资料，阐述这个中心的绩效成果是否符合CC-CMM的绩效成果要求，并说明原因。

表B-1 CC-CMM绩效成果

指标名称	计算公式	目标	2008年1月	2008年2月	2008年3月	2008年4月	2008年5月	2008年6月	过去6个月内达标	过去6个月内持续提高
致命错误率	致命错误率=致命差错量/抽查量	2%	1.1%	2.1%	1.5%	1.7%	1.1%	2.0%	是	
非致命错误率	非致命错误率=非致命差错量/(抽查量×机会数)	10%	12.4%	8.5%	10.0%	11.0%	7.6%	8.0%	是	
首次解决率	首次解决率=1-下单量/总呼入量	80%	85.0%	78.0%	74.0%	85.0%	86.0%	88.0%	是	
准确率	准确率=1-电子工单差错数/生成的总电子工单	95%	98.0%	99.0%	97.0%	98.0%	99.0%	94.0%	是	
平均处理时长	平均处理时长=平均通话时间+话后处理时间(s)	80	82	78	86	81	77	75	否	是
员工利用率	员工利用率=平均通话时间+话后处理时间+等待来电时间/付薪时间	80%	85.0%	86.0%	90.0%	87.0%	88.0%	78.0%	是	
服务水平(20秒接通率)	服务水平(20秒接通率)=20秒内接通量/总呼入量	75%	78.0%	80.0%	70.0%	79.0%	78.0%	70.0%	是	
平均应答速度	平均应答速度=接通量的平均等待时长(s)	12	13	11	15	11	12	16	否	否
积压	积压=∑(在既定时间内没有处理完成的业务量×对应电话量)/没有完成的业务量	1.5	1.2	1.1	1.3	1.2	1.1	1.3	是	
弃呼率	弃呼率=弃呼量/呼入量	10%	8%	7%	13%	7%	8%	12%	是	

2. 根据表B-2的数据，进行计算。

表B-2　客户联络中心5月度效率展示

客服代表	总共可用工时	计划内/计划外休假	总工作时数	小休、开会等		就绪时间		通话时间		话后处理时间		持机等待时间		培训辅导时间	
				时数	占工作时数百分比	时数	占工作时数百分比	时数	占工作时数百分比	时数	占工作时数百分比	时数	占工作时数百分比	时数	占工作时数百分比
代表1	160小时	35小时	125小时	24.25	19.4%	10	8.0%	27.1	21.7%	3.3	2.6%	1.1	0.9%	20	16.0%
代表2	160小时	36小时	124小时	24.25	19.6%	8	6.5%	42.1	34.0%	8.7	7.0%	1.4	1.9%	8	6.5%
代表3	160小时	0小时	160小时	24.25	25.2%	8	5.0%	54.1	33.8%	3.6	2.3%	1.5	0.9%	16	10.0%
代表4	160小时	9小时	151小时	24.25	16.1%	6	4.0%	53.8	35.6%	6.6	4.4%	2.6	1.7%	2	1.3%
代表5	160小时	0小时	160小时	24.25	15.2%	8	5.0%	55.4	34.6%	9.5	5.9%	3.2	2.0%	4	2.5%
统计	800小时	80小时	720小时	24.25	17.1%	40	5.7%	232.5	31.9%	31.7	4.4%	10.8	1.5%	50	7.3%

无产能时间=__________

利用率=__________

处理时间=__________

参考文献

[1] 彭凡. 智能质检系统在热线服务质检中的应用探讨[J]. 客户世界，2021(8).

[2] 马尔科姆•格拉德威尔(Malcolm Gladwell)，著. 钱清，覃爱东，译. 引爆点[M]. 北京：中信出版集团，2020.

[3] Bernd Stauss, Kai Engelmann, Anja Kremer, Achim Luhn，编. 吴健，李莹，邓水光，译. 服务科学：基础、挑战和未来发展[M]. 杭州：浙江大学出版社，2010.

[4] 赵溪，张艳，胡仕龙. 全媒体运营师[M]. 北京：清华大学出版社，2021.

[5] 赵溪，苏钰，子任. 客服域人工智能训练师[M]. 北京：清华大学出版社，2021.

[6] 赵溪. 客户服务导论与呼叫中心实务[M]. 4版. 北京：清华大学出版社，2013.

以下是我们面对的大趋势

数字化、智能化技术快速融入

人类的沟通方式发生根本性改变

客户中心被“内卷”

“破圈”势在必行

……

客户中心正在经历

呼叫中心 (call center) → 联络中心 (contact center) → 客户契动 (customer engagement) ……

鉴于此

本书介绍数字化、智能化时代背景下的自建型客户中心管理和外包型客户中心管理，从目标的设定和执行、运营管理、人力资源管理、业务安全管理、洞察和分析等方面，结合大量工具、方法和管理案例，阐述作者在客户中心管理领域的深刻见解和全新思考，为读者开启数字化、智能化客户中心管理的系统性思维。

清华大学出版社

官方微信号

定价：98.00元